EM BUSCA DE JESUS

Coleção Bíblia e Arqueologia

- *Arqueologia na terra da Bíblia* – Amihai Mazar
- *Em busca de Jesus* – John Dominic Crossan e Jonathan L. Reed
- *Em busca de Paulo* – John Dominic Crossan e Jonathan L. Reed

John Dominic Crossan
Jonathan L. Reed

EM BUSCA DE JESUS

Debaixo das pedras, atrás dos textos

Dados Internacionais de Catalogação na Publicação (CIP)
(Câmara Brasileira do Livro, SP, Brasil)

Crossan, John Dominic
Em busca de Jesus : debaixo das pedras, atrás dos textos / John Dominic Crossan & Jonathan L. Reed ; [tradução Jaci Maraschin]. — São Paulo : Paulinas, 2007. — (Coleção Bíblia e arqueologia)

Título original: Excavating Jesus : beneath the stones, behind the texts
Bibliografia
ISBN 978-85-356-2013-9
ISBN 0-06-061634-2 (ed. original)

1. Bíblia. N.T. Evangelhos — Antigüidades 2. Escavações (Arqueologia) — Israel I. Reed, Jonathan L.. II. Título. III. Série.

07-3765   CDD-225.93

Índices para catálogo sistemático:
1. Arqueologia do Novo Testamento 225.93
2. Novo Testamento : Arqueologia 225.93

Título original: *Excavating Jesus*: Beneath the stones, behind the texts.
© 2001 by John Dominic Crossan e Jonathan L. Reed.
Publicado por acordo com Harper San Franscisco, uma divisão da HarperCollins Publishers.
As versões coloridas e em branco e preto das ilustrações são cortesia de Balage Belogh.

1ª edição – 2007
2ª reimpressão – 2021

Direção-geral: *Flávia Reginatto*
Conselho Editorial: *Dr. Afonso Maria Ligorio Soares*
Dr. Antonio Francisco Lelo
Dr. Francisco Camil Catão
Luzia Maria de Oliveira Sena
Dra. Maria Alexandre de Oliveira
Dr. Matthias Grenzer
Dra. Vera Ivanise Bombonatto
Editores responsáveis: *Vera Ivanise Bombonatto*
e Matthias Grenzer
Tradução: *Jaci Maraschin*
Copidesque: *Anoar Jarbas Provenzi*
Coordenação de revisão: *Marina Mendonça*
Revisão: *Ruth Mitzuie Kluska*
Direção de arte: *Irma Cipriani*
Gerente de produção: *Felício Calegaro Neto*
Capa: *Manuel Rebelato Miramontes*
Editoração Eletrônica: *Fama Editora*

Nenhuma parte desta obra poderá ser reproduzida ou transmitida por qualquer forma e/ou quaisquer meios (eletrônico ou mecânico, incluindo fotocópia e gravação) ou arquivada em qualquer sistema ou banco de dados sem permissão escrita da Editora. Direitos reservados.

Paulinas
Rua Dona Inácia Uchoa, 62
04110-020 – São Paulo – SP (Brasil)
Tel.: (11) 2125-3500
http://www.paulinas.com.br – editora@paulinas.com.br
Telemarketing e SAC: 0800-7010081

© Pia Sociedade Filhas de São Paulo – São Paulo, 2007

A
Annette
e
Sarah

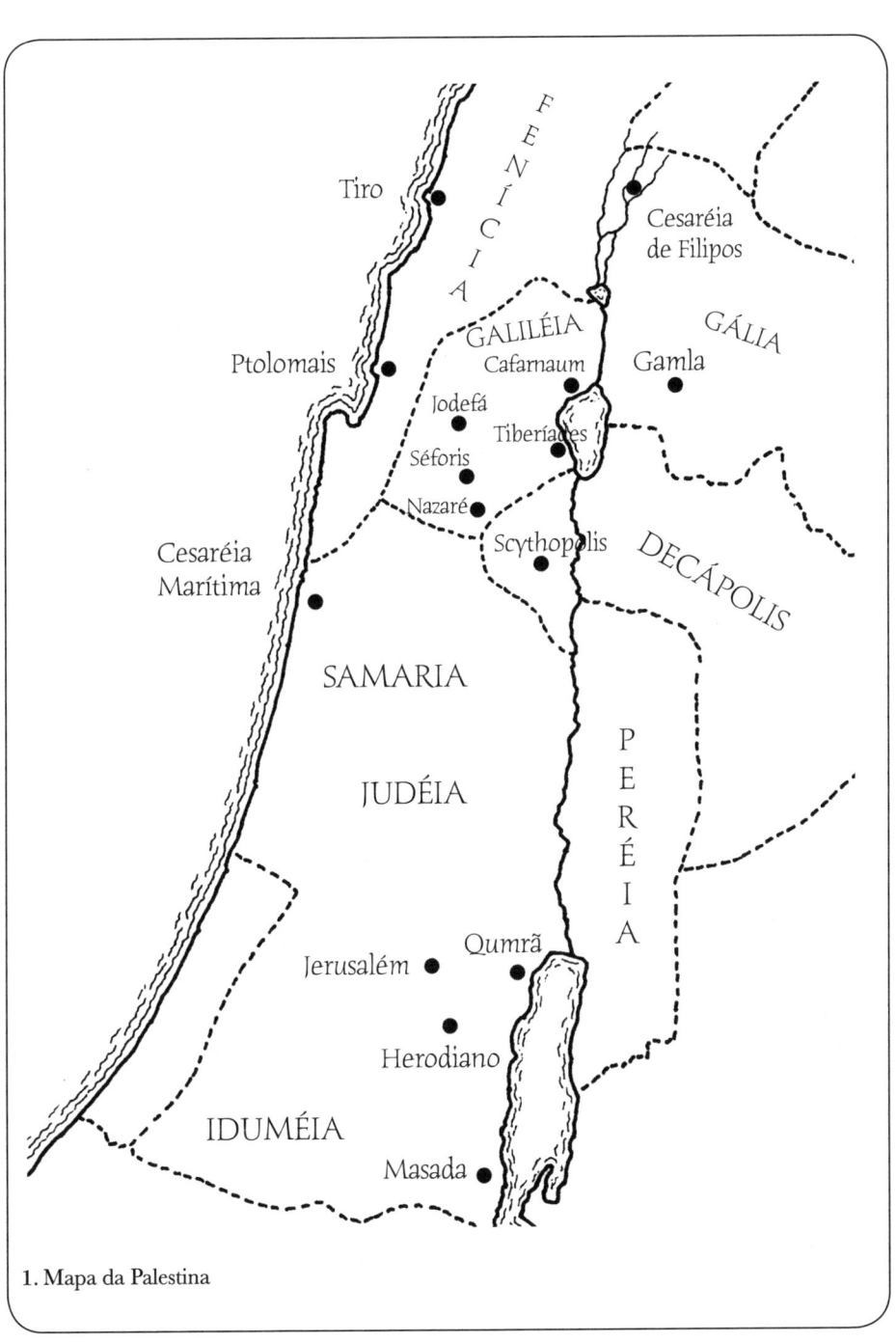

1. Mapa da Palestina

SUMÁRIO

Prefácio	11
Prólogo Pedras e textos	15
Introdução As dez principais descobertas das escavações sobre Jesus	19
Capítulo 1 Jesus gravado em pedra	33
Capítulo 2 Camadas sobre camadas sobre camadas	61
Capítulo 3 Como se constrói um reino	95
Capítulo 4 Jesus em seu lugar	137
Capítulo 5 Resistência judaica ao domínio romano	171
Capítulo 6 Beleza e ambigüidade em Jerusalém	211
Capítulo 7 Como enterrar um rei	253
Epílogo Solo e evangelho	291
Agradecimentos	299
Fontes arqueológicas	301
Índice das ilustrações	307
Índice de nomes e temas	309
Índice geral	325

PREFÁCIO

É sábado de tarde do dia 23 de novembro de 2002. O céu de Toronto cobre-se de nuvens escuras, e a temperatura chega perto dos quarenta graus agravada pela ausência das brisas do Lago Ontário. Quando chegamos de táxi para ver a exposição do Museu Real de Ontário, as calçadas em frente estavam cheias de gente e ficamos com medo de ter que enfrentar longas filas para comprar as entradas. Mas logo nos damos conta de que a multidão era formada principalmente por crianças, algumas com os pais, outras pertencentes a grupos organizados, com intenções completamente diferente das nossas. O Planetário McLaughlin do museu estava oferecendo a "mostra mundial exclusiva" sobre *O Senhor dos anéis: a mostra das duas torres*, com "artefatos da produção teatral da nova linha de cinema de *O Senhor dos anéis*". As crianças queriam ver esses objetos de fantasia mágica e, quando nos esgueiramos pelas filas que se alongavam, para entrar no edifício principal, ficamos pensando se nós, adultos, não estávamos lá também em busca de objetos de fantasia bíblica. Não deixa de ser irônico que *O Senhor dos anéis* não seja uma saga a respeito de busca, mas, bem ao contrário, de antibusca: a tentativa de não achar o que não se tem mas de enfrentar o que é jogado sobre nós.

O terceiro andar é dedicado ao mundo mediterrâneo, da Mesopotâmia ao Egito, entre a Núbia e o Levante, e da Grécia e Roma através de Bizâncio e do Islã. A sala 9 abriga exposições sobre o mundo mediterrâneo e nela, depois de algumas semanas de intenso trabalho, os responsáveis pelo museu conseguiram montar a *première* mundial de um evento que normalmente levaria um ano para ser preparado. A entrada e a saída estavam protegidas por telas semitransparentes semelhantes a gazebos, e as paredes vermelhas brilhantes com letreiros brancos abrigavam no centro, sob uma armação de plexiglas, uma caixa de origem judaica do primeiro século contendo ossos (também chamada de ossuário), com uma pequena inscrição de vinte letras aramaicas: *Tiago, filho de José, irmão de Jesus*. A inscrição, ampliada graficamente, dominava a parede de trás, em inglês em cima e em francês embaixo.

Permanecemos no museu quase duas horas, apreciando a exposição, avaliando nossas reações, bem como as de outras pessoas, ao que a mídia estava chamando de a mais importante descoberta arqueológica do cristianismo. Cabiam na sala de cinqüenta a setenta e cinco pessoas revezando-se durante a tarde. Os visitantes percorriam o trajeto da mostra em sentido horário procurando ler as citações e explicações expostas nas paredes até chegar ao ossuário. Os encarregados da montagem privilegiaram de maneira inteligente os textos às imagens, provenientes do Novo Testamento e de autores antigos como Josefo, Hegesipo e Eusébio. Distribuíam-se pela sala escritos sobre sepultamentos judaicos, inscrições em aramaico e interpretações cristãs de Jesus como "irmão" de Tiago e "filho" de José. É provável que essas informações já fossem do conhecimento de alguns, mas mesmo assim era impossível que alguém não se impressionasse profundamente com esse tão bem-sucedido esforço de educação pública realizado pelo Museu Real de Ontário.

A primeira edição em inglês deste livro partiu da dialética entre pedra e texto, mostrando a interação entre o solo e o evangelho e a integração da arqueologia com a exegese, respeitando a validade plena de cada uma dessas disciplinas. A metodologia empregada não tentou reduzi-las a notas de rodapé nem fazer de uma pré-requisito da outra. Esta edição revisada não mudou o procedimento. Mas o ossuário descoberto recentemente contendo talvez a mais antiga evidência tangível de Jesus exigiu esta segunda edição para utilizá-la como exemplo ou símbolo concentrado desse processo de integração, muito embora com aspectos ao mesmo tempo positivos e negativos.

Depois da descoberta e até mesmo antes das conclusões sobre sua autenticidade, identidade e integridade, não tínhamos dúvida alguma de que ocuparia o primeiro lugar na lista das principais descobertas arqueológicas das *escavações sobre Jesus*. Como não queríamos deixar de lado nenhuma das dez descobertas anteriores, reunimos duas delas numa só. Poderíamos ter combinado Caifás e Pilatos porque haviam trabalhado juntos durante dez anos e acabaram sendo demitidos ao mesmo tempo por seus superiores romanos. Mas preferimos outra justaposição. Escolhemos a romanização, urbanização e comercialização da Baixa Galiléia, concentrando-nos no Mar da Galiléia dos anos 20 d.C. Relacionamos, então, a casa de Pedro e o barco da Galiléia e denominamos o número 5 de nossa lista de "Mar de Tiberíades" (segundo o relato de João 6,1 e 21,1). Tanto a casa como o barco refletem, de diversas maneiras, o comércio de pesca no lago. Achamos que esse fato justifica a combinação. Decidimos situar o ossuário em primeiro lugar na lista das dez descobertas por causa da sua importância para traçar o perfil de Tiago e por este refletir sobre Jesus não apenas fraternalmente mas também teologicamente. Também, porque acentua o lugar da arqueologia como disciplina científica e não como caça a tesouros. Além disso, por causa das questões que levanta.

Elas são cinco: Será o ossuário autêntico? E a inscrição, original? Identifica a família? Trata-se de descoberta importante? Teria sido ético o processo? Vamos responder imediatamente as duas últimas perguntas mesmo que provisoriamente. Nossas respostas serão válidas não importando o que especialistas, a imprensa e o público venham a dizer a respeito das três primeiras.

Importância da descoberta. A descoberta é profundamente importante simplesmente porque exalta o perfil de Tiago, filho de José, irmão de Jesus, inesperadamente e de maneira adequada. Esse personagem era bem conhecido como Tiago, o Justo, mas foi aos poucos sendo esquecido. Talvez devêssemos chamá-lo de Tiago, o Perdido. Está na hora, pois, de reconsiderar esse homem que viveu pouco mais de trinta anos na Jerusalém do primeiro século, aceito tanto por judeo-cristãos como por judeus não-cristãos, que discordava de Paulo mas tinha Pedro a seu lado, e cuja morte derrubou o sumo sacerdote judeu Ananus II, que o executara no ano 62 d.C. Em segundo lugar, quando judeus devotos, provavelmente com alguns fariseus, protestaram contra essa morte, o governador judeu, Agripa II, demitiu Ananus II três meses depois. O ossuário de Tiago relembra-nos como a "história" cristã primitiva envolvia grupos de judeus que concordavam ou discordavam de outros grupos similares como, por exemplo, judeo-cristãos que interagiam com judeus fariseus e saduceus. Em terceiro lugar, em certo momento Tiago chegou a ser mais importante do que Paulo quando ele, e não Paulo, representou a esperança ecumênica que, por ter fracassado, lamentamos ainda hoje. Pensemos por um momento em tudo isso compungidos, imaginando o que poderia ter acontecido se as coisas tivessem sido diferentes. Existiu afinal um lugar onde pelo menos alguns judeo-cristãos e outros, fariseus, opunham-se aos judeus saduceus. Naquele tempo, pelo menos, poucos poderiam ser suficientes para mudar o futuro.

A ética da descoberta. O ossuário de Tiago chegou até nós graças ao comércio dos antiquários e não pelas escavações arqueológicas. Não sabemos, pois, se a descoberta original se deu por acaso, ou se fez parte de pilhagem planejada. Por isso sempre paira sobre ela a possibilidade de falsificação. Quando surgem artefatos desse tipo que chamam a atenção do público, especialistas, sociedades científicas e autoridades de museus enfrentam sério dilema. Discuti-los e aceitá-los poderia incentivar buscas paralelas, pilhagens ilegais e destruição imoral de heranças. Mas, por outro lado, ignorá-las é impossível, pois até a recusa de discuti-los já suscitaria inevitavelmente comentários a respeito. Usamos o ossuário, neste livro, deliberadamente para ressaltar a diferença entre estudos arqueológicos e pilhagens culturais.

Qualquer um entende que a resposta à terceira questão sobre a identidade da família jamais passará de mera possibilidade histórica ou de probabilidade estatística. Mas imaginemos um cenário diferente. Operários de construção de repente descobrem acidentalmente um sepulcro antigo. Cientes da lei, param as obras e chamam as autoridades que cuidam das antiguidades em Israel. Seus arqueólogos situam o achado no primeiro século de nossa era e com seus holofotes iluminam três ossuários: o primeiro de Estêvão; o outro de Tiago, filho de Zebedeu, irmão de João; e o último de Tiago, filho de José, irmão de Jesus. Nesse caso teríamos certeza de que o mausoléu pertencia a três santos judeo-cristãos martirizados respectivamente no início dos anos 30, 40 e 60.

Mas nada disso aconteceu. O que temos agora é o ossuário de Tiago sem nenhum contexto, indicação de proveniência ou história. É quase uma advertência sobre os efeitos destruidores da prática paralegal de certos colecionadores, sobre potenciais sanções criminais aplicadas a quem se envolve com o mercado ilegal de compra e venda de antiguidades, e a respeito da diferença moral entre trabalhos arqueológicos científicos e falsificações culturais. O ossuário de Tiago carrega no seu invólucro de pedra mais sinais de pilhagem cultural do que a pátina da pesquisa científica. A caixa sofreu rachaduras no transporte de Israel para o Canadá. Mas já havia sido danificada durante o trânsito do passado para o presente. A descoberta já estava rachada desde o começo.

2. Ossuário de Tiago rachado no transporte

Prólogo

PEDRAS E TEXTOS

Por que Jesus aconteceu? Quando e onde? Por que naquela ocasião? Naquele lugar? Afinemos mais a pergunta. Por que esses dois movimentos populares, o do batismo, de João, e o do reino, de Jesus, ocorreram em territórios governados por Herodes Antipas nos anos 20 do primeiro século de nossa era? Por que não em outra época? Em outra região?

Imaginemos duas maneiras de responder: por meio de pedras *ou* textos, solo *ou* evangelho, restos materiais *ou* escritos, frutos da arqueologia *ou* da exegese. Imaginemos mais um pouco, substituindo os quatro *ous* por *es*, igualmente realçados. Não se trata, pois, de mero caso de arqueologia *ou* exegese, mas de ambos. Pensemos, finalmente, na possibilidade de considerar essas opções métodos independentes entre si sem nenhuma subordinação de um em relação ao outro. A arqueologia não é fundamento da exegese e esta não pode ser considerada mera decoração daquela. O evangelho e o solo precisam ser lidos e interpretados de maneira própria e segundo as disciplinas a que pertencem. Antigas sepulturas cavadas na terra possuem dignidade e integridade próprias sem precisar recorrer a Homero para cantá-las. Sítios arqueológicos na Terra Santa conservam seus desafios e mistérios sem nenhuma necessidade de relacioná-los com a Bíblia. As palavras falam. Também as pedras. Mas nada nos remete ao passado sem o diálogo interpretativo com o presente. Qualquer dos lados sempre fala e quer ser ouvido em seus próprios termos. A arqueologia e a exegese só podem se encontrar e chegar a acordos comuns depois que cada uma tiver realizado completamente sua tarefa.

Este livro procura integrar a arqueologia do solo e a exegese do evangelho, permitindo que cada qual exerça seu pleno poder explanatório sem querer privilegiar uma em detrimento da outra. Não há nada novo no desejo dos arqueólogos de mostrar os resultados de suas escavações. Por outro lado, também não há novidade alguma no esforço dos exegetas de compartilhar com os outros suas descobertas. O que é novo neste livro é a cooperação entre um experiente arqueólogo de campo e um conhecido exegeta de Jesus que unem as duas disciplinas durante a obra toda, abandonando o método de alternar os capítulos entre elas. Mas como é possível tal leitura de pedras e textos de maneira integrada?

Por que chamar este livro de *Em busca de Jesus*? Como justificar tal ousadia? É comum falar-se a respeito de escavações de vilarejos, vilas e cidades; casas são cavoucadas, abrem-se túmulos e se exploram até mesmo barcos. Mas como escavar a respeito de Jesus? Até que ponto qualquer escavação conseguiria chegar perto de sua pessoa? Será que o ossuário com a inscrição Tiago-José-Jesus representaria o objeto mais próximo possível desse objetivo?

O engenheiro eletrônico Oded Golan de Tel Aviv, agora com cinqüenta e poucos anos, vem reunindo antiguidades judaicas desde a idade de oito anos, possuindo neste momento a maior coleção particular desses objetos em Israel e, talvez, no mundo. Entre mais ou menos três mil itens encontram-se trinta ossuários incluindo o que, segundo Golan, custou apenas 200 dólares, comprado há cerca de 25 anos de um antiquário. A transação teria acontecido em 1977, um ano antes do governo de Israel ter aprovado a lei que transformava todos esses artefatos em propriedade do Estado. Oded, que fez essa transação, conta que a urna fora adquirida de Silwan, ao sudeste do Monte do Templo, onde residências modernas foram construídas sobre rochas salpicadas de orifícios para abrigar sepulturas antigas. Mesmo que essa história seja verdadeira, o ossuário de Tiago está na mostra sem nenhuma menção do lugar onde teria sido achado, sem indicação de fontes nem de história.

Mas imaginemos, de novo, este outro cenário. Certo proprietário cavoucando no porão de sua casa para aumentá-lo, depara-se de repente com uma cova. Chama as autoridades encarregadas da preservação das antiguidades de Israel e elas encontram ali o mausoléu de uma família cujos pais chamam-se Maria e José; cujos filhos adultos, Tiago, Joset, Judas e Simão; e cujas filhas casadas, Maria e Salomé. Esses nomes, comuns em ossuários isolados sem origem clara, não seriam considerados insignificantes, porque a combinação deles nesse lugar indicaria, sem muitas dúvidas, o mausoléu da família de Jesus. O Estado de Israel se apropriaria dessas urnas, e a pessoa que as encontrou (não precisamente o comerciante ou o eventual colecionador) receberia bom dinheiro. Mas nada disso aconteceu. O que temos agora é uma caixa de ossos sem saber de onde veio. Queremos examiná-la e procurar descobrir o que teria sido. Se for, na verdade, o ossuário de Tiago, irmão de Cristo Senhor, representará o objeto arqueológico mais próximo da pessoa de Jesus até agora encontrado. Diríamos, em outras palavras, que estaríamos chegando bem perto de uma "escavação sobre *Jesus*".

Por outro lado, de que maneira poderemos falar sobre esse tema? Considerando que a função da arqueologia consiste em escavar e que, portanto, pode exercer essa atividade em relação a Jesus, não apenas procurando achar algum possível ou até mesmo definitivo ossuário fraternal mas recuperando tanto quanto possível o mundo social no qual viveu, por que o termo "escavação" seria corretamente empregado tanto a pedras como a textos? Sabemos que os Rolos do Mar Morto de 1947 e os Códices de Nag Hammadi de 1945 foram encontrados por pastores e camponeses debaixo do solo por acaso e não pelo esforço planejado de cientistas. Mas quando este livro fala de "escavações a respeito de Jesus" não apenas de caráter arqueológico mas também no campo da exegese não se refere a essas escavações em busca de textos. Os evangelhos possuem algo próprio que nos leva a pensar na possibilidade de buscar o que está por trás deles. É por isso que o termo se aplica neste livro tanto à exegese como à arqueologia. Vem daí o método e a maneira que escolhemos para alcançar o propósito principal da obra.

O trabalho de escavação arqueológica exige cuidadosa atenção em face de diferentes camadas construídas umas sobre as outras (o termo técnico empregado para isso é estratigrafia), a não ser que o *sítio* a ser examinado se constitua de uma só camada sobre a rocha e tenha sido abandonado sem nenhuma intervenção humana além dos efeitos danificadores do tempo. Às vezes isso acontece também com os textos. Podem exibir apenas uma camada inviolada a não ser por erros de copistas, como é o caso da maioria das cartas de Paulo no Novo Testamento. Mas a exegese neste livro concentra-se principalmente nos evangelhos e, não importando se fazem ou não parte do Novo Testamento, eles apresentam inúmeras camadas como se fossem um conjunto arqueológico. Por exemplo, quando Mateus absorve quase inteiramente o evangelho de Marcos, existem obviamente camadas anteriores de um e posteriores do outro. Da mesma maneira como sítios antigos se formam de diferentes camadas, os antigos evangelhos apresentam também escritos sobrepostos. Nos dois casos, portanto, o desafio absolutamente fundamental consiste em examinar essas múltiplas camadas.

Poderíamos chamar nossa tarefa atual de empenho paralelo no qual interagem diferentes camadas de complexos arqueológicos com superposições de textos dos evangelhos. Assim, para nossos propósitos, precisamos escavar de diferentes modos os estratos arqueológicos do mundo de Jesus, bem como os de sua vida. Mas, embora todos reconheçam a inevitabilidade dos procedimentos arqueológicos empregados para determinar e datar as sucessivas camadas de um sítio, nem todos se dão conta da inevitabilidade e necessidade do mesmo processo em relação aos evangelhos do Novo Testamento, por causa da natureza desses textos e do relacionamento que temos com eles. Trata-se, naturalmente, de um problema.

Finalmente, resumindo bastante, o que esperamos alcançar ao integrar arqueologia e exegese por meio dessas camadas duplas e paralelas? Por que Jesus aconteceu naquela época e naquele lugar?

Antes de Jesus, Herodes, o Grande, governava a Judéia sob o poder romano e expandiu o Monte do Templo em Jerusalém com magnificência desenvolvendo também um porto de classe internacional em Cesaréia Marítima. Nada fala mais alto a respeito dos esforços da romanização de igualar a urbanização e a comercialização do que os grandes armazéns e as agitadas águas da baía ativa em todas as estações do ano. Na judaica Cesaréia Marítima, no Sebaste samaritano e no extremo norte de Cesaréia de Filipos, Herodes construiu templos pagãos dedicados à deusa Roma e ao imperador divino Augusto, mas quase nada fez na Galiléia em comparação com outras partes do reino.

Coube a seu filho, Herodes Antipas, no tempo de Jesus, promover intenso projeto de romanização, urbanização e comercialização da Galiléia, com a reconstrução de sua primeira capital, Séforis, em 4 a.C. e com a nova construção de Tiberíades em outro local, em 19 d.C. Sob Antipas, que imitava o pai, guardadas as devidas proporções, o reino de Roma atingiu pela primeira vez efetivamente a Baixa Galiléia nos anos 20. Embora as feições da arquitetura greco-romana cobrissem as terras judaicas, e o comércio e a urbanização do império redistribuíssem riquezas, os arqueólogos descobriram tanto na Judéia como na Galiléia sinais de que o povo judeu vivia de maneira distinta dos outros ao redor.

Na medida em que os textos combinam com as pedras, os artefatos arqueológicos judaicos relacionam-se claramente com a fé e com a lei divina da aliança calcada na justiça, na retidão, na pureza e na santidade, porque a terra pertencia ao Deus sempre ao lado dos justos e retos. Na Lei, ou Torá, Deus dissera: "A terra me pertence". Como entender a maneira como aqueles reis herodianos clientes usavam a terra? E que dizer do Império Romano que assim se vangloriava: "A terra nos pertence, porque a tomamos de vocês; é o que se chama guerra; ou, se preferirem teologia, nosso deus Júpiter tomou-a de seu deus Iahweh". Ao anunciar o Reino de Deus nos anos 20 na Baixa Galiléia, Jesus e seus companheiros ensinavam, agiam e viviam em oposição à localização do reino de Roma por Herodes Antipas nas terras de seus camponeses. Não estamos falando a respeito da violenta resistência militar contra Roma que resultou nas ruínas do Templo de Jerusalém e da fortaleza de Masada. Esse tipo de resistência não era o de João nem de Jesus, pois, se fosse, Antipas teria decapitado muito mais gente do que João, e Pilatos teria crucificado muitos outros além de Jesus. Mas mesmo não violenta, tratava-se certamente de resistência contra a injustiça distributiva do comércio romano-herodiano — daí a ênfase de Jesus em alimentos e saúde — praticada em nome da aliança, da terra, da Torá e do Deus do judaísmo.

Introdução

AS DEZ PRINCIPAIS DESCOBERTAS DAS ESCAVAÇÕES SOBRE JESUS

Este livro trata de escavações relacionadas com Jesus; arqueologicamente, entre pedras para reconstruir seu mundo; exegeticamente, entre textos para reconstruir sua vida. Acima de tudo, quer integrar os dois tipos de escavação com a finalidade de localizá-lo no mundo onde viveu, bem como sua visão e programa, no seu tempo e lugar. Esses dois tipos de escavação exigem exame e identificação, reconstrução e interpretação. Especialmente, interpretação. Os textos em si não podem fazer isso. Na verdade, até mesmo sua interpretação chega a ser muitas vezes bastante controvertida. Nem os textos nem as pedras falam conosco diretamente. Ambos exigem nossa respeitosa interpretação. Mas quais são, para início de conversa, as dez mais importantes descobertas arqueológicas, juntamente com as exegéticas, que nos vão guiar no processo paralelo de "escavar sobre Jesus"?

Descobertas arqueológicas

As dez principais descobertas arqueológicas abrangem objetos particulares e lugares gerais. As primeiras quatro referem-se a objetos específicos — com ligações diretas ou indiretas com textos dos evangelhos —, embora contenham importantes aspectos de seus mundos contemporâneos. Seguem-se cinco pares. Não se trata de malabarismo para evitar que a lista aumente para dezesseis itens, muito embora talvez isso pudesse ser decorrência deste estudo. Em cada caso percebe-se um fenômeno específico mais visível nos pares do que em cada um de seus elementos: comércio no lago de Tiberíades, reino romano-herodiano na terra judaica, urbanização da Galiléia, resistência judaica a Roma e vida urbana judaica. O último item é um conjunto de objetos cuja importância para a religião judaica do primeiro século é interna e externamente cumulativa. O valor dessas coisas vem não de exemplos ou de categorias isoladas mas sim do número de casos na mesma categoria e da combinação entre eles.

1. Ossuário de Tiago, irmão de Jesus
2. Ossuário do sumo sacerdote José Caifás

3. Inscrição do prefeito Pôncio Pilatos

4. Esqueleto de Yehochanan crucificado

5. Lago de Tiberíades: casa de Pedro e barco galileu

6. Cesaréia e Jerusalém: cidades de Herodes, o Grande

7. Séforis e Tiberíades: cidades de Herodes Antipas

8. Masada e Qumrã: monumentos da resistência judaica

9. Gamla e Jodefá: cidades judaicas na Galiléia do primeiro século

10. Vasos de pedra e piscina com degraus: religião judaica

1. Ossuário de Tiago. Este ossuário do primeiro século foi revelado em novembro de 2002, pertencente a um colecionador particular de antiguidades em Israel. A caixa foi construída com delicada pedra calcária contendo ossos de alguém que foi novamente sepultado depois da decomposição do corpo, com a inscrição em aramaico, *Tiago, filho de José, irmão de Jesus*. Teria sido comprada de um vendedor de antiguidades em Jerusalém, cuja identidade não se conhece. Alega-se que teria sido encontrada na cidade árabe de Silwan, ao sul de Jerusalém. Se a inscrição for autêntica, então o ossuário não apenas contém os restos de Tiago, irmão de Jesus e líder na igreja primitiva, mas também oferece dados sobre Jesus da mais tangível evidência existente.

2. Ossuário de Caifás. Operários de construção que trabalhavam num parque aquático na Floresta da Paz, ao sul da cidade velha de Jerusalém, em novembro de 1990, entre o Haas Tayelet e o Abu Tor, encontraram uma cova lacrada do ano 70 d.C. Sobre a urna, que ainda mostrava sinais de rica ornamentação com duas rosetas, lia-se o nome de *Caifás* escrito de maneira grosseira. Seu nome e o da família sepultada com ele mostravam que o pequeno túmulo sustentado por colunas fora o lugar de repouso do sumo sacerdote mencionado pelo nome em Mateus 26 e João 18 por causa do papel que desempenhou na crucifixão. Trata-se de ligação direta com as histórias da execução de Jesus nos evangelhos.

3. Inscrição de Pilatos. Arqueólogos italianos, em 1962, removendo areia e detritos das ruínas do teatro em Cesaréia Marítima, antigo centro de poder romano no Mediterrâneo, descobriram uma inscrição com o nome de Pôncio Pilatos. Essa pedra havia sido usada, de cabeça para baixo, na renovação do teatro no quarto século de nossa era. Permaneceu oculta e preservada até o presente. A inscrição em latim anunciava que Pilatos havia dedicado um *Tiberium*, estrutura pública em honra do imperador do mesmo nome, e que a cidade havia sido construída para honrar seu predecessor, César Augusto. A inscrição põe fim a dúvidas sobre o título exato de Pilatos, nomeando-o *prefeito* em lugar do título inferior de *procurador*. A descoberta, no entanto, foi mais celebrada por dar testemunho tangível dessa proeminente figura do Novo Testamento. Na verdade, fora comissionada pelo próprio Pilatos, dando-nos mais um vínculo com os evangelhos.

4. *Homem crucificado*. Em junho de 1968 Vassilios Tzaferis, do Departamento de Antiguidades de Israel, escavou túmulos ao nordeste de Jerusalém, num lugar chamado Givat Hamivtar. Na necrópole, descobriu na rocha a tumba de uma família do primeiro século d.C. com cinco ossuários. Um deles continha os restos de dois homens e de uma criança. O osso do calcanhar direito de um dos homens, medindo 5 pés, com 5 polegadas de altura, provavelmente pertencente a um jovem de mais ou menos 25 anos de idade, havia sido perfurado por um prego de 4,5 polegadas. Uma pequena base de madeira segurava o pé para que o peso da perna não o forçasse a se soltar, uma vez que a cabeça do prego era pequena. Mas o prego entortou depois de ter sido fixado na madeira de oliveira de que era feita a cruz, ficando, por isso, preso ao próprio osso depois da remoção do corpo para o sepulcro. Os braços haviam sido amarrados em vez de pregados e as pernas não foram quebradas. Contrariando as práticas costumeiras, o corpo foi dado à família para sepultamento. O ossuário trazia o nome do morto, Yehochanan, *o homem crucificado*.

5. *Lago de Tiberíades*. Em primeiro lugar, de 1968 a 1985 os arqueólogos franciscanos Padres Corbo e Loffreda escavaram a igreja octogonal do século quinto construída em cima de uma igreja-casa do século anterior que, por sua vez, fora edificada sobre uma casa simples com pátio do primeiro século a.C. em Cafarnaum. Por volta do segundo século d.C. nas paredes de um de seus quartos foram rabiscados grafites em aramaico, hebraico, grego, latim e siríaco. Esse recinto não continha artefatos domésticos e fora revestido de gesso diversas vezes, indicando que fora bastante valorizado pela primeira geração de cristãos. Os escavadores concluíram que se tratava da *casa de Pedro*, "a residência do chefe dos apóstolos," segundo escritos de antigos peregrinos. Em segundo lugar, durante o rebaixamento das águas do lago num período de seca em janeiro de 1986, dois membros do *kibutz* Ginnosar, ao lado, descobriram um barco de consistência frágil, soterrado e encharcado. Depois de esforços extremamente difíceis para recuperá-lo e de fazê-lo passar por processos adequados de preservação pelos arqueólogos do Departamento de Antiguidades de Israel, o barco medindo 8 por 12 pés pode ser visto agora num espaço climatizado do *kibutz*. Os testes usados em cerâmica e com carbono 14 revelaram que datava do tempo de Jesus. Além do remador, podiam sentar-se nele 12 pessoas. Esse tipo de embarcação era utilizado para pesca e para atravessar o lago. É conhecido, agora, como *o barco de Jesus*.

6. *Cesaréia Marítima e Jerusalém*. Depois de mais de vinte anos de escavações em Cesaréia Marítima e mais do que isso ao redor do Templo de Jerusalém, foram extraídos do solo inúmeros objetos e monumentos capazes de encher museus e sobrecarregar os espaços de armazenagem do Departamento de Antiguidades de Israel. Entre os achados, destacam-se as enormes estruturas monumentais construídas por Herodes, o Grande (37-4 a.C.), importante legado arquitetônico de seu reino. Cesaréia Marítima, de um lado, foi transformada de praia tranqüila sem baía natural nem fontes de água pura, num dos portos mais modernos e movimentados do Mediterrâneo oriental. A cidade foi chamada assim em honra de César e ador-

nada com um magnífico templo dominado pelas estátuas do imperador Augusto e da deusa Roma. Em Jerusalém, de outro lado, Herodes embelezou e expandiu o Templo judaico. Transformou o Monte do Templo na maior plataforma monumental do Império Romano: com pedras artisticamente talhadas, pórticos impressionantes e colunas decoradas, criando a mais bela estrutura jamais vista, segundo testemunhas oculares. Os dois projetos mostram a lealdade a Roma e a dedicação ao Deus judaico, mas, acima de tudo, significam o tributo que prestava a si mesmo e a seu reino.

7. Séforis e Tiberíades. Como seu pai, Herodes Antipas agia como cliente de Roma (4 a.C.-39 d.C.), não como rei, mas na qualidade de tetrarca inferior, apenas sobre a Galiléia e Peréia, sem nenhuma autoridade sobre o resto do território judaico. Como o pai, construiu cidades, mas nunca com o mesmo esplendor alcançado pelo pai. Herodes Antipas não era rico nem poderoso como Herodes, o Grande. Mas urbanizou a Galiléia com a edificação de Séforis e Tiberíades. Esta última, naturalmente, em homenagem a Tibério. Embora Tiberíades seja hoje belo lugar de lazer ao longo do mar, oferece poucas chances de escavações. As ruínas de Séforis continuam inabitadas e têm sido escavadas até agora por quatro grupos nas últimas décadas. As descobertas espetaculares incluem um teatro em estilo romano, um grande aqueduto subterrâneo e mosaicos dionisíacos, do período romano. Fazem-nos perguntar até que ponto Antipas impôs o estilo arquitetônico greco-romano à população judaica e qual teria sido seu impacto na construção de seu reino na Galiléia. Séforis, afinal, distava apenas 4 milhas de Nazaré, a cidade onde Jesus morava.

8. Masada e Qumrã. Dois sítios na remota e desolada costa ocidental do Mar Morto escavados por volta dos anos 1950 e 1960, respectivamente, dão testemunho da resistência judaica contra Roma no primeiro século d.C. Masada, um palácio-fortaleza no alto de um penhasco construído por Herodes, o Grande, foi tomado pelos sicários judaicos no começo da revolta em 66 d.C., mas foi retomado pelas legiões romanas quatro anos depois da destruição do Templo, em 70 d.C. A descoberta da arqueologia das obras do cerco romano e as narrativas do historiador judaico Josefo sobre o suicídio dos sicários ilustram vividamente sua violenta resistência ao domínio romano. O complexo de um mosteiro construído sobre um terraço argiloso pela seita judaica Khirbet Qumrã preserva as ruínas de outro tipo de resistência, comunitária e não violenta, na qual o retiro, o estudo e a pureza representavam armas contra influências estrangeiras e decadência moral. Esses dois sítios são monumentos da resistência judaica.

9. Jodefá e Gamla. Duas cidades, uma sobre uma colina na Baixa Galiléia e a outra no alto de uma cordilheira no Golan ao leste, foram destruídas pelas legiões romanas em 67 d.C., permanecendo sepultadas e esquecidas até as escavações do século passado por arqueólogos de Israel. Além de confirmarem seu fim catastrófico conforme relatou Josefo, Moti Aviam em Jodefá e Shmarya Gutmann em Gamla mostraram as frágeis defesas e a vida diária dessas duas cidades judaicas. Nenhuma delas foi mencionada nos evangelhos nem, tampouco, construíram-se igrejas, mosteiros ou santuários em seus espaços. Mas preservaram até nossos dias, ironicamente, fragmentos arqueológicos da vida judaica no tempo de Jesus.

10. Vasos de pedra e piscinas rituais. Nos lugares onde viviam os judeus na Galiléia e ao redor de Jerusalém na Judéia, existiam vasos de diferentes formas e tamanhos, esculpidos ou torneados em pedra-sabão, e piscinas com degraus revestidas de gesso, embutidas na rocha, chamadas *miqwaoth* (singular, *miqweh*) referidas neste livro como balneários rituais. Esses itens particulares sinalizavam o caráter judaico para os contemporâneos pertencentes a um povo diferente. Tanto os vasos de pedra como os balneários rituais relacionavam-se com práticas de pureza. Esses elementos não são mencionados nos evangelhos a não ser, de passagem, quando se fala de jarros na história das bodas de Caná (João 2,6). Mas a freqüência com que aparecem nas camadas arqueológicas da época dá a entender que todos conheciam e que não precisavam, por isso, ser mencionados nos evangelhos, pois faziam parte da religião judaica e das características desse povo no tempo de Jesus.

Essas dez descobertas e todas as outras que virão precisam ser postas em seu ambiente arqueológico. Lembremos o seguinte: às vezes a descoberta torna-se importante por causa de objetos ao seu redor tais como uma pequena moeda de bronze ao lado ou alguns cacos de louça debaixo dela. Objetos aparentemente sem valor, quando comparados com a totalidade da descoberta, podem servir para estabelecer datas e esclarecer contextos, tornando o achado não apenas uma novidade a mais mas também um dos dez mais importantes até agora.

Descobertas exegéticas

Ao passar das dez mais importantes descobertas arqueológicas para as dez igualmente mais importantes descobertas exegéticas sobre Jesus, entramos em outro mundo. Mesmo os que discordam de nossas escolhas arqueológicas podem ainda conferi-las em sítios ou museus e ver que existem. Ninguém pode negar, por exemplo, a existência das construções de Herodes, não importando como entenda seu sentido ou as interprete. Mesmo os que negam que certa estrutura em Cafarnaum tenha sido de fato a casa de Pedro no primeiro século, ainda assim estará falando a respeito de um lugar concreto, de um sítio específico e de um edifício em ruínas. O mesmo não se aplica aos itens desta nova lista.

Os dois primeiros são suficientemente claros. Representam uma grande coleção de livros judaicos e um pouco menor de livros cristãos. Esse conjunto de textos está preservado em museus contemporâneos. Trata-se de fato inegável. É surpreendente que, apesar de todas as escavações cuidadosamente planejadas, financiadas, administradas e executadas em busca de antiguidades arquitetônicas e textuais, não foram especialistas, mas sim pastores beduínos e camponeses egípcios quem descobriu as duas coleções. O mesmo não se aplica a alguns dos demais itens da lista. O termo "descoberta" pode ser contestado. Podem-se debater não apenas a interpretação mas até mesmo a própria existência do fenômeno. Nem todos concordam que essas descobertas sejam verdadeiras. Contudo, acentuamos esses dez itens porque determinam a maneira como são escavados os restos de textos sobre o Jesus histórico, não importando se respondemos positiva ou negativamente a alguns deles.

Com exceção dos Rolos do Mar Morto, todos os demais itens referem-se a textos bastante posteriores a Jesus. Mas o que descobrimos e decidimos a respeito deles importa muito para qualquer reconstrução do Jesus histórico. O item final da lista envolve a ampla questão a respeito dos desenvolvimentos teológicos no cristianismo primitivo, a saber, o choque severo entre Tiago e Paulo como intérpretes de Jesus. Embora hoje em dia a maioria dos cristãos tenda a pensar que Paulo é o intérprete normativo de Jesus, no primeiro século até mesmo ele se dava conta de que Pedro, Barnabé e outros preferiam a interpretação de Tiago à sua. Tenhamos em mente, pois, que vamos examinar Jesus não apenas pelos olhos de Paulo nem mesmo de Tiago, mas por meio do debate entre eles e alguns outros.

1. Rolos do Mar Morto

2. Códices Nag Hammadi

3. Dependência de Mateus e Lucas em relação a Marcos

4. Dependência de Mateus e Lucas em relação ao *Evangelho Q*

5. Dependência de João em relação a Marcos, Mateus e Lucas

6. Independência do *Evangelho de Tomé* em relação aos evangelhos canônicos

7. Tradição dos Ditos Comuns no *Evangelho Q* e no *Evangelho de Tomé*

8. Independência da *Didaqué* ("ensino") em relação aos evangelhos

9. Existência de fonte independente no *Evangelho de Pedro*

10. Reflexo do confronto entre Tiago e Paulo no Jesus histórico

1. Rolos do Mar Morto. Esses documentos formam a biblioteca do grupo sectário que deliberadamente se separou das autoridades sacerdotais do Templo de Jerusalém para viver comunitariamente com pureza ritual própria e observar corretamente o calendário, na costa noroeste do Mar Morto. Depois da primeira descoberta em 1947, a sede da comunidade foi escavada em Khirbert Qumrã, e os livros foram encontrados em onze grutas nos penhascos atrás dela. Alguns textos conservavam-se relativamente completos, outros danificados, mas centenas deles rasgados em pedaços com mais de dez mil unidades. Os conteúdos dessa biblioteca, datando entre 200 a.C e 70 d.C., descrevem com minúcias a teoria e a prática dos essênios, seita conhecida de diversos escritores antigos, fornecendo-nos preciosos dados a respeito do estilo específico de vida em terras judaicas do primeiro século, úteis para entender o contexto do judaísmo e do cristianismo.

2. Códices Nag Hammadi. Esses documentos cristãos, quarenta e cinco textos distribuídos em treze livros de papiro ou códices, foram descobertos em 1945 perto da moderna Nag Hammadi, antiga Chenoboskion, cerca de 370 milhas ao sul do Cairo. São transcrições do quarto século em copta (escritos egípcios com alfabeto grego expandido), mas contêm obras cujos originais gregos remontam a séculos precedentes. Os diversos gêneros e teologias dessa coleção dão ênfase ao gnosticismo (crença na salvação da escravidão humana no mundo da matéria, oposta ao mundo do espírito, por meio de conhecimento secreto ou *gnosis*) e às vezes até mesmo mais ao ascetismo, embora não representem determinada ideologia precisa das seitas cristãs conhecidas. É provável que tenham sido reunidas de acordo ou não com os conteúdos e enterradas em jarros lacrados como proteção contra possível esquecimento por serem consideradas heréticas. São extremamente importantes como testemunho do gnosticismo pré-cristão e da diversidade existente no cristianismo primitivo.

3. Marcos, Mateus e Lucas. Desde que se tornou óbvio aos especialistas que Mateus, Marcos e Lucas mostravam muita semelhança quanto à seqüência e ao conteúdo e que, portanto, se poderia presumir certa conexão genética entre eles (primeira descoberta), o próximo passo foi a busca de como se deu esse relacionamento (segunda descoberta). Em 1789-1790 Johann Jakob Griesbach sugeria que Mateus teria vindo em primeiro lugar, Marcos copiara Mateus e Lucas reproduzira os dois. Mas em 1835 Karl Lachmann propôs outra gênese: Marcos seria o primeiro e Mateus e Lucas copiaram-no independentemente. Essa alternativa é a mais aceita agora. As camadas de Marcos em Mateus e Lucas justificam o uso do termo "escavação" na exegese. Mas onde mais tal escavação textual seria requerida nas pesquisas sobre os evangelhos?

4. Evangelho Q. Esta terceira descoberta baseou-se nas duas anteriores. A partir do texto de Marcos foi fácil perceber as porções que Mateus e Lucas teriam usado. Mas havia muitas outras seções em Mateus e Lucas que não vinham de Marcos, e que seguiam seqüências suficientemente semelhantes para pensar na existência de outra fonte (terceira descoberta). Em 1838, Christian Hermann Weisse desenvolveu algumas idéias anteriores de Friedrich Schleiermacher e sugeriu a existência dessa fonte. Em 1863, Julius Holtzmann deu a ela seu primeiro nome. Chamou-a "L", da palavra *logia*, que em grego significa "ditos" (de Jesus). Em 1890, finalmente, Johannes Weiss deu-lhe o nome que permanece até hoje. Chamou-a de "outra fonte comum" em Mateus e Lucas (à parte de Marcos) e, porque estava escrevendo em alemão, chamou-a de *Quelle*, que quer dizer "fonte". A abreviação Q passou, então, a ser universalmente adotada.

5. Sinóticos e João. O consenso dos especialistas sobre fontes diminui rapidamente quando se vai de Marcos por meio do *Evangelho Q* para João. Será João dependente ou independente dos três evangelhos sinóticos? Enquanto certo pesquisador conclui, maximamente, que temos agora "crescente consenso" em volta da tese da dependência, um outro afirma, minimamente, que nas primeiras décadas do século vinte a posição mais provável era a favor da dependência; mas, entre 1955 e 1980, já se tendia para a independência, de tal maneira que hoje em dia nenhuma das posições pode ser considerada a melhor. Em outras palavras, pelo menos isto: não se pode alegar consenso no debate, mas se podem, certamente, resumir as razões em favor de cada posição. Porém, em termos da metáfora da escavação, é muito importante que o pesquisador descubra por si mesmo se João depende ou não dos evangelhos sinóticos. Pensemos, por exemplo, na história da paixão: serão todas as versões dependentes apenas de Marcos ou existem duas fontes independentes em Marcos e João?

6. Evangelho de Tomé. Entre os textos de Nag Hammadi encontra-se um evangelho copta completo cujo original grego havia sido descoberto, embora não reconhecido, em fragmentos de três diferentes cópias na passagem do século dezenove para o vinte na moderna Bahnasa (antiga Oxyrhynchus), a cerca de 120 milhas ao sul do Cairo. O *Evangelho de Tomé* contém apenas aforismos, parábolas ou pequenos diálogos de Jesus e quase nenhuma narrativa; não há histórias do nascimento, de milagres nem da paixão e da ressurreição. Sua teologia peculiar nega qualquer validade à esperança pelo futuro apocalíptico, mas exige, em vez disso, o retorno ao passado edênico por meio de ascese celibatária. Aqui, também, a questão levantada pela escavação textual é se esse texto depende ou não dos evangelhos canônicos. Talvez exista consenso nos Estados Unidos a respeito da tese da independência entre os especialistas em *Tomé*, embora muito menos na Europa ou entre os estudiosos dos evangelhos do Novo Testamento.

7. Tradição dos Ditos Comuns. Cerca de um terço do material no *Evangelho Q* e no *Evangelho de Tomé* são comuns aos dois. Mas não há evidência de que esses dois textos dependam um do outro em termos de redação, seqüência e conteúdo. Além disso, a ordem dessa tradição comum é tão completamente divergente que não se pode plausivelmente postular que tenham se valido da mesma fonte *escrita*. Finalmente, não existe nenhuma razão especial para afirmar que o desordenado *Evangelho de Tomé* poderia ter alterado a ordem de alguma fonte escrita. Mas existem, mesmo nas estimativas mais conservadoras, trinta e sete unidades da tradição adotadas e adaptadas pelos dois evangelhos a seus propósitos teológicos bem diversos. Trata-se, então, de importante caso onde muita "tradição oral" pode ser vista claramente em ação.

8. Didaqué ("ensino"). Há muitas cartas do primeiro século, como as de Paulo, dizendo aos fiéis como se comportar, mas este pequeno texto, *Didaqué* ("ensino" ou "instrução"), é uma regra comunitária ou ordem eclesiástica relatando a vida do grupo e especialmente as mudanças esperadas dos novos convertidos pagãos à comunidade judaica cristã. Foi escrito na segunda metade do primeiro século, mas não se tem certeza da data exata. Foi descoberto em 1873 no interior de um códice do século onze num mosteiro grego em Constantinopla. Discute-se, também aqui, até que ponto o documento depende ou não dos evangelhos canônicos. A questão é crucialmente importante, porque coleta alguns dos ditos mais radicais de Jesus no início da obra. Esse minicatecismo também aparece no *Evangelho Q*, mostrando a importância da estratificação. Dependerão um do outro, ou teriam usado alguma camada anterior?

9. Evangelho de Pedro. Trata-se de um escrito do segundo século como o *Evangelho de Tomé*, oriundo de duas descobertas separadas. Entre 1886 e 1887 achou-se em Akmin, a cerca de 300 milhas ao sul do Cairo, um longo fragmento grego constituído de aproximadamente sessenta versículos, copiados num códice em forma de livro de bolso entre 600 e 900. Foram encontrados, também, dois pequenos fragmentos gregos, com menos de três versículos, de um rolo datado de por volta do ano 200, entre os papiros de Oxyrhynchus, já mencionados acima. Seu conteúdo narra o julgamento, a morte, o sepultamento, a ressurreição e a aparição (presume-se) de Jesus. Começa e termina com sentenças quebradas e depende dos evangelhos canônicos. Os estudiosos perguntam, no entanto, se não transparece aí outra história independente tanto do ponto de vista canônico como da narrativa seqüencial. Se for assim, qual seria o conteúdo dessa outra história?

10. Tiago contra Paulo. Qual era a questão central nesse debate? Tiago e Paulo concordavam que a circuncisão não devia ser exigida dos pagãos convertidos, porque a justificação divina final do mundo já começara e era processo contínuo em vez de instante momentâneo. Concordavam também que o cristianismo judaico e o pagão deveriam permanecer juntos na mesma comunidade. Mas que dizer a respeito de *kosher* nas refeições comunitárias e das preocupações sobre pureza nos contatos comuns? Perguntava-se se quando judeo-cristãos e pagãos comiam juntos se deveria ou não observar as tradições *kosher*. Tiago dizia que sim. Paulo era contra. Os principais apóstolos concordavam com Tiago. Essas questões eram ainda debatidas no ano 50, porque Jesus nada dissera a respeito delas por volta do ano 30.

Camadas paralelas

Voltamos agora ao tema das camadas paralelas em relação às escavações relacionadas com Jesus. A importância das camadas arqueológicas é reconhecida universalmente. Quando se viaja pela Mesopotâmia vêem-se inúmeros sítios que indicam a superposição de camadas testemunhando habitações humanas. São amontoados em oposição à monotonia achatada do cenário. Quando se cavouca ou se escava sem o cuidado de examinar cientificamente essas camadas, nada mais se faz além de pilhagem cultural. Se o item achado não for identificado cuidadosa e acuradamente com a sua camada histórica própria, dificilmente será mais do que mero objeto. Examinemos, por exemplo, dois exemplos clássicos de análise incorreta de camadas e, conseqüentemente, das conclusões históricas equivocadas.

O tesouro de Príamo. No início e no fim da década de 1870 Heinrich Schliemann realizou escavações em Hisarlik, nos bancos orientais perto do sul dos Dardanelos turcos, buscando a antiga Tróia. Tratava-se de bem-sucedido magnata do campo empresarial, autodidata, que havia abandonado a escola secundária para entrar no comércio, com a idade de catorze anos, passando depois ao ramo da arqueologia, após ter completado quarenta e um anos. Descobriu não apenas uma cidade soterrada, mas nove, uma em cima da outra. Tróia II, a segunda de baixo para cima, mostrava sinais de saques belicosos. Numa das portas encontrou um esconderijo com mais de cem objetos de cobre, prata e ouro. Fez, então um anúncio sensacional sobre os "tesouros de Príamo", e fotografou sua esposa grega, Sofia, usando os ornamentos de ouro que achara. Depois disso o tesouro desapareceu da Grécia e foi parar na Alemanha, de maneira fraudulenta, em 1873, e em 1945, ainda durante a guerra, acabou na Rússia. Mas nada disso, nem mesmo o reaparecimento desses objetos em 1993 no Museu Pushkin de Moscou e no de São Petersburgo, conseguiu mudar um fato muito simples.

As nove cidades datam de entre 3000 a.C. e 600 d.C. Tróia VII, de 1250 a 1000 a.C., é a candidata mais plausível para ocupar o cenário da guerra de Tróia. Schliemann identificou até a quinta cidade relativa a 1300 anos. A cidade governada por Príamo e Hecuba, cercada por Agamêmnon e Aquiles, destruída por uma bela mulher entre dois esposos reais (ficção?) ou, melhor, num estreito estratégico entre dois mares comerciais (fato?), não era, infelizmente, Tróia II, mas Tróia VII. Embora prosaico, era preciso admitir que "o ouro de Príamo" tinha que se submeter à análise das camadas arqueológicas, com sua sujeira e detritos, para precisar a localização no espaço antes de datá-la.

Os muros de Jericó. Entre 1907 e 1909 uma expedição arqueológica alemã dirigida por Ernst Sellin e Carl Watzinger escavou um oásis num deserto de Jericó, esperando encontrar a cidade e os muros que Josué e os israelitas conquistadores teriam destruído. O trabalho chegou à conclusão insatisfatória: os muros destruídos encontrados eram do fim da Idade Média do Bronze (2000-1500 a.C.), pelo menos dois séculos antes e, portanto, inadequados para confirmar a narrativa do livro de Josué. De 1929 a 1936 John Garstang empenhou-se em corrigir os problemas que, segundo ele, os alemães haviam criado e cavou novamente muitos dos fossos deixados pelos arqueólogos anteriores. Cortando outras porções do sítio, identificou cerca de doze diferentes camadas do Período Neolítico (8000-4500 a.C.). Na extremidade norte do sítio arqueológico encontrou o que procurava num nível que chamou de Cidade IV: um grande muro destruído, segundo ele, num cataclismo no final da Idade Tardia do Bronze (1500-1250 a.C.), que fora a data da conquista bíblica. Na década de 1950, a arqueóloga britânica Kathleen Kenyon, ajudada por um método mais cuidadoso de identificar camadas e por mais acurada tipologia de classificação de cerâmicas, reescavou o lugar. Os muros de Garstang haviam sido, de fato, destruídos por terremoto e incêndio, segundo Kenyon, mas pertenciam a fortificações da Idade Antiga do Bronze (3200-2000 a.C.). Com precisão meticulosa, Kenyon demonstrou como esse muro da Idade Antiga do Bronze havia sido coberto por aterros que sofreram o efeito da erosão quando o lugar fora abandonado. Fragmentos de material da Idade Tardia do Bronze foram acrescentados ao complexo por meio de fendas produzidas pela chuva. Esses elementos teriam enganado Garstang, levando-o a datar o muro como o de Jericó destruído pelos israelitas. Mas Kenyon teve a palavra final: os muros de Jericó do tempo de Josué ainda não haviam sido achados. Como o ouro de Príamo, os muros de Jericó precisam se submeter à organização das camadas, aos fragmentos encontrados entre sujeira e detritos, para que se possa estabelecer com precisão o lugar antes de estipular qualquer data.

As camadas do evangelho. Esses procedimentos são claros e servem para acentuar a importância do correto estabelecimento das camadas arqueológicas para chegar a conclusões históricas válidas. Assim como a *Ilíada* não garante que tesouros achados sejam de Príamo, também a Bíblia não é suficiente para afirmar que alguém, afinal, encontrou os muros de Jericó. Trata-se da aplicação correta da metodologia para estabelecer camadas nas escavações arqueológicas. Mas que dizer a respeito do estabelecimento de camadas nas escavações exegéticas? Nesse caso as coisas são bem mais controvertidas.

Alguns especialistas negam a existência de camadas exegéticas na teoria e, portanto, ignoram-nas na prática. Outros afirmam que existem em teoria mas não na prática. Na exegese dos evangelhos, diferentemente da arqueológica, essas camadas precisam ser defendidas tanto teórica como praticamente. É também importante, para a integridade da pesquisa, não aceitar em todas as possibilidades específicas, o que alguém classificou como fato geral. Mas essa afirmação precisa ser explicada.

Imaginemos quatro testemunhas num tribunal de justiça esforçando-se para descrever da melhor maneira possível o acidente que presenciaram há quatro semanas. Todos são igualmente sinceros, honestos, imparciais e só se envolveram no caso porque passavam pelo local no momento da ocorrência. Certamente seus relatos não são idênticos e contêm certas discrepâncias, mas se você fosse o advogado de defesa ou de acusação, sentir-se-ia mais seguro se todos os quatro concordassem em quase tudo. Primeira testemunha: o carro preto passou com o farol vermelho e bateu no Honda Civic. Segunda testemunha: aquela coisa grande passou em alta velocidade pela luz vermelha e atingiu o carrinho. Terceira testemunha: O carro preto nem parou no farol vermelho. Quarta testemunha: esses carros são muito velozes e esse passou o farol e bateu no outro. Não houve problema. Tudo correu bem com a justiça. Mas imaginemos agora outro cenário. Um dos quatro informantes era um repórter que tomou conhecimento dos fatos direta ou indiretamente de outros, e contou a história a dois informantes. A quarta testemunha contou o que ouviu dos outros três. Como vai decorrer agora o julgamento? Não temos testemunhas oculares mas apenas três ecos. É provável que o carro preto tivesse passado com o farol vermelho, mas também poderia não tê-lo ultrapassado.

O senso comum percebe muita semelhança na seqüência e conteúdo de Mateus, Marcos e Lucas, e até mesmo de João, embora este último exija certas qualificações. Talvez João tenha vindo depois e, concentrando-se no que os outros haviam dito, procurasse salientar o que eles omitiram para oferecer uma interpretação mais profunda do que eles. Mas, certamente, para o senso comum e para a maioria dos cristãos, o estudo do Jesus histórico consiste em harmonia organizada. Qual é a melhor maneira de reunir essas quatro testemunhas (ou outras) de maneira consensual? Os evangelistas não eram mentirosos enganadores nem tolos enganados. Estavam, de fato, prontos para morrer pelo que criam. Alguns poderiam concluir que o estudo dos evangelhos é uma síntese. E chegar à conclusão de que se preocupar com as camadas do evangelho é irrelevante.

As camadas dos evangelhos têm diversos componentes. A crítica da forma estabelece os primeiros formatos usados para transmitir a tradição (parábola, aforismo, diálogo, lei etc.). A crítica das fontes procura mostrar quem copia de quem. A crítica da redação parte das cópias para estabelecer o propósito das omissões, adições ou alterações do copista. A crítica da tradição usa todos os métodos acima mencionados para estabelecer as camadas sucessivas do desenvolvimento da tradição. Mas talvez seja a crítica das fontes a que force e fundamente o problema das camadas exegéticas. Por exemplo, se Mateus e Lucas copiaram Marcos criativamente, e se João, com muito mais engenho, copiou esses três textos anteriores, que se deduz? Se, por exemplo, em vez de concluirmos que a entrada de Jesus em Jerusalém na semana anterior à sua morte foi contada nos quatro evangelhos (independentemente), devemos concluir que essa história foi contada em três camadas sobrepostas baseadas (todas) em Marcos (dependentemente). Surge, então, a questão: qual das camadas históricas é de Marcos? Trata-se de uma história originada numa camada datada dos anos 20 ou uma parábola de outra camada do começo dos anos 70 d.C.?

Neste livro não afirmamos que todos, especialmente os dois autores deste livro, precisam concordar com todas essas camadas dos evangelhos. O que dizemos é que sempre é necessário tomar decisões a respeito delas tanto em arqueologia como na exegese, e que as discordâncias não negam sua importância (antes, a afirmam), posto que são de extrema importância para as escavações a respeito de Jesus.

Examinemos, finalmente, a estratigrafia arqueológica nos sítios e, por outro lado, nos textos dos evangelhos como prelúdio dos próximos capítulos. Há duas tendências nessas estratigrafias, na construção das histórias da vida de Jesus e dos lugares onde viveu. Uma das tendências procura diminuir sua identidade judaica; a outra, elevar seu *status* social.

De um lado, quanto mais distantes do tempo de Jesus, mais *cristãs* tendem a ser essas camadas. Diferindo das mais antigas, as posteriores tendem a distanciá-lo do judaísmo e dos "judeus" (João, por exemplo) ou utilizar textos judaicos e truques interpretativos para reinventar o judaísmo como se fosse cristianismo (Mateus, por exemplo). As camadas arqueológicas tardias que comemoram a vida de Jesus tendem a apagar os sinais de seu judaísmo presentes nas mais antigas e substituí-las por feições romanas ou bizantinas. De outro lado, quanto mais Jesus é removido do contexto da Galiléia do primeiro século, mais elitista e imperial ele se torna. Ao contrário das primeiras camadas, as posteriores retratam-no como um ocioso filósofo (por exemplo, João) ou como intérprete de rolos literários e erudito participante de banquetes (por exemplo, Lucas). Santuários e igrejas antigas na Galiléia e em Jerusalém apagam suas origens camponesas e humildes presentes em camadas arqueológicas mais primitivas, substituindo-as por arquitetura imperial e monumental. Neste livro pretendemos retornar às camadas mais primitivas tanto de sítios como de textos.

CAPÍTULO 1

JESUS GRAVADO EM PEDRA

Como transportar um antigo artefato, não importando se autêntico, original, identificável, importante ou não? Tratava-se de um ossuário de 2.000 anos, feito de pedra-sabão, usado nos sepultamentos judaicos do primeiro século. O jornal nacional do Canadá, *The Globe and Mail* [O globo e o correio], do sábado 2 de novembro de 2002, mostrava na primeira página a fotografia de um caminhão blindado dirigindo-se para a área de descarga do Museu Real de Ontário, Toronto, datada da quinta-feira anterior. A caixa que estava sendo carregada trazia a advertência de que, contendo ossos, era muito frágil, avisando aos transportadores: "este lado para cima", por meio de duas setas iguais. Mesmo antes de sair do aeroporto Ben Gurion de Tel Aviv, a caixa de ossos de 20 por 12 e 10 polegadas tinha uma rachadura horizontal até embaixo, que começava num dos lados maiores fazendo a volta até o menor.

Depois de permanecer numa galeria durante a noite para climatização, a caixa foi aberta na manhã da sexta-feira e a coletiva para a imprensa adiada para as 3 horas da tarde. A rachadura de um dos lados maiores agora arqueava-se a partir de pequena área danificada até outra, em cima, que se insinuava também, pela inscrição que era, afinal, o ponto focal de toda a excitação ao redor de mais esse ossuário do período herodiano. O proprietário da caixa, identificado depois como Oded Golan de Tel Aviv, fizera os arranjos para o empacotamento e transporte pela empresa Brinks Ltda. (de Israel), posto que o artefato fora avaliado em 2 milhões de dólares. Mas, segundo o diretor administrativo do Museu Real de Ontário, Daniel Rahimi, não foram observadas as normas de transporte entre museus. Essas exigem gradeados duplos recheados de material resistente; nesses casos os danos durante o transporte são extremamente raros.

Os trabalhos de restauração, certamente, conseguirão consertar as rachaduras antigas e novas e prevenirão que outras aconteçam no futuro. Mas, de qualquer forma, achamos que esses danos nos servem de metáfora sobre o processo da descoberta desse ossuário. Rachado, como dissemos, desde o começo.

Autenticidade e integridade

A descoberta fora anunciada no dia 21 de outubro de 2002 numa coletiva para a imprensa em Washington, D.C. A mídia foi convidada e recebeu nomes e números de telefone de alguns especialistas, que tiveram uma semana para se preparar para as perguntas dos jornalistas. Durante a coletiva, a sala estava lotada para tomar conhecimento da descoberta de uma caixa de ossos com a inscrição: "Tiago, filho de José, irmão de Jesus", que pertencera à coleção particular de um proprietário até então anônimo. O ossuário datava do ano 63 de nossa era e dizia-se que continha os ossos de Tiago, o Justo, irmão de Jesus de Nazaré, ambos filhos do carpinteiro José. Esse encontro com a imprensa coincidia com a publicação do número de novembro/dezembro da *Biblical Archaeology Review* [Revista de Arqueologia Bíblica], cuja capa anunciava em primeira mão mundial: "Evidências de Jesus escritas em pedra". A revista contava a história de como o notável pesquisador André Lemaire, da Sorbonne de Paris, visitara um colecionador israelense, examinara o ossuário a convite dele e reconhecera imediatamente sua importância. Tratava-se, na verdade, de inscrição autêntica, segundo escrevera Lemaire num artigo científico. Tudo indicava que os ossos eram mesmo de Tiago e que a urna continha a mais antiga referência a respeito de Jesus de Nazaré. As manchetes dos principais jornais ao redor do mundo indagavam: "A mais antiga evidência de Jesus?", ou "Evidência arqueológica de Jesus?". A chegada do ossuário ao Museu de Toronto coincidia com um congresso internacional de especialistas em religião e arqueólogos. O anonimato do proprietário, mais tarde conhecido como Oded Golan de Tel Aviv, terminou até mesmo antes de se discutir a descoberta e sua importância num painel realizado no mesmo museu durante o seminário anual da Sociedade de Literatura Bíblia, em novembro.

Autenticidade

Inúmeros estudiosos receberam a notícia com ceticismo. Seu cinismo nada tinha a ver com o costume de certos acadêmicos de negar a historicidade da Bíblia, mas com os anúncios de demasiadas descobertas arqueológicas "novas" e "muito importantes" que acabavam não sendo, na verdade, nada disso. Em face da lista das novas descobertas que a mídia sensacionalista considerava autênticas, e os especialistas negavam, relembremos o destino desses ossuários anteriores antes de decidirmos a respeito dessa importante descoberta recente.

A (primeira) inscrição de Jesus-José. Em 1931 o renomado arqueólogo judeu Eleazar Levi Sukenik pronunciou uma conferência com o título: "Túmulos judeus de Jerusalém perto do local do nascimento de Jesus", para a Sociedade Arqueológica Alemã em Berlim. Revelou a existência de um ossuário encontrado em Jerusalém, com a chocante expressão: "Jesus, filho de José", feito de pedra-sabão talhada com martelo e cinzel, medindo 23 polegadas de cumprimento, 12 de largura e 14 de altura, com pequenos apoios em cada canto. A borda interna no alto, dos dois lados, tinha sido esculpida para segurar a tampa agora desaparecida. A caixa mostrava sinais de deterioração. A parte dianteira parecia um tríptico, tendo ao centro um painel estreito sem figuras, cercado por dois grandes quadrados contendo, cada um, uma roseta de seis pétalas, no meio de linhas circulares concêntricas.

No painel central, foram riscadas três letras em aramaico, provavelmente com prego ou algum instrumento de metal, *yod*, *shin* e *waw*, formando a palavra Yeshu, contração de Yeshua, ou Jesus. Acima da roseta da esquerda e abaixo das margens dele, via-se outra inscrição mais longa, com o mesmo tipo de escrita aramaica, aparentemente gravada pela mesma pessoa, com as palavras, Yeshua bar Yehoseph, ou, Jesus, filho de José.

A audiência não se espantou. Naturalmente, Yeshua e Yehoseph eram nomes judeus comuns no primeiro século, explicava Sukenik, e, naturalmente, como a maior parte da audiência cristã acreditava, Jesus, filho de José, segundo os evangelhos, não deixara na terra seus ossos num sepulcro. Essa caixa e suas inscrições foram depois ignoradas nos livros-textos e nas aulas de arqueologia do cristianismo primitivo. Este recebeu o número 9 entre 895 ossuários mencionados na obra *A Catalogue of Jewish Ossuaries in the Collections of the State of Israel* [Um catálogo de ossuários judaicos nas coleções do Estado de Israel], de L. Y. Rahmani, publicada em 1994.

Os ossuários com invocações a Jesus. Em 1947, Sukenik publicou um artigo sobre ossuários judaicos com o título: "The Earliest Records of Christianity" [Os primeiros registros do cristianismo], sobre dois ossos do tórax com o número 113 e 114 no catálogo mencionado acima. Além desses dois itens, o artigo relatava outra escavação pertencente ao mundo secular. Descrevia um túmulo subterrâneo encontrado num bairro de Jerusalém aberto em 1945 pela primeira vez desde a guerra judaica contra Roma em 66-74 d.C. Diversos túneis capazes de conter um corpo (que os estudiosos chamam de *kokhim* em hebraico, *loculi* em latim ou lóculos em português) distribuíam-se a partir de uma câmara de teto baixo. Lá dentro não havia ouro, prata ou marfim nem tesouros ou obras de arte dignas de mostras em museus. Em vez disso, espalhavam-se pelo chão as sempre presentes cerâmicas simples do primeiro século d.C. e uma única moeda datada de 42/43 d.C. Alinhavam-se aí catorze ossuários, dos quais dez haviam sido decorados como era costume e cinco ostentavam nomes — três obviamente dos mortos: Simeão Barsaba, Miriam filha de Simeão e Mattai — em aramaico da época.

Grafites e inscrições nos ossuários 113 e 114 inspiraram o título do artigo e despertaram o interesse de muitos cristãos. Segundo Sukenik, a frente do ossuário 113 mostrava um grafite escrito em grego com carvão: "Ai, Jesus" (!) e no lado do ossuário 114, também em grego, algo semelhante entre desenhos de cruzes também riscadas com carvão. Essas inscrições, segundo o autor do artigo e outros estudiosos cristãos afoitos, representariam apelos a Jesus em favor dos mortos cristãos ou, então, feitiçaria mágica e até mesmo proclamação triunfal. Essa prática poderia ser interpretada como expressão da esperança na ressurreição. A importância que então se lhes atribuía, naturalmente, vinha das datas de sua origem, antes do ano 70 d.C., mas possivelmente entre 42 e 43 d.C. — apenas uma década depois da morte de Jesus —, fazendo desses ossuários a mais antiga evidência arqueológica do cristianismo.

Mas. Exames mais cuidadosos desses ossuários, ao lado de considerações a respeito da grande quantidade de inscrições disponíveis com marcas parecidas com cruzes, acabaram com essas suposições. Logo se viu que as alegadas cruzes eram apenas a letra *tau* ou a marca do carpinteiro que indicava onde a tampa devia ser fechada. As primeiras leituras desses grafites ignoraram a presença de outras marcas parecidas com a letra grega *delta*. Segundo o consenso atual dos especialistas, a inscrição no ossuário 113 deve ser lida, Iesous Ioudou, ou "Jesus, filho de Judas". A inscrição no ossuário 114 poderia ser lida, Iesous Aloth, referindo-se a um nome bastante comum naquele tempo. Essas inscrições, consideradas temporariamente espetaculares, serviam apenas para identificar os mortos, como os demais nomes em outros ossuários. Esse era o propósito das inscrições em ossuários. Nada de cruzes, de apelos a Jesus nem de registros primitivos cristãos.

O (segundo) ossuário de Jesus-José. Quando uma explosão de dinamite fez um buraco em antiga gruta fúnebre em 1980, o Departamento de Antiguidades de Israel (IAA, sigla para o inglês *Israel Antiquities Authority*) enviou imediatamente equipes de salvamento constituídas por arqueólogos ao subúrbio de Talpiot ao sul de Jerusalém. Os operários que preparavam o terreno para a construção de novos apartamentos interromperam os trabalhos, e Joseph Gath, do Departamento de Antiguidades de Israel, começou a examinar a câmara mortuária que havia já sido revirada na Antiguidade. Registrou e catalogou os achados constituídos de seis ossuários, que foram transferidos para os galpões da organização, onde, identificados por cartões desbotados, desses usados em fichas de arquivo medindo 3 por 5 polegadas, ainda permanecem em gavetas de madeira numa espécie de oficina no bairro cinzento de Romema. Um ou dois deles já foram expostos no Museu de Israel. Sua ornamentação e decoração não passavam do comum, mas as inscrições despertavam certa curiosidade.

Numa das caixas de ossos, listada por Rahmani como Ossuário 701, liam-se as palavras gregas: "de Mariamene que é (também chamada de) Mara". Mariamene é outra forma de Mariam ou Mariame, nossa Maria. Na outra caixa, de número 704, alguém rabiscara com letras pequenas e espichadas o nome Yeshua bar Yehosef, ou Jesus, filho de José. No ossuário 705, o nome de Yehosef, ou José, aparece num aramaico mais formal, na forma abreviada, Yoseh. A semelhança das inscrições e da maneira de gravá-las sugerem que Maria e José eram os pais de Jesus.

Mas seria esse o túmulo da família de Jesus? O Departamento de Antiguidades de Israel certamente não acreditava nisso e logo encerrou suas investigações, permitindo que os operários tapassem os buracos com cimento e continuassem a construção dos apartamentos. Estaria encobrindo as coisas? Essa era a idéia central de um artigo no *The Sunday Times* de Londres, no domingo da Páscoa, 31 de março de 1996, com o título sensacionalista: "The Tomb That Dare Not Speak Its Mind" ["O túmulo que não conseguiu se expressar"]. A lista de nomes é impressionante e Joe Zias, curador e arqueólogo forense do Departamento de Antiguidades de Israel, foi citado no artigo dizendo o seguinte: "Se essas coisas não tivessem sido encontradas num túmulo, eu teria afirmado 100% que buscávamos apenas falsificações". Mas, acentuou, "as afirmações vinham de um contexto arqueológico muito respeitado e sereno. Os dados foram achados por arqueólogos, lidos por eles e por eles interpretados [...]; textos muito, muito bons. Não se tratava de invenções".

Mas seria esse *o* Jesus que estamos tentando escavar neste livro? Como o próprio jornal citado acima ponderava, concluiu-se que ninguém na comunidade arqueológica desde Simeão pensava dessa maneira, pois o nome mais comum nos ossuários era o de José (19 de 147 nomes, masculinos e femininos em ossuários conhecidos) seguido do nome de Jesus (10 dos 147). O nome feminino mais comum depois de Salomé é Maria, grafado de diversas maneiras (20). É provável que os leitores conservadores daquela manhã pascal tivessem se sentido aliviados com essa conclusão.

O consenso acadêmico relegou essas descobertas a meras cifras estatísticas e esqueceu-as em depósitos. Tais inscrições acabaram sendo reenterradas nas páginas do *Catálogo* de Rahmani, sepultado nas estantes das bibliotecas de pesquisa. Os ossuários repousam nos galpões do Departamento de Antiguidades de Israel em Romema e ocasionalmente aparecem em mostras do Museu de Israel. Assim, resumindo o que queríamos dizer no início desta seção, quando os estudiosos hesitam ou decepcionam o entusiasmo popular a respeito do novo ossuário de Tiago-José-Jesus, estão no campo da história. Mas quais são os argumentos a favor ou contra esse achado e a autenticidade de suas inscrições? Seria tudo falso? Consideremos os seguintes argumentos.

Ponto e contraponto

A caixa. Não há dúvida de que a urna do ossuário seja autêntica. O tamanho, estilo e modo de construção conformam-se com outras caixas semelhantes do primeiro século d.C. encontradas em Jerusalém. Foi talhada num bloco de pedra-sabão — que os geólogos chamam de calcário — medindo aproximadamente 20 polegadas de comprimento, 12 de altura e 10 de largura, suficiente para conter o maior osso humano, o fêmur. A tampa encaixa nas laterais. É mais ou menos do mesmo tamanho das urnas judaicas do primeiro século, onde os ossos, depois de lavados, eram depositados e novamente enterrados. Essa prática é chamada pelos especialistas de *ossilegium*.

Não se trata de obra de arte nem de produto de sofisticado artesanato. À primeira vista, não parece exibir decoração alguma, a não ser pequenas incisões de cada lado da tampa e na sua extremidade. Depois de demorado exame percebe-se quase apagado o desenho de uma roseta, na parte de trás (na perspectiva em que estamos agora). Os lados exteriores são rudes, com marcas de cinzel ainda visíveis, sem nenhum polimento final. A caixa é maior em cima, mas um dos cantos é um pouco menor do que os outros, criando a sensação de um trapezóide desequilibrado quando visto dos lados. Parece-se, pois, com centenas de outros ossuários dessa época: simples, anicônicos, isto é, sem quaisquer figuras humanas ou de animais, ostentando, às vezes, decorações geométricas, arquitetônicas ou florais.

A presença de biovermiculação e de pátina em boa parte desse invólucro acentua o aspecto antigo da urna. A palavra *biovermiculação* designa detrimentos comuns na época em pedras desse tipo. Trata-se de erosão provocada por bactérias dando a impressão de pequenos furos de aparência semelhante aos corais. *Pátina* é o termo empregado para descrever camadas microscopicamente finas acumuladas ao longo do tempo. No caso da pedra deste ossuário, essas camadas adquiriram certo brilho cristalino com matizes de cinza e bege que, quando vistas pelas lentes de um microscópio, parecem uma couve-flor. Ficamos convencidos, sem dúvida alguma, de que a caixa e a tampa são artefatos autênticos existentes há dois milênios.

A inscrição. As dúvidas começam a surgir quando se examina a inscrição, principalmente a parte final. As letras dessa longa frase de oito polegadas foram cuidadosamente gravadas no lado direito do ossuário mais ou menos no meio dele. A escrita em aramaico foi bem executada sem espaço entre as palavras. A primeira leitura feita por André Lemaire tem sido aceita sem problemas: "Ya'cov bar Yosef akhui diYeshua" (Tiago [Jacó], filho de José irmão de Jesus). Havia na sociedade semi-analfabeta da Antiguidade, como é de esperar, inúmeras variações ortográficas na escrita de nomes pessoais. Às vezes, Yosef (José) é grafado como Yehosef, e Yeshua (Jesus) abreviado para Yeshu ou aumentado para Yehoshua, em ossuários e papiros do primeiro século, como já assinalamos. Essas diferenças, entretanto, não afetam a leitura: Tiago filho de José irmão de Jesus.

O problema surge quando se compara a primeira metade da inscrição, Tiago filho de José, com a segunda, irmão de Jesus. A inscrição começa segundo o uso comum do primeiro século. Especialistas como Lemaire não hesitam em datá-la da segunda metade do primeiro século. A parte saliente em cima das letras formais no ossuário são típicas dos Manuscritos do Mar Morto, do final das décadas anteriores à guerra romana que destruiu o Templo em 70 d.C. Contudo, alguns dos caracteres seguintes têm a forma cursiva, especialmente a letra *dalet* — por onde passa agora a rachadura. Além disso, a inscrição tende a se inclinar logo depois da palavra "irmão", com a maioria das letras em ângulos levemente diferentes e outras já não grafadas com o mesmo cuidado das anteriores, principalmente a letra *shin* de Yeshua.

Se essas inscrições antigas tivessem sido escritas com máquinas de datilografia, teríamos certeza, no caso, de que duas máquinas diferentes haviam sido usadas. Lembremos, porém, de que se trata de escrita a mão. A maioria das inscrições desse tipo não era executada por profissionais, mas por membros da família ou por amigos com a finalidade de identificar os ossos do morto, talvez para facilitar o enterro do sobrevivente do casal e até mesmo dos filhos, no mesmo lugar. A presença dessa mistura de letras (formais e cursivas) não significa necessariamente a existência de duas mãos ou de falsificação, posto que variantes dessa natureza aparecem em alguns outros ossuários descobertos por arqueólogos. Na frente de um ossuário encontrado no Monte Scopus em Jerusalém, decorado com cinco ramos de acanto entre cachos de uvas, uma inscrição de quatro palavras em aramaico foi assim transcrita: Yehosef bar Hananiah HaSepher (José, o filho de Ananias, o escriba). A primeira palavra, Yehosef, foi gravada letra por letra com clareza e intensidade. A segunda palavra é menos clara mas, assim mesmo, as letras podem ser facilmente reconhecidas. A terceira, quase apagada, é seguida pelo vocábulo quase ilegível, HaSepher (escriba), dependendo da habilidade interpretativa do especialista. Será que o próprio punho desgastava as letras durante a escrita nos ossuários? Pode ser. Ou porque o ângulo das letras ia se modificando à medida que o encarregado desse serviço era obrigado a estender as mãos sobre o ossuário? Talvez. Mas o que nos preocupa neste caso é que as palavras escritas em cursivo sejam precisamente "irmão de Jesus". É exatamente nesse ponto que as letras vão descendo em relação às anteriores e as incisões se tornam menos profundas.

André Lemaire, um dos mais sérios estudiosos de epígrafes, depois de examinar centenas de inscrições semíticas, acredita que não se trate de farsa. Ao lado de cuidadosa análise, reage instintivamente: "Quando examino uma inscrição é possível considerá-la verdadeira ou falsa. Neste caso, acho que é autêntica". Mas Kyle McCarter, epigrafista da Universidade Johns Hopkins, assinala: "Jamais teremos certeza absoluta. No trabalho que faço, raramente temos certeza sobre o que quer que seja".

A pátina. Se inscrições antigas estão sujeitas a incertezas humanas e se julgamentos epigráficos dependem muitas vezes da subjetividade de especialistas, poderá a "pura ciência" verificar a autenticidade de um ossuário como o que estamos estudando? Hershel Shanks, editor da *Biblical Archaeology Review*, que divulgou a história, patrocinou uma comissão, formada por membros do Ministério de Infra-estruturas de Israel ligados a pesquisas geológicas, para analisar o caso (e não, curiosamente, de especialistas do Departamento de Antiguidades de Israel em antiguidades e falsificações). Os geólogos examinaram seis exemplos desse tipo de urna, seis de pátina ou de revestimento, resultantes da ação do tempo sobre a superfície do ossuário, e dois exemplos do solo com um microscópio escaneador eletrônico (SEM, *Scanning Electron Microscope*) equipado com um espectrômetro eletrônico dispersivo (EDS, *Electron Dispersive Spectrometer*). Concluíram que os elementos da pátina eram consistentes com os do ossuário. Coisas que soam bastante sofisticadas.

Mas. Qualquer tipo de pátina pode ser falsificada: há muitos exemplos disso. Chama-se de pátina o resultado do processo químico por meio do qual se forma uma fina camada na superfície de determinado objeto quando seus componentes reagem com os do ambiente. Esse processo pode ser falsificado de duas maneiras. O método mais simples consiste na aplicação de nova pátina no objeto antigo. O outro, mais sofisticado, acelera o processo, que normalmente leva muito tempo para se desenvolver, por meio de diversos banhos e sepultamentos em terrenos

יעקובברייוסף אחוידישוע

Ya'aqov bar Yosef akhui diYeshua
Tiago, filho de José, irmão de Jesus (coleção particular, origem desconhecida)

שמי בר עסיא אחוי דחנין

Shimi bar 'Asiya akhui diChanin
Shimi, filho de Asiya, irmão de Hanin (Rahmani 570, Monte Scopus, Jerusalém)

יהוסף בר חנניה הספר

Yehosef bar Chananya haSepher
José, filho de Hananya, o escriba (Rahmani 893, Monte Scopus, Jerusalém)

ישוע בריהוסף

Yeshua bar Yehosef
Jesus, filho de José (Rahmani 9, origem desconhecida)

Yeshua bar Yehosef
Jesus, filho de José (Rahmani 704, Talpiot Leste, Jerusalém)

יהודה בר ישוע

Yehudah bar Yeshua
Judas, filho de Jesus (Rahmani 702, Talpiot Leste, Jerusalém)

3. Exemplos de inscrições em ossuários

umedecidos ricos em ferro e sal. Os aparelhos SEM e EDS são capazes de detectar o primeiro tipo de falsificação. No segundo caso, a caixa e a pátina carregam o mesmo material químico. É isso que os geólogos certificam. Em outras palavras, o método ingênuo empregado por eles só consegue detectar pigmentos ou resíduos oriundos de fontes secundárias.

Mais intrigante, contudo, no relatório de uma página produzido pelos geólogos pesquisadores, é a observação de que, de um lado, "não havia sinais de uso de instrumentos modernos na inscrição" e, do outro, que (partes?) dela haviam sido limpas. Mas não disseram por quem nem quando nem como. Algumas letras não tinham pátina, ao contrário de outras, mas não nos disseram quais. Também não informaram de que letras extraíram a pátina para exame. Igualmente problemático é que a roseta no lado de trás estava quase apagada enquanto a inscrição se mostrava claramente visível e bem gravada. O relatório provoca mais perguntas do que dá respostas. O proprietário do artefato e a revista consideram o relatório dos geólogos conclusivo ao mesmo tempo em que ignoram um dos mais importantes passos de qualquer julgamento científico, a saber, a submissão dos resultados à comunidade científica. O ossuário não foi examinado por nenhum outro especialista da área que conhecesse as técnicas de falsificação nem foi exposto à crítica de estudiosos do assunto.

Prestemos atenção ao fato seguinte. Em 1983 o Museu J. Paul Getty, no sul da Califórnia, adquiriu um *kouros*, nome dado a raras estátuas antigas de jovens nus, com documentação para atestar que vinha de uma coleção particular suíça. Descobriu-se, depois, que os papéis eram falsos (a carta datada de 1952 trazia um código postal que só começou a ser usado em 1972). A estátua foi então submetida ao escrutínio de diversos especialistas. As desconfianças aumentaram quando se descobriu outro falso torso do mesmo estilo de um *kouros*, alegadamente adquirido na mesma oficina responsável pelo anterior. O Museu Getty gastou milhões para comprar a estátua original e, novamente, milhões para adquirir o falso torso e pagar especialistas para analisar a obra. Depois de anos de debate e de utilização de meios químicos, realizou-se um colóquio em 1992 no Museu de Arte Cicládica de Atenas, com a presença dos principais historiadores da arte e arqueometristas do mundo todo. Os documentos finais do colóquio fizeram a seguinte advertência: "A pedra continua a ser o meio menos confiável para se estabelecer provas técnicas de autenticação". O *kouros* ainda pode ser apreciado no museu com a seguinte mensagem: "Grego do ano 530 a.C, ou falsificação moderna". O resultado desse empreendimento que custou milhões de dólares mostra que a única coisa mais difícil do que provar a autenticidade de um artefato de procedência desconhecida é provar sua inautenticidade.

O relatório da pesquisa dos geólogos não tem sentido algum. Apenas nos diz que a inscrição não é uma falsificação mal feita. Confirma, além disso, o que qualquer arqueólogo aceita, isto é, que a urna veio de Jerusalém. Mas não autentica a inscrição nem afirma sua falsidade. Para chegar a uma conclusão aceitável faz-se necessária análise mais rigorosa e científica. Até que se chegue lá, quem carregará o peso da prova: os que dizem que o ossuário é autêntico ou os que o consideram falso?

A família. Apenas para argumentar, consideremos autêntica a inscrição *inteira*, bem como a antiguidade da pátina, e perguntemos: teria sido *esse* Tiago o filho do *nosso* José, irmão do *mesmo* Jesus que estamos buscando? É claro que a combinação dos nomes e as relações familiares entre eles nos deixam perplexos. Mas qual será a probabilidade de que essa caixa contenha realmente os ossos de Tiago, o Justo, e que a inscrição seja a mais antiga gravação do nome de Jesus?

Estamos agora no mundo da estatística onde se dá lugar proeminente à subjetividade em vez da precisão dos números. Examinemos alguns dados. Estudos recentes chegaram à conclusão de que entre todos os nomes inscritos desde o antigo período romano na Palestina, 14 por cento eram José, 9, Jesus, e 2, Tiago (Jacó). A partir do exame dessas porcentagens, Lemaire partiu de dois pressupostos razoáveis: habitavam na cidade de Jerusalém do primeiro século cerca de oitenta mil pessoas, e os homens, em geral, tinham dois irmãos. Levando em consideração mortes e nascimentos, Lemaire chegou à conclusão de que existiam vinte homens com o nome de Tiago, filhos de um pai chamado José, e irmãos com o nome de Jesus, nas duas gerações anteriores ao ano 70 d.C.

Mas. É bastante remota a chance de que um entre esses vinte Tiagos seja o que estamos procurando. Entretanto, nesses ossuários, a indicação do relacionamento fraterno "irmão de" era extremamente rara, em contraposição à citação mais comum, "filho de". Lemaire sugere que a expressão "signifique provavelmente que o irmão representava importante papel, responsabilizando-se pelo funeral ou, mais geralmente [...], porque era pessoa muito conhecida". E, neste caso, se fosse realmente o nosso Jesus, também "famoso e muito reverenciado". Mas, por outro lado, posto que o propósito dessas inscrições era identificar o morto, o nome do irmão poderia ter sido incluído apenas para distingui-lo de outros membros de uma família grande como, por exemplo, o avô Tiago do neto do mesmo nome, ou o tio Tiago de outro tio também Tiago. Se tivéssemos conhecimento do contexto *original* desse caso a inscrição seria mais facilmente compreendida. Para decidir se o ossuário pertencia realmente a Tiago, o Justo, precisamos não só de estatísticas e probabilidades mas também de intuição e inclinação.

De certa forma o ossuário de Tiago-José-Jesus é como um teste químico para detectar temperamentos e convicções pessoais de especialistas. O antigo adágio entre os arqueólogos de campo é que se acha aquilo que se quer achar. É provável que os céticos rejeitem a autenticidade da inscrição ou de sua identificação com Tiago, que os editores desejosos de aumentar as vendas tendam a aceitar a autenticidade, e os cristãos ao redor do mundo desejem que tudo seja verdade. E nós, onde nos situamos? Por que classificamos esta descoberta em primeiro lugar na lista das dez mais importantes descobertas nas escavações a respeito de Jesus? Não foi para afirmar sua autenticidade, mas porque acentua a integridade da arqueologia. Está em primeiro lugar porque nos ensina a respeito do caráter rigorosamente histórico dessa disciplina.

Integridade

O termo latino *in situ*, "no lugar", distingue a arqueologia científica da pilhagem cultural. O termo aplica-se a qualquer artefato descoberto no local onde permaneceu por séculos ou milênios antes que nossa modernidade tivesse perturbado sua antiguidade. As descobertas *in situ*, em lugares nunca antes investigados ou tocados pela mão humana, são ideais arqueológicos não só porque asseguram a autenticidade do objeto mas também porque o situam em seu contexto específico, em lugar e tempo identificáveis, numa rede de relacionamentos cronológicos e espaciais com outros artefatos.

Ossuários. Comparemos os três ossuários do primeiro século enumerados aqui, entre os dez descobertos em Israel nos últimos cinqüenta anos. Em primeiro lugar, em junho de 1968, ao nordeste de Jerusalém, descobriu-se um complexo funerário durante obras de construção. Os arqueólogos foram imediatamente notificados e tudo estava intacto como há dois mil anos. Um dos ossuários continha os ossos de um homem adulto, de seu filho e, provavelmente por acidente, o osso de outro homem. O nome do adulto, Yehochanan, estava rabiscado na parte exterior da urna. Foi o primeiro esqueleto de alguém crucificado descoberto em terras judaicas. No calcanhar direito ainda se podia notar um prego, dando terrível ênfase à condição *in situ*. Muito se aprendeu com essa escavação controlada mas aberta. O osso do calcanhar com o prego estava dentro do ossuário, denotando que pelo menos nesse caso havia-se permitido que a vítima da crucifixão romana fosse sepultada pela família. Depois da análise dos restos mortais realizada por um antropólogo forense, ficamos sabendo que os ossos das mãos e dos pulsos não haviam sido quebrados e que, diferindo das crucifixões medievais, os braços e as mãos tinham sido amarrados, e não pregados na cruz. Tampouco as pernas foram quebradas para apressar a morte. Mais importante do que isso, porque os escavadores estavam acompanhados de fotógrafos, livros de campo e catálogos, o relatório publicado foi submetido a inúmeros escrutínios e debatido por especialistas.

Em segundo lugar, em novembro de 1990, aconteceu algo parecido ao sul de Jerusalém. Operários de construção encontraram uma câmara mortuária e notificaram os arqueólogos a respeito do achado. Estes constataram que o túmulo havia sido saqueado por ladrões na Antiguidade e danificado pelos descobridores antes de sua chegada. Dentro da câmara mortuária, um belo ossuário decorado continha os ossos de quatro crianças pequenas, de um jovem, de uma mulher adulta e de um homem de 60 anos. Nele aparecia o nome de Yehosef bar Caiapha, conhecido no Novo Testamento como Caifás e em Josefo como José Caifás. Tratava-se de seu ossuário com os ossos da família, todos basicamente *in situ*. A descoberta trouxe importantes dados sobre taxa de mortalidade infantil, duração da vida e doenças comuns na época, graças à análise dos ossos e de outros ossuários ao redor. Além disso, a presença na câmara de copos, lâmpadas e cerâmica ajudou a determinar a duração cronológica dos sepultamentos. Algumas moedas não apenas indicaram a data mas também trouxeram surpresas que discutiremos no capítulo 7. Para algumas pessoas foi ainda mais importante saber que as autoridades judaicas se encarregaram de sepultar novamente esses restos mortais com dignidade e respeito.

Finalmente, em outubro de 2002, uma coletiva para a imprensa anunciou a existência de outro ossuário importante. Não se tratava desta vez de descoberta. Talvez, em termos de interação entre arqueologia e exegese a respeito de Jesus, esta caixa de ossos tenha sido a mais importante das três, mas os fatos relacionados com sua descoberta nada tinham de fantástico. Aparentemente, o ossuário havia sido roubado de um túmulo ao sul de Jerusalém e vendido para um colecionador de antiguidades que não se dera conta das implicações da inscrição em aramaico: Tiago, filho de José, irmão de Jesus. Não se conhece o negociante nem a data da transação (embora o proprietário afirme com ênfase que fora antes de 1978). Alguns pedaços de finos fragmentos de ossos estavam dentro da urna na época da compra e se encontram agora selados dentro de um recipiente em seu freezer.

Precisamos insistir enfaticamente que a maneira como esse ossuário entrou em cena está longe dos ideais da arqueologia. Tampouco seguem esses padrões as grandes descobertas de manuscritos da metade do século vinte conhecidos como Rolos do Mar Morto e Códices de Nag Hammadi. Foram achados por acaso e vendidos por intermediários e não descobertos nem investigados *in situ* por arqueólogos. Como esses manuscritos, o ossuário está aqui e exige discussões a respeito. Por causa disso, em certo sentido, é o ponto focal deste livro. Trata-se de um único artefato capaz de reunir arqueologia e exegese ao mesmo tempo. Também nos mostra como objetos como esse só adquirem valor quando relacionados com outras descobertas que lhes dão contexto e sentido final.

Leis. Por todas essas razões, a maioria dos países do Mediterrâneo e do Oriente Médio estabeleceu leis estritas contra a compra e a venda de artefatos antigos e especialmente contra sua exportação. Felizmente passaram os tempos em que se considerava normal a prática de pilhagem colonial que aprovava o desmonte da porta de Mileto na Turquia para reconstruí-la depois em Berlim, ou a remoção dos mármores de Elgin da Acrópole de Atenas e da pedra da Roseta do Delta do Nilo para exibi-los até hoje no Museu Britânico de Londres. A convenção da Unesco procurou proibir e prevenir importações, exportações e vendas ilícitas de artefatos antigos que fazem parte da herança cultural de diferentes povos. Essa lei foi ratificada pelos Estados Unidos em 1982. Hoje em dia, através do mundo, arqueólogos profissionais e membros de sociedades acadêmicas denunciam participações diretas ou indiretas na compra ou venda de artefatos escavados ou importados ilegalmente. As Escolas Americanas de Pesquisa Oriental e a sociedade acadêmica de arqueólogos sírio-palestinos e bíblicos dão as razões de sua política: "O comércio ilícito de antiguidades incentiva a pilhagem de sítios arqueológicos, ocasionando sua destruição e a perda das informações que contêm".

Mas Israel, talvez por causa da popularidade de colecionadores estadistas como Moshe Dayan ou o prefeito de Jerusalém, Teddy Kollek, procura manter o mercado negro controlado mediante licenças dadas a limitado número de negociantes de antiguidades. Desde 1978, oitenta e poucos concessionários autorizados podem legalmente adquirir artefatos comprando-os apenas de antigas coleções ou importando-os de outros países. Estão proibidos de fazer negócios com artefatos escavados clandestinamente e de forma ilegal. Contudo, segundo o diretor da unidade de prevenção contra roubo, Avni Ganor, "90 por cento do que se oferece no mercado vem de túmulos recentemente dilapidados". Quando o Departamento de Antiguidades de Israel suspeita ou toma conhecimento de que determinado artefato foi roubado, pode confiscá-lo, especialmente se tiver valor nacional ou histórico.

Ética. Os colecionadores de antiguidades são servidos por negociantes. Os compradores atraem os vendedores, e a procura cria as mercadorias. Moedas, lâmpadas ou potes comprados na antiga cidade de Jerusalém por turistas (pretensamente descobertos antes de 1978 e legalmente obtidos), bem como estátuas, mosaicos ou ossuários (igualmente descobertos antes dessa data, segundo seus vendedores) acabam sendo adquiridos por preços exorbitantes nos antiquários de Los Angeles ou Londres, gerando, em conseqüência, lucrativa indústria. Na verdade, naturalmente, nem todos esses artefatos foram descobertos antes da promulgação quase universal das leis contra a pilhagem. Como todos sabem, a atração por dinheiro fácil leva muita gente a cavoucar debaixo de suas casas e nos fundos de seus jardins e, pior do que isso, a seguir os passos dos arqueólogos para, de noite, ou depois das sessões de escavação, procurar no sítio objetos de valor, com a ajuda de dectetores de metais e picaretas. Por causa desse perigo, diversos arqueólogos empregam vigilantes ou escondem seus achados.

Arqueólogos. Eis a seguir alguns exemplos do que se pode fazer para proteger sítios e lidar com ladrões de túmulos, comerciantes e seus intermediários. Tratemos em primeiro lugar, dos arqueólogos. Em 1987, achou-se num chão de mosaico em Séforis, na Galiléia, um belíssimo retrato de mulher. Os escavadores, sabendo que um medalhão fora recortado de outro mosaico de um parque nacional das redondezas e roubado, cobriram a figura com folhas e areia para dificultar a ação dos ladrões. Na temporada seguinte, estudantes voluntários passaram uma semana reescavando o local. Em 2000 um jarro foi encontrado entre camadas da Idade do Ferro em Ein Zippori no norte de Israel. Um dos estudantes e um dos diretores da expedição montaram guarda durante o dia e dormiram de noite perto do lugar. O diretor não estava preocupado em proteger o vaso por causa de seu valor, mas em conservá-lo *in situ*, mantendo-o na camada onde fora achado para examinar seu conteúdo e o contexto original. No dia seguinte, a meticulosa escavação mostrou para que servia o jarro e a qual camada pertencia, determinando se fora usado para guardar grãos ou água, ou para o sepultamento de uma criança. Esse jarro nos lembra da importância do contexto para fornecer ao arqueólogo informações sobre o mundo antigo, coisa que não seria possível apenas com o manuseio de peças isoladas.

Inspetores. Em maio de 1998 a unidade para a prevenção de roubos do Departamento de Antiguidades de Israel abordou um navio no porto de Ashdod para impedir que contrabandistas embarcassem uma pedra de quase 500 libras pertencente à Igreja da Natividade em Belém. A pedra encaixotada e endereçada destinava-se a importante galeria de antiguidades em Strasbourg, na França. Em dezembro de 1999, um morador da área de Hebron foi surpreendido ao tentar vender grande coleção de artefatos roubados para um negociante autorizado em Jafa. Os agentes confiscaram mais de setecentos itens roubados de túmulos dos arredores de Jerusalém, incluindo pontas de lança, jóias de ouro, estátuas de mármore, bem como moedas raras de prata cunhadas durante a primeira revolta judaica contra Roma quando o Templo de Jerusalém fora destruído. Essas moedas chegaram a valer cerca de 250 mil dólares nas casas de leilão. Enquanto o ladrão passou dois anos na prisão, o negociante nada sofreu e os clientes potenciais mostraram-se frustrados.

Colecionar itens como o ossuário Tiago-José-Jesus não é tarefa agradável. Não se trata de *hobby* como colecionar selos ou prensar folhas e flores dentro de livros. Temos certeza disso. Agora que o ossuário foi segurado em dois milhões de dólares, gangues de ladrões de túmulos, semiprofissionais, redobram esforços e começam agora a escavar pelos arredores de Jerusalém e nos campos da Judéia; falsificadores desenham em seus ateliês os nomes de Pedro, João, Estêvão, Judas ou qualquer outro santo ou mártir cristãos que lhes venham à memória, para reproduzi-los em caixas de pedra, antigas e novas.

Ciência. Nossas reservas sobre coleções de antiguidades não são apenas de ordem legal ou moral, mas também intelectual. Colecionar sempre depende do desejo pessoal de possuir coisas de valor artístico ou histórico vindas da antiguidade. Da mesma forma, nossas dúvidas a respeito da cobertura da mídia tem a ver com a ênfase que ela dá aos aspectos esteticamente agradáveis dos achados ou a descobertas que lhes parecem responder a questões complexas com simples sim ou não. Será que esta escavação prova que a Bíblia é falsa? Ou, pelo contrário, o artefato mostra que ela é verdadeira? Será que o ossuário Tiago-José-Jesus está de acordo com a narrativa bíblica? Trata-se de pontos de vista conceitualmente imaturos e sensacionalmente anunciados pertencentes à primeira metade do século vinte que não fazem mais sentido nos diálogos arqueológicos sérios.

Depois que se tornou pública a descoberta do ossuário de Tiago, que podemos pensar a respeito das informações dadas pelos arqueólogos sobre esse tipo de descoberta? Nossas indagações desdobram-se da seguinte maneira:

- são todos tipicamente judeus?
- estavam em túmulos sobre colunas?
- eram usados em Jerusalém e ao redor?
- surgiram por volta do ano 20 d.C.?
- sua origem coincide com obras de pedra no Monte do Templo de Herodes?
- substituíam a prática de depositar os ossos em covas?

- não eram usados apenas para sepultamentos de indivíduos mas continham esqueletos de diversas pessoas?
- deixaram de ser usados quase totalmente depois dos anos 70 d.C.?
- seu uso, porém, continuou modestamente na Galiléia até o segundo século?

Nenhuma dessas informações é mencionada nos textos literários antigos; só sabemos a seu respeito graças ao trabalho meticuloso, cooperativo e cuidadoso dos arqueólogos do século passado. Sabemos dessas coisas porque muitos sítios foram escrupulosamente escavados. Quando câmaras funerárias são descobertas, os arqueólogos profissionais fotografam os ossuários *in situ*, antes de removê-los, registrá-los e armazená-los para depois oferecê-los a diversos outros especialistas para análise. Os artefatos encontrados ao redor como potes, lamparinas e vasos de óleo para unção são numerados e mapeados; em seguida outros fragmentos de material presentes na câmara são removidos camada por camada e analisados, para determinar se pertenciam a lanças, moedas, ossos entre outros objetos. São também catalogados e numerados em livros apropriados para esse fim. Finalmente, antropólogos forenses examinam os ossos para obter informações demográficas antes de devolvê-los às urnas.

Depois da publicação desses dados, qualquer estudioso pode compilá-los e analisá-los levando em consideração os diversos desenvolvimentos cronológicos e geográficos, bem como suas variações. Segue-se o diálogo entre os estudiosos, às vezes bastante controvertido, até que se alcance certo consenso, talvez aberto a modificações em face da publicação de novas descobertas. Esse consenso poderá ser discutido por especialistas que trabalham na Grécia, em Roma, na Turquia e no Egito.

O problema intelectual com a caixa de Tiago e com sua "descoberta" é que o processo arqueológico ficou sujeito a dúvidas, enquanto sua apresentação ao público reduziu-se ao arbítrio da fé contra a descrença. A tragédia não é que a urna está agora rachada, mas que a própria descoberta dela já estava rachada desde o começo.

O irmão de Jesus

Se tivéssemos apenas os escritos do historiador judeu do primeiro século Josefo, saberíamos a respeito de João Batista, Jesus, o Cristo, e Tiago, seu irmão, mas nada, por exemplo, sobre Pedro ou Paulo. Se calcularmos a quantidade de espaço dado a cada um deles, o resultado será este: Tiago ocupa 27 linhas escritas em grego na obra *Antiguidades judaicas* 20.199-203; João Batista, 24 em 18.116-119 e, finalmente, Jesus, apenas 13 em 18.63-64. Em outras palavras, Tiago ocupa duas vezes o espaço de seu irmão, Jesus (mesmo com acréscimos posteriores sobre este último). Se, portanto, imaginássemos a descoberta de um túmulo com a tríade que estamos considerando, Tiago ocuparia o primeiro lugar. Agora que se encontrou um ossuário que talvez tenha contido os ossos de Tiago, o irmão, que sabemos a respeito dele? Além disso, de que maneira avaliamos os vários e competitivos textos cristãos primitivos a seu respeito? O arqueólogo distingue as camadas no chão e procura indicações na forma dos artefatos. Semelhantemente, o exegeta deve distinguir as diversas camadas presentes no texto e procurar pistas a respeito dos propósitos das tradições.

Identidade

Não importando o nome semita Ya'akov, em grego Jacobus e em latim Jacomus — traduzidos em nossa língua por Jacó ou Tiago —, precisamos distinguir cuidadosamente dois nomes entre diversos outros no Novo Testamento. São estes:

| Tiago, | filho de Zebedeu, | irmão de João |
| Tiago, | filho de José, | irmão de Jesus |

Ao final do primeiro século d.C., o escritor do evangelho de Lucas registra no segundo volume, Atos dos Apóstolos, que o governador romano da Palestina, Herodes Agripa I, executara "Tiago, irmão de João" (At 12,2). Nesse evangelho, Tiago e João são identificados como "filhos de Zebedeu" (Lc 5,10). Agripa, ao mesmo tempo em 41 d.C., havia também aprisionado Pedro, que, quando escapou, disse, segundo Atos 12,17: "Anunciai isso a Tiago", certamente não ao recém-executado mas a outro com o mesmo nome. Lucas nunca identifica este segundo Tiago, mas sua autoridade ressalta como recipiente dessa mensagem. Concluímos que seja o mesmo Tiago que mais tarde agiria com autoridade em Atos 15,13 e 21,18. Além disso, o evangelho anterior, de Marcos, mencionava um certo Tiago, em primeiro lugar entre os quatro irmãos de Jesus (Mc 6,3), e Mateus 13,55 o corrobora, embora Lucas nada diga a respeito. Resumindo, sabemos por meio de Lucas que havia um segundo Tiago muito importante, mas nunca faz alusão ao Tiago irmão de Jesus.

Por outro lado, nenhuma das cartas de Paulo no Novo Testamento datadas dos anos 40 e 50 menciona Tiago, filho de Zebedeu, irmão de João. Mas em 1 Coríntios 15,5-7, Paulo relata aparições do ressuscitado "a Cefas [nome semítico para Pedro], e, depois, aos Doze [...]; posteriormente [...] a Tiago, e, depois, a todos os apóstolos". Observemos, de passagem, que os Doze representavam um grupo menor no círculo mais amplo dos apóstolos — Paulo não delimita o número dos apóstolos. Em Gálatas 1,19, Paulo descreve sua primeira visita a Cefas em Jerusalém e escreve: "Não vi nenhum outro apóstolo, mas somente Tiago, o irmão do Senhor". Daí para a frente, em Gálatas 2,9, cita "Tiago, Cefas e João, tidos como colunas" da comunidade de Jerusalém e, finalmente, em 2,12 menciona "alguns vindos da parte de Tiago" para Antioquia. Concluímos que o Tiago de Atos dos Apóstolos, de Lucas, é o mesmo das primeiras cartas de Paulo, a saber, o irmão de Jesus. Esses textos estabelecem, de fato, a identidade e a autoridade. A seção seguinte confirma o que estamos dizendo.

Autoridade

1 Coríntios 15. No começo desse capítulo Paulo lista as aparições tradicionais do Senhor ressuscitado. Mas 1 Coríntios 15,5-7 menciona, como notamos acima, que ele apareceu a "Cefas [...], aos doze [...], a Tiago e a todos os apóstolos". Mas antes da lista abrangente e consecutiva de Paulo, será que as duas sentenças não representam tradições diferentes ou, antes, versões discordantes da mesma tradição? Em primeiro lugar, quem recebia a aparição do ressuscitado era considerado primeiro em autoridade. Em outras palavras, para algumas comunidades Pedro era o "primeiro", mas para outras era Tiago.

Evangelho de Tomé. O original deste evangelho data da segunda metade do primeiro século. É independente dos quatro evangelhos do Novo Testamento e foi descoberto entre os Códices de Nag Hammadi, em 1945, no Egito. Como o título indica, apresenta-se sob a autoridade do apóstolo conhecido desde João 20 como o apóstolo da dúvida. Mas Tiago, chamado aqui de "o Justo", parece demonstrar certa autoridade anterior a Tomé, segundo o dito 12:

> Os discípulos disseram a Jesus: Sabemos que vais partir; quem será o maior entre nós? Jesus respondeu: Não importando aonde vocês forem, vocês irão a Tiago, o Justo, por quem os céus e a terra vieram a existir.

Sem nenhuma rejeição desse tão alto louvor, o dito seguinte, de número 13, estabelece a autoridade de Tomé e a ressalta acima da de Pedro e de Mateus. É provável que a autoridade de Tiago não tenha sido rejeitada mas substituída pela de Tomé (depois da morte de Tiago?).

Evangelho dos hebreus. Trata-se de um evangelho para os judeus de língua grega residentes provavelmente em Alexandria, independente dos nossos quatro evangelhos do Novo Testamento, conhecido apenas por citações da patrística e não de fragmentos de manuscritos. A obra teria sido escrita entre o final do primeiro século e começos do segundo. Na sétima citação, a importância da autoridade de Tiago fundamenta-se na reivindicação de que ele fora o primeiro a quem o Senhor ressurgido aparecera:

> E quando o Senhor entregou o lençol de linho ao servo do sacerdote, dirigiu-se a Tiago e apareceu a ele. Pois Tiago havia jurado que não mais comeria o pão daquela hora em que bebera do cálice do

Senhor até que o visse ressuscitado dentre os mortos. Em seguida o Senhor disse: "Tragam uma mesa e pão!". Imediatamente ele tomou o pão, abençoou-o, partiu-o e o deu a Tiago, o Justo, dizendo-lhe: "Meu irmão, come deste pão, pois o Filho do homem ressuscitou dentre os mortos".

Esses textos estão de acordo com o testemunho de Atos dos Apóstolos e com a carta de Paulo aos Gálatas a respeito da autoridade de Tiago. De fato, sua importância foi atestada nas primeiras camadas da tradição cristã, desde a primeira, de Paulo, passando pelo livro canônico de Atos e pelos evangelhos não canônicos de Tomé e dos hebreus, até os últimos escritos atribuídos a ele nos Códices de Nag Hammadi como o *Apocryphon de Tiago* ou *Primeiro* e *Segundo Apocalipse de Tiago*. Tais textos não refletem a teologia do Tiago histórico mas, certamente, confirmam a autoridade que ele possuía tanto geográfica como cronologicamente na teologia cristã primitiva.

Martírio

Josefo. Em 62 d.C. durante o interregno administrativo entre a morte de Festo, governador romano da Judéia, e seu substituto, Albino, o rei Herodes Agripa II demitiu o sumo sacerdote José, filho de Simão, e indicou em seu lugar Ananus, filho de Ananus. A obra *Antiguidades judaicas* 20.200 descreve o que aconteceu:

> Ananus pensava que a oportunidade lhe era favorável, porque Festo havia morrido e Albino ainda estava no cargo. Reuniu, então, os juízes do sinédrio, trazendo a eles certo homem chamado Tiago, irmão de Jesus, chamado o Cristo, entre outros. Acusou-os de transgressão da lei e determinou que fossem apedrejados. Esse ato ofendeu os habitantes da cidade que eram considerados justos e observadores da lei.

Essas pessoas "ofendidas" reclamaram tanto a Herodes Agripa II como a Albino e obtiveram a deposição de Ananus depois de estar no cargo por apenas três meses. Trata-se de uma história realmente extraordinária.

Em primeiro lugar, o jovem Ananus "seguia a escola dos saduceus", segundo Josefo, e a expressão "considerados justos e observadores da lei" referia-se provavelmente aos fariseus. Em segundo lugar, a família de Anás, ou Ananus, já havia produzido oito sumos sacerdotes (ele mesmo, cinco filhos, um genro e um neto), cumulativamente, ao longo de quarenta anos entre 6 e 66 d.C. Tratava-se, em outras palavras, de uma família muito importante de sumos sacerdotes. Em terceiro lugar, Tiago vivera em Jerusalém pelo menos por trinta anos sem ter sofrido nenhuma perseguição anticristã, e sua execução acabou derrubando um sumo sacerdote ananita. Tiago não era respeitado apenas pelos judeo-cristãos, mas também pelos outros e presumivelmente pelos judeus fariseus em Jerusalém.

Hegesipo. O historiador cristão do quarto século, Eusébio de Cesaréia, cita a terrível narrativa da execução de Tiago, contada por Josefo:

> Assim mataram-no, aproveitando a oportunidade ocasionada pela ausência de governo, pois naqueles dias Festo havia morrido na Judéia, deixando a província sem governador nem procurador.

Mas acrescenta a versão teologicamente carregada e ficcionalmente expandida do escritor cristão do segundo século Hegesipo. Esse autor destaca quatro elementos a respeito de Tiago. Em primeiro lugar, insiste em sua santidade ascética, que o levou a uma vida de abstinência, chamando-o de Tiago, o Justo. Em segundo lugar, menciona o grande êxito que tinha para ganhar convertidos ao judaísmo cristão, de tal maneira que até mesmo "muitos pertencentes às classes governantes acreditaram". Em terceiro lugar, "os escribas e fariseus" começaram a temer que "todas as pessoas" viessem a acreditar e pediram que Tiago falasse contra Jesus do parapeito do Templo na época da Páscoa. Em quarto lugar, Tiago fez exatamente o contrário, "levando muitos a se convencer e a se gloriar em seu testemunho, clamando: 'Hosana ao filho de Davi'". Finalmente, portanto,

> os escribas e fariseus [...] vieram e destituíram o justo [...] e começaram a apedrejá-lo, mas, apesar de ter sido derrubado, ainda estava vivo [...] [até que] um deles, um pisoeiro, tomou o cassetete com que batia nos tecidos, e com ele golpeou a cabeça do justo. Foi assim o seu martírio.

Embora Hegesipo tenha usado elementos de ficção para descrever teologicamente essa execução, pelo menos sabia que Tiago havia sido apedrejado pelas autoridades judaicas. Da mesma forma falava corretamente a respeito da conhecida santidade de Tiago, embora a descrevesse com exagerado entusiasmo. Esse fato explica por que a execução de Tiago acabou derrubando um sumo sacerdote da casa de Ananias. Sua reputação era tida em alta estima entre judeus piedosos não cristãos (fariseus?). Observemos, de passagem, que a narrativa fictícia de Hegesipo culpa os "escribas e fariseus" pela morte de Tiago. No entanto, o relato histórico de Josefo situa os seguidores da lei (fariseus?) do lado de Tiago e um sumo sacerdote saduceu contra ele. Essa história corresponde perfeitamente à tensão existente entre fariseus e saduceus no judaísmo e nos relembra, novamente, da oposição mortal ao cristianismo judaico presente na casa de Anás.

Oposição

O mais importante sobre Tiago não é, contudo, a autoridade que tinha no cristianismo primitivo. Nem mesmo seu martírio, que, como o de seu irmão, resultou da oposição aos sumos sacerdotes. É sua oposição a Paulo. Já se nota o fato na epístola aos Gálatas. O livro de Atos nada fala a respeito, coisa que nos impede de harmonizar e combinar Paulo com Lucas nem fundir essas duas camadas distintas numa só, distinguindo o primeiro Paulo do segundo Lucas. Por outro lado, o romance cristão conhecido como *Reconhecimentos clementinos*, do segundo século, aumenta a ficção e a eleva fantasticamente, constituindo-se em outra camada exegética. Levanta-se, assim, importante questão a respeito das escavações textuais a respeito de Jesus. Que acontece quando consideramos Jesus a partir de seu irmão Tiago e não de Paulo, ou, pelos menos, dos dois?

Paulo e Lucas. Lucas e Paulo concordavam que por volta do ano 50 d.C. debatia-se em Jerusalém a respeito da circuncisão. Tratava-se de assunto crucial e importante. Estava em jogo se pagãos convertidos ao cristianismo deveriam ser circuncidados como os judeus, que já haviam passado pelo ritual antes de aceitar a fé cristã. Valiam-se das fontes: a exigência da circuncisão dos pagãos convertidos vinha de "alguns da Judéia", segundo Lucas em Atos 15,1, ou de "falsos irmãos", como escreve Paulo em Gálatas 2,4. A diferença indica, certamente, tonalidades discordantes: para Lucas tudo é pacífico e faz parte do consenso; para Paulo, trata-se de tensão polêmica. Concluem, mais tarde, pela posição negativa, isto é, que os pagãos convertidos não precisam se circuncidar. Finalmente, também afirmam que Tiago ocupava importante lugar no debte. Lucas registra que Pedro, Barnabé e Paulo falaram em primeiro lugar e Tiago, depois. Mas foi Tiago que concluiu: "Eis por que eu julgo que não se devem molestar os pagãos que se convertem a Deus", obrigando-os à circuncisão (At 15,19). Paulo afirma em Gálatas 2,9: "E conhecendo a graça a mim concedida, Tiago, Cefas e João, tidos como colunas, estenderam-nos a mão, a mim e a Barnabé, em sinal de comunhão: nós pregaríamos aos gentios e eles para a circuncisão". Mas, não obstante acordos gerais e valiosos, persistiam discordâncias específicas e igualmente importantes.

Atos 15 versus Gálatas 2. Em Atos 15, Lucas refere-se a *um único debate, na mesma época,* em Jerusalém, que resultou na completa harmonia sobre o primeiro tema (os pagãos convertidos não precisavam ser circuncidados), bem como sobre o outro (todos os convertidos deveriam observar a dieta *kosher*). No capítulo 2 da epístola aos Gálatas, escrita antes do texto de Lucas, Paulo menciona *dois* debates em *duas* épocas diferentes, em Jerusalém (2,1-10) *e* Antioquia (2,11-16), com resultados harmoniosos no primeiro caso mas sério desacordo no segundo.

Havia, na verdade, como já vimos, concordância geral (com exceção de "alguns da Judéia", de Lucas, e dos "falsos irmãos", de Paulo). Essa posição seria aceitável a alguém como Tiago, porque certo segmento da tradição judaica afirmava que Deus reuniria os gentios com os judeus em plena comunhão no momento ideal utópico ou escatológico do futuro quando Deus, finalmente, transformaria a terra no lugar da justiça divina. Os gentios não se converteriam ao judaísmo, com a prática da circuncisão, por exemplo, mas ao Deus do mundo inteiro. Os judeus e os gentios celebrariam juntos com Deus na terra pura, justa, pacífica e frutífera. Segundo essa visão, a terra violenta seria justificada e pacificada não por meio da grande batalha final no Monte Megido (Armagedom), quando os maus seriam destruídos, *mas no grande banquete final no Monte Sião com a conversão dos ímpios*. Relembremos, agora, as imagens rapsódicas de Miquéias 4,1-4 e de Isaías 2,2-4 sobre a paz cósmica:

> E acontecerá, no fim dos dias, que a montanha da casa de Iahweh estará firme no cume das montanhas e se elevará acima das colinas. Então, povos afluirão para ela, virão numerosas nações e dirão: "Vinde, subamos a montanha de Iahweh, para a Casa do Deus de Jacó. Ele nos ensinará os seus caminhos e caminharemos pelas suas vias. Porque de Sião sairá a Lei, e de Jerusalém a palavra de Iahweh". Ele julgará entre povos numerosos e será o árbitro de nações poderosas. Eles forjarão de suas espadas arados, e de suas lanças, podadeiras. Uma nação não levantará a espada contra outra nação e não se prepararão mais para a guerra. Cada qual se sentará debaixo de sua vinha e debaixo de sua figueira, e ninguém o inquietará, porque a boca de Iahweh dos Exércitos falou!

Essa paz cósmica será celebrada num banquete universal hospedado por Deus em Jerusalém, segundo Isaías 25,6-8:

> Iahweh dos Exércitos prepara para todos os povos, sobre esta montanha, um Banquete de manjares suculentos, um banquete de vinhos finos, de manjares recheados de tutano, de vinhos depurados. Destruiu neste monte o véu que envolvia todos os povos e a cortina que se estendia sobre todas as nações; destruiu a morte para sempre. O Senhor Iahweh enxugou a lágrima de todos os rostos; ele há de remover o opróbrio do seu povo de sobre toda a terra, porque Iahweh o disse.

No contexto e tradição pacifista do apocaliptismo escatológico, Tiago e todos os outros (com exceção de alguns dissidentes indecisos?) concordavam que não se devia exigir a circuncisão dos pagãos convertidos ao cristianismo judaico.

Gálatas 2,11-17. Foi, porém, no segundo caso que Lucas e Paulo discordaram profunda e diretamente. Paulo situa o segundo debate não em Jerusalém mas em Antioquia. *Estava em jogo no presente e para o futuro a unidade da nova comunidade*. Haveria duas alas separadas, desiguais e talvez até inimigas entre si, na nova comunidade cristã: uma judaica, observando os regulamentos *kosher*, e outra de origem pagã, livre dessa obrigação? A questão tornava-se aguda quando judeus e gentios comiam juntos na mesma comunidade e precisavam decidir o caminho a tomar. Ou todos observavam as regras *kosher*, com a anuência dos cristãos gentios, ou as evitavam, com o assentimento dos judeo-cristãos. O problema surgia, naturalmente, apenas nas assembléias mistas.

O segundo tema não era mais a circuncisão. O problema já havia sido superado por Tiago em Jerusalém e não havia voltado à consideração. Tampouco referia-se à exigência da dieta *kosher* para os pagãos cristãos em, por exemplo, Éfeso, Corinto ou Roma. *O problema concentrava-se apenas em relação a assembléias mistas, quando judeus e pagãos convertidos participavam juntos em assembléias religiosas.* Paulo relata os termos do debate em Antioquia em Gálatas 2,11-16:

> Mas quando Cefas veio a Antioquia, eu o enfrentei abertamente, porque ele se tinha tornado digno de censura. Com efeito, antes de chegarem alguns vindos da parte de Tiago, ele comia com os gentios, mas quando chegaram, ele se subtraía e andava retraído, com medo dos circuncisos. Os outros judeus começaram também a fingir junto com ele, a tal ponto que até Barnabé se desencaminhou pela sua *hipocrisia*. Mas quando vi que não andavam retamente segundo a verdade do evangelho, eu disse a Cefas diante de todos: "Se tu, sendo judeu, vives à maneira dos gentios e não dos judeus, por que forças os gentios a viverem como judeus?". Nós somos judeus de nascimento e não pecadores da gentilidade; sabendo, entretanto, que o homem não se justifica pelas *obras da Lei* mas pela *fé em Jesus Cristo*, nós também cremos em *Cristo Jesus* para sermos justificados pela *fé em Cristo* e não pelas *obras da Lei*, porque pelas *obras da Lei* ninguém será justificado.

Embora inúmeros intérpretes, ao longo de séculos de estudo, suponham que Paulo estava obviamente certo nesse debate, achamos, ao contrário, que estava errado.

Em primeiro lugar, os convertidos do paganismo de maneira alguma se dispunham a discutir a matéria. Tiago concordara com essa posição em Jerusalém. Sem essa premissa o paganismo cristão teria nascido morto. Em segundo lugar, e apenas secundariamente, seria matéria de discussão se a realização de refeições comuns (eucaristia?) entre judeus e pagãos convertidos era necessária para manter a unidade entre os observadores da dieta *kosher* e os outros? Em terceiro lugar, leiamos novamente a acusação de Paulo contra Pedro. Interpretamos a sentença como afirmação de que Pedro, cristão judeu, observava a solução não-*kosher* nas refeições comuns com os gentios. Aparentemente, era assim que agiam outros judeo-cristãos em Antioquia (diversos, muitos, todos?). Mas agora concordavam com a exigência de Tiago para a solução em favor da refeição *kosher*. Paulo condenou duas vezes, como *hipocrisia*, a mudança de não-*kosher* para *kosher* para todos. Não foi registrada a resposta da assembléia mas, certamente, teria sido esta: "Não, Paulo, não se trata de hipocrisia mas apenas de *cortesia*". Em quarto lugar, a questão era meramente pragmática, tornando a argumentação irrelevante. Se Pedro e os outros acreditassem que *kosher* fosse prática necessária para a salvação, não a teriam omitido tão facilmente.

A questão em Antioquia não difere fundamentalmente do que fazem hoje cristãos que observam todos os costumes judaicos quando comem com famílias judaicas ou vão ao templo judaico para orar. Não se trata de hipocrisia mas de cortesia ecumênica além de ser esforço em prol da unidade comunitária. Finalmente, Paulo acrescenta três vezes à questão pragmática as "obras da lei" opondo-as à "fé em Cristo", também três vezes. A antítese paulina entre fé e obras poderia ser justificada teologicamente em termos abstratos, mas perante a questão pragmática em Antioquia tornava-se irrelevante no caso concreto. Alguém acreditaria que Tiago, Pedro e Barnabé, com todos os outros (com exceção de Paulo), teriam optado pela justificação "pelas obras" em vez da "fé em Cristo"? A posição de Paulo (pelo menos como consta em Gálatas) assemelhava-se a dar golpes no ar. Tiago, Pedro, Barnabé e os outros que concordavam com eles estavam certos em Antioquia. Era Paulo quem estava errado.

Romanos 15 e Atos 21. O Novo Testamento nada indica a respeito da autoridade de Tiago em Jerusalém. Nesse ponto, Paulo e Lucas diferem profundamente, mas de maneira indireta. A unidade do grupo, antes da decisão sobre a circuncisão, mas principalmente depois, tornara-se problema óbvio e fundamental. Paulo bem o sabia. Foi por isso que se entusiasmou com a decisão de levantar fundos entre os convertidos pagãos para os judeo-cristãos conhecidos como "os pobres" em Jerusalém (comunidade como em Qumrã?). Depois que Tiago e as "colunas" de Jerusalém aceitaram a dispensa da circuncisão para os pagãos convertidos, Paulo confessa: "Nós, só nós devíamos lembrar dos pobres, o que, aliás, tenho procurado fazer com solicitude" (Gl 2,10). Enquanto Paulo anunciou diversas vezes essa coleta em suas cartas, Lucas nunca a mencionou em Atos. Há, porém, trechos nesse livro que só fazem sentido se o autor (ou pelo menos suas fontes) soubesse disso e subentendesse sua existência e operação.

Paulo discute os planos para a entrega da coleta aos fiéis de Jerusalém em Romanos 15,25-27 e 30,31. Reconhece dois perigos que poderiam atrapalhar a função desse dinheiro enquanto processo unificador de judeo-cristãos e gentios:

> Mas agora eu vou a Jerusalém, a serviço dos santos. A Macedônia e a Acaia houveram por bem fazer uma coleta em prol dos santos de Jerusalém que estão na pobreza. Houveram por bem, é verdade, mas eles lhes eram devedores: porque se os gentios participaram dos seus bens espirituais, eles devem, por sua vez, servi-los nas coisas temporais [...]. Contudo, eu vos peço, irmãos, por nosso Senhor Jesus Cristo, e pelo amor do Espírito, que luteis comigo, nas orações que fazeis a Deus por mim, a fim de que eu possa escapar das mãos dos infiéis da Judéia, e para que o meu serviço em favor de Jerusalém seja bem aceito pelos santos.

A oposição dos judeus não cristãos representava perigo externo; mas a dos judeo-cristãos, igual perigo, porém interno. As duas coisas aconteceram. Sabendo que aconteceriam, Paulo acompanhou a coleta em vez de mandá-la por representantes da comunidade. Para ele, a unidade das duas alas da comunidade era suficientemente importante para arriscar o próprio martírio. Mas em Atos 21,17-25, embora Lucas não mencione a coleta, conta como os dois temores de Paulo acabaram se realizando em Jerusalém. Tiago e a comunidade judaica cristã impuseram condições para a aceitação da coleta e, quando Paulo as aceitou, foi atacado no Templo por judeus não cristãos. Vejamos quais foram as condições:

> Ao chegarmos a Jerusalém, receberam-nos os irmãos com alegria. No dia seguinte Paulo foi conosco à casa de Tiago, onde todos os anciãos se reuniram. Depois de havê-lo saudado, começou a expor minuciosamente o que Deus havia feito entre os gentios por seu ministério. E eles glorificavam a Deus pelo que ouviam. Disseram-lhe, então: "Vês, irmão, como abraçaram a fé milhares de judeus e são todos zelosos partidários da Lei. Ora, ouviram dizer de ti que ensinas os judeus dispersos no meio dos gentios a apostatarem de Moisés, dizendo-lhes que não circuncidem mais seus filhos e não sigam os costumes. Que fazer então? Certamente, a multidão há de se aglomerar ao saber que chegaste. Faze, pois, o que te vamos dizer. Temos aqui quatro homens que fizeram um voto. Traze-os, purifica-te com eles, e encarrega-te das despesas para que eles possam rapar a cabeça. Assim todos saberão que são falsas as notícias a teu respeito, mas que te comportas como observante da Lei. Quanto aos gentios que abraçaram a fé, temos-lhes escrito as nossas decisões: preservarem-se das carnes imoladas aos ídolos, do sangue, das carnes sufocadas e das uniões ilegítimas".

Esse texto é citado para indicar mais uma vez a autoridade de Tiago em Jerusalém e as constantes tensões entre Tiago e Paulo, cuidadosamente omitidas por Lucas em Atos 21 como anteriormente em Atos 15. Paulo enfrentava terrível dilema. Uma das alternativas consistia em não aceitar a condição de Tiago, aceitar a recusa da coleta e reconhecer que o cristianismo estava dividido. A outra era aceitar a condição de Tiago, entregar o dinheiro da coleta e dar ênfase na unidade, arriscando-se a ser acusado da mesma hipocrisia que anteriormente atribuíra a Pedro.

Epístola de Tiago. O "Tiago" desta epístola do Novo Testamento não foi claramente identificado, mas é quase certo que seja o mesmo do ossuário, Tiago, o Justo, filho de José, irmão de Jesus. A "Epístola *de*" pode ser tanto de sua autoria, representando desenvolvimento de seu ensino como até mesmo atribuição fictícia. Cada uma dessas posições é defensável, embora pouco provável. Por enquanto, ressaltamos o seguinte: se imaginarmos a teologia de Tiago a partir de *cuidadoso exame das camadas componentes* de Atos de Lucas, Gálatas de Paulo e das *Antiguidades judaicas* de Josefo, chegaremos facilmente à conclusão de que o conteúdo da epístola lhe pertence.

Paulo insistia em Gálatas 2,11-17, como acabamos de ver, na justificação pela fé em Cristo e não pelas obras da lei, argumento totalmente irrelevante ao problema pragmático em Antioquia, que procurava manter a unidade mesmo sem obter a justificação. Tiago não responde no capítulo 2, versículos 14 a 19, que a justificação vem das obras e não da fé ou dela sozinha (teria algum judeu jamais contrariado essas posições?), mas ensina que vem da fé e das obras ao mesmo tempo, posto que a fé opera por meio das obras, manifesta-se nelas e não se separa delas.

> Meus irmãos, se alguém disser que tem fé, mas não tem obras, que lhe aproveitará isso? Acaso a fé poderá salvá-lo? Se um irmão ou irmã não tiverem o que vestir e lhes faltar o necessário para a subsistência de cada dia, e alguém dentre vós lhes disser: "Ide em paz, aquecei-vos e saciai-vos", e não lhes der o necessário para a sua manutenção, que proveito haverá nisso? Assim também a fé, se não tiver obras, será morta em seu isolamento. De fato, alguém poderá objetar-lhe: "Tu tens fé e eu tenho obras". Mostra-me a tua fé sem as obras e eu te mostrarei a fé pelas minhas obras. Tu crês que há um só Deus? Ótimo! Lembra-te, porém, que também os demônios crêem, mas estremecem.

A fé e as obras são como dois lados da mesma moeda, distinguíveis mas inseparáveis: dialética, não dicotomia. Pode-se imaginar que Tiago e Paulo queriam dizer coisas diferentes com os mesmos termos, fé e obras, por causa do uso comum que faziam do modelo abraâmico e pela citação que faziam de Gênesis 15,6 ("Abrão creu em Iahweh, e lhe foi tido em conta de justiça"), Tiago 2,23, Gálatas 3,6 e Romanos 4,3. Pode-se dizer, portanto, que Tiago 2,14-19 refere-se à posição anterior de Paulo, mas nesse caso também Tiago e todos os citados em Gálatas 2,11-17 também se situavam nesse passado. Precisamos, novamente, imaginar quão diferente teria sido a situação em Antioquia se em lugar de Paulo (e de todos os demais) Tiago estivesse lá.

Reconhecimentos clementinos. Esta fonte do segundo século encontra-se no primeiro livro de um romance cristão do quarto século. Trata-se de outra versão da história de Hegesipo com duas principais adições. A primeira conta que membros individuais dos Doze falavam sobre Jesus ao povo e a Caifás no Templo na época da Páscoa e que Tiago "subia" os degraus para dar seu testemunho. Falou durante uma semana e persuadiu "seus ouvintes, incluindo o sumo sacerdote, de que deveriam se batizar o quanto antes" (1.69.8). Em segundo lugar, seguiu-se terrível morticínio para impedir a conversão geral. "Certo homem hostil" entrou no Templo e "começou a matar [...]. Correu muito sangue. Muitos tentaram escapar, quando esse homem atacou Tiago, jogando-o do alto das escadas para o chão. Como o considerou morto, não se preocupou em lhe bater ainda mais" (1.70.1,6,8). Esse "homem hostil" nunca foi identificado pelo nome, mas tudo indica que teria sido Paulo, pois "ele havia recebido autoridade da parte do sumo sacerdote Caifás para perseguir todos os que acreditassem em Jesus e viajassem a Damasco com suas cartas, a fim de conseguir a ajuda dos descrentes para arruinar os fiéis" (1.71.4). Esse episódio procura relembrar a descrição de Paulo em Atos 9,1-2.

O texto elabora três acusações sérias contra Paulo. A primeira é que, não obstante sua intervenção, o povo e os sacerdotes estavam prestes a se converter ao cristianismo. A outra é que ele mesmo havia matado e incitado outros a matar cristãos no Templo. A última refere-se a Tiago. Esse escrito extremamente tendencioso e totalmente difamatório, além de fictício, tinha conhecimento do martírio de Tiago e consegue dizer e ao mesmo tempo não dizer que Paulo o matara. Nada mais acrescenta a respeito de Tiago, de maneira que podemos facilmente presumir que as afirmações de Paulo eram corretas e que Tiago havia morrido, assassinado por Paulo. É isso que o texto quer nos levar a crer.

Aparecem e se desenvolvem três temas principais sobre Tiago, o Justo de Jerusalém, filho de José, irmão de Jesus. Transitam entre as diferentes camadas existentes no Novo Testamento e fora dele. Nos dois casos, movimentam-se entre fato e ficção, e história e teologia em trilhas de aceitação ou rejeição ideológicas. O primeiro tema, sobre a autoridade de Tiago, aparece em 1 Coríntios 15,7, no *Evangelho de Tomé* 12 e no *Evangelho dos hebreus* 7. O segundo tema, a respeito do martírio de Tiago, vem de Josefo a Hegesipo. O terceiro tema, que é a oposição entre Tiago e Paulo, está ausente no livro de Atos, de Lucas, onde todos concordam com Tiago, mas aparece na epístola aos Gálatas de Paulo, onde também todos concordam com Tiago, *menos Paulo*. A oposição continua a respeito de fé e obras, e Abraão e Gênesis, na Epístola de Tiago, e chega ao clímax em forma de ficção difamatória em *Reconhecimentos clementinos*.

Quando estabelecemos cuidadosas distinções nessas camadas textuais e acentuamos seus propósitos literários com clareza, percebemos que representam disputas no cristianismo judaico envolvendo debates que se vão tornando agressivos entre os seguidores de Tiago e de Paulo, mas nunca entre o cristianismo e o judaísmo. É nesse contexto que examinamos Jesus neste livro. Ele era uma das opções em disputa e luta no judaísmo contemporâneo no cadinho desse decisivo primeiro século.

Pedra e texto, arqueologia e exegese

Permanecem estas cinco questões a respeito do ossuário de Tiago. Será autêntico? É original a inscrição? Identifica-se a família? Essa descoberta é importante? Teria sido ético o processo? A questão final é, na verdade, a primeira, a última e a permanente. Espera-se que a publicidade na mídia e o entusiasmo popular sobre o artefato despertem a consciência geral a respeito dos problemas legais, éticos e históricos relacionados com peças arqueológicas de proveniência ignorada.

Talvez se consiga, com o tempo, responder razoavelmente às duas primeiras questões acima de qualquer dúvida. A terceira é mais difícil. Se o ossuário for julgado autêntico e a inscrição original, será que a família Tiago-José-Jesus é a mesma do Novo Testamento? Dificilmente se terá certeza absoluta a respeito. No melhor dos casos, usando a diferença entre a exigência de certidões civis, fora do âmbito criminal, poderíamos concluir que a preponderância das evidências indica uma resposta positiva. Mas não seria mais do que argumento estatístico, boa probabilidade, a não ser, naturalmente, que o túmulo fosse reencontrado e surgissem novas evidências.

Por enquanto, concedamos que o ossuário é o que reivindica o seu proprietário. Naturalmente, tal afirmação terá de ser revista no futuro se o governo de Israel se apoderar dele e produzir relatórios a respeito de sua autenticidade. Concedendo-lhe, então, por enquanto, autenticidade, originalidade e até mesmo identidade, qual seria sua importância? Afirmamos que esta questão se manterá mesmo se no julgamento decisivo das três primeiras perguntas a resposta vier a ser negativa. Objetos falsos podem também ensinar importantes lições e levantar sérias questões. Nos termos deste livro, portanto, qual seria sua importância para a arqueologia e para a exegese?

Em primeiro lugar, em relação à interação entre essas duas disciplinas, o ossuário é um símbolo condensado do processo todo. Que sentido poderia ter essa caixa única, isolada, sem tudo o que a arqueologia conhece sobre os costumes funerários primários e secundários dos judeus do primeiro século e sem as inúmeras outras tumbas e ossuários descobertos e catalogados até agora? De que se trataria? Talvez uma caixa antiga com algum material dentro dela? Sem o que sabemos a respeito de Tiago, filho de José e irmão de Jesus, por meio do Novo Testamento e fora dele, de fatos e ficção, história e lenda, a inscrição nada significaria. Talvez identificaria o proprietário da urna. Mas, levando em consideração tudo o que já se sabe por meio da arqueologia e da exegese sobre ossuários e muitos Tiagos, a descoberta exemplifica de maneira notável a convergência disciplinar entre solo e evangelho, pedra e texto.

Em segundo lugar, a respeito de arqueologia, notamos que o ossuário mostrava graves rachaduras produzidas, talvez, no transporte entre Tel Aviv e Toronto. Mas, de qualquer forma, tudo relacionado com sua descoberta já vinha rachado, como já dissemos. Trata-se de um artefato isolado, de origem desconhecida, e qualquer coisa que se diga sobre sua história pode ser mera invenção, na melhor das hipóteses, ou, na pior, apenas autopromoção. Talvez o Departamento de Antiguidades de Israel consiga traçar seu trajeto da fonte ao museu. Talvez, se for julgado autêntico e valioso, venha a gerar missões de busca ou destruição nos antigos sítios mortuários ao redor de Jerusalém. Tudo isso serve para ressaltar a diferença legal e moral entre, de um lado, coleta de artefatos e roubo cultural e, do outro, busca controlada ou arqueologia científica. O ossuário de Tiago é belo exemplo de como não se deve descobrir seja o que for. Infelizmente, essa é sua maior importância arqueológica, não importando qual venha a ser o julgamento final sobre sua validade.

Em terceiro lugar, sobre exegese, se a ênfase recai *em Jesus*, a descoberta não nos diz nada que já não sabíamos nem pode mudar a interpretação do que já pensamos.

59

Se fosse absolutamente autêntica e identificável, poderia ser considerada prova arqueológica ao lado de evidências textuais pagãs, judaicas e cristãs primitivas de que Jesus existira. Mas que outra coisa além disso? O Novo Testamento já havia afirmado que Jesus era filho de José e irmão de Tiago. A inscrição repete essa informação. Todos os que leram o texto que menciona José como pai de Jesus e Tiago, seu irmão, lerão também a inscrição na pedra da mesma maneira. Por outro lado, os que lêem que José era apenas pai adotivo de Jesus e que Tiago era primo de Jesus, sendo José seu tio e ele seu sobrinho, lerão a pedra desse mesmo jeito. Nada mudará.

Que acontecerá se, em vez de focar exclusivamente em Jesus, mudássemos para *Jesus e Tiago*? Ambos foram martirizados: Jesus por volta do ano 30 e Tiago em 62. Mas pensemos nos contrastes. Jesus foi executado pelo sumo sacerdote Caifás e pelo governador romano Pilatos. Não sofreram nenhuma conseqüência por causa desse fato, embora tenham sido depostos por negligência no trabalho em 36-37 pela autoridade romana. Tiago foi executado pelo sumo sacerdote Ananus II, que foi por isso imediatamente deposto pelo rei judaico Agripa II e pelo procurador romano Festo. Esses dois sumos sacerdotes, Caifás e Ananus, pertenciam à poderosa dinastia ananita. Os dois diferentes martírios exigem muito cuidado para não nos apressarmos em situar Jesus no judaísmo nem o judaísmo no Império Romano. Não se tratava do cristianismo contra o judaísmo, mas de um debate intrajudaico no qual o judaísmo cristão era apenas uma entre inúmeras outras opções do judaísmo do primeiro século em busca de resposta da tradição antiga ao imperialismo contemporâneo. O ossuário de Tiago, autêntico ou não, relembra-nos que a figura histórica de Tiago é muito importante para entender o Jesus histórico. *Como entendemos o Jesus histórico quando se considera Tiago o guardador de seu irmão?*

Finalmente, que aconteceria se acentuássemos apenas Tiago? Afinal, trata-se de seu ossuário. As coisas mudariam pouco, mesmo se o ossuário viesse a ser julgado falso no todo ou em partes. Que dizer a respeito do esquecido Tiago? E da oposição entre ele e Paulo? E se julgássemos que Tiago estava certo e Paulo errado em Antioquia e daí para a frente? Até que ponto tudo isso mudaria a nossa maneira de interpretar o cristianismo primitivo? A pergunta que persiste em nossos textos e que é agora acentuada pela existência deste ossuário, principalmente neste livro, é a seguinte: *Como vemos o Jesus histórico quando se considera Tiago e não Paulo a sua melhor continuação?*

CAPÍTULO 2

CAMADAS SOBRE CAMADAS SOBRE CAMADAS

A moderna Nazaré é uma próspera cidade de turismo e peregrinações. Conhecida como o lar de Jesus, atrai gente de todo o mundo que quer ver o lugar onde ele cresceu e aproveitar para comer o melhor falafel (bolinhos feitos com massa de grão-de-bico frita) de Israel. Os visitantes pechincham com os vendedores, mascateiam ninharias e objetos no mercado, enquanto os peregrinos dirigem-se para a igreja querendo comemorar o lugar onde o arcanjo Gabriel revelou a Maria a divina concepção de Jesus. Dentro do complexo moderno da igreja, sob a custódia dos franciscanos, mosaicos contemporâneos de diversas partes do mundo representam Maria e o menino Jesus com roupas nativas e com feições faciais do país que os encomendou. Estão ao redor da austera e solene Basílica da Anunciação, construída nos anos 1960 no topo de antiga gruta, supostamente onde Gabriel falou com Maria. No interior da basílica, paredes de pedra e vitrais protegem o canto harmonioso, a meditação silenciosa e o fragrante incenso, das cenas lá fora, nem sempre serenas ou pacíficas.

Nazaré é uma cidade barulhenta, caótica e tumultuada, onde se misturam cristãos palestinos e muçulmanos na grande cidade baixa, e judeus da Rússia, da Etiópia e de outros lugares na cidade alta, chamada Nazeret Ilit. O que fora no passado modelo de coexistência pacífica, desfigurou-se por causa da violência e de incêndios criminosos com a quebra do processo de pacificação. Um ano antes da construção da nova mesquita perto da Basílica da Anunciação surgiram tensões entre cristãos e muçulmanos, exacerbadas por acusações contra o mau governo de Israel e por protestos diários. O Ministério da Justiça de Israel acaba de construir um grande edifício de vidro, metal e concreto para administrar julgamentos e alcançar veredictos. A arquitetura moderna sobressai em cima de um morro de onde se vêem os telhados da cidade baixa com suas antenas e receptores de imagens via satélite, lavanderias a seco e tanques de água.

Britadeiras martelam e brocas provocam ruídos em canteiros de obras por todos os lados, embora os novos mega-hotéis que esperavam ondas de visitantes depois da peregrinação papal do ano 2000 estejam praticamente vazios agora. A visita de João Paulo II estimulou a municipalidade a alocar fundos para a expansão e repavimentação da avenida principal que vai até o centro de Nazaré, de tal maneira que onde o tráfego de carros, e estacionamentos dos dois lados, utilizava duas faixas quase sempre congestionadas passou agora para três, sem visíveis melhorias no trânsito.

A cidade moderna de Nazaré é um lugar especial que deve ser visto, cheirado e experimentado. Seus sons e vistas são em parte do Oriente Médio, com convocações à oração em árabe e cabeças masculinas cobertas por *kefilas*; em parte israelita, com ônibus de turismo de forma ovóide, telefones celulares e solidéus; em parte européia e japonesa, com táxis Mercedes e *pickups* Isuzu, franciscanos com hábitos marrons e Fuji filmes; e em parte americana, com restaurantes Kentucky Fried Chicken e rapazes com uniformes dos Lakers.

A Nazaré do século vinte e um contrasta vastamente com a do primeiro século. Vinte séculos de história as separam e inúmeras camadas de resíduos do passado acumularam-se no lugar. Vinte séculos de construção arquitetônica, de renovação e de demolição acabaram obliterando o lugarejo judaico do primeiro século. Para se ter uma visão da Nazaré de Jesus seria preciso atravessar diversas camadas que se foram sobrepondo consecutivamente. Quanto mais perto chegamos, mais atenção é preciso prestar à complexa formação de camadas. Quanto mais perto se chega do primeiro século, mais dificilmente se consegue distinguir o antigo do moderno, mas mais forte se faz a separação, e menos evidentes as mudanças que foram acontecendo entre os séculos que podem nos enganar e nos fazer pensar que pertenciam à cidadezinha do primeiro século. A visão arqueológica da Nazaré do primeiro século começa pelas últimas camadas não só porque é assim que a pá e a colher de pedreiro do arqueólogo as expõem, mas também porque ajudam a delinear claramente o trabalho que aí começa. Os depósitos tardios precisam ser detectados cuidadosamente, bem como os fragmentos dos artefatos do primeiro século deteriorados pelo contexto. É preciso avaliar ainda o impacto das estruturas superpostas sobre as camadas inferiores. Para chegar à Nazaré do primeiro século é preciso discernir continuidades e descontinuidades entre as camadas primitivas e as outras por meio de complexas escavações. Começaremos, portanto, com o contexto mais abrangente da Galiléia percorrendo os períodos históricos que moldaram suas características arqueológicas.

Período bizantino (da metade do quarto século ao sétimo século d.C.). As camadas estratigráficas deste período na Galiléia foram profundamente afetadas pela conversão do Império Romano ao cristianismo pelo imperador Constantino, o Grande. Nos séculos seguintes esse fato suscitou extraordinário fluxo de peregrinos, desenvolvimento financeiro e vinda de arquitetos que transformaram esse território judaico na Terra Santa cristã com igrejas, santuários e mosteiros. A população judaica da Galiléia respondeu com sinagogas artisticamente mais elaboradas em seus interiores. Mas o período foi caracterizado por visível declínio gradual na qualidade da cultura material: as casas não foram tão bem construídas como antes e a cerâmica local baixou de nível.

Período romano médio e posterior (do segundo século à metade do quarto século d.C.). As camadas destes períodos são caracterizadas pela incorporação da Galiléia à província romana da *Palestina*. Depois de duas guerras judaicas contra Roma em 66-74 e 132-135, inúmeros refugiados da Judéia e de Jerusalém migraram para a Galiléia enquanto Roma mantinha nos arredores suas legiões para prevenir revoltas. Duas forças agiam nessas camadas: em primeiro lugar, o crescimento considerável da população e o desenvolvimento das sinagogas em substituição do Templo em segundo lugar, a política romana acelerou a urbanização para facilitar o controle e a cobrança de impostos. Como resultado disso, surgiram edifícios públicos em áreas muito grandes e se desenvolveu o comércio internacional.

Primeiro período romano (da metade do primeiro século a.C. até o primeiro século d.C.). Este período foi dominado na terra judaica por Herodes, o Grande, responsável pela construção do reino (37-4 a.C.), também chamado às vezes de "período herodiano". Seu filho, Herodes Antipas, urbanizou a Galiléia (4 a.C.-39 d.C.) e introduziu a arquitetura greco-romana na construção de Séforis e Tiberíades. Mas tanto aí como em outros lugares espalhava-se a cultura judaica da vida doméstica. As cidades e as vilas tinham em comum a mesma arquitetura simples, mas se produzia cerâmica de boa qualidade em diversos fornos. Existem certas evidências de itens de comércio e luxo nas cidades e algumas casas ricas em cidades pequenas. No final do período, muitos sítios foram destruídos por ocasião da primeira revolta judaica contra Roma.

Período helenístico tardio (do segundo século à metade do primeiro século a.C.). O período helenístico tardio na Galiléia caracterizou-se por importante assentamento judaico sob o poder dos governadores asmonianos (os chamados macabeus, com o restabelecimento de um reino judaico independente, governado de Jerusalém). A maioria dos sítios romano-bizantinos da Galiléia se origina nessa época. Além de pequenas vilas, diversos fortes militares asmonianos ajudaram a estabelecer e a proteger o território judaico cercado de populações de gentios e de grandes cidades pagãs e helenizadas. Nesse período, a população da Galiléia era muito espalhada e de certa forma isolada. Havia muita terra para ser cultivada.

A reconstrução da Nazaré do primeiro século não é mera empresa arqueológica limitada à busca de artefatos presentes nas outras camadas. Séculos de construção arquitetônica, renovação e demolição foram acompanhados por outros de projetos de construção intelectual — teológicos, dogmáticos e ideológicos — superpostos em Jesus. Antes de poder imaginar a vida geral na Galiléia de Jesus e de tentar reconstruir sua vida, é preciso desconstruir as modernas noções que foram projetadas no passado. É preciso também levar em conta os preconceitos comuns das tendências das classes altas presentes em fontes literárias, bem como asserções dogmáticas a respeito de Jesus entre alguns teólogos cristãos. Mas podemos afirmar que a Nazaré do primeiro século era uma vila de *camponeses* que aderia ao judaísmo da época orientado pelo Templo. *Jesus, portanto, era um camponês judeu.*

De Nazaré pode sair algo de bom?

No evangelho de João, Natanael, antes de se tornar discípulo, pergunta com ironia: "De Nazaré pode sair algo de bom?", quando lhe anunciam que haviam encontrado "aquele de quem escreveram Moisés, na Lei, e os profetas: Jesus, o filho de José, de Nazaré". (1,45-46). Sua expressão, insultuosa, por certo, surpreende-nos, tendo em vista que nos mostra que Nazaré era bem conhecida de todos. Mas fora dos evangelhos e dos textos cristãos primitivos que dependem deles, não há citações pré-constantinianas que se refiram à cidade. Nunca foi mencionada pelos rabinos judaicos na Mixná nem no Talmude, mesmo citando sessenta e três outras cidades da Galiléia. Josefo, historiador judeu e general na Galiléia durante a primeira revolta judaica em 66-67 d.C., refere-se por nome a quarenta e cinco lugares, mas nunca a Nazaré. O Antigo Testamento não a conheceu. E o catálogo bíblico das tribos de Zebulon, que enumera quinze localidades na Baixa Galiléia, nas proximidades de Nazaré, não a inclui (Js 19,10-15). Era um lugar absolutamente insignificante.

4. Nazaré do século vinte e um
Nazaré, cidade de peregrinação cristã, estende-se hoje sobre as ruínas do vilarejo do primeiro século, onde Jesus nasceu. Visto do alto da cordilheira, o centro da cidade está pontilhado por lugares sagrados e dominado pela grande Basílica da Anunciação (1). O edifício foi construído pela Ordem Franciscana na década de 1960 sobre uma antiga igreja das cruzadas e de um santuário bizantino no lugar onde se comemora a revelação de Gabriel à Virgem Maria. Ao lado, a Igreja de São José (2) cobre uma câmara subterrânea considerada hoje a oficina de José. Terraços (3) e túmulos recortados na Antiguidade nas colinas em volta delineiam os modestos limites da cidade natal de Jesus.

Não nos surpreendemos, pois, que Nazaré não tenha sido mencionada. A literatura antiga era atividade das classes altas; por isso, as referências à pequena cidade só aumentaram significativamente depois da ascensão do cristianismo ao poder político no quarto século d.C. Na Antiguidade, os governantes, os ricos ou seus escribas eram os únicos que sabiam ler e escrever: assim, as histórias, biografias e narrativas que sobreviveram até hoje foram escritas ou ditadas principalmente pelos poderosos. Interessavam-se por pessoas públicas e por conflitos políticos. Pouco se importavam com a vasta maioria do povo e com o que acontecia nas pequenas cidades ou vilas rurais como, por exemplo, a pequena vila de Nazaré, a não ser quando causavam problemas ou ameaçavam a estabilidade e a economia.

Vida pastoril. Os camponeses, por sua vez, quase não tinham tempo para aprender a ler e a escrever e menos interesse ainda para ler os escritos das classes altas. Preocupavam-se com o cultivo da terra para ganhar o suficiente para pagar os impostos e sobreviver com o que sobrava. Buscavam auto-suficiência e seguiam o método da policultura. As famílias camponesas tinham vantagens com a diversificação do plantio e a distribuição das terras. Um só tipo de cultura era perigoso num mundo onde a fome relacionava-se sempre com enchentes ou colheitas precárias. A diversificação servia também para equilibrar a demanda de mão-de-obra nas diferentes estações do ano. Os que conseguiam cultivar o próprio alimento não precisavam depender dos outros, especialmente do patrocínio da elite urbana e dos ricos proprietários, que costumavam invadir terras alheias. Também lhes livrava de ter que barganhar com astutos vendedores nos mercados.

A dieta pastoril era simples: comiam-se pão, azeitonas e óleo de oliva, e bebia-se vinho. Quando havia hóspedes, acrescentavam-se um cozido de feijão e lentilhas com vegetais da época e pão de fibra, nozes, frutas, queijo e iogurte. Às vezes comia-se peixe salgado; a carne vermelha era rara, reservada apenas para celebrações especiais. Inúmeros restos de esqueletos mostram deficiência de proteínas e de ferro, e a maioria deles indica que muitas pessoas sofriam de artrite. Morria-se facilmente por causa de resfriados, gripes e abscessos dentários. A média da expectativa de vida dos que tinham sorte de sobreviver à infância andava por volta dos trinta anos e eram raros os que viviam até cinquenta ou sessenta.

Os pais preocupavam-se em manter famílias cuidadosamente equilibradas: precisavam de número suficiente de filhos para trabalhar no campo, mas se fossem muitos teriam que trabalhar em terras inadequadas e os filhos mais jovens nada teriam para fazer. As filhas destinavam-se ao serviço doméstico, mas, se fossem muitas, as exigências dos dotes poderiam acabar com os recursos da família, e, se ficassem solteiras, também os esgotariam com o correr do tempo. Homens sem terra, filhos jovens e bastardos procuravam sobreviver como artesãos, pescadores, diaristas, soldados, quando não se voltavam para o banditismo; as mulheres sem a proteção do pai, do marido ou dos irmãos tornavam-se esmoleiras ou prostitutas. Não havia mobilidade ascendente. O movimento social, como regra, tendia para baixo. A maioria dos camponeses vivia perigosamente perto da situação crítica.

A vida era predominantemente local e as viagens, perigosas. Havia pouca movimentação de um lugar para outro: às vezes as pessoas compareciam a festivais em centros urbanos ou visitavam feiras, mas andavam sempre acompanhadas de familiares ou amigos e se protegiam de eventuais assaltos com cassetetes e cajados. Alguns habitantes da Galiléia participavam de longas peregrinações a Jerusalém viajando com grupos ou em caravanas escoltados por guardas contratados. As atividades comerciais enfrentavam riscos e se tornavam impraticáveis. Itens volumosos exigiam vagarosas carroças de transporte puxadas por bois famintos, encarecendo e dificultando as importações. Até mesmo objetos menores como lamparinas, perfume, cristais e louças representavam sinais de riqueza.

Evidência literária. As elites letradas e os políticos poderosos do império não conheceram Nazaré antes da conversão de Roma. Os poucos membros da classe alta que sabiam de sua existência, como alguns administradores da capital de Herodes Antipas, Séforis, situada a 4 milhas ao norte, não se preocupavam com ela. O pequeno lugarejo judaico só era lembrado quando deixava de pagar impostos ou quando era preciso acabar com rixas locais. O historiador eclesiástico do quarto século Eusébio conta esta história a respeito de dois netos de Judas, irmão de Jesus, quando foram levados perante o imperador romano Domiciano (81-96 d.C.). Esses membros da família de Jesus haviam, aparentemente, vivido sempre em Nazaré.

> Denunciados como descendentes de Davi, foram levados perante César Domiciano, que temia a vinda do Cristo da mesma forma que Herodes. Perguntou-lhes se eram mesmo descendentes de Davi, coisa que confirmaram. Perguntou-lhes, então, quais eram suas posses e quanto dinheiro controlavam. Responderam que entre, os dois, possuíam nove mil denários, metade de cada um, mas não em espécie, posto que era o valor dos vinte e cinco acres de terra, sobre os quais pagavam imposto e nos quais viviam do resultado de seu trabalho manual. Para testemunhar o que diziam, mostraram as mãos calosas e a dureza de seus corpos [...]. Diante disso, Domiciano não os condenou mas os desprezou como gente sem valor, libertou-os e ordenou o fim da perseguição contra a Igreja (*História eclesiástica* 3.20).

Camponeses diante do imperador. Não tinham dinheiro, possuíam pequeno pedaço de terra, pagavam os impostos e ganhavam a vida com os corpos cheios de cicatrizes produzidas pelo trabalho rude, e eram desprezados. Esse era o mundo do Jesus camponês.

Embora envolta em obscuridade nos tempos antigos, depois da conversão de Constantino e durante o período bizantino, a pequena cidade de Nazaré atraía a atenção de peregrinos cristãos por ter sido o berço de Jesus, de arquitetos imperiais por ser lugar para construções e de autores por ser o contexto de tensões entre cristãos e judeus. O teólogo cristão do quarto século Epifânio relata o seguinte a respeito de José de Tiberíades, judeu convertido no tempo de Constantino, que obteve permissão e fundos para construir igrejas na Galiléia:

> José buscou apenas este favor do imperador, que tivesse licença para construir para Cristo — por decreto real — igrejas nas cidades e vilas dos judeus onde ainda não existissem, uma vez que nelas os habitantes não eram gregos nem samaritanos nem cristãos. Era o caso especial de Tiberíades, em Diocesaréia, também chamada Séforis, de Nazaré e de Cafarnaum onde não viviam pessoas de outras raças.

Nazaré aparecerá um século depois num texto de 570 d.C., contendo as palavras de um peregrino cristão de Piacenza que prenunciava o surgimento de intolerância religiosa. Relata, depois de uma visita à cidade natal de Jesus, que a sinagoga *"ainda pertencia aos judeus"*. Meio século depois, em 629 d.C., o imperador Heráclio expulsou todos os judeus dos lugares sagrados, incluindo os que viviam na Nazaré judaica. A cidade era, na verdade, judaica, não obstante a existência de literatura que a descreve cristã, em grego ou latim, da lavra de pessoas que não viviam na Galiléia.

Evidência epigráfica. A única evidência epigráfica a respeito de Nazaré vem de uma inscrição numa sinagoga judaica, em hebraico. A mais antiga ocorrência do nome "Nazaré" em fonte não cristã aparece num pequeno fragmento de mármore gris escuro de uma sinagoga do terceiro ou quarto século, descoberta em Cesaréia Marítima em 1962. Este fragmento e outros dois desenterrados com ele preservam uma lista dos locais tradicionais onde os sacerdotes judeus se reinstalaram depois que o imperador Adriano expulsou todos os judeus de Jerusalém em 135 d.C. Das vinte e quatro famílias sacerdotais que anteriormente se revezavam semanalmente nos ofícios do Templo de Jerusalém, dezoito, com o nome de Hapizzez, vieram para Nazaré. A inscrição atesta o caráter judaico de Nazaré, considerada lugar adequado para sacerdotes refugiados.

Religião judaica. Por volta da metade do período romano, os sacerdotes refugiados em Nazaré não eram mais tão necessários para a religião judaica. Depois da destruição do Templo, os rabinos nas sinagogas começaram a substituir os sacerdotes como elementos centrais da vida religiosa. O foco, agora, era a leitura das Escrituras e especialmente a interpretação da lei mosaica e da sua aplicação na vida diária. Nos dias de Jesus, porém, esses papéis ainda estavam invertidos: o Templo de Jerusalém e o sacerdócio dominavam a religião judaica; os rabinos ocupavam lugares secundários, e entre eles os fariseus eram os mais influentes. Grande parte de seu prestígio advinha das interpretações que faziam da lei em relação ao Templo, aos sacerdotes e à pureza. Alguns dos fariseus eram escribas especializados, suficientemente ricos e bem situados na vida urbana, com condições sociais e tempo para ler e escrever. Gozavam de popularidade na vida pública e quase sempre se destacavam nas reuniões da comunidade. A liturgia das sinagogas ainda não havia se desenvolvido plenamente. No tempo de Jesus, eram lugares de reunião onde se celebravam casamentos e assembléias cívicas, realizavam-se circuncisões, traduziam-se as Escrituras em voz alta do hebraico para o aramaico vernacular, consultavam-se os anciãos e se discutiam as tradições.

Os galileus sentiam-se longe do Templo tanto espiritual como geograficamente. É provável que as reuniões nas sinagogas da Galiléia, por causa disso, tivessem adquirido maior importância do que na Judéia, e que as reuniões dos galileus acabassem sempre vistas com desconfiança. Mas num lugar como no outro, à sombra do Templo ou na Galiléia, longe dele, a tradição judaica continuava a ser preservada na família, desde o nascimento até a morte, no Sábado, nas celebrações sazonais e nas refeições diárias, bem como pelos pais, mães e avós. Esse era o mundo do *judeu galileu, Jesus.*

De Constantino, o Grande, até o presente, as evidências escritas retratam Nazaré como lugar de conflitos políticos e disputas religiosas. Contudo, antes da conversão do império, não há referências a respeito. Nazaré era absolutamente insignificante. Também não se tem notícia de que tenha sido palco de disputas religiosas. O lugarejo era totalmente judaico.

Camadas arqueológicas de Nazaré

Ninguém se surpreende quando descobre que as camadas arqueológicas mais importantes em Nazaré sejam construções de grande porte para comemorar as vidas de Jesus e de seus pais. Esse fato tem sido atestado por pedras cortadas e outros blocos usados em edificações pertencentes a construções monumentais erguidas na cidade nos dias em que os cristãos exercem poder e influência e havia riqueza. Tudo isso encobriu os traços deixados pela humilde cidadezinha judaica. Há três camadas principais. A primeira é do século vinte, quando as peregrinações começaram a fazer parte da indústria turística. A outra vem da época das Cruzadas, quando monges, clérigos e um bispo viviam em Nazaré sob a proteção dos cavaleiros templários. A última pertence ao período bizantino, quando foram construídos pela primeira vez santuários, basílicas e mosteiros com o patrocínio imperial.

As construções mais recentes, sob custódia franciscana, permitem que os arqueólogos desenvolvam escavações no centro da cidade. A reconstrução e renovação da Igreja de São José na década de 1930 expôs inúmeras feições subterrâneas, e na década de 1960 Bellarmino Bagatti comandou escavações de larga escala no terreno onde mais tarde se construiu a Basílica da Anunciação, bem como a seu redor. Sob essas estruturas modernas foram encontrados o palácio do bispo e uma grande igreja romanesca construídos pelos cruzados, que, por sua vez, cobriam uma igreja e um mosteiro bizantinos ainda mais antigos. Cada uma dessas camadas — a moderna, a do tempo das Cruzadas e as bizantinas — foram sendo atravessadas até as mais antigas, às vezes recortadas em rochas, que serviam de fundamentos, outras vezes, movendo-se sobre camadas anteriores em meio a cavernas ou covas subterrâneas em busca de alicerces.

À medida que construções modernas foram edificadas, houve remoção de terra e descobertas de artefatos dos séculos passados até então ignorados. Foram encontrados capitéis ornamentados esculpidos por artesãos franceses e ocultos desde 1187, quando o sultão Saladino expulsou os cristãos da Terra Santa. Exibem cenas da vida dos apóstolos, embora as figuras pareçam européias e não semitas, os acessórios medievais e não antigos, e as roupas e ornamentos reais e não camponeses. A construção do que deveria ter sido a mais esplêndida igreja dos Cruzados, na Terra Santa, não foi concluída na época. Só foi terminada oito séculos depois nos fins do século vinte.

Debaixo dessa igreja inacabada, encontrou-se outra igreja e um mosteiro bizantino de séculos anteriores. O ponto focal da igreja situava-se na chamada Gruta da Anunciação, onde foram descobertas argamassa e pedras com desenhos de símbolos cristãos, e reproduções de orações e invocações. Alguns desses elementos podem ser anteriores à igreja bizantina. A construção no período bizantino era monumental e imperial. Ao redor da gruta os arqueólogos acharam centenas de pedras de mosaico deslocadas — em geral, brancas e pretas, chamadas de *tesserae* —, bem como pedaços de revestimentos coloridos ou de afrescos. A igreja tem sido constantemente renovada graças a doações generosas de patrocinadores de outros países para refazer paredes e repavimentar os pisos de mosaico. Alguns gravaram sua generosidade em

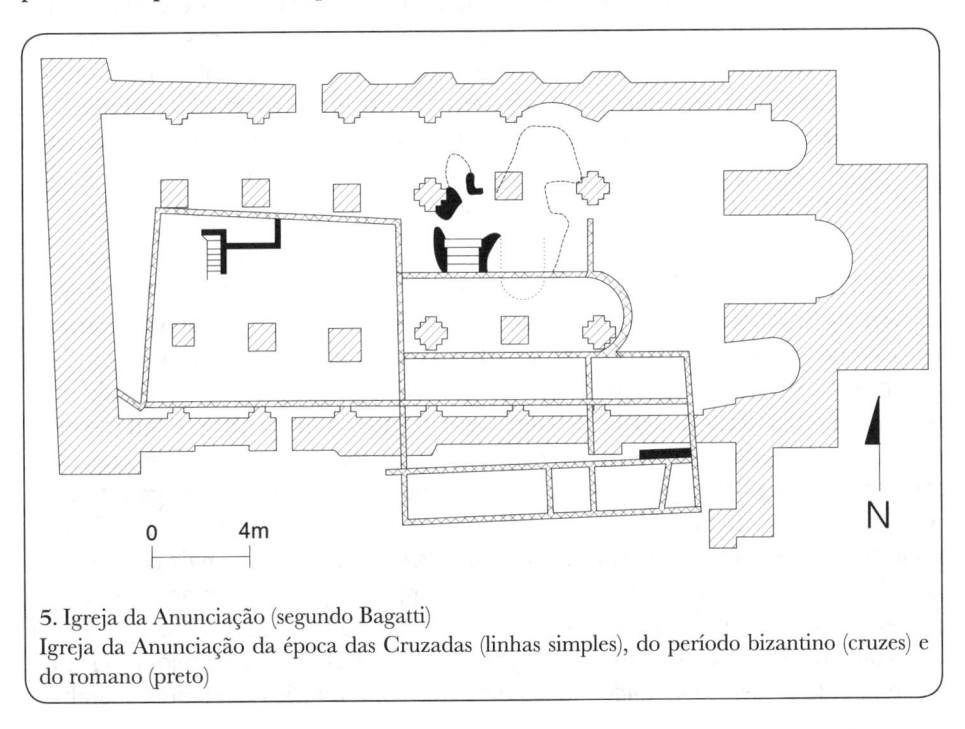

5. Igreja da Anunciação (segundo Bagatti)
Igreja da Anunciação da época das Cruzadas (linhas simples), do período bizantino (cruzes) e do romano (preto)

pedras. Num dos cantos de um chão de mosaico branco emoldurado por quadrados e losangos pretos intercalados por cruzes proporcionalmente distribuídas, lê-se esta inscrição: "Doação de Conon, diácono de Jerusalém". Outro piso de mosaico, ainda no seu lugar original e intacto, data do quinto século d.C. Foi decorado com *tesserae* vermelha e preta, representando uma coroa com três círculos concêntricos mais parecida com fitas penduradas a partir da base. No centro via-se uma cruz com letras semelhantes à abreviação para *Christos, chi-rho*, que era o símbolo que Constantino teria visto e que carregava em seus estandartes guerreiros na batalha que travou com o imperador rival, Maxêncio, na Ponte Mílvia no dia 28 de outubro de 312 de nossa era.

O símbolo de mosaico do triunfo cristão encontrava-se no topo de dois metros de destroços em cujo interior foram achados elementos arquitetônicos de uma estrutura mais antiga: dois capitéis sem adorno, diversos pedaços de colunas rudemente construídas e cinco pedestais de pilares, bem como arcos sobre bases, cornijas, portais e batentes. *Poderiam* ser restos de uma sinagoga judaica sobre a qual a igreja fora imposta, segundo relatos de itinerários de alguns peregrinos cristãos. O estilo é típico das sinagogas do terceiro século d.C. e um pouco depois na Galiléia, quando se construía segundo o modo do período romano posterior; nenhum material cerâmico encontrado nos aterros sugere datas anteriores ao terceiro ou quarto séculos. Mesmo se tivesse sido uma sinagoga, não poderia ser do tempo de Jesus, mas de bem depois, quando esses edifícios começaram a ser erguidos em toda a Galiléia.

Na verdade, não se encontrou até agora nenhuma sinagoga na Galiléia do primeiro século nem antes dele. Tem-se notícia da existência de apenas uma sinagoga em cidades ou vilas judaicas do tempo de Jesus em Gamla, no Golan. Dois outros edifícios parecidos com sinagoga, do primeiro século, foram escavados na Judéia em Herodiano e Masada, mas haviam sido construídos nos primeiros complexos herodianos por judeus rebeldes que os ocuparam durante a revolta dos anos 66-74. Não eram originalmente sinagogas, mas salas usadas para uso comum dos rebeldes.

Escavações e inscrições dão testemunho da existência de sinagogas no primeiro século da diáspora judaica em locais urbanos ao longo da bacia do Mediterrâneo e no Oriente Próximo. Esses edifícios são chamados usualmente, em grego, *proseuche*, ou "casa de oração", e serviam às necessidades comunitárias e religiosas dos judeus expatriados. Conservavam viva a identidade judaica nos encontros do Sábado num mundo de religião cívica pagã e de culto ao imperador, uma vez que o Templo estava demasiadamente longe e os sacerdotes e sacrifícios não passavam de conceitos remotos. Mas na pátria dos judeus no tempo de Jesus, o termo *sinagoga* referia-se primeiramente a um lugar de *reunião* e não a um espaço para liturgias bem definidas. As feições arquitetônicas e litúrgicas desenvolveram-se de forma mais padronizada na Palestina romana depois da destruição do Templo no período romano médio e no posterior, quando a religião judaica começou a se centralizar nos rolos das Escrituras e nos rabinos. Havia, certamente, *sinagogas* (*knesset* da Mixná) nos vilarejos da Galiléia no tempo de Jesus, *congregando* judeus para fins comunitários e religiosos, embora ninguém saiba como era sua arquitetura. Nem todas seriam como a de Gamla. É provável que muitas reuniões acontecessem nas praças das localidades, outras em pátios ou salas de residências maiores. Os arqueólogos não têm como identificar essa função nos lugares escavados. É também possível que nas cidades e vilas maiores da Galiléia houvesse sinagogas no primeiro século, construídas às expensas da comunidade com bastante simplicidade, ou mais elaboradas quando patrocinadas por doadores, mas escapam de certa forma aos registros arqueológicos. Com exceção da encontrada em Gamla, as outras ainda estão por ser descobertas.

Em lugares como Nazaré haveria, sem dúvida, sinagogas significando lugares para reuniões e assembléias. Mas a única evidência de um edifício construído para esse fim em Nazaré vem de dois séculos depois de Jesus. Não existe nenhuma evidência arqueológica da existência da sinagoga que Jesus teria visitado. Trata-se de algo impossível de ser discutido com credibilidade e provas. Por outro lado, a conclusão dos arqueólogos levanta curiosos problemas a respeito das camadas exegéticas.

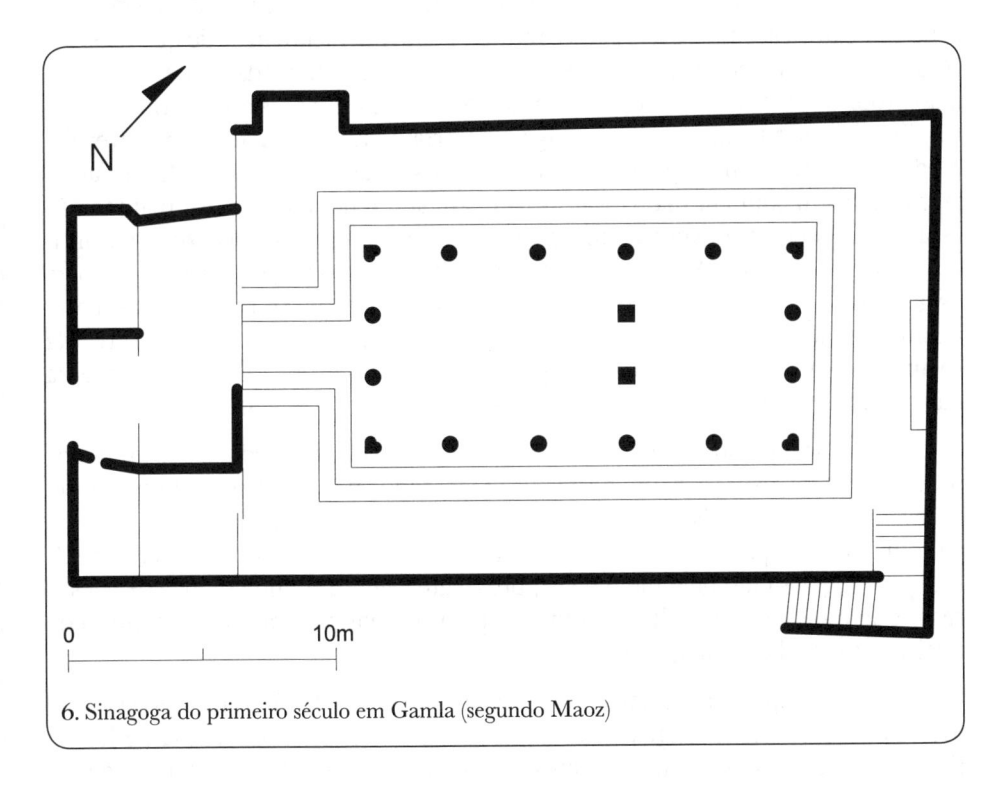

6. Sinagoga do primeiro século em Gamla (segundo Maoz)

Na sinagoga em Nazaré?

A história da rejeição de Jesus em Nazaré em Lucas 4,16-30 desenrola-se em cinco passos consecutivos: situação da sinagoga, cumprimento das Escrituras, aceitação inicial, eventual rejeição e, finalmente, ataque mortal.

No primeiro momento, Lucas parece pressupor a existência de um edifício chamado sinagoga e não apenas determinado lugar para reuniões. No momento do cumprimento das Escrituras, o Jesus de Lucas entra na sinagoga, lê um trecho do profeta Isaías (61,1-2) e anuncia que ele é o cumprimento da profecia, o prometido ungido pelo Espírito de Deus para trazer boas-novas aos pobres, proclamar libertação aos cativos, dar visão aos cegos e libertar os oprimidos. Essas frases ecoam os mandamentos da Torá e os imperativos da lei divina como em Deuteronômio 15, Êxodo 21 e Levítico 25. No ano sabático que acontecia a cada sete anos, prescreviam-se a remissão das dívidas e a libertação dos devedores cativos. No ano do jubileu, em cada cinqüenta anos, ordenava-se o retorno dos camponeses às terras e às casas rurais que haviam sido expropriadas.

No passo da aceitação inicial, depois que Jesus anuncia que essa visão magnífica cumpria-se "hoje", a reação imediata não se demorou: "Todos testemunhavam a seu respeito, e espantavam-se das palavras cheias de graça que saíam de sua boca. E diziam: 'Não é o filho de José?'" (4,22). A primeira metade desse versículo é positiva e, no contexto, a segunda parte parece retratar maravilhamento mais do que rejeição. Mas a situação se modifica em 4,23-29, parecendo ser deliberadamente provocada pelo próprio Jesus como se ele se voltasse dos judeus presentes aos gentios distantes. Em primeiro lugar ele mesmo sugere: "Certamente ireis citar-me o provérbio: Médico, cura-te a ti mesmo. Tudo o que ouvimos dizer que fizeste em Cafarnaum, faze-o também aqui em tua pátria". Sugere ainda um desafio que os ouvintes não estavam fazendo. A provocação torna-se mais grave. Jesus cita dois exemplos antigos segundo os quais Deus se volta dos israelitas para os pagãos, dos judeus para os gentios. Na primeira metade do século nono, Deus manda o profeta Elias matar a fome não de um israelita, mas de uma mulher pagã, segundo 1 Reis 17,8-16. Na segunda metade do mesmo século, Deus ordena que o profeta Eliseu cure a lepra não de um israelita, mas de um general pagão, segundo 2 Reis 5,1-14.

No caso de rejeição e de ataque mortal, vemos o resultado imediato dos exemplos provocativos de Jesus. "Diante destas palavras, todos na sinagoga se enfureceram. E, levantando-se, expulsaram-no para fora da cidade e o conduziram até um cimo da colina sobre a qual a cidade estava construída, com intenção de precipitá-lo de lá. Ele, porém, passando pelo meio deles, prosseguia seu caminho" (4,28-30). Nesse caso, o fato de Jesus se voltar dos judeus para os gentios é causa e não efeito de rejeição eventual e de ataque mortal.

Aí está uma questão crucial sobre camadas exegéticas. Será essa história criação posterior inserida no evangelho de Lucas ou incidente anterior na vida de Jesus? Em outras palavras, teria Lucas inventado esse incidente em Nazaré? Observemos, de passagem, que a narrativa só se encontra em Lucas, embora seja sem dúvida sua expansão particular e criativa da história do general em Marcos 6,2-4.

O principal argumento em favor da idéia de que se trata de criação lucana é que Lucas fez dessa história a abertura programática da composição de seus dois volumes, que nosso Novo Testamento atual renomeou e separou como o evangelho de Lucas e Atos dos Apóstolos. A obra de Lucas em dois volumes conta no primeiro livro como o Espírito Santo levou Jesus da Galiléia para Jerusalém e, no segundo, como levou a Igreja de Jerusalém para Roma. Lucas precisou de dois volumes para anunciar as boas-novas de que o Espírito Santo mudara a sede da igreja do Oriente para o Ocidente e que substituíra Jerusalém por Roma.

No decurso dos dois volumes, e mais especialmente no contexto do segundo, Lucas explica como o cristianismo começara como mensagem judaica para os judeus, como muitos judeus o rejeitaram e como depois disso, e talvez por causa disso, portanto, o cristianismo se voltou aos pagãos. Naturalmente, na melhor das hipóteses, trata-se de simplificação e, na pior, de distorção, coisa que muitas vezes milita contra as histórias que ele conta para exemplificar sua posição. De qualquer forma, para sustentar a idéia da preferência pelos judeus (rejeição) e depois pelos gentios (substituição), Lucas descreve Paulo sempre e em todos os lugares começando sua pregação numa sinagoga, em Atos. Mas, na verdade, tal procedimento contradiz o acordo firmado em Jerusalém segundo o qual Pedro se encarregaria da missão aos judeus e Paulo aos gentios, como se lê em Gálatas 2,7-9. Também contradiz a própria narrativa de Lucas quando se refere a confusões entre a rejeição dos judeus que precedia à inclusão de pagãos ou se seguia a ela. Será que o cristianismo se voltava para os pagãos por causa da rejeição dos judeus ou, ao contrário, os judeus o rejeitavam ("ciúmes") por causa da aceitação dos pagãos? Essa ambigüidade acompanha o Paulo lucano em Atos e começa com o Jesus de Lucas 4,16-30. A rejeição nessa história foi criada precisamente para advertir a respeito da que viria depois ou, para repetir o que já afirmamos, como abertura programática dos dois livros de Lucas.

A história de Lucas, completa com a ambigüidade sobre a rejeição como causa ou efeito da missão aos gentios, mostra-se como modelo inaugural do que aconteceria depois nas andanças de Paulo pela diáspora judaica. Por exemplo, os cinco passos repetem-se com Paulo em Antioquia da Pisídia (hoje no centro-oeste da Turquia) ou em Tessalônica (agora ao nordeste da Grécia). Eis a seguir uma tabela que resume a seqüência com seus paralelos:

Elementos literários	Jesus em Lucas 4,16-30	Paulo em Atos 13,14-52	Paulo em Atos 17,1-9
situação da sinagoga	4,16-17	13,14-16a	17,1-2
cumprimento das escrituras	4,18-21	13,16b-41	17,2b-3
aceitação inicial	4,22	13,42-43	17,4
rejeição eventual	4,23-28	13,44-49	17,5
ataque mortal	4,29-30	13,50-52	17,5b-9

Observemos que tanto em relação a Paulo como em relação a Jesus existe algo obscuro no centro da história quando a aceitação inicial acaba em eventual rejeição:

À saída, foram convidados a falar ainda sobre o mesmo assunto no sábado seguinte. Depois que a assembléia se dissolveu, muitos judeus e prosélitos que adoravam a Deus seguiram a Paulo e Barnabé, e estes, entretendo-se com eles, persuadiam-nos a permanecerem fiéis à graça de Deus. No sábado seguinte, quase toda a cidade se reuniu para ouvir a palavra de Deus. À vista dessa multidão, os judeus se encheram de inveja, e replicavam com blasfêmias às palavras de Paulo (At 13,42-45).

Novamente:

Alguns dentre eles se convenceram e Paulo e Silas os ganharam, assim como uma multidão de adoradores de Deus e gregos e bom número de damas de distinção. Mas os judeus, invejosos, reuniram logo alguns péssimos vagabundos, provocaram aglomerações e espalharam o tumulto na cidade (At 17,4-5a).

Tratava-se de ciúme, mas ciúme de quê? Por que judeus na diáspora teriam inveja de pagãos que se convertiam a alguma forma ou a qualquer forma de judaísmo? Tudo indica que "ciúme" não explica o que acontecia. Não havia, naturalmente, nenhum problema com a presença de sinagogas judaicas nas cidades da diáspora, mas Lucas rejeitava sua própria experiência posterior de tê-las de volta na Palestina, que fora a terra de Jesus de Nazaré, seu lugar mais humilde.

Lucas também presume que o pequeno lugarejo de Nazaré possuía não só uma sinagoga mas também rolos das Escrituras. A primeira suposição não parece se manter, pois, como observamos acima, não existe evidência alguma da existência de algum edifício como esse em Nazaré naquela época. A segunda é questionável. Os rolos das Escrituras eram principalmente privilégios urbanos e é provável que os lecionários só aparecem mais tarde. A terceira suposição de que havia uma colina de onde se poderia jogar alguém para morrer é simplesmente falsa.

Mas, mais importante do que isso, Lucas supõe que Jesus não era apenas letrado, mas erudito. Ele não apenas começa "a ensinar" (Mc 6,2) mas também "levantou-se para ler" (Lc 4,16). Lucas, que era um erudito, pressupõe naturalmente, como fazem alguns estudiosos modernos, que Jesus era alfabetizado e erudito. Mas é mais provável que não fosse. As melhores pesquisas sobre índices de alfabetização na bacia do Mediterrâneo na época conclui que apenas 5 por cento da população sabia ler. A mesma pesquisa feita no território judaico chegou à conclusão de que somente 3 por cento do povo dessa região era alfabetizado. Nesse mundo antigo, como já vimos, a leitura era prerrogativa das elites aristocráticas, dos advogados treinados e dos escribas. Mas mesmo se Jesus tivesse sido mero camponês analfabeto, como seria normal entre os residentes de Nazaré, isso não significa que não pensasse, que não conhecesse sua tradição nem que não pudesse ensinar. Apenas quer dizer que não sabia ler. E, também, que provavelmente se concentrava no cerne de sua tradição mais do que nas notas de rodapé.

De qualquer forma, as histórias posteriores de Lucas a respeito de Paulo nos ajudam a entender sua história sobre Jesus. Esta não apenas faz parte de uma camada tardia sobre a tradição de Jesus. Em outras palavras, trata-se de um incidente criado pelo próprio evangelista Lucas. Apresenta-se não como história sobre o passado de Jesus no território judaico da última parte da década de 20 mas sim como parábola a respeito do futuro de Paulo na diáspora judaica dos anos 50.

Tudo isso indica a importância da análise de camadas não apenas arqueológicas mas também textuais dos evangelhos. Lucas não está mentindo nem difamando intencionalmente o povo de Nazaré. Ele apenas projeta a oposição contra Paulo, séria e mortal na diáspora judaica, na experiência anterior de Jesus em sua terra natal. Mas essa parábola era muito perigosa, pois poderia levar alguém a imaginar acontecimentos como esse. Mesmo admitindo a existência de certa provocação da parte de Jesus, Lucas resumia conteúdos escriturísticos. Que tipo de gente era essa que habitava Nazaré, prontos para matar Jesus apenas pelo motivo exposto? Poder-se-ia passar de "toda a Nazaré" para o "Israel inteiro"? Vê-se bem que o estudo das camadas exegéticas é tão importante como o das arqueológicas.

Nazaré no tempo de Jesus

A arquitetura monumental de Nazaré, com suas obras de cantaria e arcos de pedra talhados por pedreiros especializados, pisos de mosaico e paredes com afrescos, colunas de pedra e frontões, é, claramente, posterior, tendo resultado da associação de Jesus com ela sem nada a ver com a Nazaré de Jesus. Na antiga Nazaré, incluindo as áreas escavadas pelos franciscanos, não existe evidência alguma de arquitetura pública. Todas as buscas nas camadas dos períodos moderno, das Cruzadas ou bizantino, confirmam o que está dito acima. A grande camada representando a construção cristã da Terra Santa situa-se em cima de uma camada frágil e elusiva com indicações da existência de um lugar simples habitado por camponeses. As escavações levadas a efeito debaixo das estruturas cristãs posteriores não mostram nenhuma sinagoga, nem fortificações ou palácios, nenhuma basílica nem balneários, nem mesmo ruas pavimentadas. Absolutamente nada. Em vez disso, prensas para produzir azeite de oliva e vinho, cisternas, silos e pedras de moer espalhadas ao redor de covas falam de uma população rural que vivia em casebres muito simples.

A Nazaré do primeiro século era um povoado judaico com entre duzentos e quatrocentos habitantes. Como o resto da Galiléia, que permaneceu quase desabitada até o período helenístico posterior, os judeus foram morar aí por causa das políticas expansionistas asmonianas. Há certas evidências, principalmente em cerâmicas mas não na arquitetura, de sua ocupação na Idade Média do Bronze e na Idade de Ferro, mas sem continuidade no tempo de Jesus. O império assírio sob Teglatefalasar III invadiu o Reino do Norte de Israel em 732 a.C. e não só o devastou como ainda fez diminuir a população da Galiléia, incluindo Nazaré. A não ser em pequenos lugares ao longo de estradas, a Galiléia permaneceu desabitada do oitavo ao segundo século a.C. quando, então, os judeus começaram a chegar.

As campanhas de Alexandre, o Grande, ao longo do leste do Mediterrâneo acabaram com a hegemonia persa. Depois de sua morte, seus generais consolidaram o reino, transformando a Palestina numa espécie de pára-choque entre a dinastia ptolemaica no Egito e a selêucida na Síria. Depois que essas dinastias foram enfraquecidas pela sucessão de guerras entre si, criou-se um vácuo de poder no segundo século a.C. Esse período foi marcado por grande movimentação de povos, incluindo a de judeus na Galiléia. Em outros lugares, os sírio-fenícios estenderam seu controle pela costa da Palestina e avançaram até o Vale Huleh. O povo itureu, pastoril e nômade, saiu da parte anterior do Líbano para o norte de Golan. Não se encontraram na Galiléia cerâmica nem estilos de casas desses grupos, mas no começo da segunda metade do segundo século a.C. começaram a surgir diversos assentamentos pela Galiléia, e se acharam moedas dos asmonianos estabelecidos em Jerusalém, dentro das fundações, e sinais materiais de cultura parecidos com os da Judéia. Formas e tipos de vasos assemelhavam-se: tanto a Judéia como a Galiléia usavam vasos de pedra; os vilarejos beneficiavam-se de banheiras revestidas e com degraus, ou banheiras rituais; não se comia carne de porco; e praticavam-se segundos enterros quando os ossos passavam a ser conservados em ossuários ou urnas.

Os habitantes de Nazaré no tempo de Jesus eram judeus, provavelmente descendentes de colonizadores asmonianos ou judeus que teriam chegado aí no século anterior. O lugar situava-se vantajosamente abrigado numa espécie de cavidade na área de Nazaré, limitado ao norte pelo Vale Netofah e por Nahal Zippori e pelo mais amplo Vale Jezreel ao sul. Este fazia parte das "terras do rei" com sua vasta planície fértil, embora em certas épocas tivesse sido controlado pela cidade helenística de Scythopolis, antiga Beth-Shean, a maior da área. Esta cidade, quando esteve sob o poder romano (do último período), associava-se a diversas outras ao leste do Rio Jordão na região semi-autônoma da Decápolis.

A interação de Nazaré com as imensas terras reais de Scythopolis, ao sul, era prejudicada pela topografia, posto que se situava numa elevação cheia de escarpas ao lado do Vale Jezreel. Era melhor viajar pelo eixo leste-oeste da região, provavelmente em estradas de terra batida, uma vez que as principais vias da Galiléia vinham de Tiberíades no Mar da Galiléia até Ptolomais no Mediterrâneo pelo Vale Beit Netofah, ao norte de Séforis. Esta cidade distava cerca de 4 milhas de Nazaré. A distância podia ser percorrida a pé numa hora e meia subindo uma colina, depois descendo um pouco e, finalmente, chegando a outro declive.

As autoridades asmonianas trataram de fortificar Séforis com a finalidade de melhor vigiar os vales e controlar as rotas comerciais, e os romanos, reconhecendo a importância estratégica da cidade, criaram aí um conselho judaico que começou a atuar na cena política em 63 a.C. Depois da morte de Herodes, o Grande, em 4 a.C, alguns judeus manifestaram-se em Séforis contra o governo estrangeiro e os impostos, mas foram rapidamente calados pelo legado romano da Síria. Subseqüentemente, Herodes Antipas transformou-a na maior cidade da Galiléia, elevando-a à categoria de capital das terras que herdara de seu pai. No tempo de Jesus, Nazaré vivia à sombra de Séforis e sob o controle político de Herodes Antipas.

A localização de Nazaré nas colinas ao sul de Séforis era ideal para o cultivo de produtos apreciados no Mediterrâneo — grãos, olivas e uvas — e que constituíam o objetivo sempre buscado para auto-suficiência entre antigos agricultores. As encostas de frente para o sul onde se espalhavam as casas do lugarejo eram apropriadas para a vinicultura; as uvas de azul profundo brotavam em parreirais crescidas em treliças ou até mesmo no chão. Os cachos, cortados e pisoteados em grandes recipientes de pedra, espalhavam-se pelas colinas. Os desfiladeiros entre as elevações e o chão pedregoso serviam para o plantio e cultivo de oliveiras. Os frutos, depois de colhidos e esmagados em grandes recipientes de pedra, transformavam-se em azeite. Cresciam, também, nos campos, diversos tipos de grãos — trigo, cevada e milho miúdo —, que depois da colheita passavam por processos de seleção. Os aproveitáveis eram armazenados nos pátios das casas de família. Usava-se o sedimento aluviano ao sul, suficientemente fértil, para o plantio de vegetais e legumes. Terraços construídos e irrigados nos lugares mais altos aumentavam as colheitas de grãos e também eram aproveitados para o plantio de figueiras e pés de romãs. Havia também no setor oeste do vilarejo uma fonte de água corrente, o Poço de Maria, que, embora não perene, levava água até os confins da pequena cidade, permitindo que os habitantes a utilizassem nas plantações caseiras.

Tratava-se de um povoado bem pequeno no primeiro século. A área encontrada pelos escavadores franciscanos, evidentemente do período romano, limitava-se por duas igrejas e pelo Poço de Maria. A descoberta de inúmeros túmulos subterrâneos, construídos segundo moldes tipicamente judeus de pedra calcárea, ajudou a delinear o perímetro urbano ao oeste, leste e sul, uma vez que os cemitérios sempre se situavam fora da área urbana. Desfiladeiros íngremes e antigos terraços nos elevados ao norte confinavam o assentamento ovóide. Mediria cerca de 2.000 pés de comprimento entre o leste e o oeste e cerca de 650 de largura entre o norte e o sul, embora a área habitada no primeiro século tivesse sido menor, com apenas dez acres. O caráter agrário do lugar exigia espaços amplos entre as casas para a criação de animais domésticos e seus abrigos, bem como para jardins e pomares e guarda de utensílios agrícolas para uso comunitário. Por isso a tão baixa densidade populacional. O número de habitantes de Nazaré oscilava entre duzentos e quatrocentos na Antiguidade. Supõe-se que eram, na maioria, famílias estendidas ou clãs.

Não sabemos muito a respeito das casas de Nazaré do primeiro século, ausência essa que indica sua pobreza. Se tivessem sido cobertas com telhas sustentadas por paredes de calcáreo revestido sobre pisos de mosaico ou de pedras polidas, com afrescos nas paredes, os franciscanos que escavaram o sítio teriam encontrado seus rastros. Em vez disso, pressupomos que, como em outras pequenas cidades da Galiléia e de Golan, as construções simples de pedras brutas empilhadas umas sobre as outras equilibravam-se com a ajuda de pedregulhos entre os interstícios, revestidas de argila ou lama e até mesmo de esterco misturado com palha para isolamento térmico. O assoalho de terra batida utilizava também resíduos prensados. A ausência de arcos, vigas mestras e telhas nos leva a imaginar tetos cobertos de sapé sobre travessões de madeira finalizados com juncos e diversos tipos de palha, destinados a proteger a madeira da umidade, coberta de barro para isolamento térmico. As casas tinham, em geral, cavidades subterrâneas. Havia cisternas bem construídas para suprimento de água em épocas de seca ao lado de outras para armazenar grãos. Ao redor dessas construções cavernas serviam para habitação. É o caso da Gruta da Anunciação, usada originalmente para fins domésticos.

Não há como afirmar que Maria tivesse residido aí. As inúmeras edificações ao redor da gruta e as invocações gravadas em tábuas de gesso demonstram que o lugar começara a ser reverenciado pelos cristãos a partir do terceiro ou quarto séculos, o resto não passa de especulação. Mas o local é importante, ainda que não pelas razões que os peregrinos supõem. Essas moradias semitrogloditas acentuam o *status* humilde do lugarejo do primeiro século. Inúmeras casas de Nazaré possuíam cavernas que serviam para amenizar os efeitos da temperatura: secas e quentes nos invernos chuvosos e frescas e agradáveis nos verões quentes.

Também os artefatos encontrados nesses sítios subterrâneos pertencentes ao período bizantino, bem como os depositados em túmulos, eram muito pobres. Somente algumas moedas — de bronze, nunca de prata — foram achadas nos túmulos quase sem decorações — e bijuterias baratas —, diferentemente de outros sítios fúnebres nos arredores ou na Judéia. Também não foram achados em Nazaré muitos vasos anteriores ao período bizantino tais como copos ou cálices, garrafas de ungüento ou perfume, nem de vidro ou bronze ou de qualquer outro metal, nem tigelas. A cerâmica dos períodos romano e helênico posterior encontrada em Nazaré era quase sempre produzida localmente e destinada a fins cotidianos — com raras tigelas decoradas. Entre os utensílios de cozinha encontraram-se panelas rústicas, caçarolas e jarros para água e para armazenar alimento. Mas nunca ânforas importadas com alças das ilhas gregas de Rodes ou Knidos, que foram descobertas nas cidades maiores de Scythopolis e na costa da Cesaréia e nos palácios judaicos de Herodes. Somente em períodos posteriores apareceram artigos de luxo importados dos fornos de Chipre e da África do Norte como, por exemplo, pratos e tigelas de cerâmica brilhante, quando peregrinos cristãos que iam à Terra Santa começaram a levar bens e riqueza até Nazaré. Era, então, comum, em vez de ânforas, o uso de utensílios estampados com cruzes para servir vinho e comida.

Todas as evidências do período romano reforçam a conclusão de que Nazaré era um simples lugarejo de camponeses. Indicam também uma Nazaré *judaica*. Seus túmulos assemelham-se às câmaras mortuárias tipicamente judaicas que discutimos no primeiro capítulo. A primeira fase do sepultamento chamava-se *kokhim* ou *loculi* ("lóculos", em português), quando galerias eram cortadas nas paredes da câmara mortuária, com ângulos retos, do tamanho dos corpos, e depois seladas com uma grande pedra. Diferiam do costume comum em Jerusalém e arredores, onde a norma eram os ossuários. Na Galiléia, em geral, quando o corpo se deteriorava, os ossos eram depositados em covas especiais ou mesmo em galerias menores, nas paredes. Os arqueólogos franciscanos também descobriram em Nazaré duas piscinas ou banheiras (*miqwaoth*) com dois lances de degraus utilizadas para purificações rituais judaicas. Essas piscinas, também usadas para banhos rituais de imersão entre os judeus, encontravam-se em quase todas as localidades da Galiléia, de Golan e da Judéia. Embora uma delas seja datada do terceiro século d.C. e tenha sido encontrada perto de uma provável sinagoga, a outra destinava-se, provavelmente, à higiene

7. Reconstrução de Nazaré do primeiro século
A cidade natal de Jesus no primeiro século era um vilarejo judaico de camponeses com cerca de duzentos habitantes. Como a maioria dos galileus, o povo da localidade ganhava a vida com o produto da terra. As encostas ensolaradas do sul eram ideais para o cultivo de uvas, onde prensas para fazer vinho (1) e recipientes para armazenar o líquido eram cavados na rocha (2); guardavam aqui também as podadeiras (3) e jarros feitos na Galiléia (4) descobertos em Nazaré. Plantavam no vale, irrigado por uma fonte (5) (conhecida hoje como Poço de Maria) vegetais, legumes, grãos e oliveiras. Sobre o solo rochoso também havia criação de pombos numa espécie de torre chamada columbária (6). O vilarejo permaneceu no anonimato até a conversão do Império Romano ao cristianismo, quando se tornou alvo popular de peregrinações.

dos habitantes do lugar. Também descobriram em Nazaré inúmeros fragmentos de vasos de pedra calcárea do período romano, típicos dos lares judeus na Judéia e na Galiléia.

A pequenina vila de Nazaré, distante da estrada principal, sobre a colina, de onde se podia ir a pé a Séforis, era o lar de Jesus. As famílias dos camponeses que aí residiam esperavam poder ganhar a vida, pagar os impostos, guardar suficiente alimento para sobreviver e evitar a atenção dos oficiais do império. Guardavam as tradições judaicas, como se pode constatar nos achados arqueológicos. Supomos que também circuncidavam seus filhos, celebravam a Páscoa, descansavam no Sábado e valorizavam as tradições de Moisés e dos profetas.

Camadas exegéticas da história de Nazaré

Visitantes, profissionais ou não, que vão até a moderna Nazaré não têm idéia do que era esse lugar nos dias de Jesus. Para chegar perto do antigo vilarejo é preciso discernir inúmeras camadas. De certa forma, debaixo de carros e ônibus, casas e hotéis, lá está a pequenina vila de dois mil anos de idade. O que vislumbramos debaixo de uma moderna igreja apenas confirma as dificuldades de reconstrução que enfrenta nossa imaginação contemporânea. Considerando, naturalmente, as diferenças existentes e óbvias entre camadas de terra e camadas de texto, será que as histórias do evangelho sobre Nazaré não exigem também escavações paralelas para mostrar as diferenças entre os diferentes níveis sobrepostos desde o primeiro? Ou pensaremos que sempre existiu apenas uma camada? Já examinamos acima o caso de Lucas 4 e vimos que se tratava não da primeira camada da vida do Jesus histórico mas sim da pena histórica de Lucas. Antes de examinarmos o segundo exemplo, bem mais complicado que o primeiro, precisamos tecer algumas considerações.

Relembremos as primeiras dez mais importantes descobertas discutidas na introdução. Por causa delas e não obstante todos os tipos de debates que provocaram, chegamos ao consenso de que as palavras e atos atribuídos a Jesus nos evangelhos do Novo Testamento pertencem a diferentes camadas construídas sucessivamente uma sobre a outra (isto é, acima, embaixo, ao redor e através delas). Vamos pensar nelas, paulatinamente: em primeiro lugar, a *original*, vinda das próprias palavras e atos de Jesus nos anos 20; em seguida, a *tradicional*, da adoção e adaptação da tradição que criou esse material nos anos 30, 40 ou depois; e, finalmente, a *evangélica*, que possuímos agora a partir dos anos 70 a 90. Observemos que, como mencionamos no final da introdução, não se trata de procurar saber qual é posterior a textos anteriores, mas a respeito da dependência entre elas. Obviamente, todos os textos dependentes são posteriores, mas nem todos os textos posteriores são dependentes.

Primeira camada. A primeira camada contém material dos anos 20 sobre o Jesus histórico. Trata-se, naturalmente, de reconstrução erudita, decisão guiada por teoria explícita, método disciplinado e debate público sobre o que na tradição de Jesus remonta a ele mesmo. Vamos nos concentrar, neste livro, não apenas em unidades isoladas provenientes da primeira camada, mas também nos principais "blocos" mais antigos, para ver de que maneira se encaixam na situação dos territórios de Antipas nos anos 20 e se, de fato, fazem parte dessa época e lugar. Ressaltamos que essas camadas pressupõem conclusões já alcançadas anteriormente sobre a natureza e relacionamento dos evangelhos como boas-novas para a vida da comunidade.

Segunda camada. A segunda camada contém materiais adotados da primeira ou criados pela tradição viva. Envolve também reconstrução especializada e inclui itens como o seguinte: quando Paulo, escrevendo nos anos 50, identifica de certa forma explicitamente, às vezes, e implicitamente, noutras, a existência de uma tradição pré-paulina, situa-a nos anos 40 ou mesmo 30. Por outro lado, a tradição encontrada em duas fontes independentes como o *Evangelho Q*, também dos anos 50, e algum outro evangelho dentro do Novo Testamento, como Marcos, ou fora dele, como o *Evangelho de Tomé* e a *Didaqué*, indica camadas anteriores. Tais vetores duplos e independentes remontam a materiais orais ou escritos dos anos 30 ou 40 e, possivelmente, ao próprio Jesus histórico.

Terceira camada. A terceira camada é crucial, porque contém três níveis. (Num sítio arqueológico seriam indicados como *stratum* IIIa, IIIb e IIIc.) O primeiro nível da terceira camada contém o *Evangelho Q* e Marcos, indo do final dos anos 50 ao começo dos 70. O segundo nível, provavelmente dependente desses dois evangelhos, contém Mateus e Lucas, dos anos 80. O terceiro nível, quase certamente dependente de Marcos, Mateus e Lucas, é o evangelho de João. Esse processo canônico é, digamos, nossa mais segura evidência da existência de camadas como fenômeno do evangelho. Por fim, naturalmente, qualquer outro texto, como o *Evangelho de Pedro*, deve ser estudado do mesmo jeito. Quais camadas internas são discernidas nele e em que ponto elas se encontram com as três principais que acabamos de mencionar?

Sob essas três distintas camadas situa-se uma outra mais fundamental. Talvez devêssemos dizer que se trata mais de matriz do que camada propriamente dita, espécie de ambiente e de tradição interagindo com determinada situação. Pensemos neste paralelo. Debaixo dos *strata* arqueológicos de algum sítio antigo chegamos à rocha, ou fundamento, o chão. Não se trata de algo dado passivamente, mas muito mais de presença sempre ativa. A topografia de Jerusalém, por exemplo, não se limita a mero chão, mas é destino seja para defesa militar seja para edifícios sagrados. O mesmo se dá com as três camadas exegéticas. Debaixo delas, como fundamento sempre interagindo com elas como presença, situa-se a experiência judaica de uma tradição antiga e veneranda lutando contra o orgulho do internacionalismo cultural grego e a enorme arrogância do imperialismo militar romano. Preocupamo-nos neste livro com a dialética entre o fundamento e a camada original da tradição textual, com a compreensão do Jesus histórico considerando sua vida na falsa quietude imediatamente depois do prelúdio de horror do ano 4 a.C. e décadas antes da consumação do horror nos anos 66-74 d.C.

A tarefa de separar essas camadas é muitas vezes mais do que mero exercício curioso. Pode estabelecer precisão mais do que importância. No caso de Lucas 4,16-30, que já examinamos, a conclusão não foi apenas de que não havia sinagoga em Nazaré no primeiro século nem rolos da Lei e dos Profetas, nem camponeses letrados e cultos, nem montanhas por perto, mas também, e mais importante, que não havia habitantes assassinos. O povo do vilarejo nunca tentou matar Jesus. A história em pauta não veio do nível original do *stratum* I, mas do nível lucano do *stratum* IIIb. Valeu a pena chegar a essa conclusão não apenas em nome da exatidão histórica mas também em nome da afirmação da honra e da dignidade de um pequeno vilarejo judaico num pequeno país há muitos anos. Jesus não cresceu numa vila de assassinos.

Depois dessa história em Lucas, temos dois outros casos envolvendo a Nazaré de Jesus. O primeiro relaciona-se com sua família e especialmente com Tiago, em Marcos. O outro, com seus pais, especialmente com Maria, em Mateus. No segundo caso, mais envolvente, observaremos como as histórias, outras histórias, e contra-histórias interagem para produzir narrativas ligadas a interações textuais. O resultado será uma narrativa intertextualmente densa e diversa como em qualquer estratigrafia arqueológica.

Um irmão em descrença?

Numa observação de passagem, infelizmente concisa e influente, João 7,5 diz a respeito de Jesus que "nem mesmo os seus irmãos creram nele". A acusação incluía Tiago, o Justo, de Jerusalém, irmão de Cristo Senhor e centro do debate sobre o ossuário. Se Tiago não acreditava em Jesus, pode-se explicar daí sua conversão quando da aparição do ressuscitado mencionada por Paulo em 1 Coríntios 15 e já notada no capítulo precedente. Mas o não canônico *Evangelho dos hebreus* 7 nada diz a respeito. Bem ao contrário, Tiago estava presente na Última Ceia e demonstrara tanto ter crido na eventual ressurreição de Jesus que jurara não mais comer o pão daquela hora até quando pudesse beber o cálice do Senhor ao vê-lo ressuscitar dentre os mortos. Novamente, surge a questão das camadas textuais e dos *strata* dos evangelhos: será João 7,5 parte da camada I do tempo e da história de Jesus ou a camada IIIc da teologia de João? E, posto que o comentário de João é tão curto, somos remetidos a duas narrativas mais longas em Marcos das quais João bem poderia ter dependido: representará Marcos 6,1-6 e 3,19-35 a camada I dos tempos de Jesus no final dos anos 20 ou a camada IIIa de Marcos no começo dos anos 70?

Trabalho contra sabedoria. A história em Marcos 6,1-6 conta que os que haviam ouvido Jesus na "sua pátria", isto é, Nazaré, não acreditavam nele e o dispensavam com desdém:

> Dizendo: "De onde lhe vem tudo isto? E que sabedoria é esta que lhe foi dada? E como se fazem tais milagres por suas mãos? Não é este o carpinteiro, o filho de Maria, irmão de Tiago, Joset, Judas e Simão? E as suas irmãs não estão aqui entre nós?".

Esse texto, naturalmente, nomeia os irmãos de Jesus, mas não dá nome para as irmãs. Tiago é mencionado em primeiro lugar entre os outros. O verbo "dizendo" refere-se aos "numerosos ouvintes" na sinagoga. "Escandalizavam-se dele" porque a ocupação tanto de Jesus como de sua família era insignificante. Nada nos diz nesse texto que seus familiares não acreditavam nele, muito menos Tiago. Os camponeses, habitantes do lugar, e não a família, é que são citados como descrentes. Mas, naturalmente, o texto posterior de Marcos 6 deve ser lido juntamente com o anterior, Marcos 3.

Sangue contra fé. O que temos em Marcos 3,19-35 é um caso clássico do que os especialistas chamam de "intercalação marcana" ou, mais coloquialmente, de um sanduíche de Marcos. Trata-se de artimanha literária para dar ênfase num aspecto teológico e deve ser recebido assim. Temos aí o começo de um incidente (unidade A1), interrompido por um segundo acontecimento (unidade B) e o encerramento do primeiro (unidade A2). A função desse dualismo consistia em criar uma interação dinâmica para que cada evento comente sobre o outro e o leitor pondere a maneira como funciona exatamente a dialética interpretativa. Por exemplo, a confissão confiável e corajosa de Jesus em Marcos 14,55-65 foi contrastada com a falsa e covarde negação de Pedro em Marcos 14,54 e 14,66-72. Eis a seguir a intercalação (ou sanduíche) em 3,19-35:

(A1)	Marcos 3,19-21	a família de Jesus
	(B) Marcos 3,22-30	os escribas de Jerusalém
(A2)	Marcos 3,31-35	a família de Jesus

Que quer dizer isso? A seção interna de 3,22-27 é agressiva ao máximo. Nela, "os escribas que haviam descido de Jerusalém" declaram que Jesus está possuído por Belzebu e que pelos príncipes dos demônios expulsa os demônios. Jesus ridiculariza-os argumentando que Satanás deve estar dividido e que, portanto, não poderia subsistir, mas também os acusa do pecado imperdoável contra o Espírito Santo "porque eles diziam: 'Um espírito imundo está nele'". Agora, em dialética contra esse ataque, leiamos os textos que se refem à sua família.

Os agressivos escribas agora enfrentam também uma família agressiva, e o propósito da intercalação de Marcos busca precisamente criar esse efeito. A abertura dessa seção em 3,19-21 diz:

> E voltou para casa. E de novo a multidão se apinhou, a ponto de não poderem se alimentar. E quando os seus tomaram conhecimento disso, saíram para detê-lo, porque diziam: "Enlouqueceu!".

Observemos que, no mundo antigo, insanidade e possessão eram estados muito semelhantes, a ponto de Marcos tornar quase sinônimos o que dizia a família de Jesus e o que diziam os escribas opositores. A seção final sobre a família de Jesus em 3,31-35 vem logo após a acusação dos escribas que diziam que Jesus tinha um espírito imundo em 3,27. Mas, diferindo da unidade A, esta última seção é bem menos agressiva:

> Chegaram então a sua mãe e seus irmãos e, ficando do lado de fora, mandaram chamá-lo. Havia uma multidão sentada em torno dele. Disseram-lhe: "A tua mãe, os teus irmãos e tuas irmãs estão lá fora e te procuram". Ele perguntou: "Quem é minha mãe e meus irmãos?". E, percorrendo com o olhar os que estavam sentados ao seu redor, disse: "Quem fizer a vontade de Deus, esse é meu irmão, irmã e mãe".

Em si, a história exalta a fé acima do sangue e o parentesco teológico sobre o biológico. Mas quando 3,19-21 prefacia 3,31-35, parece sugerir que Jesus rejeita sua família e é por ela rejeitado. Observemos, de passagem, que em 3,31-35 *mãe* e *irmãos* (três vezes) passam a ser em Marcos *mãe, irmãos e irmãs* (duas vezes). É impossível não combinar as expressões *mãe, irmãos e irmãs* de 3,31-35 com 6,1-6. Quando lemos esses dois trechos em seqüência e os combinados entre si, temos a clara impressão de que a família de Jesus (mãe, irmãos e irmãs) achava que ele era louco e não divino.

Eis como, por contraste, outro evangelho conta a mesma história da chegada da família de Jesus e da reação dele. Vem do *Evangelho de Tomé* 99, texto que não faz parte do Novo Testamento e que foi encontrado em 1945 em Nag Hammadi, no Alto Egito:

> Os discípulos disseram-lhe: "Teus irmãos e tua mãe estão lá fora". Ele lhes disse: "Os que estão aqui e que fazem a vontade do meu Pai são meus irmãos e mãe. São os que entrarão no reino do meu Pai".

O texto também exalta a fé acima do sangue e a teologia sobre a biologia, mas não há sinal algum de insanidade nem são mencionadas as irmãs.

Concluímos que a acusação por parte da família de Jesus de descrença (ou pior, de suspeita de loucura) não procede do nível I sobre Jesus do final dos anos 20, mas do nível IIIa de Marcos do começo dos anos 70. Na verdade, encaixa-se bem na principal ênfase teológica da teologia de Marcos, a saber, que seus mais íntimos não o reconheceram: os conterrâneos do vilarejo, a família, os discípulos, mesmo os Doze e especialmente Pedro, que o negou no julgamento. O fato principal não é que, na família de Jesus, Tiago, por exemplo, fosse descrente, ou se tivesse convertido depois, mas que o evangelho de Marcos relata parte da oposição a Tiago que já vimos se estendendo desde a epístola de Paulo aos Gálatas até os *Reconhecimentos clementinos* no capítulo anterior. Longe de ser um descrente em Jesus, Tiago foi um crente de tal maneira importante que gerou a oposição intracristã à sua fé, à sua autoridade, e até mesmo, provavelmente, ao seu relacionamento fraternal com Jesus.

Mãe adúltera?

Pouco antes do ano 180 d.C., o filósofo grego Celso escreveu uma crítica polêmica contra o cristianismo, *Sobre a verdadeira doutrina*, na qual defende a verdade do paganismo. A obra original foi perdida, mas se tornou conhecida por causa da pormenorizada réplica cristã, *Contra Celso*, de Orígenes de Alexandria na metade do século seguinte. A seguir, o comentário mordaz de Celso sobre a concepção de Jesus:

> Imaginemos o que algum judeu — principalmente se filósofo — poderia perguntar a Jesus: "Não é verdade, meu bom senhor, que você inventou a história de seu nascimento de uma virgem para abafar os rumores acerca das verdadeiras e desagradáveis circunstâncias de sua origem? Não é fato que, longe de ter nascido em Belém, cidade real de Davi, você nasceu num lugarejo pobre de uma mulher que ganhava a vida no tear? Não é verdade que quando sua mentira foi descoberta, sabendo-se que fora engravidada por um soldado romano chamado Panthera, seu marido, um carpinteiro, a abandonou sob a acusação de adultério? Não é verdade que, por causa disso, em sua desgraça, perambulou para longe de seu lar e deu à luz um menino em silêncio e humilhação? Que mais? Não é também verdadeiro que você se empregou no Egito, aprendeu feitiçaria e se tornou conhecido a ponto de agora se exibir entre os seus conterrâneos?".

Essa acusação está *em* uma camada posterior à terceira, ou *evangélica*, que vimos na discussão de Lucas 4,16-30. A questão é, mais uma vez, a seguinte: ela vem *dessa* camada bastante tardia ou já se encontrava na primeira? Em outras palavras, que nos diz a respeito da concepção de Jesus?

A acusação de Celso é não apenas posterior mas também dependente da terceira camada representada pelo evangelho de Mateus, chamada de *evangélica*. O ponto crucial não é a menção do nascimento em Belém, encontrada em Lucas, nem mesmo do Egito, presente em Mateus. É a identificação de "seu marido, um carpinteiro". Marcos 6,3 chamava o próprio Jesus de "carpinteiro", mas, ao copiar Marcos, Mateus mudou a frase para "filho do carpinteiro" (13,55). É provável que tenha achado a ocupação inadequada para Jesus, como já o fizera Lucas, que nem fala no assunto. Tudo isso nos informa que o conhecimento que Celso tinha da concepção de Jesus vinha especificamente de Mateus. Mas não parece ter procedido diretamente daí. Observemos que a expressão "imaginemos" vem de um judeu contrário ao cristianismo; esse tipo de crítica era bem conhecido na tradição judaica posterior. Tudo indica, portanto, que a crítica se originara nas polêmicas intrajudaicas entre judeo-cristãos e judeus não cristãos. Em outras palavras, a afirmação do nascimento virginal não se destinava a ocultar adultérios de judeo-cristãos. Era exatamente o contrário. Os judeus não cristãos levantavam a acusação de concepções adúlteras para refutar a concepção virginal.

Antes de prosseguir, examinemos um pouco mais essa polêmica. No mundo antigo era comum que retóricos atacassem filósofos e estes se digladiassem entre si, que pagãos se opusessem a judeus e estes se atacassem mutuamente. As acusações chamavam-se *vituperatio*. Hoje em dia reconhecemos o fenômeno como "danos morais", campanhas negativas e propaganda polêmica. Nesses embates, a exatidão e a verdade resvalavam facilmente para o libelo e a difamação. Os judeocristãos chamavam os judeus não cristãos de minuciosos, legalistas, hipócritas e "sepulcros caiados". Os judeus não cristãos chamavam Jesus de endemoninhado, samaritano, glutão e beberrão. Tratava-se apenas de bate-boca; não tinha a ver com descrição de caráter. Não se deveria mais discutir historicamente a respeito dos fariseus como hipócritas e de Jesus como endemoninhado. Mas existe outro processo que poderíamos chamar de manipulação de histórias. É muito pior do que apenas proferir insultos e menos verdadeiro tanto na Antiguidade como agora. É o que encontramos no presente caso. A história e suas reivindicações geram anti-história e anti-reivindicações.

De Moisés a Jesus

A acusação de Celso choca muitos cristãos por ser profundamente ofensiva. Mas devemos lembrar que Josefo foi o primeiro a imaginar que a concepção de Jesus havia sido fruto de adultério e que Mateus foi o primeiro a mencionar essa suspeita em seu próprio evangelho. A história da infância de Jesus em Mateus foi contada principalmente do ponto de vista de José, assim como em Lucas, do ponto de vista de Maria. Por exemplo, em Mateus, é José que recebe a anunciação e não Maria, como em Lucas. Mas, embora o José de Mateus levante a questão do adultério, nada existe a respeito dessa possibilidade na história do nascimento em Lucas 1,26-38. Lucas, como Mateus, sabia que Maria estava comprometida com José. Mas, em Lucas e somente aí, o anjo anuncia-lhe que ela conceberá o Filho de Deus por obra do Espírito Santo. Em Lucas, o leitor pode pressupor, e assim o deve fazer, que ela foi a José e lhe contou o que tinha acontecido e que ele acreditou nela da mesma maneira como ela acreditara no anjo. Mas a narrativa de Mateus é diferente. Eis, a seguir, como ele conta o incidente em 1,18-25:

> A origem de Jesus Cristo foi assim: Maria, sua mãe, comprometida em casamento com José, antes que coabitassem achou-se grávida pelo Espírito Santo. José, seu esposo, sendo justo e não querendo difamá-la, resolveu repudiá-la em segredo. Enquanto assim decidia, eis que o Anjo do Senhor manifestou-se a ele em sonho, dizendo: "José, filho de Davi, não temas receber Maria, tua mulher, pois o que nela foi gerado vem do Espírito Santo. Ela dará à luz um filho e tu o chamarás com o nome de Jesus, pois ele salvará o seu povo dos seus pecados". Tudo isso aconteceu para que se cumprisse o que o Senhor havia dito pelo profeta: *Eis que a virgem conceberá e dará à luz um filho e o chamarão com o nome de Emanuel,* o que traduzido significa: "Deus está conosco". José, ao despertar do sono, agiu conforme o Anjo do Senhor lhe ordenara e recebeu em casa sua mulher. Mas não a conheceu até o dia em que ela deu à luz um filho. E ele o chamou com o nome de Jesus.

Pelo que sabemos, o costume galileu era mais rígido do que o da Judéia no que se refere às relações sexuais para o casal entre o compromisso inicial, que já estabelecia direitos legais, e a cerimônia final, que estabelecia um lar comum. Mas mesmo na Galiléia os camponeses teriam presumido que a gravidez de Maria não resultara de adultério nem de fornicação, mas de consumação matrimonial um pouco antes do tempo. Com exceção de Maria, somente José poderia saber a explicação para o fato. Observemos, de passagem, que o adultério afetava apenas os direitos do marido e que Maria não teria cometido adultério a não ser que os direitos matrimoniais de José já tivessem sido selados.

A concepção de Jesus em Mateus. Mas eis aqui uma questão simples. Por que, afinal, teria Mateus contado a história desse jeito? Por que teria levantado o espectro do adultério mesmo se de passagem? Uma vez que os noivos já haviam se comprometido oficialmente, a gravidez, mesmo se não legal antes de Maria se ter mudado da casa do pai para a do marido, não levantaria suspeitas de adultério a não ser para José. As pessoas poderiam ficar desconfiadas e tagarelar a respeito, mas não passaria disso. Ninguém consideraria a concepção de Jesus adúltera. Mesmo se José tivesse se divorciado de Maria e nada dissesse, os vizinhos certamente não teriam necessariamente pensado em adultério. E, até mesmo se José se queixasse disso, não teria efeito legal. Por volta do ano 200 d.C., por exemplo, o código legal judaico na Mixná relata o seguinte debate: "Se um homem disser: 'Este meu filho é bastardo', poderá não se acreditar no que afirma. Mesmo se ambos disserem que a criança ainda no ventre é bastarda, poderão não ser acreditados. R. Judah afirma: Poderão ser cridos" (*Qiddushin* 4,8).

Então, por que fazer a pergunta? Conheceria Mateus pormenores ignorados por Lucas? Teria informação sobre o que se passava na mente de José, mesmo por pouco tempo? Ou os propósitos da narrativa de Mateus não eram os mesmos de Lucas? Precisamos considerar cuidadosamente a narrativa da concepção de Jesus em Mateus. Se não o fizermos, teremos que concluir que Mateus levantou desnecessariamente uma possibilidade que acabou sobrevivendo desde a tradição antiga até a erudição moderna. Mas será que a camada original admite que Maria fora adúltera e Jesus, bastardo, do ponto de vista estritamente histórico? Se não, repetimos, que estava querendo Mateus com sua história da infância e por que teria levantado, mesmo se por engano ou de passagem, a possibilidade de divórcio por causa de suposto adultério?

Moisés e Jesus em Mateus. No começo e no fim da vida pública de Jesus, Mateus o situa numa montanha na Galiléia. Suas últimas palavras aos discípulos são proferidas no "monte que Jesus lhes determinara" (28,16). As palavras inaugurais foram as que chamamos de Sermão da Montanha, que Mateus provavelmente teria chamado de Lei Renovada ou Monte Sinai Renovado. Jesus "subiu ao monte" (5,1) e disse: "Não penseis que vim revogar a Lei e os Profetas. Não vim revogá-los, mas dar-lhes pleno cumprimento" (5,17), e o fez intensificando a Lei ou os Profetas num ideal de perfeição por meio de seis notáveis antíteses. Reiterando o refrão de abertura, "Ouvistes que foi dito aos antigos [...]. Eu, porém, vos digo [...]", proibiu a cólera, o desejo libidinoso, o divórcio, os juramentos, a violência e exigiu o amor universal (5,21-48). O evangelho de Mateus retratou Jesus como o novo e eticamente mais intransigente Moisés no topo de um monte muito mais exigente moralmente do que o Sinai. Com esse evangelho, estabelece-se o conteúdo da história de seu nascimento. Mateus desenhou a narrativa da infância, a história do nascimento de Jesus, deliberadamente a partir do modelo de Moisés.

A concepção de Moisés na tradição. Há cerca de mil anos antes do tempo de Jesus, o Faraó decretara, segundo Êxodo 1-2, que todos os hebreus nascidos de sexo masculino deveriam ser mortos com a finalidade de controlar o número de hebreus na fronteira ao norte do Egito. Moisés já havia sido concebido e, depois de nascer, foi salvo pela filha do Faraó, que o criou como se fosse egípcio. Nada disso parece particularmente relevante como modelo do paralelismo entre a infância de Jesus e a de Moisés na abertura do evangelho de Mateus. Mas a história do Êxodo é tão pequena que qualquer contador de história que se preze gostaria de ter respostas a duas questões óbvias. Não é um pouco demasiadamente coincidente que Moisés tivesse que nascer precisamente naquele desafortunado momento de infanticídio geral? Não é estranho que aqueles pais hebreus não tenham optado pelo divórcio, pela separação ou pelo menos pelo celibato para prevenir o infanticídio masculino e a escravidão feminina? Já no primeiro século de nossa era, a expansão popular da história do nascimento de Moisés procurou responder a essas questões, e o processo continuou ao longo do primeiro milênio na tradição judaica.

Naquela tradição o processo de reescrever histórias das Escrituras vinha dos *midrashim haggádicos*, comentários que explicavam e aumentavam as narrativas das Escrituras hebraicas, ou/e dos *targumim*, também comentários em aramaico que traduziam, explicavam e aumentavam esse material. As pessoas comuns tomavam conhecimento dessas histórias principalmente e até mesmo exclusivamente filtradas por esses constantes desenvolvimentos. Para nossos propósitos, vamos nos concentrar em duas fontes que podem ser datadas com certa segurança do primeiro século, mas, naturalmente, são mais transmissoras do que criadoras do que registram. As *Antiguidades judaicas*, do historiador Josefo, e as *Antiguidades bíblicas*, de autor anônimo (chamado Pseudo-Fílon por ter sido preservada entre as obras do filósofo judeu alexandrino do mesmo nome) registram os estágios iniciais do que se tornaria uma pequena indústria caseira de narrativas dedicada ao aperfeiçoamento da história do nascimento de Moisés. Concentremo-nos nesse processo como se fosse uma sucessão de melhoramentos, por assim dizer, ao redor de dois temas, o decreto do rei e a decisão posterior do pai.

O decreto do rei. Em primeiro lugar, a ordem do Faraó. Não é, segundo as adições, que Moisés tivesse simplesmente nascido depois da promulgação do decreto do genocídio. Um dos conselheiros do Faraó já lhe havia advertido do perigo para o Egito do nascimento de uma criança hebréia capaz de ameaçá-lo e de libertar os israelitas, segundo a obra de Josefo citada acima:

> Estando em situação difícil, novo incidente estimulou os egípcios a exterminar a nossa raça. Um dos escribas sagrados — pessoas capazes de predizer com habilidade o futuro — anunciou ao rei que nasceria entre os israelitas naqueles dias uma criança que destruiria a soberania dos egípcios e exaltaria os israelitas quando se tornasse adulta, ultrapassando todos os homens em virtude e ganhando reconhecimento eterno. Alarmado com isso, o rei, ouvindo a advertência de seu sábio, ordenou que todas as crianças do gênero

masculino nascidas dos israelitas fossem mortas por afogamento no rio (2.205-206).

Em outras palavras, o infanticídio geral tinha o específico propósito de matar o futuro Moisés. Ele estava no centro da história; não era simples causalidade acidental de um processo geral. O futuro Moisés era a causa e não mero acidente daquele assassinato em massa. Algumas versões dessa tradição registradas em textos posteriores contam que o Faraó tivera um sonho no qual um cordeiro oprimia todo o Egito; na manhã seguinte teria convocado os conselheiros para que interpretassem o sonho.

Percebemos imediatamente quão superior era a versão popular à de Mateus, em relação a seus propósitos. Herodes, o Grande, é o novo Faraó opressor. Ambos são avisados a respeito dos perigos dos recém-nascidos. Herodes é advertido por "todos os chefes dos sacerdotes e os escribas do povo", em Mateus, assim como o Faraó, "por um dos escribas sagrados", em Josefo. Os dois determinaram o infanticídio masculino geral para destruir a criança predestinada, fosse Moisés ou Jesus.

A decisão do pai. Em segundo lugar, examinemos o que fez Amram. Novamente, a narrativa de Êxodo é, no melhor dos casos, sumária. Depois do decreto do Faraó, "certo homem da casa de Levi foi tomar por esposa uma descendente de Levi", em Êxodo 2,1, e Moisés é concebido. Somente depois, em 6,20, o nome deles aparece como Amram e Jocabed. Aqui, também, nada nos induz ao paralelo entre Moisés e Jesus. Mas, novamente, os relatos populares são mais adequados ao propósito de Mateus. Quando lemos a seqüência de Êxodo, que vai do decreto mortífero até a cerimônia de casamento, podemos levantar estas perguntas óbvias: Por que correr o risco de infanticídio para os meninos e escravidão para as meninas? Por que casamento e concepção? Não seria melhor separação ou divórcio? Tanto Josefo como o Pseudo-Fílon tinham respostas para essas perguntas e a diferença entre elas indica a existência de uma rica tradição sobre o tema.

Nas *Antiguidades judaicas* de Josefo, Amram e Jocabed já estavam casados e ela grávida quando o decreto de Faraó fora promulgado:

> Amram(es), um hebreu de estirpe nobre, temendo que sua raça desaparecesse por falta de descendentes, e seriamente ansioso porque sua esposa esperava um filho, ficou profundamente perplexo. Recorria, naturalmente, às orações [...] e Deus teve compaixão dele e, movido por suas súplicas, apareceu-lhe em sonho, exortando-o a não se desesperar do futuro, dizendo-lhe que [...] "a criança, cujo nascimento enchia os egípcios de medo e que lhes levava a decretar a destruição de todos os nascidos de israelitas, será, na verdade, a tua; o menino escapará de todos os que procurarem destruí-lo e, crescido de maneira maravilhosa, libertará a raça dos hebreus do cativeiro

no Egito, e será lembrado enquanto o universo durar, não apenas pelos hebreus mas por todas as outras nações" (2.210-211).

Começamos, então, a entender por que Mateus conta a história da infância do ponto de vista de José e não de Maria. Está interessado no paralelismo com Moisés que dá ênfase no pai Amram e não na mãe Jocabed.

Nas *Antiguidades bíblicas* do Pseudo-Fílon, o papel de Amram é muito ampliado. Ele e Jocabed ainda não estavam casados quando o decreto foi promulgado. Questiona-se se qualquer casamento aconteceria em face da ameaça do infanticídio. Amram recusa o celibato, a separação e o divórcio como soluções, mas agora é Miriam, a futura irmã de Moisés, que tem o sonho revelatório:

> Então os anciãos do povo reuniram todos em tristeza [e disseram] [...]: "Estabeleçamos regras para nós a fim de que nenhum homem se relacione com sua esposa [...] até saber o que Deus vai fazer". E Amram respondeu dizendo [...]: "Eu irei e tomarei minha esposa, e não obedecerei a ordem do rei; e se isso for justo aos seus olhos, façamos assim". A estratégia de Amram foi agradável a Deus. E Deus disse [...]: "Aquele que nascer dele me servirá para sempre". E Amram da tribo de Levi saiu e desposou uma mulher de sua própria tribo. Quando ele assim agiu, outros o seguiram e também se casaram [...]. Este homem tinha um filho e uma filha; seus nomes eram Aarão e Miriam. O espírito de Deus veio sobre Miriam, de noite, e teve um sonho e o contou a seus pais quando amanheceu, dizendo: Eu vi o seguinte nesta noite: um homem vestido de linho levantou-se e me disse: "Vai e diz aos teus pais: 'O que nascerá de vocês será jogado nas águas; mas também por ele as águas secarão. Eu operarei sinais por meio dele e salvarei meu povo e ele será líder para sempre'". Quando Miriam contou o seu sonho aos pais, eles não acreditaram nela (9.2-10).

O tema da continuação ou não do casamento é novo nesse texto. Mas o sonho revelatório só se deu por meio dela, embora se dirigisse também aos pais. Nos dois casos, o conteúdo do sonho é o mesmo. Amram e Jocabed serão os pais de uma criança predestinada e ameaçada. Diversas versões dessa tradição registradas em textos posteriores contam que Amram e Jocabed se divorciam como, aliás, muitos outros. Mas o sonho de Miriam obriga-os a retomar o casamento para conceberem Moisés.

Duas histórias paralelas sobre a infância. Imaginemo-nos na mente de Mateus compondo a história do nascimento de Jesus inspirado no modelo das histórias populares a respeito de Moisés que circulavam antes do primeiro século em obras como a de Josefo e a do Pseudo-Fílon. Não é difícil traçar paralelos entre o Faraó e Herodes. Mas era preciso enfrentar o paralelo entre Amram e José. Inserem-se aí hesitação dos pais, dúvidas, perplexidades, separação e divórcio. Nos dois casos há sonhos revelatórios para resolver problemas. Finalmente, é preciso que se declare aos pais que o filho é deles. Leiamos novamente o que fez José na primeira citação de Mateus 1,18-25. O problema se torna evidente quando José chega a pensar em adultério (outros diriam que se tratava de consumação antecipada do casamento). O sonho assegura-lhes (no caso de José e Maria) que o filho "salvará o seu povo dos seus pecados", e, no caso de Moisés, que ele "libertaria o povo hebreu do cativeiro no Egito".

Concluímos que o próprio Mateus criou a narrativa fictícia ou parabólica do nascimento de Jesus e que tinha a intenção de mostrar Jesus como o cumprimento divino de Moisés, mas que, no interior do processo desse paralelismo, levantou a questão do adultério que haveria de rondar sua história desde o começo até hoje. A composição de Mateus é a terceira camada, ou *evangélica*, que provocou imediatamente o surgimento de uma réplica óbvia, numa camada pós-mateana. Imaginemos a troca normal de insultos entre as facções da mesma religião. Os *judeus pró-Jesus*: "Ele nasceu de Deus por meio de uma virgem sem nenhum pai humano". E os *contrários a Jesus*: "Se José não é o pai, então Maria é adúltera e Jesus, bastardo. Vocês alegam que ele foi concebido virginalmente pelo poder divino. Nós afirmamos que foi adultério e, pior, não por um conterrâneo judeu pecador, mas por um pagão, um soldado romano". Ponto e contraponto. História e contra-história.

Filho de Maria, filho de José, filho de Deus

O ossuário de Tiago identifica o indivíduo como "filho de José, irmão de Jesus" e, embora não diga, presume que Jesus era também filho de José. Mas nenhuma outra informação foi gravada na pedra. Já sabíamos pelo Novo Testamento que Jesus tinha irmãos e irmãs e que Tiago era o primeiro deles. Também sabíamos que Jesus era "filho do carpinteiro", em Mateus 13,55, ou "filho de José", em Lucas 4,22 e João 6,42. Quando interpretamos o texto, sem dúvida, também interpretamos a pedra. Mas, novamente, a própria presença do ossuário nos força a levantar velhas questões e a repensar algumas das antigas soluções.

Poderíamos dizer, como se tem dito desde o quarto século para preservar o conceito teológico particular sobre a virgindade de Maria, que Tiago é o irmão de sangue mais novo ou, talvez, meio-irmão ou até mesmo primo de Jesus. Nesse caso, diríamos que José era apenas padrasto ou guardião de Jesus. Essa idéia reconciliaria a expressão em Lucas 4,22, "filho de José", com o texto anterior de Lucas 1,35: "O anjo respondeu [a Maria]: 'O Espírito Santo virá sobre ti, e o poder do Altíssimo vai te cobrir com a sua sombra; por isso, o Santo que nascer *será chamado* Filho de Deus". Mas surge esta questão mais fundamental, tanto para os antigos como para os modernos: Poderia uma criança ser ao mesmo tempo filha biológica de José e teologicamente, de Deus? Em outras palavras, será a expressão "Filho de Deus" mais ou menos metafórica que "Palavra de Deus" ou "Cordeiro de Deus" quando aplicadas a Jesus? Cada uma dessas expressões significa uma relação particular e única entre Jesus, Deus e os cristãos, mas embora sendo expressões reais, não precisam ser interpretadas literalmente. E se o título não é literal mas metafórico, então a narrativa da concepção de Jesus não é literal mas parabólica. Não existe, pois, contradição alguma entre o fato de Jesus ter sido filho de José, biologicamente, e filho de Deus, teologicamente. As duas afirmações são, na verdade, igualmente reais. Pelo menos, explica-se, assim, por que somente Mateus e Lucas contam essa história da concepção e Paulo, Marcos e João a desconhecem no Novo Testamento. Mas todos eles consideram Jesus Filho de Deus. Porém, por que Mateus e Lucas não apenas aceitam o título Filho de Deus mas o transformam numa parábola da concepção? E, especialmente, por que essa parábola foi contada a respeito de uma virgem?

Na tradição bíblica, crianças predestinadas — marcadas por um destino divino previsto — nasciam de pais idosos e estéreis e não de mães jovens e virginais. O exemplo clássico é Isaac, nascido dos anciãos estéreis Abraão e Sara. Quando Deus lhes prometeu um filho, os dois riram da idéia. Em Gênesis 17,17, "Abraão caiu com o rosto por terra e se pôs a rir, pois dizia a si mesmo: 'Acaso nascerá um filho a um homem de cem anos, e Sara que tem noventa anos dará ainda à luz?'". E em Gênesis 18,11-12, "Ora, Abraão e Sara eram velhos, de idade avançada, e Sara deixara de ter o que têm as mulheres. Riu-se, pois, Sara no seu íntimo, dizendo: 'Agora que estou usada, conhecerei o prazer!'". Esse era o modelo bíblico e judaico tradicional para concepções divinamente controladas.

Por outro lado, poderia parecer que a concepção virginal de uma jovem seria milagre ainda maior, sinal mais extraordinário da intervenção divina, do que entre idosos e estéreis. É assim, também, que Lucas 1-2 contrasta e exalta a concepção e nascimento virginais de Jesus com o de João Batista, concebido por pais idosos e estéreis. Em 1,7, os pais deste último não tinham tido filhos "porque Isabel era estéril e os dois eram de idade avançada", e em 1,18 "Zacarias perguntou ao anjo: 'De que modo saberei disto? pois eu sou velho e minha esposa é de idade avançada'". Pareceria que a concepção virginal era mais poderosa do que na velhice, mesmo considerando que ambas implicam intervenção divina. Jesus é, de longe, muito maior do que João, mesmo ou especialmente quando se comparam suas concepções.

Por outro lado, qualquer concepção de idosos e estéreis é publicamente visível, legalmente provável e comumente verificável. Embora se tenha que explicar de maneira extraordinária, ninguém debate o fato de uma concepção e nascimento acontecidos na velhice. Mas uma concepção virginal depende, positivamente, da palavra da mãe e, negativamente, da afirmação do pai. Levanta a suspeita óbvia de acusação de adultério ou fornicação. Em face disso, por que se pensaria que se tratava de intervenção divina maior e mais excelente? Por que se escolheu a novidade bíblica da concepção divina direta em lugar da tradição bíblica indireta?

A concepção virginal foi criada para representar o cumprimento de Isaías 7,14. A tradução grega desse versículo hebraico é esta: "Eis, a virgem terá (no seu) ventre e dará à luz um filho e o chamará de Emanuel". A frase significava, em hebraico e provavelmente em grego, que essa promessa seria cumprida dentro de um ano, isto é, no tempo suficiente para que uma virgem jovem se casasse, tivesse um filho e lhe desse um nome. Não queria dizer que ela permaneceria virgem nesse processo, mas que o iniciaria como tal. Em outras palavras, os exegetas judeo-cristãos primitivos teriam usado Isaías 7,14 e tomado a palavra "virgem" literalmente, embora o texto não os obrigasse necessariamente a isso. Algo levou os exegetas judeo-cristãos a pensar sobre a concepção divina direta e sair a procura de textos bíblicos capazes de apoiar essa idéia.

Na tradição bíblica, como vimos, os nascimentos de crianças especialmente predestinadas, eram normalmente indicados por gravidezes inesperadas de casais idosos e estéreis. Mas na tradição greco-romana, de Alexandre a Augusto, eram indicados por indivíduos terrenos tomados pelo poder celestial, isto é, por meio de interação humana e divina. Foi assim, por exemplo, a concepção divina de Otaviano, que se tornaria depois César Augusto, Senhor e Salvador do Império Romano, segundo a obra de Suetônio *A vida dos Césares: o deificado Augusto* 94.4: "Quando Átia chegava no meio da noite para o solene culto de Apolo, tinha sua liteira no templo e dormiu ao mesmo tempo que as matronas. De repente uma serpente subiu sobre ela e logo desapareceu. Quando se acordou, purificou-se, como se fosse depois de ter abraçado o marido, e no mesmo instante apareceu em seu corpo marcas coloridas como de serpente, e não conseguiu se livrar delas; por isso deixou de freqüentar os banhos públicos. Dez meses depois nasceu Augusto e foi considerado filho de Apolo. Átia, também, antes de dar-lhe à luz, sonhou que suas partes vitais tinham subido às estrelas e se espalhado sobre a imensidão da terra e do mar, enquanto Otávio sonhava que o sol nascia do ventre de Átia". Suetônio atribui a história dessa concepção no inverno de 62 a.C. a uma fonte egípcia por volta do ano 30 a.C. Teria surgido no Oriente logo depois da vitória de Otaviano sobre Antônio e Cleópatra na costa do Áccio.

A história da concepção de Jesus em Mateus e Lucas indica certa tradição comum antes deles, e a base narrativa movimenta-se no mundo da história e da contra-história. Em Mateus e Lucas, e até mesmo antes deles, Jesus é Senhor, Salvador, Filho de Deus, usurpando os títulos de Augusto. Mas Átia não era virgem; ela já era mãe de uma filha doze anos antes do nascimento de Otaviano. Assim, enquanto Isaías 7,14 ajudou a fazer com que tudo isso parecesse bíblico, profético e predeterminado, acabou parecendo que a exaltação acima de Augusto fosse determinante para a sua criação.

Se tomarmos a história da concepção de Jesus literalmente, tomemos também assim a de Augusto. Se, por outro lado, considerarmos a história da concepção de Jesus metaforicamente, recebamos também a de Augusto dessa forma. Desde a concepção Jesus foi posto em rota de colisão com Augusto numa narrativa que não vem de um evento histórico no nível I, mas a partir de uma parábola teológica no nível II, logo depois de Jesus ter proclamado publicamente o Reino de Deus em oposição ao Reino de César.

Capítulo 3

COMO SE CONSTRÓI UM REINO

Antes de começarmos a construir um reino, precisamos saber que tipo de reino queremos fazer. Poder-se-ia pressupor, por outro lado, que só existe um tipo, modelo ou cenário possível? Serão os reinos sempre relacionados com poder, glória, força e violência? São baseados nos poucos que controlam a maioria? Serão os reinos agrários dependentes da proteção que dão aos camponeses em troca do que produzem? Seria mera troca de favores? Na melhor das hipóteses seria como dar o tapa com luva de pelica? Ou, na pior, nem mesmo com luva de pelica? Serão todos os reinos assim, fundados na violência e no poder? Existirá em algum lugar um reino de justiça e de não-violência?

Um choque entre tipos de reino

Nem Herodes, o Grande, e Herodes Antipas, de um lado, ou João Batista e Jesus, do outro, imaginaram, proclamaram e construíram seus diferentes reinos do nada sem a inspiração de tipos e modelos antigos. Aqui, como exemplo tomado ao acaso, temos um choque paradigmático entre dois tipos de reinos, originado cerca de um milênio e meio antes da era cristã.

Na primeira metade do oitavo século a.C., Jeroboão II governava o reino de Israel, que, juntamente com o reino de Judá, constituíam as metades norte e sul do que havia sido nos gloriosos dias do século décimo o reino de Davi e Salomão. Jeroboão II reinou cerca de trinta anos, tempo muito longo considerando-se que era essa a média de esperança de vida na época. Arqueólogos escavaram a capital, Samaria, em 1908-1910, 1931-1935 e 1965-1968.

Na primeira fase, patrocinada pela Universidade de Harvard, foram encontrados sessenta e três fragmentos de louça com inscrições hebraicas em tinta preta, descrevendo impostos sobre azeite e vinho enviados da zona rural aos armazéns reais. A segunda, comandada em conjunto pela Universidade de Harvard e a Universidade

Hebraica, com a participação de três diferentes instituições britânicas, descobriu diversas placas de marfim, bem como centenas de fragmentos desse material nos palácios reais. Combinavam mitologia egípcia com arte fenícia e, às vezes, caligrafia hebraica. Palácio e região rural, então, impostos e marfins.

As escavações e especialmente as peças de marfim indicavam a existência de um monarca poderoso, de uma corte esplêndida e de uma aristocracia luxuosa. Se tivéssemos acesso apenas a restos de materiais e nenhum texto para nos falar a respeito da Samaria de Jeroboão II, poderíamos dar asas à imaginação. As obras de arte eram importadas do Egito, mas os israelitas queriam celebrar a libertação da opressão egípcia com canções e histórias, festivais e memórias, bem como com o culto e a aliança. Que poderíamos imaginar se Israel tivesse que enfrentar o Egito, a Samaria e a Fenícia? Mas temos textos que registram um retrato bem diferente a respeito dos anos de prosperidade da Samaria. Mostram-nos outra maneira bem diferente de construir um reino.

As artísticas miniaturas de marfim desenterradas por volta dos anos 1930 foram mencionadas por Amós, pastor visionário de Técua, em Judá, que viveu no século oitavo, mais humilde do que qualquer profeta camponês. Amós foi ao norte e proferiu no meio da prosperidade do reino de Jeroboão II proféticas acusações, terríveis advertências e anúncios de desgraças e morte: "Eu abaterei a casa de inverno com a casa de verão, as casas de marfim serão destruídas e muitas casas desaparecerão", declara Deus (3,15). E: "Quereis afastar o dia da desgraça, mas apressais o domínio da violência! Eles estão deitados em leitos de marfim, estendidos em seus divãs" (6,3-4). Segundo Amós, o que havia de errado com a maneira escolhida por Jeroboão II para construir o Reino de Israel? Observemos, a seguir, quatro temas cruciais.

Comércio e pobreza. O tema da opressão dos pobres repete-se insistentemente nos oráculos orais de Amós, recolhidos agora no livro que leva seu nome. Mas em 8,4-6 relaciona-se com o tema da comercialização: "Ouvi isto, vós que esmagais o indigente e quereis eliminar os pobres do país, vós que dizeis: 'Quando passará a lua nova, para que possamos vender o grão, e o Sábado, para que possamos abrir o trigo, para diminuir o efá, aumentar o siclo e falsificar as balanças enganadoras, para comprar o fraco com prata e o indigente por um par de sandálias, para vender os restos do trigo?". A importação de produtos caríssimos do exterior significava intenso comércio no país.

Pobreza e justiça. Não era só o caso de que todos eram pobres e de que a pobreza era ruim. O problema também era que o luxo crescia, num dos extremos da sociedade, à custa do aumento da pobreza, no outro. Os ricos se tornavam mais ricos à medida que os pobres ficavam mais pobres: "Porque vendem o justo por prata e o indigente por um par de sandálias. Eles esmagam sobre o pó da terra a cabeça dos fracos e tornam torto o caminho dos pobres" (2,6-7). "Oprimis o fraco e tomais dele um imposto de trigo [...]. Eles hostilizam o justo, aceitam suborno e repelem os indigentes à porta" (5,11-12). "Transformastes o direito em veneno e o fruto da justiça em absinto" (6,12). A justiça é igual à retidão; praticar o que é justo é a mesma coisa que fazer o certo. A justiça reta é não apenas individual mas também estrutural, não só pessoal mas igualmente sistêmica, não apenas recompensadora mas da mesma forma distributiva.

Justiça e culto. O tema da justiça e do culto atinge surpreendente clímax nos versículos famosos, mais citados do que entendidos: "Eu odeio, eu desprezo as vossas festas e não gosto de vossas reuniões. Porque, se me ofereceis holocaustos [...], não me agradam as vossas oferendas e não olho para o sacrifício de vossos animais cevados. Afasta de mim o ruído de teus cantos, eu não posso ouvir o som de tuas harpas! Que o direito corra como a água, e a justiça como um rio caudaloso!", diz a voz de Deus (5,21-24). Não se trata de mero caso de um oráculo contra o culto, de um profeta contra o sacerdote nem do santuário de Jerusalém, ao sul, contra o de Betel, ao norte. Mas como estava Amós tão certo de que Deus preferia justiça e retidão em lugar de ofertas sacrificais e cânticos festivos?

Culto e aliança. Imaginemos o confronto descrito em 7,10-17 entre Amós, profeta de Técua, e Amasias, sacerdote de Betel, "santuário do rei, um templo do reino". Amasias advertiu o rei Jeroboão II de que Amós "conspira contra ti, no seio da casa de Israel". Ponderemos os diferentes pontos de vista dessas duas mentes. *Amasias:* "Deus exige adoração e nós obedecemos". *Amós:* "Deus exige justiça e vocês não obedecem". *Amasias:* "O que você chama de injustiça nós chamamos de prosperidade comercial, perspicácia nos negócios". *Amós:* "Vocês não podem adorar o Deus da justiça num estado de injustiça". *Amasias:* "Saia do templo, profeta, enquanto você ainda está vivo".

Apreciamos na base desse diálogo duas maneiras radicalmente divergentes de conceber o reino. Resumindo, diríamos que o modelo de Jeroboão era *comercial*, e o de Amós *baseado numa aliança*. Mas não se trata apenas de nomes ou títulos. O que contava em última instância era o conteúdo muitíssimo específico. Que seu reino pode fazer para um mundo pertencente a Deus? Como distribuirá as bases materiais da vida num mundo que não é de sua propriedade? Quem é o dono e como o dirige? Pensemos nesses dois tipos de reino como ideais extremos numa escala de inúmeras variantes tendo, no entanto, o centro, o choque, a tensão ou a dialética na história israelita e judaica. Nos reinos comerciais a terra que pertence a todos precisa ser explorada até o limite. Num reino baseado na aliança, a terra pertence à divindade e deve ser repartida tanto quanto possível. Não haveria então comércio num reino da aliança? Claro que sim. Mas não é esse o problema. A questão é esta: é possível a aliança no comércio?

Primeiro tipo: reino comercial

Observemos esta hierarquia de cima para baixo: do Império Romano de César Augusto, passando pelo reino judaico de Herodes, o Grande, à tetrarquia galileupereana de Herodes Antipas. Agora, ao contrário, de baixo para cima: de Antipas a Herodes e a Augusto. Os herodianos não eram maiores do que os romanos em coisa alguma, mas se contentavam em se reproduzir como miniaturas dos romanos em todas as coisas. O processo de romanização significava urbanização, a qual pressupunha comercialização. Observemos, a seguir, como Herodes, o Grande, construiu um reino plenamente romano e que, depois dele, imitando-o, seu filho Antipas tentou fazer a mesma coisa, em proporções menores, em solo judaico.

Herodes, o Grande, rei e mestre construtor

No ano 40 a.C., uma geração antes de Jesus, Herodes, o Grande, desmantelou a resistência ao seu reino recém-estabelecido na Galiléia. Filho de um oficial da convertida Iduméia do governo judaico-asmoniano, Herodes apoiava Roma durante as lutas dinásticas entre os príncipes Antígono e Hircano. Reconhecendo o domínio inevitável de Roma na cena geopolítica, estabeleceu estratégicas relações com oficiais do império que lhe permitiram solicitar ao Senado Romano, em 40 a.C., o controle sobre o território judaico. O Senado concedeu-lhe o título de Rei dos Judeus e lhe deu autoridade para governar os territórios da Iduméia, Judéia, Samaria e Galiléia, na condição de cliente de Roma. Mas seu irmão acabara de ser assassinado por adversários, sua família, sitiada em Masada, e a maioria dos territórios prometidos por Roma, incluindo a capital, Jerusalém, estava nas mãos de seu rival asmoniano Antígono, apoiado pelo poderoso império dos Partos. Tratava-se, pois, de um reino prometido mas não realizado.

Depois de voltar de Roma, Herodes libertou, em primeiro lugar, sua família sitiada numa fortaleza no topo de Masada, e começou violenta luta na Galiléia para obter o seu reino. Segundo Josefo, tomou a cidade asmoniana de Séforis na Baixa Galiléia durante uma tempestade de neve, e a partir daí foi acabando com a oposição a seu governo. Sitiou os últimos opositores nos rochedos de Arbel perto do Mar da Galiléia — incendiou suas cavernas e jogou os soldados do alto para que morressem nos penhascos. Com a pacificação da Galiléia, dirigiu-se ao sul para a Judéia e Jerusalém. Levou três anos para estabelecer o reino.

Empenhou-se, em seguida, para construí-lo arquiteturalmente com a mesma energia empregada para conquistá-lo militarmente. Foi um dos mais prolíficos construtores da Antiguidade, com projetos pontilhando o Mediterrâneo oriental e dominando o cenário do reino. As ruínas desse período marcam sua passagem em registros arqueológicos de obras monumentais e colossais. Seus projetos combinavam elementos dos predecessores asmonianos, das cidades-Estado helênicas do Mediterrâneo oriental, e da tecnologia e estilo romanos, tendo como resultado estruturas originais. Algumas dessas construções foram erguidas simplesmente para mostrar a grandeza da arquitetura, outras, para o povo, mas sempre e certamente para suas próprias necessidades, desejo e governo.

Vejamos como os feitos arquitetônicos contam a história de seu reino e como seu estilo revelam sua personalidade e caráter de rei. Seus primeiros projetos concentraram-se em diversas residências reais, incluindo o complexo de um oásis em Jericó, o palácio do terraço em Masada e o conjunto chamado Herodiano, todos fortificados; os dois últimos eram quase inatacáveis. Paranóico e opulento, Herodes construía as residências com segurança e luxo. Depois de inaugurar diversas residências-fortalezas pelo reino e consolidar o poder, lançou-se em dois projetos gigantescos — a cidade de Cesaréia na baía de Sebastos e o Monte do Templo em Jerusalém. A cidade portuária é comumente chamada de Cesaréia Marítima para distingui-la de Cesaréia de Filipos, construída mais tarde por seu filho nas cabeceiras do Rio Jordão. De um lado, a construção de Cesaréia Marítima abriu o reino de Herodes ao mundo mediterrâneo e o orientou geográfica, cultural, política e comercialmente para Roma, estabelecendo laços em escala nunca antes possível. Por outro lado, o enorme projeto do Templo em Jerusalém ofereceu aos súditos judaicos um dos maiores e mais espetaculares lugares sagrados do mundo antigo. Observemos, sublinhando esses dois projetos, a tensão ou até esquizofrenia de seu governo ao mesmo tempo como *cliente de Roma* e *Rei dos Judeus*.

A cidade de Cesaréia com o porto Sebastos foi o mais ambicioso e ousado projeto nunca antes imaginado no Mediterrâneo oriental. Obviamente, os próprios nomes prestavam tributo à fonte suprema do poder de Herodes, César Augusto, nascido Otaviano. Esse fato foi confirmado por antigos textos literários. O nome da cidade veio de César e o do porto de seu título, *Sebastos*, palavra grega para a latina *Augustus*. Estátuas gigantescas do imperador e da deusa Roma erguiam-se na parte mais visível da estrutura da cidade: um templo que dava as boas-vindas aos navios e aos viajantes. Graças a escavações arqueológicas, sabemos que a construção da cidade portuária fora mais do que tributo nominal a César e a Roma — o tributo realizava-se também em forma de impostos canalizados para Roma de todas as partes do reino de Herodes, embora muita riqueza permanecesse na cidade. Os produtos agrícolas vinham das zonas rurais e, além dos grãos, também se recebiam vinho e azeite de oliva. Como Herodes havia monetarizado a economia, o dinheiro também circulava com abundância. A riqueza que alimentava o tesouro de Herodes e os cofres da elite governante financiava a belíssima urbanização de Cesaréia. Os investimentos iniciais no porto foram ressarcidos pelo realinhamento das rotas comerciais que vinham do Oriente por meio de seu reino e pela abertura das lucrativas rotas do Mediterrâneo. Herodes transformou o território judaico num reino comercial.

Há décadas, em todos os verões, grupos de arqueólogos americanos e israelitas acompanhados de voluntários internacionais vão até a beira do mar em Cesaréia para escavar e registrar as camadas do sítio, desde fossos e muros da cidade das Cruzadas às igrejas e sinagogas do período bizantino, passando pelas colunas de mármore da cidade romana até os fundamentos herodianos. As estruturas, os artefatos e a grande quantidade de achados desde a camada inferior revelam a maneira suntuosa e cara como Herodes construiu a capital de seu reino. Abriu o reino para o Ocidente, e sua cidade disse a Roma o que ela queria ouvir. E no dialeto estético-arquitetônico do dia, disse a seus súditos o que melhor podiam entender.

O arranjo, estilo e materiais de sua recém-construída cidade e baía anunciavam três coisas. Em primeiro lugar, Cesaréia Marítima deixava clara *a imposição de ordem* de Herodes em seu reino, que lhe dava poder e habilidade para controlar tanto a natureza como a sociedade. Em segundo lugar, Herodes demonstrou clara *predileção por fachadas*, para mostrar a riqueza da cidade e ao mesmo tempo delinear a ordem social. Por fim, Herodes *reforçou a hierarquia social* de seu reino em Cesaréia. A imposição da ordem e a construção de fachadas ao lado de estruturas públicas específicas anunciavam e reforçavam no alto da pirâmide social Roma, seguida de Herodes e, finalmente, de sua elite governante. Essas três áreas inter-relacionadas forneciam a Herodes o manual de *como construir um reino*.

A imposição da ordem em Cesaréia. Herodes, o Grande, pôs ordem no cenário natural e regularizou a sociedade. O lugar selecionado por ele na costa não possuía suprimento de água nem baía natural. Mas isso não importava. Impôs sua vontade sobre a topografia construindo uma baía artificial e trouxe água de distantes fontes por meio de aquedutos sobre pilares. Foram construídos 800 pés de quebra-mar para a baía invadindo o mar aberto, e meia milha de diques para abrigar um ancoradouro de 40 acres. Os cais mediam 130 a 200 pés de largura, construídos com cimento hidráulico revestidos da mistura de pozolana e areia vulcânica, trazidas da baía de Nápoles. Eram mergulhados, parte por parte, para alicerçar a subestrutura do porto. É provável que tudo isso tivesse sido construído com a ajuda de arquitetos e mestres-de-obras importados da Itália. O projeto exibia grande capacidade logística apoiada por poder financeiro. Eram marcas herodianas.

Embora o porto tenha chamado a atenção para a engenharia ousada e inovadora de Herodes, igualmente importante mas muitas vezes esquecida foi a imposição de ordem na cidade, ao construir Cesaréia em posição ortogonal cuidadosamente planejada. Como a cidade romana ideal, Cesaréia era cortada ao meio por duas avenidas principais, a norte-sul, chamada *cardo*, e perpendicular a ela, a chamada *decumanus*, leste-oeste. O *cardo* avançava do portão principal da cidade até a praça adjacente ao templo de Augusto e Roma. Por essas avenidas cuidadosamente planejadas o tráfego era guiado para os espaços públicos onde havia marcos destinados à propaganda para promover experiências sociais comunitárias e criar coesão social. Ao mesmo tempo, funcionava bem elaborada estratégia para excluir os indesejáveis. A entrada na cidade era controlada e também se proibia a circulação de pessoas em determinadas áreas como, por exemplo, o palácio de Herodes.

Alguns edifícios também acentuavam o controle social como, por exemplo, o teatro e o anfiteatro na zona sul da cidade. O teatro possuía entradas e saídas que facilitavam a vigilância nos portais, que se chamavam *vomitoria*, localizados no nível térreo. A nova forma arquitetônica ligava a área semicircular dos assentos, ou *cavea*, ao palco, com corredores que facilitavam o controle. Esse sistema foi desenvolvido

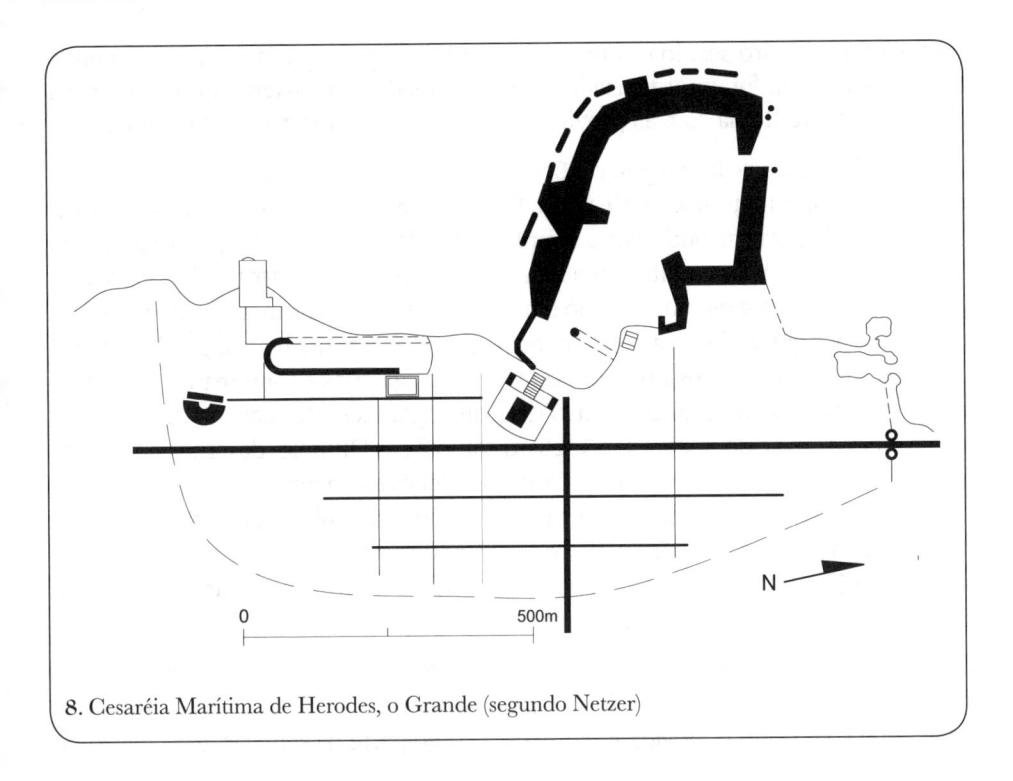

8. Cesaréia Marítima de Herodes, o Grande (segundo Netzer)

em Roma sob Júlio César e Augusto no Forum Iulium e no Circus Maximus em resposta à violência popular e a lutas durante as guerras civis.

Predileção por fachadas em Cesaréia. O historiador romano Suetônio cita esta frase de Augusto sobre Roma: "Encontrei a cidade feita de tijolos e a deixo de mármore". O patrono de Herodes era bem conhecido por fazer bem a sua parte construindo belas fachadas, promovendo inúmeras feições arquitetônicas gregas em Roma. Semelhantemente, a arquitetura herodiana preocupava-se com fachadas convenientes — embora as infra-estruturas dos projetos não fossem bem feitas, às vezes meramente funcionais e algumas descuidadamente construídas, o revestimento era sempre arranjado para acentuar a forma, a proporção e criar perspectivas. Os pisos da cidade de Cesaréia eram de mosaico e as paredes ornamentadas com afrescos, com muito mármore, telhados vermelhos e colunas, muitas colunas, de pedra local revestidas e modeladas com reboco.

No Mediterrâneo oriental e no Oriente Próximo dos séculos anteriores, as grandes colunas faziam parte da arquitetura dos templos e as pequenas, para sustentar coberturas de passeios ou para a *stoa* nas cidades mais helênicas. Mas na Cesaréia de Herodes, a arquitetura de estilo romano espalhava colunas por toda a parte criando diversas perspectivas pela cidade, e envolvendo-a numa aura cívico-religiosa. Sob Augusto, o uso de mármore tornou-se norma arquitetônica nas províncias governadas por Roma. E o mármore de Cesaréia, cujo uso aumentou extraordinariamente no final do primeiro século e começo do segundo depois que jazidas e o comércio da preciosa pedra foram organizados e transformados em sistema imperial, ligava simbolicamente Roma com as províncias, e Augusto com Herodes, o Grande.

Fortalecimento da hierarquia em Cesaréia. Roma e o imperador ocupavam o topo da hierarquia arquitetônica em Cesaréia. Ponhamo-nos aí no meio. De qualquer lugar da cidade e do porto se podia ver o templo dedicado a Roma e a Augusto. Com uma altura de 80 a 110 pés e edificado no alto de uma plataforma artificial, dominava a cidade. Imaginemo-nos caminhando em sua direção. Era o primeiro marco a ser reconhecido por quem chegava por terra ou pelo mar. Sua pedra branca polida brilhava à luz do sol. Sentemo-nos no teatro ou numa das galerias do anfiteatro. O templo também dominava o cenário. Dentro dele duas grandes estátuas: da deusa Roma como Hera Argos e do imperador Augusto como Zeus Olímpio, descritas por Josefo mas até hoje ainda não descobertas. Outras evidências concretas do culto imperial e da adoração do imperador foram encontradas pelos arqueólogos, tais como torsos e membros em bronze e mármore de períodos pouco posteriores, bem como o torso de Trajano (98-117) de tamanho natural, vestindo a couraça, e a estátua de Adriano (117-138 d.C.) sentado, mas sem cabeça.

É nesse contexto que se deve entender a inscrição de Pilatos descoberta em 1962 por arqueólogos italianos de Milão. A inscrição fragmentada, escrita em latim numa pedra que havia sido removida e reutilizada como parte da renovação do teatro no quarto século, dizia:

> [...] este *Tiberium*, Pôncio Pilatos, prefeito da Judéia, fez (ou ergueu) [...]

Para inúmeros comentadores a importância da inscrição reside no fato de prover veracidade aos evangelhos sobre a existência de Pilatos, afirmação demasiadamente óbvia que nunca foi posta em dúvida. Outros acham que tem valor porque esclarece o título dele, que poderia ter sido governador, procurador ou prefeito, coisa sem muito interesse a não ser para a minúcia legal romana. Discussões em torno dessas linhas obscurecem a mensagem da inscrição e a construção do *Tiberium* dedicada ao imperador Tibério que era esta: *Roma governa!* Escrita em latim, linguagem pouco entendida e quase nunca lida, a inscrição e a estrutura onde estava comunicavam, não obstante, até mesmo para os mais ignorantes, que Roma e seus representantes situavam-se no topo da pirâmide social e mantinham controle absoluto da terra.

Herodes, o Grande, ocupava o segundo lugar na escala social, testemunhada pela localização e estilo de seu palácio às margens do mar. Na fundação de Cesaréia, Herodes patrocinou jogos e competições atléticas no teatro e no anfiteatro que haviam sido construídos na zona sudoeste da cidade. O palácio de Herodes sobre o promontório, incrustado nessa área, servia no passado para eventos atléticos e de entretenimento, e derrubava as fronteiras entre o privado e o público. O teatro foi intencionalmente edificado longe do centro da cidade. Quando as pessoas sentavam-se aí, ficavam de frente para o palácio de Herodes, como se fosse um cenário, dominando o palco ou a *scaenae frons*. Todos se tornavam cientes de quem patrocinava os eventos — tomando a forma de antiga propaganda comercial subliminar. A principal porta de saída na extremidade sul do anfiteatro em forma curva abria-se para um jardim semelhante a um vestíbulo bem perto do palácio. É bem provável que outra saída servisse para conduzir dignitários estrangeiros e a elite local diretamente à residência real, enquanto outras portas se conectavam com o centro da cidade, passando pelos jardins. Herodes acentuava seu papel de benfeitor e patrono ligando o palácio com lugares de espetáculo público para fins propagandísticos.

O teatro delineava, além disso, a rígida estratificação social. Os ricos entravam por portas especiais e ocupavam os melhores lugares, separados dos demais. Esses assentos eram próximos do palco, tinham encosto, e muitos deles, como em Neápolis, ostentavam o nome da família. Essas pessoas entravam exclusiva e separadamente pelos lados, atravessando o palco, e podiam ver as massas para as quais já faziam, assim, parte do espetáculo. Abriam caminho com os cotovelos através das *vomitoria* que eram vigiadas como medida de controle da multidão. O teatro e o anfiteatro manifestavam as diferenças de classe e reforçavam a hierarquia social

De que maneira Herodes, o Grande, financiava o reino? De onde vinha o dinheiro, como pagava operários e materiais utilizados? O comércio e as tarifas vindas do porto certamente ajudavam, mas a agricultura era a base da economia romana, e as terras, a medida da riqueza. A arquitetura das cidades antigas era construída com a riqueza agrícola proveniente do trabalho dos camponeses, e Herodes precisava de muito dinheiro para sua cidade e reino. A policultura e a auto-suficiência das fazendas familiares cederam à monocultura nas terras reais e à troca assimétrica de bens.

O sistema de propriedade de terras deu lugar ao de arrendamento, criando economias de escala. Para facilitar a cobrança de impostos para os cofres de Herodes e Roma, responsáveis pelo esplendor arquitetônico de Cesaréia, foram criadas moedas que circulavam na economia local. O reino foi comercializado, não no mero sentido mercantilista mas também no da eficiência na condução do intercâmbio de bens e dinheiro entre o campo e a cidade. O aumento do luxo num dos extremos da sociedade resultou no aumento da mão-de-obra e da pobreza, no outro. A arquitetura cara na cidade representava aumento da agricultura na zona rural. Campo e cidade, logo, impostos e mármore.

Herodes Antipas como filho de seu pai

A Galiléia foi esquecida nos planos arquitetônicos do reino de Herodes, o Grande. Ele construiu ao longo da costa e ao norte de Banias, em Jerusalém e pelo deserto da

9. Inscrição em Cesaréia Marítima com o nome de Pôncio Pilatos
(Coleção do Departamento de Antiguidades de Israel; © Museu de Israel, Jerusalém)

Judéia. Até mesmo patrocinou projetos nas mais distantes cidades do Mediterrâneo. Mas ignorou a Galiléia.

Séforis e Tiberíades. O testamento contestado de Herodes dividiria o reino entre seus três filhos depois de sua morte em, 4 a.C. A Galiléia ficou para Herodes Antipas, juntamente com Peréia, no lado oriental do Jordão. Como no tempo de seu pai, o governo de Antipas na Galiléia começou com violências. As legiões romanas, sob as ordens do legado Varo, sediado na Síria, desmantelaram um levante na primeira capital de Antipas, Séforis, um pouco antes de César Augusto ter confirmado o testamento em Roma. Mas, nesse ato, Augusto recusou conceder o título de rei dos judeus tanto a Antipas como a seu irmão Arquelau. Não obstante, Antipas, o *tetrarca* (governador de um quarto do reino), sobreviveu, enquanto seu irmão, o *etnarca* (governador do povo), foi exilado no ano 6 d.C. Enquanto Augusto viveu, Antipas permaneceu prudentemente calado. Mas tudo indicava que ele ainda esperava o dia de se tornar Rei dos Judeus, por indicação romana.

Em 14 d.C., finalmente, Augusto morria e Tibério assumia o cetro do império. Somente depois disso Antipas começou a agir. Em primeiro lugar, construiu uma nova capital com o nome do novo imperador, Tiberíades, e cunhou as primeiras moedas. Os fundamentos da cidade foram lançados em 19 d.C. Antipas era filho de Herodes, o Grande, e de sua mulher samaritana Maltace: era preciso, então, buscar alguma conexão com os asmonianos. Por volta dos anos 20 ele rejeitou a esposa nabatéia e se casou com Herodíade, mulher de seu meio-irmão Felipe. Era neta da asmoniana executada Mariamne e filha do também executado asmoniano Aristóbolo. Considerando as intenções políticas e populistas desse casamento, pode-se entender por que não tolerava as críticas de João Batista sobre sua legitimidade. Também se entende a relação entre palácio e deserto: Antipas e João são retratados como opositores em Lucas 7,24-25. Mas, de qualquer forma, Antipas não estava destinado a ser Rei dos Judeus. Esse título só veio a ser usado depois por Herodes Agripa I, enquanto Antipas, como Arquelau antes dele, viriam a morrer bem longe no exílio.

Mas antes desses acontecimentos, quando ainda tudo parecia possível, Antipas construiu uma cidade totalmente nova na costa ocidental do Mar da Galiléia, num lugar que nunca fora habitado, onde havia apenas um antigo cemitério, segundo Josefo. Poder-se-ia pensar, em vista da produção de moedas de Antipas sem imagens, que o procedimento fazia parte do respeito que tinha pelas tradições judaicas, ou refletia oposição à nova fundação. De qualquer forma, para tomar seu pai como modelo, Herodes Antipas construiu uma nova cidade em estilo romano com um porto, e deu-lhe o nome do novo imperador, procurando urbanizar o reino, ligando-se ao mundo lá fora, por causa do desejo de receber o título de rei. Fora assim, afinal, que seu pai havia construído o próprio reino.

Desde a metade dos anos 1980 quatro diferentes grupos de escavadores têm trabalhado em Séforis e, embora Tiberíades seja hoje próspero reduto turístico, pedaços da antiga cidade vão sendo encontrados aos poucos. Entre esses, foram achados

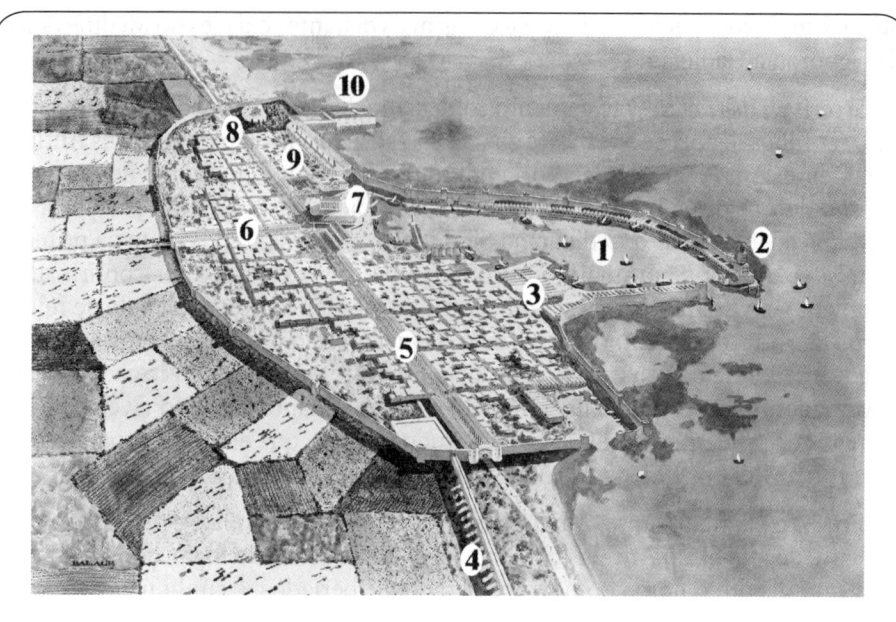

10. Reconstrução de Cesaréia Marítima do primeiro século
Herodes, o Grande, Rei dos Judeus 37-4 a.C., abriu seu reino ao mundo romano exterior com a construção de Cesaréia Marítima e sua grande baía. Estendeu diques dentro do mar (1) e construiu um farol (2) para guiar os barcos ao porto onde grandes armazéns guardavam utensílios e produtos desembarcados (3). Como a cidade não possuía fontes naturais, construiu um grande aqueduto para o abastecimento local (4) trazendo água de longe. Construída numa planície ortogonal rígida, as principais avenidas, chamadas de *cardo* (5) e *decumanus* (6) terminavam num grande templo dedicado à deusa Roma e a César Augusto (7) em cuja homenagem a cidade foi nomeada. Ao sul de Cesaréia, os escavadores encontraram um teatro (8) e um hipódromo em forma de anfiteatro (9), bem como o rico palácio de Herodes, o Grande (10). Embora Jesus nunca tivesse visitado Cesaréia, Paulo partiu daí em sua viagem para Roma.

restos da cidade em estilo tipicamente romano cheia de iconografia pagã como, por exemplo, uma vila com temas dionisíacos, pisos de mosaico com temas pagãos do Nilo e até mesmo uma casa judaica de estudo com os signos do zodíaco. Mas o estudo cuidadoso das diversas camadas mostra que esses temas pagãos e mitológicos pertenciam ao período romano posterior e ao bizantino, bem depois da chegada das tropas romanas à vizinha cidade de Maximianópolis no segundo século, quando um pouco depois os judeus começaram a se adaptar à cultura helênica e às idéias e motivos romanos, para seu próprio benefício. Nas camadas anteriores, contudo, em particular dos tempos de Antipas, as evidências indicam a existência de população judaica ainda anicônica e do cauteloso Antipas que respeitava as sensibilidades religiosas de seus súditos judeus. As primeiras moedas que Herodes Antipas cunhou em Séforis e Tiberíades mostram o difícil caminho que tinha de tomar entre, de um lado, construir um reino judaico e, do outro, permanecer fiel ao mundo romano: as moedas não exibiam sua imagem e, em lugar disso, representavam juncos, ramos de palmas e palmeiras, símbolos comuns no judaísmo, embora não necessariamente estranhos ao mundo greco-romano.

Duas inscrições encontradas em Séforis, uma num fragmento de louça, ou *ostracon*, e a outra num peso de chumbo, exemplificam como a cidade judaica enfrentava as influências estrangeiras e a elas se adaptava. O fragmento do jarro do primeiro século a.C. mostrava a palavra *'pmlsh* pintada com letras hebraicas maiúsculas, que na tradução grega significa *epimeletes*, "gerente, supervisor ou tesoureiro". O jarro servia para armazenar trigo ou azeite de oliva ou, ainda, vinho, usados para o pagamento de impostos em espécie, e entregues ao *epimeletes*, que escrevia em hebraico, embora adotasse o título administrativo grego. O peso de chumbo, datado do primeiro século d.C., indicava num dos lados, em grego, a quantidade de peso a que se referia, que era a medida-padrão latina de meio *litra* (36 onças), cercada por desenhos esquemáticos de uma rua com colunas significando o mercado ou *ágora*. O outro lado registrava em letras gregas os nomes judaicos Justus e Simeão, dois inspetores do mercado, ou *agoranomoi*, que vendiam licenças, conferiam a qualidade ou controlavam o peso das mercadorias. O peso combinava um sistema de medidas romano/latino com palavras gregas e dava evidências de que os judeus encarregavam-se de importantes setores administrativos em Séforis.

A inscrição de Tiberíades, sobre um peso de chumbo decorado com uma coroa e ramos de palmeiras, exemplificava como a família herodiana adotava até mesmo nomes romanos. A peça de chumbo datada do trigésimo quarto ano do governo de Herodes Antipas (29/30 d.C.) havia sido aferida e inscrita em grego por um *agoranomos* chamado "Gaius Julius" (Caio Júlio). O nome é certamente romano, mas provavelmente se referisse a Herodes Agripa I, cunhado de Antipas e, mais tarde, Rei dos Judeus. Educado em Roma, foi nomeado por Antipas inspetor do mercado em Tiberíades, segundo Josefo, e como outros descendentes de Herodes adotara nome romano. Desde quando Júlio César concedera a Antipater, pai de Herodes, o Grande, a cidadania romana, todos os membros da casa herodiana começaram a se chamar *Iulii*, e o prenome Gaius (Caio) era bastante comum. Trata-se de curioso artefato: o peso de chumbo de um aspirante ao reinado judaico que escrevera em grego e usara um nome latino da família imperial romana.

Posto que as cidades de Tiberíades e Séforis, ao contrário de Cesaréia, eram habitadas principalmente por judeus quase exclusivamente da Galiléia judaica, Herodes Antipas teve o cuidado de construí-las sem muitos dos ornamentos das cidades pagãs clássicas, como estátuas ou templos aos deuses. Por outro lado, cobriu Séforis e Tiberíades de aspectos arquitetônicos greco-romanos, tornando-as não apenas as maiores cidades da Galiléia, mas também novidades em seu estilo, nas quais se refletiam temas estético-arquitetônicos encontrados em Cesaréia. Seu reino, em outras palavras, era adaptado segundo o modelo de seu pai.

A imposição da ordem em Séforis e Tiberíades. Como a Cesaréia de Herodes, o Grande, o projeto inaugural de Antipas no reino a que aspirava deixou traços nos registros arqueológicos. Antes dele, Séforis era um posto avançado asmoniano estabelecido por judeus no período helênico posterior com uma população ao redor de mil pessoas. Não há muita evidência de que sua destruição se deva ao legado romano Varo, que, segundo Josefo, incendiara a cidade totalmente e vendera seus habitantes como escravos em 4 a.C. (*Guerra judaica* 2.68-69; *Antiguidades judaicas* 17.288-289). Sua tendência para acentuar o poder romano e as repercussões da rebelião parecem levá-lo a exagerar o destino de Séforis, mas a descrição que fez da reconstrução da cidade, promovida por Antipas transformando-a em "ornamento da Galiléia" (*Antiguidades judaicas* 18.27), está de acordo com os registros arqueológicos. Diversos arqueólogos discerniram intensa atividade para a construção de edifícios por volta da passagem da era anterior para a nossa, quando a população da cidade aumentava de mil para mil e duzentos habitantes. Ao mesmo tempo, impunha-se rigidamente uma área ortogonal na planície ao leste da acrópole, separada por duas avenidas perpendiculares, a norte-sul ou *cardo*, e a leste-oeste, ou *decumanus*, semelhante à existente em Cesaréia, mas em dimensões bem menores. Ao oeste da acrópole foram escavados um grande muro protetor, uma alameda e rua, e diversas unidades domésticas, dispostas em linhas paralelas. Em Séforis, a área obedecia aos contornos da terra, mas se tornava oblíqua na subida para a acrópole. Em Tiberíades, a principal via acompanhava os contornos da beira-mar.

A predileção por fachadas em Séforis e Tiberíades. Séforis e Tiberíades ostentavam fachadas desconhecidas de outras cidades da Galiléia: paredes brancas, afrescos, mosaicos e telhados vermelhos. As estruturas procuravam acentuar a forma, a proporção e a perspectiva. Descobriu-se em Tiberíades, no extremo sul da cidade, um portão monumental do tempo de Antipas. De frente para as fontes de Hammath, tinha duas torres redondas com cerca de 23 pés de diâmetro, feitas de basalto local recortado em quadrados. A entrada era flanqueada por dois nichos e pedestais de colunas com rombóides em relevo. As decorações davam a entender que a estrutura da entrada era ao mesmo tempo simbólica e ornamental, bem como defensiva. Estranhamente, é a única obra até agora encontrada do período bizantino. Nada se achou do primeiro século. Talvez os antigos muros tivessem sido derrubados para dar lugar aos novos, não deixando traços para os escavadores. Ou, ainda, por mais estranho que nos pareça agora, talvez esse portal nem tenha tido propósitos defensivos e fosse apenas ornamental, monumental e simbólico sem outros fins. Mas demarcava, de um lado, os cidadãos e, do outro, os camponeses.

Mas sem muros ou com eles, a imponente fachada do portão de Tiberíades abria-se para uma avenida (*cardo*) que atravessava a cidade. O pavimento cinza-escuro de basalto, arranjado em forma diagonal, em ziguezague, tinha a largura de 40 pés, flanqueado por colunatas de 16 pés de largura, apoiadas em colunas de granito, dirigidas para pequenas lojas que não passavam de cubículos. Trata-se da pavimentação mais bem preservada dos tempos antigos. Semelhantemente, em Séforis, um *cardo* com 44 pés de largura chamava a atenção por suas formas grandiosas. O pavimento de pedras locais, também em estilo ziguezague, cobria um sistema de esgoto, tão bem feito que chegou a resistir por quinhentos anos às rodas de carros sobre sua superfície. A avenida era ladeada por colunas que sustentavam a cobertura das calçadas, pavimentadas originalmente com mosaicos brancos e simples e, como em Tiberíades, com muitas lojas. As colunas eram de pedra calcárea ou granito em vez do mármore importado muito caro, e as pedras das fachadas das lojas não mostram sinais de revestimentos de mármore. Eram rebocadas e pintadas de branco e moldadas com estuque, situando-se no nível mais baixo da elegância urbana.

O reforço da hierarquia em Séforis e Tiberíades. Até hoje nada se encontrou em Séforis e Tiberíades relacionado com os palácios de Antipas, embora Josefo descreva o violento ataque do povo a um deles em Tiberíades por ocasião da primeira revolta judaica. Certamente, Antipas deve ter construído estruturas palacianas nas duas cidades para situar sua residência acima das demais.

O que se descobriu em Séforis foi uma basílica do primeiro século. Embora esse termo refira-se hoje a certo tipo de igreja, na Antiguidade era a forma arquitetônica usada para propósitos administrativos e oficiais. A palavra *basiléia* em grego significa "reino", de modo que a basílica representava o reino de Roma em miniatura como presença simbólica. Era concebida com uma nave central e duas alas separadas por colunas cruzadas para sustentar o grande teto. Debaixo dele reuniam-se os súditos em frente ao *podium* e à abside semicircular, cuja acústica tornava audível pronunciamentos ou julgamentos imperiais. Em Séforis, a basílica ocupava uma área de 115 por 130 pés e os pórticos mais 80 por 130 com piso de mosaico, paredes revestidas

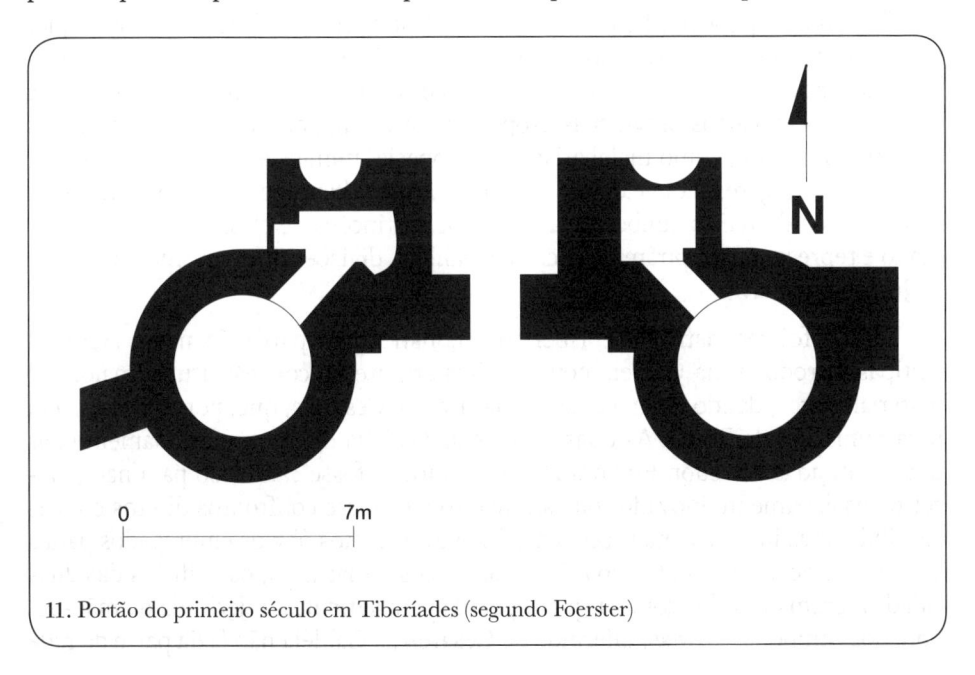

11. Portão do primeiro século em Tiberíades (segundo Foerster)

de afrescos e piscinas de mármore. O edifício tinha fins administrativos, como um fórum, e talvez até mesmo um mercado especial, destinado à elite governante.

Em Tiberíades, descobriram-se restos de um teatro que até agora não fora escavado. A mais debatida descoberta em Séforis foi também um teatro numa elevação ao norte, voltado para o Vale Beit Netofah. Alguns estudiosos entendem que esse teatro ilustrava as políticas romanizantes de Antipas e o caráter helênico da cidade no tempo de Jesus; alguns até mesmo sugerem que Jesus poderia tê-lo visitado e adotado a partir daí o termo *hipócrita*, que designava atores com máscaras nas representações das peças. A evidência cerâmica usada para datar o teatro, contudo, não é conclusiva, porque o edifício poderia ser situado no final do primeiro século d.C, décadas depois de Jesus e de Antipas.

Mesmo se o teatro foi construído depois do governo de Herodes Antipas e do ministério de Jesus, ele ainda continua nos falando a respeito do caráter de Séforis. Era um teatro modesto em comparação com outros no Mediterrâneo, medindo 200 pés de diâmetro com capacidade para menos de 400 pessoas sentadas, inferior a do teatro em Cesaréia. Em vez de ter sido construído num lugar plano, como era comum nos teatros de estilo romano, os arquitetos aproveitaram a topografia e puseram os assentos nas partes mais baixas de uma cavidade natural na parte norte da colina da acrópole. Pequenas pedras e barro preenchiam os interstícios da estrutura. Apenas uma das fachadas mostrava pedra calcária bem aplicada. Os gastos diminuíram com a construção do auditório no declive da colina e com o emprego de afrescos e estuque em vez de mármore e colunas esguias. Naturalmente, o resultado da obra ficou aquém dos ideais artísticos.

Comentário paralelo. Se o teatro — de Séforis, de Tiberíades ou de qualquer outro lugar — pode ter exercido qualquer influência nas tradições a respeito de Jesus, não é por causa da palavra *hipócrita* nem como veículo da cultura grega clássica na Galiléia. Os teatros provinciais proporcionavam em geral formas menos cultas de entretenimento, como malabarismo e acrobacia, mímica e pantomima, farsas e espetáculos vulgares. Longe de ser veículo de *haute culture*, a disposição hierárquica dos assentos do teatro simbolizava as rígidas distinções de classe no Império Romano e representava a pirâmide social da Galiléia, divisões que o ensino igualitário de Jesus condenava.

Séforis foi reconstruída e Tiberíades construída a partir do nada. Herodes Antipas introduziu na Galiléia novos estilos arquitetônicos, estruturas maiores e materiais caros, dando lugar a duas miniaturas de Cesaréia, que, por sua vez, já era uma miniatura de Roma. As duas cidades da Galiléia diferiam marcadamente das outras situadas ao redor. Embora Herodes Antipas fosse cauteloso para não parecer demasiadamente inovador ou estrangeiro e evitasse confrontos diretos com as sensibilidades judaicas, era preciso dar ênfase aos meios óbvios empregados para a construção de seu reino. Como a Cesaréia da costa marítima, os edifícios das duas cidades foram erguidos com a riqueza gerada pela agricultura derivada da mão-de-obra dos camponeses. Mas, diferindo de Cesaréia, a Galiléia não fazia parte da rede internacional de comércio e, por isso, investia muito em seus campos cheios de vinhas e de oliveiras. Essas plantações exigiam métodos agrícolas mais atualizados e intensificação da mão-de-obra, principalmente porque não se permitiam períodos de descanso para as terras. Com o crescimento da monocultura desaparecia a policultura, deixando os camponeses perigosamente ameaçados por fracassos de colheita ou por enchentes. Quando as famílias rurais não tinham fundos para pagar os impostos ou se endividavam com a compra dos produtos que antes cultivavam, eram obrigadas a transferir as terras para outros. Surgiram, assim, grandes fazendas, e muitas pessoas eram obrigadas a arrendar terras por causa da criação de economia baseada em medidas e pesos usados para as transações das safras. O aumento da moeda circulante na Galiléia facilitava a cobrança de impostos destinados aos projetos de urbanização de Antipas. O reino passava a se comercializar. A grandiosidade arquitetônica crescia, de um lado, provocando o aumento da pobreza, do outro. Campo e cidade, depois impostos e afrescos.

Segundo tipo: reino da aliança

Como se poderia edificar um reino baseado na aliança com Deus? Qual seria seu conteúdo, além de meras palavras e *slogans*, e como poderia diferir de qualquer outro

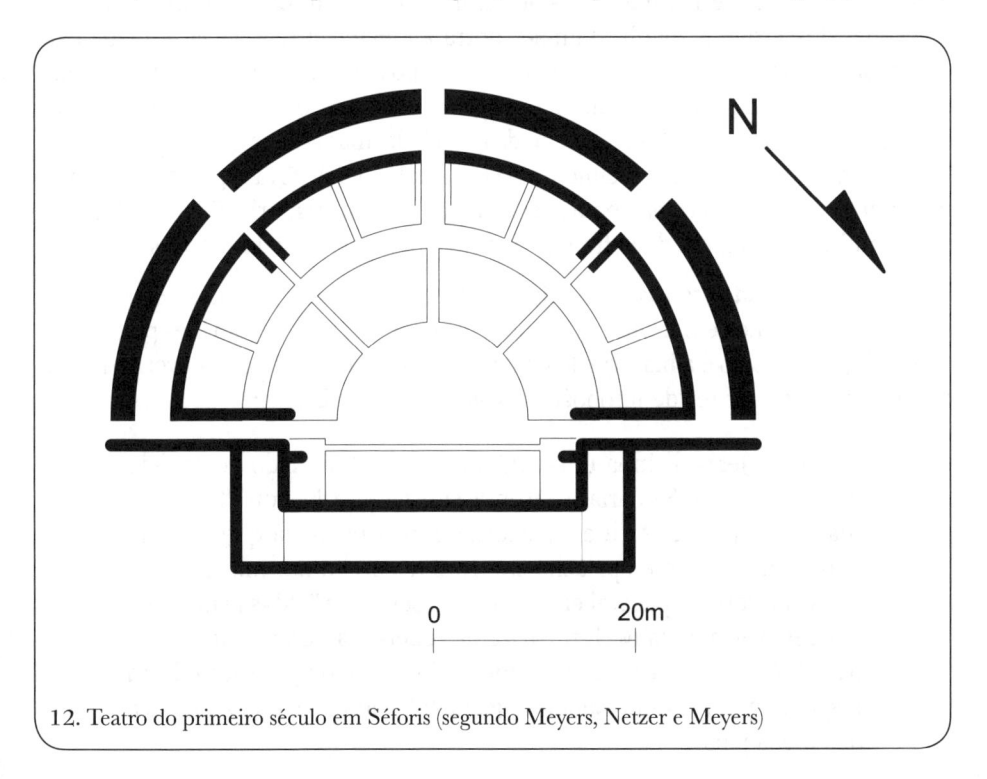

12. Teatro do primeiro século em Séforis (segundo Meyers, Netzer e Meyers)

reino aqui na terra? Quando, na tradição judaica, Amós sonhava com um reino, de que maneira era diferente do de Jeroboão II? Quando, nessa mesma tradição, João Batista ou seu sucessor, Jesus, imaginavam um reino, em que se diferenciava do de Herodes, o Grande, ou de seu filho Antipas?

Reino e terra

Dois curtos versículos das Escrituras, o primeiro na Lei e o outro nos Profetas, que manifestam a voz de Deus, são básicos para a compreensão do reino da aliança no qual Deus governa numa terra especial. Em Levítico 25,23 Deus ordena que "a terra não será vendida perpetuamente, pois que a terra me pertence e vós sois para mim estrangeiros e residentes temporários". E em Isaías 5,8 anuncia-se esta maldição: "Ai dos que juntam casa a casa, dos que acrescentam campo a campo até que não haja mais espaço disponível, até serem eles os únicos moradores da terra". Por trás desses aforismos ressaltam quatro pressupostos, não importando se os chamamos de mitológicos, teológicos ou filosóficos.

Em primeiro lugar, Deus é justo. Depois, a terra de Israel pertence a esse Deus justo. Em terceiro lugar, a terra fora distribuída no começo de maneira justa e igual entre as tribos, clãs e famílias de Israel. Em quarto lugar, os decretos da Lei e as investidas dos Profetas manifestam-se contra a inevitável tendência humana para que cada vez fosse menor o número de pessoas possuidoras de mais e mais terras, e maior os que cada vez tivessem menos. Nem a Lei nem os Profetas proclamaram manifestos brilhantes e belos a respeito da igualdade, mas se esforçaram para controlar e diminuir o constante crescimento da desigualdade. A terra representava a base material da própria vida e não podia ser tratada como mercadoria. Envolvia Deus de modo muito especial em duas frentes distintas mas relacionadas entre si.

Comprar e vender terras. Fazendeiros arrendadores e residentes estrangeiros, segundo o que lemos em Levítico, não podem vender terras que não lhes pertencem. O paradigma clássico é a história da vinha de Nabot, e de Acab, que governou Israel cerca de cem anos antes de Jeroboão II, segundo 1 Reis 21,1-4:

> Nabot de Jezrael tinha uma vinha em Jezrael, ao lado do palácio de Acab, rei da Samaria, e Acab assim falou a Nabot: "Cede-me tua vinha, para que eu a transforme numa horta, já que ela está situada junto ao meu palácio; em troca te darei uma vinha melhor, ou, se preferires, pagarei em dinheiro o seu valor". Mas Nabot respondeu à Acab: "Iahweh me livre de ceder-te a herança dos meus pais!". Acab voltou para casa aborrecido e irritado por causa dessa resposta que lhe dera Nabot de Jezrael: "Não te cederei a herança dos meus pais".

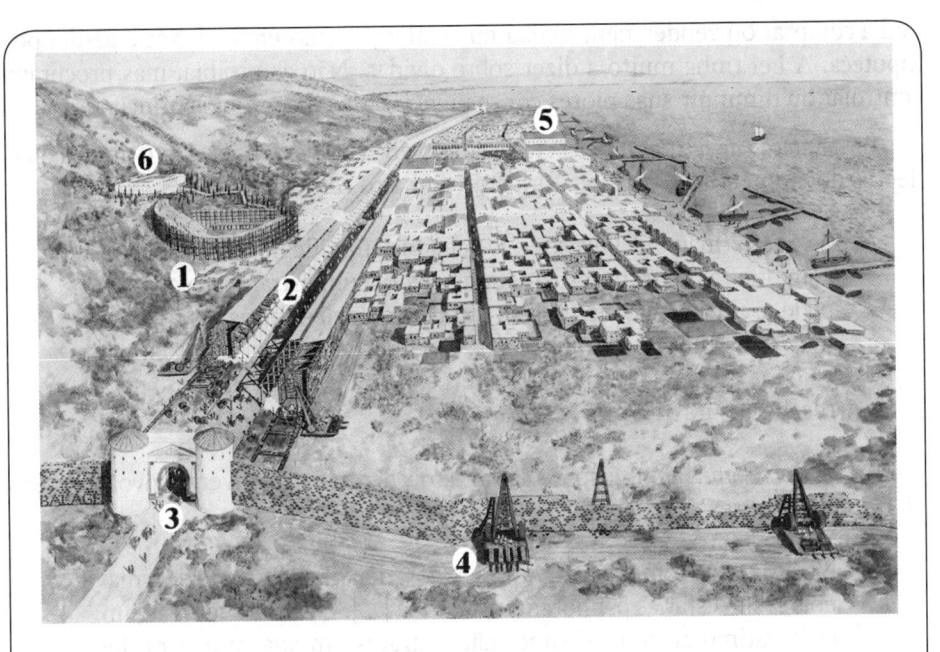

13. Reconstrução de Tiberíades do primeiro século
Como seu pai, Herodes, o Grande, Herodes Antipas construiu uma nova cidade à beira do mar e a nomeou em honra do imperador romano. Não era no Mediterrâneo, mas no Mar da Galiléia; não capital de um reino, mas de uma tetrarquia, ou quarta parte de um reino; não para César Augusto, mas para seu filho Tibério César. A cidade era a miniatura de Cesaréia Marítima sem os elementos pagãos. Como Tiberíades é hoje importante ponto turístico, só tem sido possível escavar pequenas porções da antiga cidade judaica, como o canto de um teatro (1), ainda para ser estratigraficamente datado, o começo de um *cardo* (2) e o portão da cidade no lado sul (3), embora sem os muros originais do primeiro século que não foram encontrados, em construção com guindastes (4). Também foram escavados pedaços de uma basílica posterior (5) e a área do mercado perto da baía. O palácio (6) é conhecido pelos escritos de Josefo, e Lucas 7,25 o menciona, embora segundo os evangelhos Jesus nunca tenha visitado Tiberíades, talvez para evitar qualquer confronto direto com Antipas.

A reação de Acab demonstra que era um monarca moderado, mas sua esposa era Jezabel, filha do rei de Tiro. Pertencia a uma religião diferente que professava uma teologia econômica também diferente. Porque acreditava no livre comércio, mandou matar Nabot e deu a cobiçada vinha ao marido. Nabot não tinha intenção de ofender o rei, mas queria permanecer fiel à antiga e conservadora teologia da aliança, que considerava a terra propriedade de Deus e se recusava a tratá-la como qualquer outra mercadoria, capaz de ser vendida ou comprada.

Terras hipotecadas ou perdidas. Se não se podia vender a terra, era ainda possível perdê-la de um jeito ou de outro. Em caso de dívida, dava-se a terra como garantia, e se não se saldasse a dívida, perdia-se a terra com a execução da hipoteca. Não se podia comprar ou vender, nem roubar ou assaltar; apenas endividar-se e perder por hipoteca. A Lei tinha muito a dizer sobre dívidas. Não as proibia, mas procurava controlar ou diminuir suas piores conseqüências, de cinco modos principais.

Por proibição de lucro. O lucro era proibido entre os israelitas, tanto antes como depois do empréstimo, tanto na forma de dinheiro como de bens:

> Se o teu irmão que vive contigo achar-se em dificuldade e não tiver com que te pagar, tu o sustentarás como a um estrangeiro ou hóspede, e ele viverá contigo. Não tomarás dele nem juros nem usura, mas terás o temor do teu Deus, e que o teu irmão viva contigo. Não lhe emprestarás dinheiro a juros, nem lhe darás alimento para receber usura (Lv 25,35-37).

Por controle do penhor. O uso de garantia ou penhor não deveria envolver ações ou exigências opressoras:

> Não tomarás como penhor as duas mós, nem mesmo a mó de cima, pois assim estarias penhorando uma vida [...]. Quando fizeres algum empréstimo ao teu próximo, não entrarás em sua casa para lhe tirar o penhor. Ficarás do lado de fora, e o homem a quem fizeste o empréstimo virá para fora trazer-te o penhor. Se for um pobre, porém, não irás dormir conservando o seu penhor; ao pôr-do-sol deverás devolver sem falta o penhor para que ele durma com seu manto e te abençoe. E, quanto a ti, isso será um ato de justiça diante de Iahweh teu Deus (Dt 24,6.10-13).

Por remissão das dívidas. As dívidas podem aumentar devagar, mas certamente a quantias impossíveis de serem pagas. Mas nunca para sempre. Na pior das hipóteses, por sete anos:

> A cada sete anos farás remissão. Eis o que significa esta remissão: todo credor que tenha emprestado alguma coisa a seu próximo remitirá o que havia emprestado; não explorará seu próximo, nem seu irmão, porque terá sido proclamada a remissão em honra de Iahweh (Dt 15,1-2).

Por libertação dos escravos. Da mesma forma, indivíduos e famílias que haviam sido vendidos como escravos para o pagamento de dívidas deveriam ser libertados depois de sete anos:

> Quando um dos teus irmãos, hebreu ou hebréia, for vendido a ti, ele te servirá por seis anos. No último ano tu o deixarás ir em liberdade. Mas, quando o deixares ir em liberdade, não o despeças de mãos vazias: carrega-lhe o ombro com presentes do produto do

teu rebanho, da tua eira e do teu lagar. Dar-lhe-ás conforme a bênção que Iahweh teu Deus te houver concedido (Dt 15,12-14).

Por restauração de propriedades. Finalmente, temos o caso da expropriação quando a terra tornava-se endividada ou hipotecada e seu dono perdia o direito legal a ela. Mas assim como nos dois casos anteriores, em que as coisas mudavam depois de sete anos, neste caso o período era maior: cinqüenta anos. Era o ano do jubileu: "Declarareis santo o qüinquagésimo ano e proclamareis a libertação de todos os moradores da terra. Será para vós um jubileu: cada um de vós retornará a seu patrimônio, e cada um de vós voltará ao seu clã" (Lv 25,10). Essa restauração aplicava-se apenas às propriedades rurais, não atingindo as urbanas. Deus protegia os camponeses não porque preferisse os pobres mas porque optava preferencialmente pela justiça. Poderia ser de outra maneira?

Talvez tudo isso tenha sido mais teórico do que prático, ideal mais que real, mas são princípios profundamente enraizados na lei da aliança, na Torá, mediante os quais o povo era chamado a expressar que a terra pertencia ao Deus de justiça e retidão. Mostravam como deveria ser um reino baseado na aliança, bem diferente do reino construído por Jeroboão II, especialmente em face das exigências de Amós em nome de Deus. Teria que diferir também do esplendoroso reino construído por Herodes Antipas, a partir do reino proclamado por Jesus, também em nome do mesmo Deus.

Reino e eschaton

Os oráculos de Amós eram rápidos e terrivelmente precisos quando, sob Sargon II em 721 a.C., o Império Assírio atacou como o lobo as ovelhas, destruindo a Samaria e dispersando dez das doze tribos de uma vez por todas. Os que coletaram e preservaram suas denúncias proféticas não poderiam terminá-las sem um final positivo, isto é, sem um vislumbre de esperança:

> Eis que virão dias — oráculo de Iahweh — em que aquele que semeia estará próximo daquele que colhe, aquele que pisa as uvas, daquele que planta; as montanhas destilarão mosto, e todas as colinas derreter-se-ão. Mudarei o destino de meu povo, Israel; eles reconstruirão as cidades devastadas e as habitarão, plantarão vinhas e beberão o seu vinho, cultivarão pomares e comerão os seus frutos. Eu os plantarei em sua terra e não serão mais arrancados de sua terra, que eu lhes dei, disse Iahweh teu Deus (9,13-15).

Esse texto promete a restauração da terra devastada e do povo disperso, descrevendo por meio de fragmentos poéticos a fertilidade dos campos com suas vinhas ao lado do compromisso de que as terras "nunca mais" seriam perdidas. Chegamos ao ponto mais importante. Se a visão de Amós viesse a se realizar, será que as tribos perdidas de Israel retornariam ao reino de abundância construído por Jeroboão II ou para o reino de justiça exigido por Amós?

Esperanças e promessas desse tipo são chamadas de *escatológicas*, embora o termo neste contexto não deva ser entendido no sentido cristão posterior, quando o mundo material seria substituído pelo espiritual, e o mundo terreno pelo céu. Nos antigos textos israelitas ou judaicos a linguagem escatológica referia-se à Utopia (do grego, "não-lugar") ou, melhor, Eutopia (do grego, "bom lugar") divinamente estabelecidas, nas quais Deus acaba com este mundo terreno de injustiça e falsidade, substituindo-o por outro de justiça e retidão, também aqui na terra. Não repele a criação mediante destruição cósmica, mas destrói o mal por meio da transformação cósmica. O reino escatológico é o reino da aliança levado à suprema perfeição e consumação ideal, mas sempre *aqui embaixo, nesta terra*.

Os profetas Amós e Miquéias, oriundos de vilarejos judaicos povoados por camponeses, condenaram a sociedade por causa da prática sistêmica de injustiça distributiva, um ao norte, o outro ao sul, e tiveram seus pronunciamentos coletados depois em livros, onde foram introduzidas esperanças escatológicas. Miquéias contém um oráculo muito mais extático e entusiástico do que o apêndice final de Amós. A seguir, a visão do futuro escatológico da Eutopia terrestre de Deus em Miquéias (4,1-4) e em seu contemporâneo Isaías (2,2-4):

> E acontecerá, no fim dos dias, que a montanha da casa de Iahweh estará firme no cume das montanhas e se elevará acima das colinas. Então, povos afluirão para ela, virão numerosas nações e dirão: "Vinde, subamos a montanha de Iahweh, para a Casa do Deus de Jacó. Ele nos ensinará os seus caminhos e caminharemos pelas suas vias. Porque de Sião sairá a Lei, e de Jerusalém a palavra de Iahweh. Ele julgará entre povos numerosos e será o árbitro de nações poderosas. Eles forjarão de suas espadas arados, e de suas lanças, podadeiras. Uma nação não levantará a espada contra outra nação e não se prepararão mais para a guerra. Cada qual se sentará debaixo de sua vinha e debaixo de sua figueira, e ninguém o inquietará, porque a boca de Iahweh dos Exércitos falou!

O conteúdo dessa visão é proporcionalmente tão magnífico quanto é vaga a indicação do tempo da consumação. O apêndice do livro de Amós sobre a visão escatológica menciona "naquele dia" e que "virão dias". A visão acrescentada ao livro de Miquéias refere-se ao "fim dos dias" e "naquele dia". A certeza de *quê* e de *quem* não vem acompanhada de igual certeza a respeito de *como* e de *quando*. Mas encontramos nesse texto algo ainda mais importante sobre o ideal eutópico.

Os ataques contra os sincretismos religiosos, as alianças políticas e os processos econômicos que negavam Iahweh, Deus de justiça e retidão, sempre foram perigosos, mas também, pelo menos, importantes para as relações com os reis israelitas autóctones. Mas que dizer sobre os monarcas imperiais que haviam destruído Israel, Reino do Norte, no final do século oitavo e controlado Judá, Reino do Sul, depois do final do século sétimo? Como entender os assírios, neobabilônios, persas, gregos, greco-egípcios, greco-sírios, e finalmente, romanos? Que importância davam aos costumes das pequenas cidades e à aliança divina?

Tratava-se não apenas de chauvinismo, xenofobia ou exclusivismo. Era preocupação não com as entidades abstratas pagãs conhecidas teoricamente, mas sim com impérios, nações e gentios que os israelitas consideravam praticamente opressores. Mas de que maneira Iahweh, Deus de justiça e retidão, lidaria com as nações imperialistas e com os gentios para estabelecer o reino escatológico destinado a realizar finalmente a aliança como Eutopia divina aqui na terra, se o reino da aliança parecia cada vez menos real e se o *status* colonial cada vez mais uma experiência concreta?

Acabamos de ler uma resposta no oráculo acrescentado tanto a Miquéias 4,1-4 como a Isaías 2,2-4. Os impérios guerreiros e conquistadores seriam convertidos a Iahweh, Deus de justiça e paz. Não se tornariam israelitas, mas gentios e israelitas viveriam juntos sob o governo divino. A mesma coisa é prenunciada para gentios e judeus numa profecia posterior, da metade do segundo século a.C. Nos *Oráculos sibilinos*, Deus "levantará entre os homens um reino que durará para sempre" e "eles virão de todas as terras e oferecerão incenso e oferendas na casa do grande Deus". Então, os "profetas do grande Deus abandonarão as espadas" e "haverá riqueza justa para todos, pois este é o julgamento e o domínio do grande Deus" (3.767-795).

Podemos esboçar a visão positiva da conversão cósmica à justiça e à paz em meio a campos livres de trabalho fatigante e de animais incrivelmente pacíficos, através da tradição judaica que tanto lutou com o problema dos gentios escatológicos. Mas, ao lado dessa visão positiva da justiça escatológica, há também o lado negativo da vingança também escatológica. "Naquele dia" as nações saqueadoras e os reinos imperiais gentios serão totalmente sujeitos à Israel ou serão completamente exterminados.

Essas duas respostas à opressão, conversão *ou* extermínio, justiça *ou* vingança, não se reconciliam e permanecem lado a lado na tradição. Mas, ressaltamos, estão presentes, por exemplo, nos dois textos citados acima. "Naquele dia", diz Deus a Miquéias, "aniquilarei as cidades de teu país e destruirei todas as tuas fortalezas [...]; com ira e com furor tomarei vingança das nações que não ouviram!" (5,10.14). Diz dos inimigos que serão pisoteados "como a lama das ruas" e lamberão "o pó como a serpente, como os animais que rastejam na terra", virão "tremendo de suas fortalezas, em direção a Iahweh, nosso Deus, que eles temam e tenham medo diante de ti" (7,10.17). Semelhantemente, nos *Oráculos sibilinos*, aparece também o lado negativo: "Todos os ímpios se banharão em sangue. A terra também beberá o sangue dos que morrem; as bestas selvagens se saciarão com carne" (3.695-697).

Sem dúvida, as duas soluções poderiam ser combinadas, como em 2 *Baruc*, escrito por volta do final do primeiro século d.C.: "Ele convocará todas as nações, poupará algumas e destruirá outras [...]. As nações que não conheceram Israel e que não esmagaram a semente de Jacó viverão [...]. Todos, agora, que governaram sobre vós ou vos conheceram serão entregues à espada" (72,2-6). Na maioria dos casos, contudo, as duas soluções aparecem lado a lado no mesmo texto, a da conversão e a do extermínio. Segundo o texto pré-macabeano *Livro dos vigilantes*, em *1 Enoc*, o fim consistirá na "destruição da injustiça da face da terra [...] para limpar a terra de toda a injustiça" (10,16). Mas resta ainda a questão dos meios, mesmo se divinos. E aqui, especialmente, o fim não justifica os meios.

Reino e apocalipse

O reino escatológico ou eutópico representa a sublime perfeição da aliança, e o apocalíptico realiza-se no iminente advento do reino escatológico. Existe clara transição entre o bem ideal (aliança) e a perfeição ideal (escatologia), bem como entre a esperança distante (escatologia) e a presença próxima (apocalipse). Quanto mais agora o presente Reino de Deus se desvia do bem normal, mais o mesmo povo busca a perfeição ideal. Quanto mais o ideal se afasta do presente, mais se busca o futuro. O apocalipse é a *revelação* de que logo vai chegar o *fim* do mal e da injustiça. Que vai chegar logo, quase agora. O contexto do reino apocalíptico torna-se questão aberta ou expectativa vazia, sem a passagem do reino da aliança para o escatológico. Comparemos, por exemplo, os diferentes finais de reinos, anunciados nos seguintes casos.

Em primeiro lugar, na metade dos anos 170 a.C., Aemilius Sura descreveu a seguinte seqüência de cinco impérios: "Os assírios foram os primeiros entre todas as raças a exercer poder mundial, depois os medas, seguidos pelos persas e, finalmente, os macedônios. Então por causa da derrota dos reis Felipe e Antíoco, de origem macedônia, logo depois da capitulação de Cartago, o poder mundial passou para o povo romano". A seqüência de quatro impérios do passado e mais um quinto, superior, já era conhecida no mundo antigo, mas a afirmação de que Roma era esse quinto reino veio de Roma, coisa historicamente defensável mas não aceita universalmente.

Em seguida, na metade dos anos 160 a.C. o apocalipse no livro bíblico de Daniel também menciona quatro reinos e um outro, mais forte. Os quatro são, neste caso, os neobabilônios, os medas, os persas e os gregos. No livro de Daniel, os quatro grandes impérios surgiram das revoltas das águas do caos primordial como bestas selvagens e ferozes: um leão, um urso, um leopardo e "um quarto animal, terrível, espantoso, e extremamente forte: com enormes dentes de ferro, comia, triturava e calcava aos pés o que restava. Muito diferente dos animais que o haviam precedido, tinha este dez chifres" (7,7). O quinto reino aparece quando "um como Filho de

Homem" põe-se diante de Deus, o Ancião ou Senhor do Tempo (7,13). (A frase chauvinista semítica "filho de homem" corresponde à nossa "membro da humanidade". Refere-se ao ser humano, à pessoa.)

Os que se parecem com bestas vêm da desordem do mar; o humano, da ordem celeste. "O domínio lhe será arrebatado" e, em lugar disso, "a grandeza dos reinos sob todos os céus será entregue ao povo dos santos do Altíssimo" como "um império eterno" (7,14.26-27). A expressão "um como Filho de Homem" refere-se ao quinto reino, não importando se indica uma personificação coletiva ou o representante angélico do povo de Deus. Observemos, contudo, que embora seja o contrário dos quatro reinos, não temos pormenores a seu respeito, porque supõe a existência de uma tradição completa sobre o reino escatológico e da aliança. Se o reino apocalíptico é sociedade ideal, mundo perfeito, a Eutopia divina já chegando na terra, nem todos concordariam com todos os detalhes. Mas estariam de acordo com a restauração de Israel ou com o retorno das Doze Tribos. Talvez todos concordassem com justiça, paz, piedade, santidade, fertilidade e prosperidade. Não haveria problema enquanto todas essas esperanças não fossem especificadas. Mas, mesmo no judaísmo, mulheres e homens, escravos e livres, pobres e ricos, camponeses e aristocratas, optariam por diferentes ênfases e prioridades. Qual *era* o conteúdo do Reino de Deus a ser construído aqui na terra?

Consideremos um exemplo. O cenário apocalíptico nos *Oráculos sibilinos* 2.196-335 data da era de Augusto na virada do século. Era um pleno apocalipse judaico. Em primeiro lugar, o mundo inteiro submergiria num "grande rio de fogo ardente". Em segundo lugar, haveria o julgamento universal no "tribunal do grande Deus imortal". Em terceiro lugar, os mortos seriam incluídos sendo "ressuscitados num só dia" quando "Uriel, o grande anjo, romperá os gigantescos ferrolhos das portas do Hades, feitos de aço inquebrável e impenetrável". Em quarto lugar, "todos passarão pelo rio de fogo e pelas chamas inextinguíveis", de tal maneira que "os retos serão salvos e os ímpios destruídos para sempre". Em quinto lugar, a destruição final é exemplificada com terríveis pormenores. Em sexto lugar, a salvação será dada aos que forem elevados do "rio ardente" e será, naturalmente, salvação num mundo perfeito e numa sociedade ideal. "A terra pertencerá igualmente a todos, sem divisões de muros ou cercas. Em conseqüência disso, produzirá espontaneamente mais frutos. Numa vida comunitária as riquezas serão de todos. Não haverá pobres nem ricos, nem tiranos ou escravos. Além disso, ninguém será maior ou menor do que os outros. Viveremos sem reis e sem líderes. Todos viverão juntos". Em sétimo lugar, chegamos ao elemento final: "O Deus imperecível e governador do universo dará a estes piedosos uma outra coisa. Sempre que rogarem ao Deus imperecível para que salve os homens do fogo ardente e do eterno ranger de dentes, ele os atenderá. Pois ele tirará esses homens do fogo inextinguível e os levará para outro lugar, por causa de seu povo, à outra vida eterna com os imortais nas planícies elísias". Nesse cenário de paz, os maus serão condenados a um lugar semelhante ao inferno, muito embora possam se libertar daí pela intercessão dos que se "preocupam com a justiça e com as ações nobres".

Concentremo-nos, por um instante, nos dois últimos elementos. Teriam todos imaginado ou mesmo concordado com o sexto ponto? Talvez, todos achassem que se tratava apenas de doce ilusão. Ou, quem sabe, levariam isso a sério? Aceitaria a aristocracia esse igualitarismo radical mesmo como ideal abstrato? Ou, de novo, concordariam todos com o sétimo ponto? Esse apocalipse judaico provocou este comentário de um escriba cristão num manuscrito da tradição: "Totalmente falso. O fogo que tortura os condenados nunca cessa. Eu mesmo gostaria de rezar por isso, embora esteja marcado com grandes cicatrizes de faltas que precisam de muitíssima misericórdia. Deixemos que o tagarela Orígenes se envergonhe de dizer que existem limites para a punição". O cenário de Eutopias separadas embora iguais aproxima-se do ideal positivo da conversão dos gentios em vez do negativo do extermínio. Igualdade humana radical? Misericórdia divina também radical?

Ao longo da continuidade divina que vai do reino da aliança pelo escatológico e apocalíptico, ao lado da passagem da esperada justiça e retidão aqui na terra, não são os cenários formosamente vagos e gerais que causariam tensões, mas sim os pormenores específicos, os resultados práticos e as implicações socioeconômicas. De que maneira precisamente o reino de Jeroboão II diferia do de Amós, o de Augusto e Tibério, ou de Herodes Antipas, do de João Batista e Jesus de Nazaré? Qual era a diferença entre Séforis e Nazaré, Tiberíades e Cafarnaum?

O Reino de Deus em Cafarnaum?

Herodes, o Grande, e Herodes Antipas foram dois governantes de dois reinos inaugurados pela violência e marcados por projetos de construção. Mas, embora o primeiro tivesse conseguido imprimir sua marca permanente no país, o segundo acabou exilado, deixando como herança apenas restos de arquitetura de segunda qualidade. Os achados entre as ruínas de Cesaréia, construída no reinado de Herodes, o Grande, deslumbram os escavadores sempre que voltam lá, enquanto as camadas da Tiberíades de Antipas e Séforis são vagas e menos espetaculares. O reino de Jesus, por outro lado, não deixou estruturas nem inscrições nem artefatos. Não obstante, os arqueólogos ajudam-nos a entender seu programa examinando o contexto no qual proclamou e viveu o Reino de Deus. E mesmo se nunca tivesse estado em Cesaréia ou em nenhum outro grande centro urbano como, por exemplo, Decápolis, e embora as duas cidades da Galiléia, Séforis e Tiberíades, nunca tenham sido mencionadas nos evangelhos, o caráter de todas essas cidades é importante para a pesquisa a respeito de Jesus por duas razões.

A primeira, é que permitem comparações com as cidades mencionadas nos evangelhos. Para entender Nazaré, por exemplo, precisamos compará-la com Cafarnaum e esta com Séforis ou Tiberíades; Séforis e Tiberíades, por sua vez, com Cesaréia Marítima ou Jerusalém. A outra razão, talvez mais importante, é que podem explicar por que João e Jesus viveram em suas localidades. Por que o movimento batismal de João e o do reino, de Jesus, deram-se em territórios de Herodes Antipas nos fins dos anos 20, não antes nem depois? Será que a romanização da Baixa Galiléia começada por Antipas com a reconstrução de Séforis em 4 a.c., substituída depois, como capital, por Tiberíades em 19 d.C. teria alguma relação com esses movimentos religiosos políticos da década seguinte? Por que, por exemplo, Jesus e o Reino de Deus se relacionaram não com Séforis e Tiberíades mas sim com Cafarnaum? Como entender esse relacionamento? Voltemos a atenção, pois, para Cafarnaum, a cidade, depois de Nazaré, mais associada com Jesus, tendo em vista os grandes projetos de Herodes, o Grande, para Cesaréia Marítima, e os menores, de seu filho Antipas, para Séforis e Tiberíades.

A pequena cidade judaica de Cafarnaum no primeiro século

População. Cafarnaum, no primeiro século, era uma modesta cidade judaica na periferia do território de Antipas, dependente, principalmente, de agricultura e pesca. O intenso calor nos longos meses de verão assolava os campos ao redor, pedregosos e difíceis para o cultivo. Nos dias de Jesus, situava-se distante das principais rotas comerciais. Não era lugar preferido para visitas, mas bom para sair em viagens por causa do acesso fácil pelo Mar da Galiléia a muitas direções. Estava próxima do território de Herodes Felipe, que, segundo Josefo, era muito mais moderado do que seu meio-irmão Antipas. Quanto à área e população, estava longe de Cesaréia e era menor do que Séforis e Tiberíades. Estas se espalhavam por cerca de 100 a 150 acres e as populações chegavam a oito ou doze mil habitantes, enquanto Cafarnaum não media mais do que modestos 25 acres onde viviam cerca de mil habitantes. Ficava a um passo de Nazaré, mas muitíssimos de Séforis e Tiberíades. A distância entre Cafarnaum e Cesaréia era imensa.

Edifícios. Não havia em Cafarnaum, como em outros vilarejos da Galiléia, feições arquitetônicas greco-romanas, comuns nos cenários urbanos. Edifícios cívicos encontrados, de períodos anteriores, revelam o caráter provinciano da cidade. Apenas nas camadas do período bizantino posterior foram achadas uma sinagoga e uma igreja. Não havia portão de entrada como em Tiberíades nem fortificações ou muros. Tampouco se tem notícia de estruturas cívicas para entretenimento, como teatro, anfiteatro ou hipódromo, tão apreciadas pelas elites de Cesaréia e de outros centros. A cidade não possuía balneários nem sistema de esgoto. Não se achou evidência alguma da existência de uma basílica para uso jurídico, assembléias ou atividades comerciais. É provável que reuniões desse tipo se realizassem em áreas abertas ou à beira do lago. As escavações arqueológicas não encontraram, até agora, nenhum indício de artefatos relacionados com santuários ou templos, estátuas ou qualquer outro tipo de iconografia. Não possuía uma ágora, ou mercado, nem armazéns. Havia uma espécie de feira ao ar livre, com tendas ou barracas, em áreas não pavimentadas, perto do mar, e do lado de fora das casas particulares os moradores mascateavam suas mercadorias ou vendiam suas bugigangas.

Ruas. Tão importante como a falta de edifícios públicos para a avaliação de Cafarnaum do tempo de Jesus é a ausência no local de planejamento centralizado. A área urbana não era ortogonal e não tinha avenidas perpendiculares. Os arqueólogos não encontraram traço algum do que se chamava então *cardo maximus* e *decumanus*, ruas com cruzamentos que eram marcas do planejamento urbano no período romano. As ruas não eram pavimentadas com pedras nem adornadas com colunas ou pórticos. Não passavam da largura de 6 a 10 pés, e a maioria das vias era não ruas, mas sim estreitas alamedas ou passagens. Não havia canais para água corrente. O esgoto era jogado em passagens estreitas revestidas de terra e lixo, cheias de poeira nas estações quentes e de lama nas chuvosas, sempre exalando mau cheiro. Os visitantes não eram saudados por materiais de construção comuns nos projetos urbanos nem por obras de luxo. As paredes externas não eram rebocadas, não ostentavam afrescos nem granito vermelho de Assuã ou mármore branco da Turquia, nem nenhum outro tipo de mármore, nem canteiros ou mesmo pedras de mosaico. Tampouco havia telhas vermelhas de cerâmica comuns nos contextos do período romano.

A planta de Cafarnaum era orgânica e não ortogonal. Mesmo quando os escavadores franciscanos referiam-se a diversas unidades domésticas como *insulae*, certamente, em nada se pareciam com os apartamentos planejados em área ortogonal como, por exemplo, na cidade portuária romana de Óstia. Eram simplesmente quartos ao redor de um pátio pertencentes a famílias constituídas por diversos membros. Quando se examinam com atenção as plantas dos escavadores, percebe-se que a sinagoga e o complexo ao redor da Casa de São Pedro, do século quinto de nossa era, que vamos descrever mais adiante, determinavam a existência de blocos ordenados em forma perpendicular. O resto das escavações mostra paredes irregulares, resultantes da aglomeração de casas em volta de pátios sem planejamento central. Pode-se facilmente visitar Cafarnaum andando pela espaçosa margem do mar ou caminhando pelo vilarejo em espaços entre grupos de casas rurais. Vielas e ruas quase sempre tortas e curvas nos levam até perto das águas onde, em grandes espaços, pessoas reparam barcos, costuram redes de pescar ou reúnem cabras e ovelhas. Diferentemente de Cesaréia, Séforis ou Tiberíades, o vilarejo de Cafarnaum não se desenvolvera a partir de um eixo ordenador, não tinha muros nem belas fachadas, nem tampouco estruturas arranjadas para proporcionar perspectivas.

Inscrições. Os arqueólogos não encontraram inscrições do primeiro século, públicas ou privadas, em Cafarnaum, indicando a estatura modesta do lugar (e analfabetismo?). As inscrições públicas representavam importante aspecto da vida civil greco-romana com a inclusão dos nomes deste ou daquele benfeitor em todo tipo de superfícies públicas: pavimentos, colunas e estátuas — eram os *outdoors* da vida urbana antiga. As despesas individuais em projetos de edifícios públicos transformavam-se em inscrições honoríficas onipresentes nas cidades escavadas ao longo do litoral mediterrâneo, como a de Pilatos, que já vimos. As pessoas pagavam para ver seus nomes gravados em pedras. Mas nada desse tipo se encontrou em Cafarnaum e noutras cidades da Galiléia do primeiro século.

Casas. Tenhamos na memória esta descrição das casas de Cafarnaum para contrastá-las com os palácios e vilas urbanas herodianas no capítulo 4. Veremos que essas descrições mostram o oposto do reino comercial herodiano. As casas de Cafarnaum assemelham-se a outras encontradas em vilarejos judaicos ao leste da Galiléia e ao sul do Golan, construídas com basalto escuro local e alguns pedaços de madeira torta, palha ou junco, e barro. Eram construídas sem nenhuma assistência de técnicas e instrumentos especializados, embora provavelmente anciãos experientes ajudassem no desenho e emprestassem instrumentos rudimentares e se encarregassem das tarefas mais difíceis. Familiares, amigos e vizinhos ajudavam na construção.

A qualidade era inferior, em contraste com o trabalho dos pedreiros herodianos especializados que utilizavam a técnica bem planejada do *opus quadratum*, ou de construção com pedras retangulares, que veremos com pormenores no próximo capítulo. As paredes subiam sobre alicerces de basalto; as camadas inferiores que sobreviveram mostram duas fileiras de pedras disformes e pedrinhas, barro e argila inseridos nos interstícios; em vez de reboco ou afrescos, as paredes revestidas com barro, estrume e palha privilegiavam mais o isolamento térmico do que a estética. Quando suficientemente sólidas serviam de apoio para um segundo andar, mas a fragilidade das partes superiores exigia reparos constantes. Poderiam ruir a qualquer momento. Nenhum dos telhados sobreviveu à ação do tempo. A falta de pedras adequadas para formar arcos, abóbadas e vigas, e a ausência de telhas indicam que as casas eram cobertas com sapé, como são descritas na literatura rabínica judaica. Vigas mestras de madeira serviam de base para camadas espessas de junco destinadas a proteger a madeira dos efeitos da umidade. Esse material era finalmente revestido de barro para aumentar o isolamento térmico. Quando Marcos 2,4 conta a história do paralítico em Cafarnaum dizendo que "abriram o teto" para trazê-lo a Jesus, podemos pressupor esse tipo de telhado. Na geração seguinte, num *stratum* mais alto, e distante dali por milhas, Lucas edita Marcos e conta que fizeram-no descer "através das telhas" (5,19), coisa impossível de ser aplicada a Cafarnaum, mas certamente apropriada para o contexto mais urbano de Lucas e da audiência de classe mais alta que vivia sob telhados desse tipo.

Diferindo das vilas aristocráticas, as casas de Cafarnaum não eram construídas ao redor de um eixo capaz de deixar seus interiores visíveis da entrada, mostrando o átrio, o *triclinium*, ou sala de jantar, mas, em vez disso, diversos cômodos contíguos ao redor do pátio. Ao longo de uma parede fechada essas peças destinavam-se a serviços, armazenamento e para dormitórios, abertas para o pátio interno, invisíveis aos que passavam lá fora. Em geral só tinham uma entrada; uma delas, encontrada quase intacta em Cafarnaum, possuía a entrada de pedra talhada protegida por fechaduras nas portas de madeira, mas estava longe da solidez e do tamanho dos limiares monolíticos de Séforis e muito menos dos existentes nos palácios de Herodes. As poucas janelas abertas nas paredes situavam-se no alto com a finalidade de prover iluminação e ventilação sem preocupação alguma com a apreciação de vistas, diferindo também aí das vilas aristocráticas e dos palácios de Herodes. Os moradores preocupavam-se mais com segurança e privacidade: as janelas altas ocultavam suas vidas. Dentro do complexo, as portas internas eram rudemente feitas de pedra e madeira sem fechaduras ou trincos. É provável que fossem cobertas de palha ou fechadas com cortinas.

As paredes e os cômodos criavam um ambiente fechado que protegia o pátio da vista dos transeuntes. Tampouco exibiam sinais de riqueza ou luxo. Esses pátios serviam para diversos fins: para o desenvolvimento ativo da vida familiar e para a confecção de trabalhos manuais como indicam os inúmeros artefatos encontrados. Funcionavam, de certa maneira, como nossas modernas salas de jantar e de estar, cozinha, bem como oficina, garagem e dispensa. Conservam-se fragmentos de fornos de cerâmica, cinzas e mós, testemunhando o labor das mulheres que, diariamente, transformavam grãos em pão. Alguns pátios eram usados para guardar instrumentos agrícolas como, por exemplo, moinhos movidos por mulas ou bois e prensas de olivas que, talvez, fossem compartilhadas por outras famílias. Nas pequenas cidades da Galiléia do período romano, foram achados pedaços de mesas jogados no chão, transformados em piso. Os pátios maiores destinavam uma parte cercada para guardar cabras. As galinhas andavam soltas pelo terreno todo. Também foram achados anzóis e redes testemunhando a época em que os pescadores procuravam manter seus equipamentos funcionando e os barcos em atividade no mar.

Cômodos. Os materiais remanescentes de quartos ou salas da camada do primeiro período romano em Cafarnaum indicam a existência de pescadores ou camponeses. Desprovidos de objetos de luxo, não dão sinais de riqueza. Nunca se achou alça alguma de ânforas importadas para vinho nem as delicadas *unguetaria* para guardar óleos e perfumes caros. Nem mesmo copos de vidro.

Os escavadores encontraram, por sua vez, inúmeros vasos de pedra como xícaras, taças e bacias feitos a mão ou em pequenos tornos nada parecidos com os fabricados em grandes tornos mecânicos. As lamparinas do primeiro século eram quase sempre simples, longe dos tipos decorados herodianos; era raro encontrar as do tipo importado, finamente decoradas. As poucas mais sofisticadas e de melhor qualidade não ostentavam motivos mitológicos, pagãos ou eróticos, comuns nas lamparinas encontradas na costa e nas cidades grandes, contentando-se com simples desenhos florais. Utensílios de cerâmicas vinham de produção local e, pelo que parece, de Kefar Hahanya na Alta Galiléia: panelas, pratos e caçarolas, potes para água e jarras. Tigelas, copos e vasos para servir alimentos eram raros, e quase não existia aparelhos de jantar importados nos contextos romanos primitivos. Os únicos utensílios desse tipo encontrados haviam sido produzidos localmente imitando cerâmicas importadas de centros especializados e famosos.

Barcos. Os habitantes de Cafarnaum aproveitavam o lago para pescar. Em períodos posteriores, construiu-se um cais mais adequado. Antes disso, a água respingava sobre a terra irregular com alguma proteção formada por pequenas pedras polidas depois jogadas no lago. Dificilmente se poderia chamar esse lugar de "baía" no sentido do porto monumental de Cesaréia.

Não há dúvida de que a pesca ajudava no sustento de boa parte da população, mas o estilo de suas casas deixa claro que não se tratava de "indústria" próspera. Graças à descoberta em 1986 de um barco de pesca do primeiro século, conhecemos agora um pouco a respeito da confecção de barcos e dos métodos de pesca no Mar da Galiléia. Como resultado de uma queda dramática nas águas do Mar da Galiléia durante uma severa enchente, dois irmãos do *kibutz* Ginnosar perceberam o esqueleto de um barco encalhado na lama perto da antiga Magdala. Grupos encarregados de operações de resgate começaram a recuperar e a restaurar o barco antes que o nível das águas o cobrisse novamente. Há aproximadamente dois mil anos, o barco dilapidado de 8 por 26 pés foi depenado de suas partes reutilizáveis e jogado de volta nas águas. Coberto por sedimento e lama, e encerrado num estado anaeróbico, acabou protegido de bactérias e deterioração.

A construção do casco e os materiais usados contam a história de um experiente construtor de barcos que trabalhava com parcos recursos. Faltavam-lhe materiais básicos, mas ele era suficientemente hábil e determinado para manter o barco navegando por algum tempo. Fora construído originalmente com madeiras aproveitadas de outros barcos e da própria região, porém de qualidade inferior. A quilha da frente, a única fabricada com madeira apropriada, de cedro do Líbano, parecia aproveitada de outro barco e ainda mostrava marcas de conexões antigas. Nenhum construtor de barcos do Mediterrâneo teria coragem de usar boa parte das tábuas, de baixa qualidade, como pinho, jujuba e salgueiro. O material utilizado para o casco mantinha-se unido por meio de encaixes, fixados com bem medidas cunhas de carvalho, seladas de certa forma com resina de pinheiro; o casco, arrematado por uma moldura fixada com pregos de ferro dava estabilidade ao barco, e todo ele era untado com betume.

Com o passar do tempo, contudo, os materiais traíam seu construtor: os encaixes começavam a se soltar, as madeiras rachavam e as cunhas apodreciam. Sem velas, âncoras e partes reutilizáveis, incluindo até pregos, o casco acabou flutuando ao sabor das águas e, finalmente, afundou. Panelas simples com e sem tampa e uma lamparina sem decoração alguma situam o barco no primeiro século. Testes com carbono 14 aplicados à madeira do barco confirmam a data. Na falta de materiais adequados, os pescadores do mar da Galiléia trabalhavam muito para manter os barcos sobre as águas, remendando-os com este ou aquele pedaço de madeira para substituir o que se ia deteriorando e tentando ganhar a vida lançando as redes ao mar. O reino comercial de Herodes Antipas não se interessou em desenvolver a pesca nem frotas mercantis no lago.

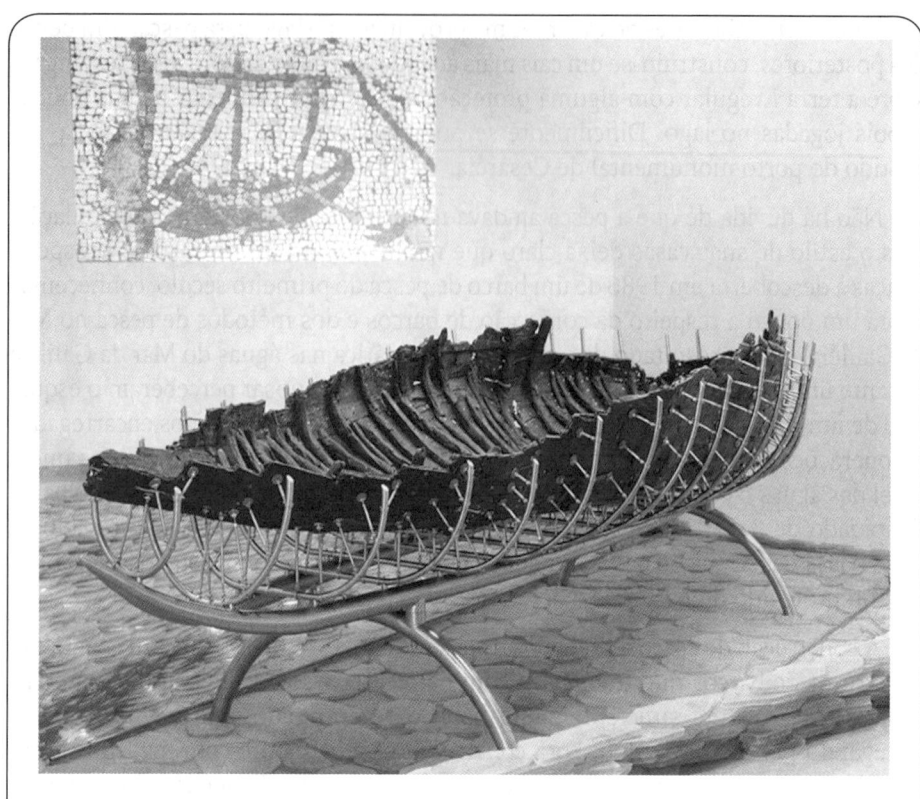

14. Barco do primeiro século da Galiléia
(Cortesia do Museu Yigal Allon, *kibutz* Ginnosar)

Construções tardias do Reino em Cafarnaum

O reino de Herodes, o Grande, e a tetrarquia de Herodes Antipas trouxeram para a Galiléia judaica aparência romana e mudaram as estruturas econômicas que, eventualmente, provocaram as duas guerras judaicas contra Roma. Desde então, Roma abandonou o sistema de reis clientes e estabeleceu vias diretas para governar a região com a presença de suas legiões. Construíram-se estradas e foram melhoradas as já existentes em todo o território judaico integrando-o à rede viária do Oriente romano e facilitando as campanhas imperiais contra o último grande inimigo de Roma, a saber, os persas das mais distantes fronteiras do império no Oriente. Os arqueólogos encontraram em Cafarnaum alguns traços do programa de construção do reino imperial romano na Galiléia.

Balneário romano. O pequeno balneário escavado nos fins dos anos 1980 nas ruínas de Cafarnaum, nos domínios do patriarcado greco-ortodoxo, sugere certas conexões com uma história do evangelho. Construído no estilo típico legionário romano, o balneário situava-se nos confins da cidade, ao leste. O edifício de 26 por

56 pés foi construído fora dos padrões encontrados em outros sítios: sistema de tijolos e telhas com encanamentos subterrâneos cobertos por pisos de argamassa e concreto; paredes de pedras uniformemente talhadas, bem niveladas, revestidas de cimento. A casa dividia-se em quatro câmaras — o *frigidarium*, com água fria, o *tepidarium*, com água morna, o *caldarium*, com água quente, e o *apodyterium*, ou vestiário — e assemelhava-se a qualquer outro balneário básico usado pelas legiões romanas nas fronteiras ocidentais da Bretanha e da Gália no segundo século d.C.

A existência dessa casa não significa que a prática de banhos públicos de estilo romano fosse praticada pelos habitantes do vilarejo de Cafarnaum. Indicava, isso sim, a presença das forças de ocupação desejosas de se banhar aí em estilo romano. Não há conexão alguma com a história do centurião de Cafarnaum no *Evangelho Q* em Mateus 8,5-13 = Lucas 7,1-10 e João 4,46-54. Cacos de cerâmica retirados da estrutura pelo escavador Vassilios Tzaferis, do Departamento de Antiguidades de Israel, confirmam que pertenciam ao período romano médio. O balneário data, então, do segundo século, quando os legionários romanos estavam aquartelados permanentemente na Galiléia depois da revolta de 132-135 d.C. O oficial, chamado de "centurião" em Lucas (do grego *hekatontarchos*, "governante sobre cem subordinados"), não deve ser confundido com o centurião romano que presidia sobre o contingente de uma legião. A história de João chama-o simplesmente de *basilikos* ("oficial real"). As inscrições que já examinamos encontradas em Séforis e Tiberíades mostram que Antipas adotara realmente a terminologia grega e romana para designar seus oficiais. A maioria deles era judaica, embora Lucas e talvez até mesmo João sugiram a existência de mercenários gentios de países estrangeiros em serviço nessa cidade fronteiriça. Durante o governo de Antipas não havia oficiais romanos permanentes na Galiléia.

Marco romano. Por volta desse período encontrou-se perto de Cafarnaum evidência da presença de legionários na forma de um marco miliário. Os legionários romanos que também serviam como engenheiros mantinham-se ocupados construindo na Galiléia e em outros lugares no Oriente o sistema rodoviário romano por ordem do imperador Adriano. Ele queria facilitar o acesso ao Oriente para que as forças legionárias lutassem contra os partos e também pudessem abafar levantes da parte dos judeus. O marco miliário romano, em latim, leva o nome do imperador Adriano:

IMP(erator)
C[A]E[S]AR DIVI
[TRAIA]NI PAR[thici]
F(ilius) [DIVI NERVAE][N]EP(os)TRAI
[ANUS][HA]DRIANUS AUG(ustus)

Tradução: "Imperador César, filho do divino Trajano, que conquistou os partos, neto do divino Nerva, Trajano Adriano Augusto".

15. Reconstrução de Cafarnaum do primeiro século
O lugar freqüentemente associado com o ministério de Jesus nos evangelhos era uma cidade judaica de tamanho médio. Podia-se pescar no lago e as terras ao redor eram férteis. Abrigava uma população de cerca de mil habitantes. O barco, no primeiro plano (1), é uma reprodução tábua por tábua do que foi acidentalmente descoberto, do primeiro século, agora conservado no Museu Yigal Allon no *kibutz* Ginnosar, e o jarro (2) também é réplica do que foi encontrado no barco original. Os pescadores costumavam lançar redes de seus inúmeros barcos, ou apenas uma tarrafa de um só barco (3); as redes eram constantemente remendadas, como se vê no ancoradouro (4), construído com pedras de basalto amontoadas junto às águas, inferiores às da baía de Cesaréia Marítima. Sem nenhuma arquitetura de importância pública, vendedores, pescadores e camponeses ofereciam seus produtos ao longo da costa para trocas e vendas (5).

    Dois séculos depois da segunda guerra judaica contra Roma (132-135 d.C.), sua supremacia voltava sobre a Galiléia e Cafarnaum, mas agora com a proclamação da vitória cristã. Em Cafarnaum, contudo, como no resto da Galiléia, o processo de cristianização dos espaços públicos enfrentou oposição. Embora tenha sido cenário de boa parte da vida de Jesus, de seus ensinos e milagres, durante os três séculos seguintes, poucos cristãos viveram na Galiléia, que se manteve predominantemente judaica. Inúmeros peregrinos cristãos passavam pela cidade, porque era mencionada nos itinerários para a Terra Santa. As escavações arqueológicas na Galiléia atestam a existência de uma rede de estruturas patrocinadas pelos cristãos do período bizantino, como, por exemplo, a Gruta da Anunciação na cidade natal de Jesus, Nazaré, o santuário em Caná comemorando a transformação da água em vinho e o complexo monástico de Kursi, onde a legião de demônios foi exorcizada. Mas, igualmente, outros achados arqueológicos indicam a presença de florescente auto-expressão judaica e até mesmo de desafiadora resistência ao imperialismo cristão, na forma de sinagogas, mosaicos e arte.

Sinagoga judaica. As ruínas em Cafarnaum na costa norte do Mar da Galiléia mostram que havia competição entre igreja e sinagoga. Escavações arqueológicas levadas a efeito no século passado em terrenos guardados pelos franciscanos descobriram uma igreja octogonal do século quinto para venerar a casa de são Pedro, "príncipe dos apóstolos", expondo ao mesmo tempo uma sinagoga quase ao lado — como resposta dos judeus aldeãos à incursão da religião estrangeira.

No quinto século, quando a igreja anunciava o cristianismo e o império nos espaços públicos do vilarejo, os habitantes da cidadezinha revidavam com sua própria forma arquitetônica, judaica e autóctone. Construíram, então, uma quadra ao norte da igreja, e a magnífica sinagoga de pedra calcária, datada desse mesmo século, segundo evidências deixadas por pedaços de cerâmica e por moedas encontradas debaixo do piso. Tratava-se de um dos maiores e mais bem construídos edifícios do período bizantino, surpreendente, de certa maneira, dada a natureza modesta do lugar. As paredes, pavimentos e colunas utilizaram pedra calcária branca trazida do extremo oeste da Galiléia, contrastando com os edifícios cinzentos feitos de basalto local das cercanias do Mar da Galiléia. A fachada e a entrada voltavam-se para Jerusalém; o recinto principal com duas fileiras de assentos era dividido em duas alas por colunas com capitéis decorados. No resto do edifício, a decoração simples e provinciana constituía-se de algumas rosetas e guirlandas, a menorá, estrelas, incluindo a que parecia ser a Estrela de Davi, além da representação da Arca da Aliança ou santuário portátil da Torá.

Ironicamente, os fundos levantados para a construção da sinagoga vieram das ofertas dos peregrinos cristãos. As duas dedicatórias, numa coluna e na verga de uma porta, atestavam que a prática de comemorar doações com gravações em pedra já era comum na comunidade judaica. A primeira, em grego, coisa bastante rara, e a outra em aramaico, como era costume nas sinagogas da época, continham nomes de patrocinadores judaicos e dos construtores: Herodes (filho de?) Halphai, e Chalfo, filho de Zebida, filho de João. Esses nomes judeus, naturalmente, soam vagamente parecidos com os que aparecem nos evangelhos, cujas associações com Cafarnaum quatro séculos antes eram relembradas na igreja da vizinhança.

Mas teria essa sinagoga alguma relação com as histórias do evangelho? É *possível*, mas pouco provável. Os escavadores franciscanos sugeriram que algumas paredes do antigo período romano antes do quinto século d.C. da sinagoga de pedra calcária já existiam na Cafarnaum do primeiro século e representariam os fundamentos de uma sinagoga anterior. Mas esses restos de parede daquela época não são suficientes para atestar a existência de uma sinagoga em Cafarnaum no primeiro século, posto que são do mesmo tipo das usadas em outras edificações de natureza doméstica. Tampouco podem as referências do evangelho à *sinagoga* onde Jesus exorcizou os demônios (Marcos 1,21) e ensinou (João 6,59) servir de prova de que aquela sinagoga era esta. Como mencionamos no primeiro capítulo, o termo *sinagoga* referia-se principalmente à *reunião*, e apenas, em segundo lugar, à estrutura no primeiro período romano. Somente a história de Lucas a respeito do "centurião" de Cafarnaum presume uma *estrutura* de sinagoga no vilarejo, construída graças à sua benevolência (Lucas 7,5).

Mas Lucas narra eventos a partir do ponto de vista da Palestina, onde as comunidades da diáspora judaica usavam claramente o termo para designar a estrutura, num período posterior, quando já se havia desenvolvido o conceito clássico de sinagoga. Recordemos que Lucas também errou ao se referir aos telhados de Cafarnaum, à sinagoga de Nazaré e aos rolos lidos por Jesus. Nada disso, porém, desautoriza a validade da mensagem de Lucas — para quem a existência de um edifício chamado sinagoga mostrava apenas sua visão de eventos ocorrendo em ambientes semelhantes aos de sua audiência. Acentua também a idéia de que qualquer gentio justo poderia levar a sério as responsabilidades patronais e construir sinagogas, como o caso do outro centurião, Cornélio, temente a Deus e doador de ofertas, descrito em Atos 10. Mas os judeus das pequenas cidades da Galiléia no tempo de Jesus encontravam-se às vezes em praças ou em pátios grandes de residências de pessoas idosas, e chamavam essas reuniões de sinagogas. Nas cidades maiores, reuniam-se em estruturas modestas jamais identificadas pelos escavadores por esse nome no sentido clássico. O caso da construção de um edifício em Cafarnaum foi, certamente, incidental em Lucas. Falar de uma "sinagoga de Jesus" em Cafarnaum não tem credibilidade alguma.

Igreja cristã. A sinagoga do quinto século confrontava-se com a igreja octogonal da mesma época, construída em cima de uma edificação do quarto século centrada numa só peça, parte de uma casa particular do primeiro século a.C. Presume-se que tenha pertencido à família de Pedro e que seria o lugar onde sua sogra fora curada de severa febre, segundo Marcos 1,29-31. Trata-se, na verdade, de uma das poucas localizações plausíveis da tradição do Novo Testamento.

Arqueologia da casa de Pedro. Arqueólogos franciscanos, trabalhando em volta desse sítio entre 1968 e 1985, descobriram três camadas ou *strata*: a igreja octogonal do quinto século (classificada por eles como *stratum* III), uma casa-igreja e santuário do século quarto (*stratum* II) e uma casa que teria sido habitada desde o primeiro século a.C. (*stratum* I). Os oito lados concêntricos da igreja abrigavam outro octógono interno cujo teto era apoiado também por oito colunas. Podia-se entrar nesse espaço por diversos lados. Mosaicos decorados com desenhos geométricos simples e flores de lótus nas margens decoravam o piso entre as duas estruturas em forma de pórtico. A sala central já havia sido separada do resto, no quarto século, quando a parede quadrilátera de 80 por 80 pés isolava o local para uso sagrado. O teto apoiado por um arco cobria o recinto que fora foco de atenção possivelmente desde o segundo século d.C. O piso e as paredes haviam sido reparados constantemente em contraste com o resto do edifício. As paredes ostentavam centenas de inscrições semelhantes a grafites — em grego, siríaco, hebraico e latim.

Algumas frases parecem ter saído das mãos de visitantes e de peregrinos cristãos, embora quase sempre ilegíveis e até mesmo de origem profana. Os grafites são importantes, mesmo se as transliterações exageradamente tendenciosas e piedosas dos escavadores franciscanos, envolvendo teorias sobre a existência de uma comunidade judeo-cristã e incluindo elaboradas especulações a respeito de simbolismos e acrósticos, não sejam persuasivas. Os grafites nas paredes e as diversas camadas de reboco mostram que se tratava de lugar singular em Cafarnaum e mesmo na Galiléia toda, e demonstra que fazia parte de uma residência particular considerada muito especial por diversas pessoas apenas um século depois das atividades de Jesus na Galiléia. Observemos como escreveram. Não como Pilatos em Cesaréia ao dedicar um edifício imperial romano em latim oficial, nem como Antipas em Tiberíades, indicando seu cunhado com um nome imperial romano em grego; estes, ao contrário, rabiscaram nas paredes, de maneira indecifrável, com lâminas e lascas de pedra.

Embora a casa que depois se tornara casa-igreja e a magnífica sinagoga indicassem visões de conflitos de identidade e de governo na Galiléia do quinto século, pouco disseram a respeito da Cafarnaum do tempo de Jesus. Não importa muito se as frases e nomes inscritos na chamada "área sagrada" (*insula sacra*) atestassem que a casa pertencia a Pedro. Mesmo se o centro do octógono marcasse o lugar exato onde Jesus realizara curas ou participava de refeições, e até mesmo se os arqueólogos chegassem a autenticar a presença de Pedro e Jesus aí, ainda assim não entenderíamos melhor Jesus nem a proclamação do Reino de Deus e o tipo de reino que estava construindo entre seus seguidores. Os peregrinos cristãos do passado e do presente acham que a *localização* é muito importante, mas a questão fundamental é outra: que tipo de cidade havia sido Cafarnaum?

A tarefa da arqueologia não consiste em apenas descascar camadas, para determinar se a casa era mesmo de Pedro para, depois, oferecê-la como ilustração ou auxílio visual. Em vez disso, deveria ser empregada para examinar cuidadosamente que tipo de casa era essa, comparando-a com outras do primeiro século em Cafarnaum, examinando o caráter do vilarejo como um todo para contrastá-lo com o de outros lugares na Galiléia e arredores. Como estamos tentando mostrar até agora, a combinação de arqueologia com exegese — paralelamente — não se reduz a atravessar as camadas textuais para encontrar os ditos autênticos de Jesus nem a buscar entre as ruínas os lugares por onde Jesus teria andado. A tarefa consiste em examinar os registros arqueológicos das camadas do primeiro século em todas as cidades e vilas escavadas, incluindo as que nunca foram mencionadas nos evangelhos, como Séforis e Cesaréia Marítima, para entender o amplo contexto social no qual Jesus estava construindo o seu reino. O contexto desse reino no primeiro *stratum* textual da tradição de Jesus precisa estar de acordo de maneira dinâmica e interativa com o contexto arqueológico.

O alvo da busca pode não ser um "sítio sagrado" ou uma "área santa", mas dificilmente se poderia negar o fascínio exercido por ligações diretas com textos do

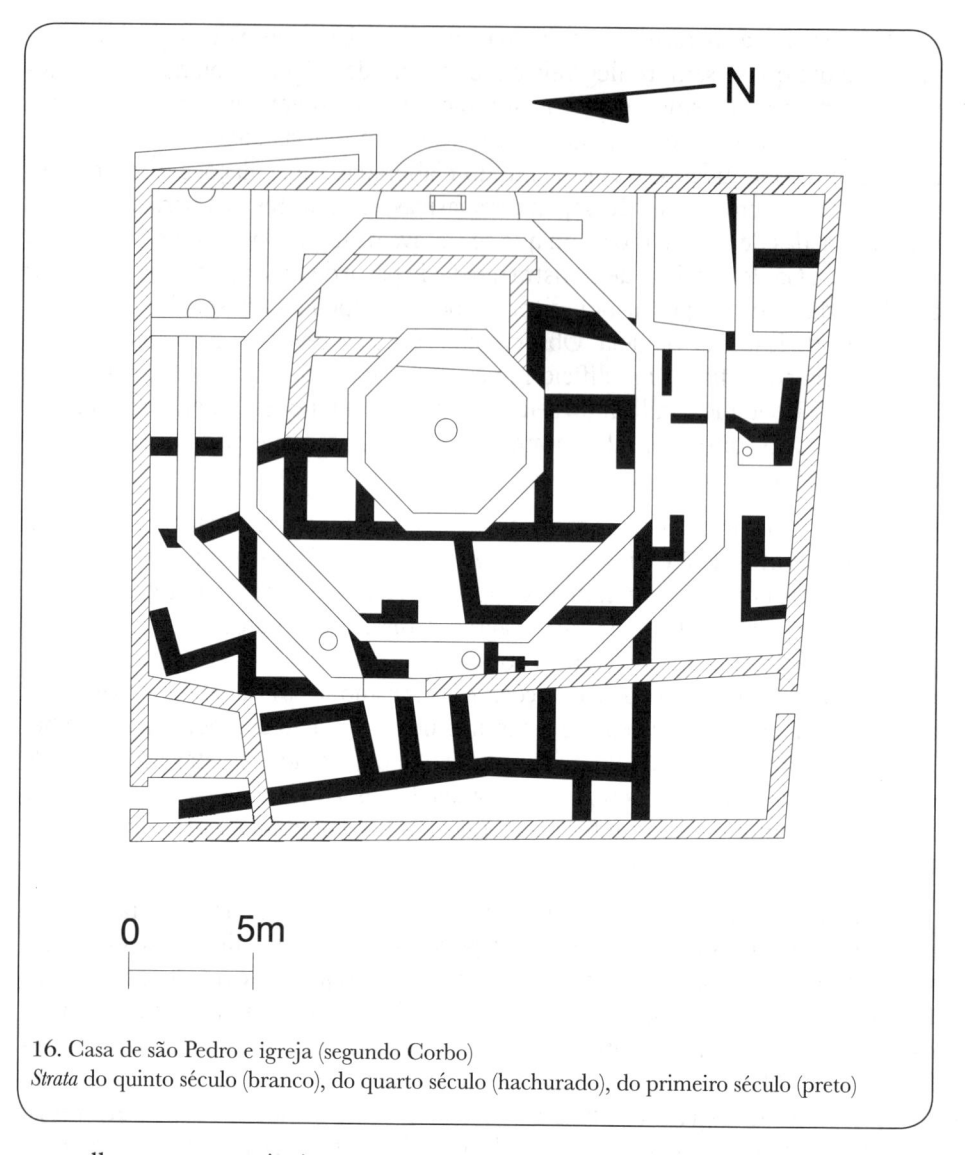

16. Casa de são Pedro e igreja (segundo Corbo)
Strata do quinto século (branco), do quarto século (hachurado), do primeiro século (preto)

evangelho ou com o próprio Jesus. De qualquer forma, mesmo se a casa do primeiro século encontrada em Cafarnaum venha a ser aceita como de Pedro, ainda assim restariam duas ambigüidades finais, uma menor do que a outra.

Ambigüidade da casa de Pedro. Esta é a ambigüidade menor: no ano 30 de nossa era Herodes Felipe elevou Betsaida, vilarejo de pescadores à beira de um lago, ao *status* de cidade e mudou seu nome para Julias em homenagem à esposa de Augusto e mãe de Tibério, Lívia Júlia. É chamada de "cidade de André e de Pedro" por João (1,44). Mas em Marcos 1,29, Jesus vai "à casa de Simão e de André", cura a sogra de Simão e, quando a febre a deixou, ela "se pôs a servi-los". Obviamente, não há problema algum em imaginar que Simão Pedro e André tivessem se mudado de Betsaida para Cafarnaum ou que possuíssem uma casa em cada lugar. Mas quando a sogra serve os hóspedes, só o faz porque está em sua casa, ou na casa de sua filha. É por isso, e apenas por isso, que poderia ser considerada também a casa de seu genro Simão Pedro. Pedro, ao que tudo indica, vivia com a família de sua esposa. Talvez, portanto, seria mais correto falar não da casa de Pedro em Cafarnaum, mas de sua esposa.

A ambigüidade maior é a seguinte: Mateus procura correlacionar os lugares de moradia de Jesus com promessas proféticas. Em primeiro lugar, em 2,23, Jesus deixa Belém, supostamente sua cidade natal de acordo com Mateus, que difere de Lucas quando informa que Nazaré era "sua cidade" e que segundo a profecia seria chamado de Nazareno. Em segundo lugar, em Mateus 4,13-16, Jesus deixou Nazaré e "foi morar em Cafarnaum, à beira-mar, nos confins de Zabulon e Neftali, para que se cumprisse o que foi dito pelo profeta Isaías: "Terra de Zabulon, terra de Neftali, caminho do mar, região além do Jordão, Galiléia das nações! O povo que jazia nas trevas viu uma grande luz; aos que jaziam na região sombria da morte, surgiu uma luz". Teria Jesus estabelecido sua "sede" na casa da esposa de Pedro em Cafarnaum? Se fosse o caso, que significado teria essa palavra "sede"?

É provável que Mateus tenha tomado de Marcos a idéia de que a casa de Jesus em Cafarnaum era sua sede, aumentando a ambigüidade mais do que a eliminando. De um lado, Marcos 2,1 descreve Jesus "em casa" referindo-se, certamente, à residência (da esposa) de Pedro em Cafarnaum. Mas estaria Jesus apenas fazendo uma visita ou morava lá? A questão surge por causa da descrição de Marcos do começo do dia em Cafarnaum (1,16-38). A fama de Jesus espalhava-se pela Galiléia por causa de seu convincente ensino e das curas que realizava e atraía depois do Sábado multidões à casa. Os leitores mediterrâneos esperariam que Jesus permanecesse naquela casa e deixasse que Pedro, sua família e os aldeãos se encarregassem de levá-lo aos povoados vizinhos. Mas, em vez disso, segundo 1,35-38, "de madrugada, estando ainda escuro, ele se levantou e retirou-se para um lugar deserto. E ali orava. Simão e os seus companheiros o procuraram ansiosos, e, quando o acharam, disseram-lhe: 'Todos te procuram'. Disse-lhes: 'Vamos a outros lugares, às aldeias da vizinhança, a fim de pregar também ali, pois foi para isso que eu vim'".

Duas observações. Em Marcos, Jesus ora em Cafarnaum no começo e no Getsêmani no final de sua vida pública. Ora quando é tentado a se desviar da vontade divina, tanto na vida como na morte. E a possibilidade de estabelecer-se em Cafarnaum e deixar que todos viessem a ele nesse lugar contrariava a geografia do Reino de Deus. É por isso que ele "retirou-se" da casa (da mulher) de Pedro. Não poderia de modo algum ser sua "sede", como se o Reino de Deus pudesse ter um centro dominante, controlador, situado numa sede e possuir um nome, como os reinos de César Augusto em Roma, de Herodes, o Grande, em Cesaréia ou de Herodes Antipas em Séforis e, depois, em Tiberíades.

Nem Mateus nem Lucas souberam o que fazer com a frase de Marcos sobre "a retirada" de Jesus. Cada qual tentou resolver o problema a seu modo. Mateus copia de Marcos todos os outros incidentes desse primeiro dia em Cafarnaum, mas omite completamente a oração "ao entardecer" e a "saída" da casa de Pedro. Lucas aceita a unidade textual de Marcos, mas substitui a frase "pois foi para isso que eu vim", por esta: "Pois é para isto que fui enviado" (4,43).

Essa casa do primeiro século em Cafarnaum bem poderia ter sido o lugar que Jesus visitava e era recebido como hóspede. Mas não era o "quartel general" do Reino de Deus. Não era aí nem na residência de sua família em Nazaré, porque, diferindo dos reinos comerciais a que se opunha, seu reino da aliança não poderia se situar num centro fixo para o qual todos viriam, mas sim em ponto móvel, dirigindo-se a todos igualmente.

Ironia da casa de Pedro. A ironia é que a casa onde Jesus talvez tivesse estado para participar de refeições privadas com a família de Pedro transformou-se em lugar público de peregrinação sob a proteção e patrocínio do Império Romano. A ironia continua. Nos primeiros dias, o Reino da Aliança de Deus pregado por Jesus colidia com o Reino comercial romano de Herodes, mas, depois, o desenvolvimento de Cafarnaum deixou-a mais parecida com este último do que com o primeiro.

As refeições do início do primeiro século em Cafarnaum e em vilarejos semelhantes nada queriam ostentar para os outros, posto que eram reuniões familiares. Não era assim nas vilas e palácios ricos, com elegantes salões de jantar. Nesses lugares, os aldeãos faziam as refeições em salas grandes durante o inverno e debaixo das árvores nos dias de verão. Não comiam em pratos, mas usavam o pão como base para óleo de oliva, lentilhas, feijão, ou vegetais cozidos, azeitonas e às vezes queijo e frutas. De vez em quando comiam peixe salgado ou frito. Não há dúvida de que tomavam um pouco de vinho, produzido na região, para suprir calorias gastas depois de um dia de trabalho. Nenhuma casa de Cafarnaum se dava ao luxo de ostentar afrescos nas paredes e muito menos pisos de mosaico. Na verdade, nunca se encontrou uma única tessela no contexto doméstico do primeiro século.

Mas se não existiam revestimentos de parede e afrescos nas casas de Cafarnaum do primeiro século, foi precisamente a sua presença na "área sagrada" da *insula sacra* dos *strata* tardios dos períodos romano e bizantino que assinalou a diferença dela em relação aos outros cômodos, e ajudou os especialistas a identificá-la como espaço não doméstico, igreja-casa ou santuário. Esse recinto, antigamente privado e comum, foi revestido e recebeu grafites cristãos nas paredes até se transformar em espaço público com características monumentais. A basílica octogonal com colunas e mosaicos foi separada para ser espaço sagrado. O lugar que fora privado e reservado tornou-se público e imperial, acessível por meio de três círculos concêntricos: o recinto exterior, o pórtico médio e a parede com colunas no centro.

As modificações arquitetônicas do sítio na subseqüente estratigrafia correspondem a mudanças na cerâmica. Artigos de luxo, de conhecidos fornos comerciais da África e de Chipre, aumentaram, dramaticamente, o papel cerâmico do *stratum* bizantino em Cafarnaum. Peregrinos que viajavam para Terra Santa podem ter trazido objetos de luxo como oferendas ou, talvez, até mesmo ofertas em dinheiro que permitiam aos habitantes locais importar amenidades. Inúmeros fragmentos de argila preciosa pertenciam a pratos artisticamente fabricados, alguns dos quais decorados com cruzes. Na *insula sacra* foram encontrados poucos utensílios de cozinha, indicando preparação de refeições por famílias simples para reuniões comunitárias, mas foram achadas muitas lamparinas de material mais caro e elegante. A concentração desse tipo de apetrechos na *insula sacra*, ao lado de muitos copos, dá a entender que nesse lugar celebrava-se a Eucaristia ou Ceia do Senhor. O que fora no início lugar de trabalho simples, atividades familiares e refeições singelas acabou sendo absorvido sob o patrocínio imperial cristão, pela vida cívica, dominada por elites sociais por meio de patrocínio financeiro e da hierarquia sacerdotal.

Este capítulo levanta uma questão fundamental que reaparece no começo do próximo e retorna mais tarde no final do livro. Se a vida no Reino de Deus, manifesta em Jesus e seus companheiros, opunha-se ao reino tetrárquico de Antipas, na época, ao de Herodes, anteriormente, e ao reino imperial de Augusto ou Tibério, bem antes, de que maneira, agora, se poderia relacioná-la com o reino cristão de Constantino? No próximo capítulo, por exemplo, simples piqueniques familiares, comunitários e religiosos transformavam-se em atos cívicos e simbólicos liderados por sacerdotes, sob controle hierárquico e patrocínio real, primeiramente por Herodes, com um templo, e depois por Felipe, com uma cidade. Se edifícios herodianos cobriam sítios consagrados desde tempos antigos a Pã, em que diferiam do edifício constantiniano que agora cobria outro sítio, desta vez consagrado a Pedro desde a Antiguidade?

CAPÍTULO 4

JESUS EM SEU LUGAR

Propõe o antropólogo: diz-me como comes e eu te direi como vives; mostra-me a tua mesa e eu saberei como é a tua sociedade. De que maneira comemos com o nosso Deus? Serão o arranjo das cadeiras em volta da mesa e a distribuição do alimento livres ou regulamentados, iguais para todos ou hierarquicamente estabelecidos? Se hierárquicos, qual é a norma adotada? Como comemos com nosso rei? Os convites são universais ou particulares, para todos ou para os poucos selecionados? Quais os critérios da escolha? Como comemos com Augusto ou com Herodes ou Antipas no Reino de Roma? E, acima de tudo, de que maneira comemos e bebemos com Jesus de Nazaré no Reino de Deus?

No santuário de um deus

Era comum na Antiguidade sacrifícios e oferendas de comidas aos deuses, comer com eles, e até mesmo comê-los. Os arqueólogos descobriram traços de refeições sagradas e de ceias rituais em inscrições, altares, restos de animais sacrificados, panelas e vasos em santuários ao longo do Mediterrâneo.

Banias era um dos recantos mais agradáveis com deslumbrantes cenários para esses rituais, situada num platô ao sul do sopé do Monte Hermon, ao redor de uma caverna próxima às fontes do Rio Jordão, distante cerca de 30 milhas de Cafarnaum e do Mar da Galiléia. A área luxuriante e verde ao redor dessa gruta e da fonte relacionava-se na Antiguidade com o deus Pã, metade homem e metade bode, companheiro de ninfas da floresta, divindades dos bosques, das montanhas e dos rios, brincalhonas mas líricas. Ao lado de um pequeno terraço, dividido entre penhascos em cima e lagoas e um riacho embaixo, situa-se um lugar que tem atraído visitantes locais e de fora. À sombra dos penhascos íngremes e da vegetação, e refrescada pelos jorros de água das fontes, servia como santuário do deus da natureza, Pã, nos períodos helênico e romano; a gruta chamava-se *Paneion* em grego, e a área ao redor, *Panias*, rebatizada agora com o nome árabe de Banias. Inicialmente, era um santuário natural nesse ambiente bucólico e rural até a construção do templo *Augusteion* na frente da gruta, por Herodes, o Grande, dedicado a César. Mais tarde, Felipe, filho de Herodes, elaborou o complexo do santuário e fundou sua capital ao sul das fontes com o nome de *Cesaréia de Filipos*.

O santuário de Pã

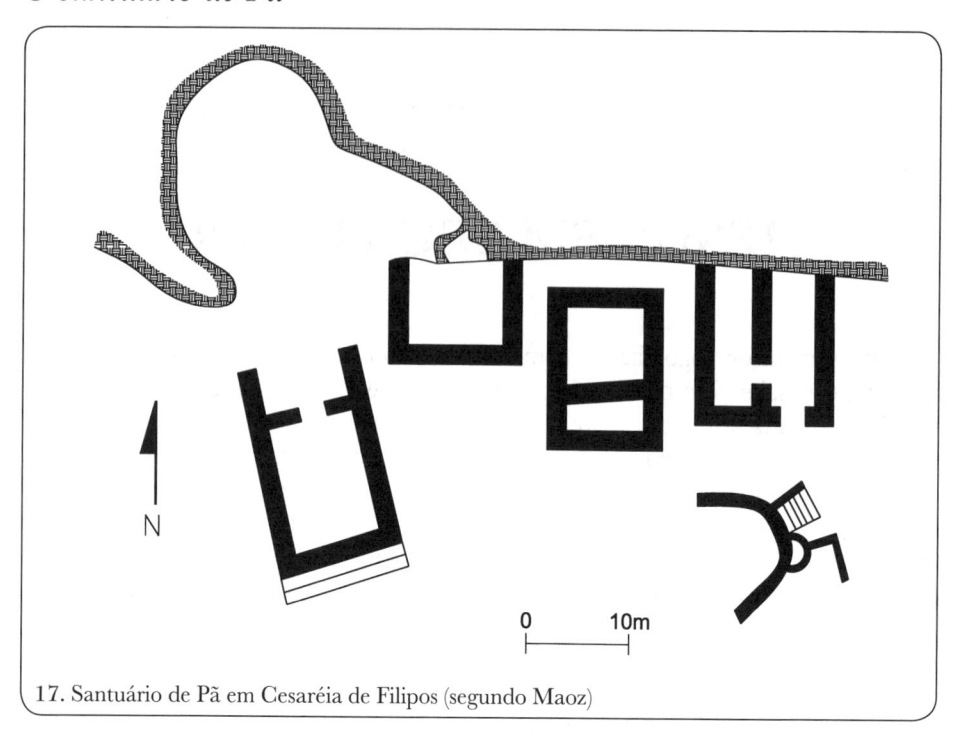

17. Santuário de Pã em Cesaréia de Filipos (segundo Maoz)

As escavações levadas a efeito ao redor do templo e entre as ruínas da cidade de Cesaréia de Filipos contam a história do nascimento e da queda do sítio. Exames minuciosos estratigráficos da arquitetura e análise de fragmentos de cerâmica indicam a prática de refeições rituais nesse espaço. Nas mais antigas fases desse lugar de culto não havia estruturas arquitetônicas, mas o competente estudo de Andréa Berlin das cerâmicas encontradas no sítio mostra que durante o período helênico as pessoas que o visitavam deixavam traços de sua passagem em cacos de panelas, caçarolas, pratos, tigelas e pires. Alguns dos vasos que traziam quebravam-se e seus cacos espalhavam-se pelo terraço. O grande número de fragmentos helênicos aí achados, sem nenhum sinal de arquitetura contemporânea, sugere visitantes que se congregavam ao redor da caverna por volta de dois séculos antes de nossa era. Os vasos aí deixados mostram com clareza o que faziam. Entre os quase 250 fragmentos de cerâmica helênica estudados — peças suficientemente grandes para identificar com segurança e fixar a data pela forma e tipo — não havia lamparinas nem recipientes para armazenar alimento, utensílios comuns nos espaços públicos e domésticos escavados pelos arqueólogos. Em vez disso, os fragmentos dividem-se igualmente entre vasos para servir e outros para cozinhar, muitos deles com marcas de fogo. A principal atividade ao redor da gruta de Pã consistia na preparação e consumo de comida e bebida.

Esses indícios também nos informam de onde vinham os peregrinos. Quase 90 por cento dos utensílios haviam sido produzidos na região. Alguns deles eram fabricados pelos itureus, de material rude, com cores rosa amarronzado e pesadamente temperados. Mas a maioria exibia a técnica de pintura sírio-fenícia, resultado da mistura de cal e cola. Os itureus, membros de um grupo pagão pastoril e seminômade originário do Líbano, viviam também no período helênico ao norte do Golan, e os sírio-fenícios eram pagãos de língua grega da costa norte perto de Tiro e Sídon, que haviam invadido até o Vale Huleh. As poucas peças do exterior incluíam utensílios de qualidade mediana provenientes da costa, duas ânforas para vinho, das ilhas gregas, comumente achadas nos sítios sírio-fenícios.

Em resumo, no período helênico o santuário local atraía visitantes pagãos dos arredores, que traziam ofertas e comidas em utensílios locais simples. Não deixavam oferendas de valor nem sinais de riqueza. As evidências indicam a existência de jantares rituais, mas, como sugere Berlin, os restos desses apetrechos "bem poderiam ser interpretados mais informalmente, como utensílios usados em piqueniques". E agora: refeições sagradas ou piqueniques? Talvez, ambos, mas embora sempre estejamos pressionando os arqueólogos a distinguir entre uma coisa e outra e a nos falar sobre a atitude dos visitantes, o certo é que preparavam alimento, comiam-no e deixavam resquícios deles ao redor da caverna em Banias. A próxima camada desse sítio é do primeiro período romano e, com todos os componentes de um santuário, ligam mais claramente os restos de cerâmica a refeições e oferendas cultuais.

Templo de Herodes

Herodes, o Grande, adquiriu as terras ao redor das fontes no meio de seu reino como recompensa pela lealdade demonstrada a César Augusto. Como recompensa, segundo Josefo, ergueu um templo ao redor da caverna, dedicando-o a Augusto e chamando-o de *Augusteion*. Até pouco tempo, pedras e rochas caídas do penhasco cobriam o sítio, mas os arqueólogos chegaram com suas escavações até o templo. Acharam três paredes, duas delas perpendiculares em relação ao penhasco e a fachada construída no topo de uma plataforma de 30 por 60 pés, ao lado da caverna. Foram construídas com pedras talhadas segundo a técnica chamada *opus quadratum*, talvez pelo mesmo arquiteto italiano que Herodes contratara para fazer seu palácio em Jericó. No interior das paredes, encaixes sustentavam no passado placas de mármore. Inúmeros nichos semicirculares e retangulares devem ter abrigado miniaturas de estátuas. O templo não tinha parede nos fundos, abrindo-se para a gruta; essencialmente, a porção construída servia como vestíbulo, enquanto a caverna era o *sanctum* interior. O *Augusteion* conservava certo caráter natural apropriado a Pã, mas acrescentava-lhe a fachada e o estilo arquitetônico adequados ao culto do imperador romano.

Cidade de Felipe

Depois que o filho de Herodes, Felipe, herdou esta área, tornou-a sua capital e construiu aí uma cidade administrativa no estilo greco-romano, logo abaixo do Paneion no ano 2 a.C. Como era costume entre os herodianos, batizou-a em honra do imperador romano mas a chamou de Cesaréia de Filipos para distingui-la da Cesaréia de seu pai, na costa. A área se transformou de isolado santuário em lugar urbano. O complexo dedicado a Pã expandiu-se durante o reino de Felipe e depois, num outro santuário ao ar livre construído no promontório ao redor de nova caverna, desta vez artificial, denominada "Caverna de Pã e das Ninfas", segundo uma inscrição tardia da metade do segundo século de nossa era. Diversos elementos foram acrescentados ao complexo: o Templo de Zeus e Pã, outro santuário ao ar livre chamado "Corte de Nêmesis", o edifício estreito com três vestíbulos, contíguo ao penhasco, e a estrutura parecida com um palco chamada pelos escavadores de "Templo de Pã e dos Bodes".

Nos três séculos depois do reinado de Felipe, inúmeras inscrições em grego foram gravadas nas pedras do penhasco e nos edifícios. Vejamos alguns exemplos. Da base do nicho até acima da caverna artificial: "O *sacerdote* Victor, filho de Lysimachos, dedicou esta deusa ao deus Pã, amante de Eco". Perto do espaço aberto: "Pela preservação de nossos *senhores* e *imperadores*, Valerios [Titi]anos, *sacerdote* do deus Pã, dedicado à Senhora Nêmesis e a seu santuário, que foi construído mediante cortes na rocha embaixo [...] com cerca de ferro, no mês de Apellaios". Sobre a face do penhasco acima do santuário de Nêmesis perto de um nicho sem decoração: "Agripa, sua esposa, e Agripino e Marcos e Agripa, *membros do conselho cívico*, e Agripina e Domne, suas filhas".

Mudanças arquitetônicas do sítio na estratigrafia subseqüente correspondem a modificações no perfil das cerâmicas. O patrocínio herodiano não apenas estabeleceu estruturas religiosas permanentes em Banias mas também mudou a evidência deixada pelas cerâmicas. A partir do diagnóstico feito nos fragmentos romanos mais antigos espalhados pela estrutura e divididos em bolsões no solo das fímbrias do terraço percebe-se que houve diferentes tipos de visitantes. Dos 457 fragmentos romanos primitivos diagnosticados, 141, ou quase um terço, eram de lamparinas a óleo, em contraste com apenas 7 do período helênico. O tremendo aumento do número de lamparinas mostra que muitos visitantes demoravam-se pouco e deixavam ofertas baratas. A constante presença de apetrechos de cozinha no período romano antigo, muitos deles carbonizados, e de tigelas e copos mostra que o santuário de Pã continuava a ser usado para refeições e oferendas, coisa comum na pagã Sírio-Fenícia. Mas agora muitos cidadãos de Cesaréia de Filipos poderiam visitar o santuário, deixar lamparinas e orações, enquanto outros faziam piquenique e permaneciam por mais tempo.

Os tipos de cerâmica do período romano antigo mostram um aumento de itens importados. Mais da metade das lamparinas encontradas haviam sido fabricadas na Itália, em Chipre ou na Síria. Significativa porcentagem de pedaços de cerâmica havia sido queimada em fornos bem longe dali. Algumas teriam vindo da Alta Galiléia ou da costa Sírio-Fenícia, e até mesmo de lugares mais distantes. Tais pedaços de cerâmica e lamparinas importadas querem dizer não que o santuário era visitado por peregrinos da Ásia Menor, da Itália ou de Chipre, mas sim que determinados moradores do local tinham dinheiro suficiente para importar utensílios mais elegantes. Em outras palavras, o santuário começava a atrair pessoas de classes mais altas.

À medida que o complexo alcançava sua complementação arquitetônica do final do primeiro século até o segundo d.C., aumentava o volume de evidência cerâmica. A queda de fragmentos diagnosticados de 251 helênicos e de 457 romanos primitivos para apenas 52 no período médio romano corresponde a mudanças fundamentais na forma das cerâmicas. Durante todo o período romano médio quase todos os fragmentos vinham de lamparinas ou de utensílios de mesa; encontrou-se apenas um de uma panela para cozinhar. A preparação de refeições no sítio para oferecê-las a Pã ou à sua consorte havia praticamente cessado e não se encontrou mais evidência disso nem mesmo de piqueniques na gruta. Arquitetonicamente, contudo, o santuário alcançava o máximo esplendor, construído sob o patrocínio oficial herodiano e recebendo, depois, apoio imperial e das elites urbanas, como atestam as evidências epigráficas. Os moradores da localidade não mais vinham ao santuário para comer, passear ou fazer ofertas, posto que agora se transformara oficialmente num centro de culto cívico. Por volta do segundo século de nossa era, o santuário de Cesaréia de Filipos tinha se transformado numa vitrine arquitetônica, onde os ricos exibiam sua munificência e generosidade. A rápida diminuição de cerâmicas no período romano médio não significa que o santuário tenha sido abandonado ou que não fosse mais procurado por visitantes. Indicava apenas que famílias, amigos ou adoradores não mais ofereciam sacrifícios nem participavam de refeições cultuais ou piqueniques. Essas práticas de pessoas comuns deixaram de existir quando o lugar passou a ser controlado pelo poder imperial da hierarquia sacerdotal, absorvido pela vida cívica dominada pelas elites sociais que patrocinavam o templo. A suprema ironia é que, como vimos antes, o que aconteceu com o santuário de Pã em Cesaréia de Filipos sob o patrocínio imperial pagão também ocorreu com a casa de Pedro em Cafarnaum sob o patrocínio imperial cristão.

No palácio de um rei

Enquanto, de um lado, sírio-fenícios e itureus de pequenas cidades e vilarejos ao redor das cabeceiras do Jordão procuravam a natureza para fazer suas refeições, de outro, os cidadãos ricos e as famílias governantes do mundo romano traziam elementos da natureza para suas salas de jantar. Estas chamavam-se *triclinia* (no singular, *triclinium*). O termo refere-se a dois pormenores específicos. Em primeiro lugar, havia três (daí *tri*) divãs principais: o do meio para o anfitrião, e os outros dois para os hóspedes de honra. Em segundo lugar, o hospedeiro e seus mais importantes hóspedes reclinavam-se (daí *clinia*) — não se sentavam em cadeiras como nós — e, conseqüentemente, exigiam servos e auxiliares para as refeições. Reclinar-se, em outras palavras, significava pertença à classe social mais alta.

Nas vilas campestres, as janelas e portas da sala de jantar abriam-se para vistas espetaculares da natureza, tais como a costa do mar, florestas ou oásis. Nas residências urbanas dos mais abastados, a natureza reproduzia-se nos jardins e piscinas e no interior dos *triclinia* com pinturas de cenas bucólicas, temas florais, da fauna e da mitologia nas paredes e nos mosaicos. Enquanto Herodes, o Grande, e seus sucessores reduziam as oportunidades do povo comum em Banias de realizar refeições junto à natureza, ironicamente empenhavam-se em recriar o ambiente campestre em seus salões de banquete. Ao mesmo tempo que construíam templos em Banias e em outros lugares, traziam para o interior dos palácios diversos aspectos do espaço público como o uso harmonioso de colunas, mosaicos e mármore. Os cidadãos mais ricos do Mediterrâneo privatizavam conscientemente as feições arquitetônicas da vida pública da *polis* helênica, elevando suas residências ao nível desse domínio e acentuando o *triclinium* como espaço de prestígio. Apropriando-se de características reservadas até então à arquitetura pública, davam a suas casas estatura monumental e com o uso inteligente do espaço e da decoração ressaltavam o *status* situado no topo da pirâmide social, ao lado de ostentosa demonstração de riqueza.

As escavações arqueológicas mostraram que alguns desses hábitos comensais haviam penetrado nos *strata* sociais mais altos do território judaico sob os herodianos. O estilo dos jantares dessas classes no mundo romano caracterizava-se por três elementos. Em primeiro lugar, criando a ilusão da natureza nos *triclinia*. Em seguida, adotando elementos da arquitetura pública. Finalmente, acentuando a posição do hospedeiro no topo da hierarquia social. Esses elementos eram claramente visíveis nos palácios de Herodes, o Grande, como o palácio-oásis em Jericó, o do penhasco em Masada, ao norte, com vista para o Mar Morto, o palácio-fortaleza herodiano no deserto da Judéia, e o palácio à beira-mar em Cesaréia Marítima.

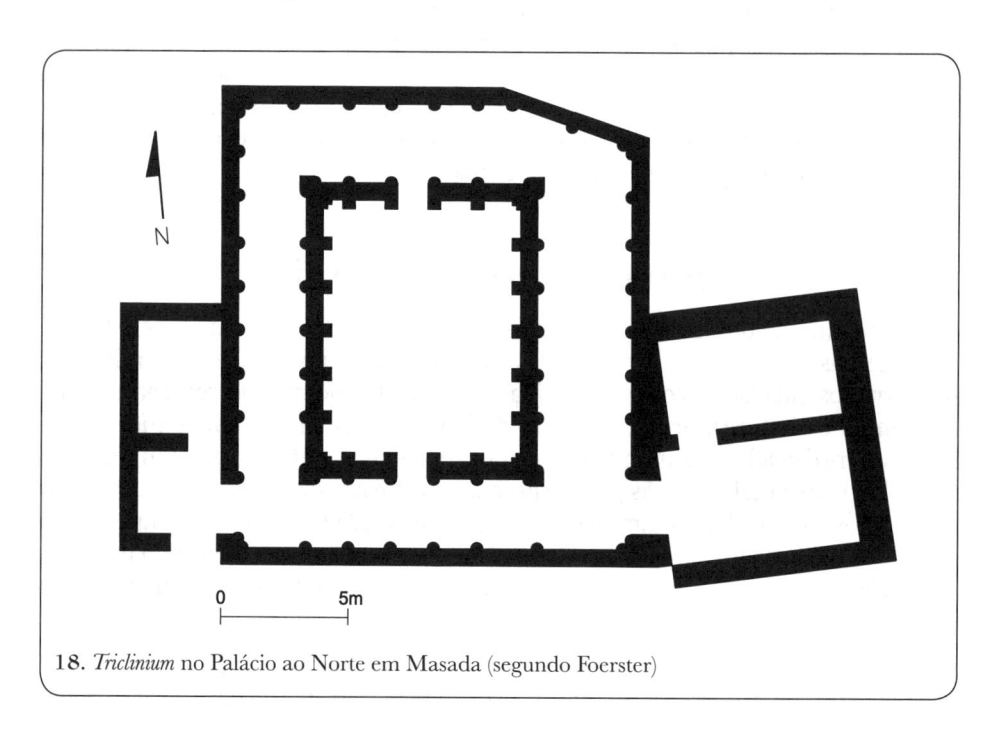

18. *Triclinium* no Palácio ao Norte em Masada (segundo Foerster)

Masada na montanha

Nos anos 1960, o famoso arqueólogo e estadista israelense Yigael Yadin escavou o palácio de Herodes, o Grande, na extremidade norte de Masada, contendo um *triclinium* no terraço inferior, com espetacular vista para o Mar Morto e o deserto da Judéia. A descoberta de pedaços de colunas com fendas para postigos, bem como de peitoris de janelas, mostra que o *triclinium* abria-se para a face norte, de onde se podia apreciar a deslumbrante vista panorâmica das escarpas. Os hóspedes, protegidos dos raios solares do sul, usufruíam não apenas da sombra mas também do esplêndido cenário onde as colinas da Judéia encontravam-se com o platô da Transjordânia no Vale Rift. Mesmo nesse lugar remoto, o hospedeiro tratava os convidados com todas as regalias. Embora o palácio se situasse longe da costa e fosse quase inacessível, impossibilitando a importação de pesadas colunas e revestimentos de mármore, os hóspedes cercavam-se de fachadas que imitavam os mais nobres materiais: colunas de pedra local arrematadas com estuque e terminadas por capitéis de estilo coríntio e paredes finamente rebocadas, com pinturas imitando mármore. Os convivas reclinavam-se em divãs dispostos sobre pisos de mosaico à prova de água, coisa que facilitava a limpeza depois dos jantares. Era comum, na época, jogar restos de comida no chão.

O desenho do espaço incluía dois quadrados concêntricos, com colunas, e um pórtico para circulação, que relembrava a arquitetura cívica dos corredores cobertos da *stoa* ou, mesmo, do recinto dos templos. No quadrado interior, pilastras, colunas embutidas nas paredes, entre afrescos destinados a criar a ilusão de que se sobressaíam do fundo, davam aos visitantes a sensação de jantar em ambiente monumental que recriava a aura das refeições rituais ou das oferendas nos templos. Comia-se de maneira divina em pratos de alta qualidade e refeições exóticas. A maioria da cerâmica desenterrada nas escavações desse palácio consiste em pratos e tigelas entre os melhores existentes. Caracteres pintados em utensílios para armazenar alimento e nas alças de ânforas indicavam datas, locais de origem e conteúdo de carregamentos para Masada. Entre os mais

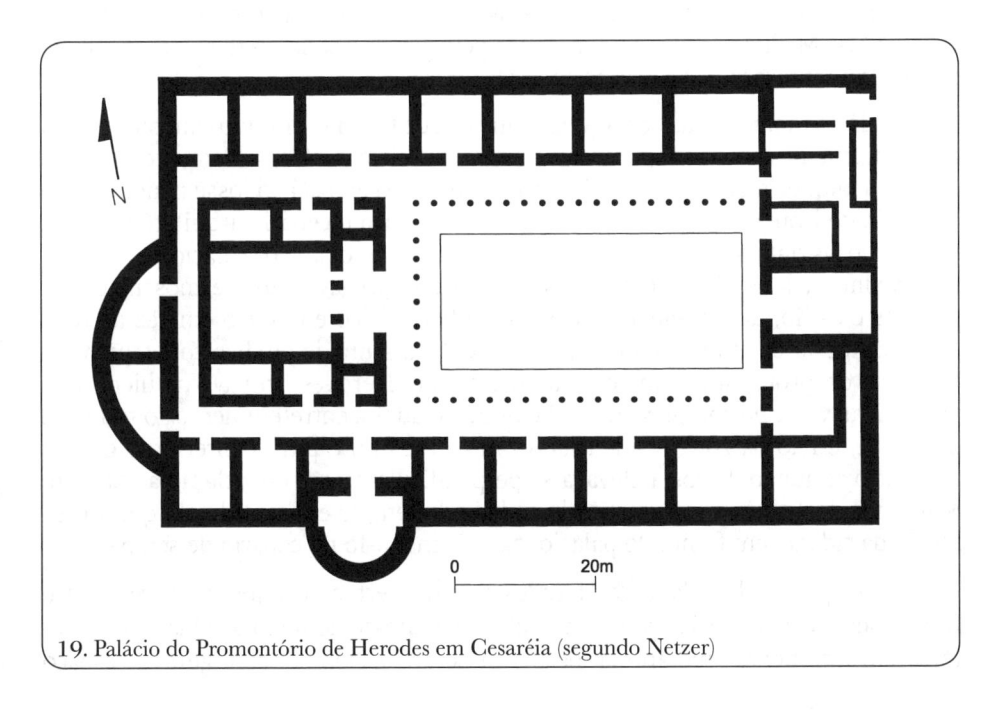

19. Palácio do Promontório de Herodes em Cesaréia (segundo Netzer)

surpreendentes produtos importados destacavam-se compras de luxo da Itália, raras na Palestina, como, por exemplo, compota de maçã de Cumae, tempero de peixe, *garum*, de Pompéia, muito vinho, transportado em 19 a.C. de vinhas da região de Bríndisi, no sul da Itália, e uma garrafa com a inscrição "Vinho Massic excelente" da Campânia. Esses achados dão evidências tangíveis do gosto de Herodes por comidas e bebidas da mais alta qualidade e seus pendores para jantares de estilo.

Cesaréia na costa

Em cenário igualmente estonteante mas menos remoto, Herodes, o Grande, construiu um palácio no extremo sul da cidade de Cesaréia Marítima. No único ponto onde o litoral da cidade projeta-se no mar, o edifício de 200 por 300 pés no promontório rochoso era visível tanto pelos marinheiros e visitantes que chegavam de barco como pelos habitantes do local. No pátio cercado de colunas sobressaía uma piscina de 60 por 120 pés, recortada na rocha. Revestida de cimento hidráulico, recebia água fresca de longe, puxada manualmente, em lugar da água salgada do Mediterrâneo. Mesmo depois dos efeitos da corrosão provocada pelas ondas ao longo dos séculos, o fundo da piscina ainda se mantém preservado acima de 3 pés. Além da função estética, funcionava provavelmente para folguedos atléticos. Herodes, o Grande, na tradição dos primeiros reis judaicos asmonianos, gostava de construir piscinas e balneários em seus palácios. Cavidades retangulares para plantar árvores, cercas vivas e flores formavam um jardim ao redor da piscina. O corredor em volta, cheio de colunas, havia sido pavimentado com mosaico ou mármore com motivos geométricos de diferentes tamanhos. O *triclinium*, aposento principal do palácio, situava-se ao oeste do edifício entre a piscina e o mar. Como em Masada, Herodes ligava seu salão de jantar com a natureza, com a bonita vista do Mar Mediterrâneo lá fora matizada pelo pôr-do-sol no oeste e, internamente, com o luxuriante jardim e a piscina ao leste.

O palácio monumental cobria quase um acre de terreno, erguido com proporções que antigamente apenas se aplicavam às estruturas cívicas. Mas, sabiamente, Herodes evitava qualquer megalomania, não permitindo que seu palácio fosse maior do que o templo de Roma e Augusto, que, na baía, dominava o cenário arquitetônico. Por outro lado, as outras residências pareciam pequenas enquanto o palácio de Herodes se aproximava da escala das estruturas públicas e empregava seus mesmos materiais, técnicas e estilo, dando-lhe aparência de edifício cívico e público em vez de residencial. Apesar da ambigüidade sofisticada e da mistura do público com o privado, o palácio do promontório indicava a posição que Herodes ocupava na hierarquia social. Situava-se no complexo de edifícios destinados a entretenimento ao sudoeste da cidade, e não na zona residencial. Como vimos no capítulo anterior, o grande anfiteatro ao longo da costa elevava-se perpendicularmente em relação ao palácio. Mais ao sudeste, o teatro, construído ao lado do templo em sentido oblíquo a essa região da cidade, em frente do palácio, parecia incluí-lo no cenário de seu palco.

A bem planejada cidade de Herodes copiava certos arranjos de Alexandria e Roma, onde as residências governamentais erguiam-se no meio da vida cívica e reforçavam sutilmente a hierarquia social. Em Cesaréia, Herodes configurava o espaço com maestria para seus próprios propósitos. Os cidadãos comuns, trabalhadores, marinheiros ou camponeses visitantes que iam ao teatro ou ao anfiteatro, deixavam o lugar junto com a massa de espectadores por uma das saídas monumentais, ou *vomitoria*. Mas os cidadãos privilegiados e os visitantes ilustres saíam pela passagem ao sul do anfiteatro, ao lado do palco, que se abria para o vestíbulo cheio de plantas, levando-os diretamente ao palácio. Dentro do palácio as elites ocupavam seus lugares sociais segundo os êxitos até então alcançados. Outros, cuidadosamente selecionados, eram admitidos para visitar o pátio com a piscina. Mas somente poucos recebiam convites para jantar no *triclinium*. A estrutura do palácio articulava claramente os *strata* sociais desde os jardins do lado de fora, até a sala de audiências do andar de cima, do átrio e da piscina, passando pelas salas em volta, até o *triclinium*. Somos tentados a imaginar os diversos componentes que refletiam a transição do público para o privado, embora os portais nunca se fechassem à vista de todos; qualquer um podia ser visto de qualquer ângulo, de modo que o *status* dos indivíduos acabava sempre anunciado, quer quando subiam, quer quando desciam.

Na vila de um aristocrata

Os luxuosos salões de banquete de Herodes, o Grande, seus audaciosos palácios, e a clara delineação da hierarquia social que promovia estão contemplados nos registros arqueológicos. Embora possamos pressupor que o filho Antipas imitasse seu modelo, os restos que deixou não são tão grandiosos. O primeiro encontro com Antipas no evangelho de Marcos situa-o com seus amigos da elite num banquete, e é precisamente depois da refeição que a cabeça de João Batista foi servida numa bandeja (6,14-29). Mas as camadas arqueológicas do primeiro século em Séforis e Tiberíades não mostram nenhuma evidência de que Antipas tivesse palácios nesses lugares, e muito menos *triclinia*. É o que tentaremos examinar a seguir.

Subamos, pois, à acrópole de Séforis e contemplemos lá embaixo a vila de um aristocrata construída depois de Antipas. Procuremos imaginar um *triclinium* de seu tempo entre os que acabamos de ver nos palácios de Herodes, o Grande. Mesmo utilizando uma camada posterior ao primeiro século, é possível ressaltar o propósito social desses salões de jantar no império e no período romano. Tomemos como exemplo a Vila de Dionísio em Séforis nos períodos romanos médio e posterior.

A vila fora construída em cima da acrópole de Séforis na última parte do segundo século ou no começo do terceiro. Para possibilitar as obras, foi preciso construir primeiramente uma plataforma plana de 75 por 130 pés, nivelando a base rochosa no lado oeste até o sul. No processo, foram apagados traços de estruturas anteriores (talvez de algum outro palácio?). Como nos demais edifícios públicos do período, as paredes de grandes pedras eram suficientemente fortes para apoiar um segundo andar. Semelhante a outras residências de cidadãos abastados e influentes no mundo romano, o eixo da vila passava da entrada pelo peristilo até o *triclinium*, oferecendo aos visitantes ampla visão.

O jardim no peristilo tinha ao centro uma fonte ou piscina trazendo um toque da natureza a esse espaço urbano. Algumas das paredes interiores ostentavam afrescos com desenhos florais para refletir o jardim nos quartos. O mosaico do piso do *triclinium* empregava artisticamente arranjos com pedras para criar um ambiente romanticamente bucólico e rústico. Uma faixa em forma de U mostrava figuras de camponeses trazendo em procissão frutos agrícolas de seu trabalho — sem sinal algum de que esses bens tivessem sido expropriados! A faixa emoldurava o retângulo central composto de painéis que celebravam as alegrias do vinho e a vida de Dionísio, deus do vinho relacionado com o deus-bode Pã. Quase não há referências a elementos cultuais, e o salão tampouco mostra relacionamento com rituais ou mistérios dionisíacos. Em vez disso, o painel central acentua o tema do mosaico retratando a competição entre o musculoso Héracles (Hércules) e o deus do vinho, Dionísio, para ver quem bebia mais. Nos painéis laterais, Dionísio é considerado vencedor ao se reclinar em seu carro voltando-se para o painel em sua frente, onde o derrotado Héracles, sentindo-se mal, é ajudado por um sátiro e uma bacante. Em outras pinturas os aldeãos num festival popular regozijam-se com o fruto das vinhas e pisoteiam uvas. Algumas retratam lendas acerca de Dionísio, como, por exemplo, quando toma banho auxiliado por servas que o escondem, a revelação dos mistérios do vinho que ele faz para os pastores, e seu casamento com Ariadne. Entre medalhões, as procissões bucólicas mostram camponeses carregando alegremente os frutos de suas colheitas, cestos cheios de uvas, galinhas e patos. Diante do divã do hospedeiro, domina o retrato de uma bela mulher (Ariadne ou a matrona da casa?), que os escavadores apelidaram de "Mona Lisa da Galiléia". Os olhares masculinos sempre procuravam faces de mulheres enquanto os dos aristocratas fixavam-se nos produtos dos camponeses. Mas todos se mostravam serenamente felizes e socialmente complacentes a partir de seus lugares privilegiados.

Esses jantares cercados por cenários bucólicos estimulavam a atmosfera festiva. Os participantes vislumbravam a natureza através do peristilo e até mesmo a rua lá fora, pela entrada do jardim, por onde passavam os excluídos. Certa aura cívica emanava das colunas do átrio, dos pisos de mosaico, dos afrescos nas paredes e do mármore — mesmo quando imitado. O pequeno lago, fonte ou aquário, embora menor do que a piscina de Herodes no palácio do promontório em Cesaréia, lembrava os banhos públicos ao redor do chafariz (*nymphaeum*) ou em recintos sagrados.

A Vila de Dionísio, no alto da acrópole, podia ser vista por todos com seu telhado vermelho e paredes finamente revestidas, exibindo a riqueza e o *status* do proprietário. Como no palácio de Herodes em Cesaréia, erguia-se o teatro ao lado da mansão em Séforis. É provável que o dono da vila patrocinasse os espetáculos. Dionísio era, afinal, não apenas o deus do vinho mas também o patrono do teatro e dos atores. A planta da mansão deixava transparecer o interesse do proprietário em tornar pública a sua opulência. Os transeuntes podiam facilmente ver o peristilo pela entrada do jardim e até mesmo o *triclinium*. O desenho do peristilo reforçava a hierarquia social ao cercar os convivas com colunas, pisos de mosaico e belos murais. Traçava-se assim

20. Reconstrução da Vila de Dionísio em Séforis, do período romano posterior
Nomeada a partir de um mosaico que retrata o deus do vinho e celebra as alegrias dessa bebida, a vila era a residência de um dos principais cidadãos de Séforis, que fora capital da Galiléia, construída por Herodes Antipas. Embora a vila date de um século depois de Jesus, ilustra a elegância dos jantares no mundo romano, com hóspedes sentados no *triclinium* arranjado hierarquicamente ao redor em três divãs, indicados pela letra grega "gama" ao lado (1). Trata-se do mesmo arranjo mencionado por Jesus em Lucas 14. O desenho axial fazia distinção entre o setor privado e o público: quem estava do lado de fora (2) podia ver o que se passava, por meio do átrio em forma de peristilo (3), tomando consciência de que eram excluídos. Esse arranjo também exibia a riqueza do proprietário, ilustrada aqui pelos utensílios de servir, importados (4), e pelas peças de vidro, garrafas e jarras, muito caras (5). Os afrescos nas paredes (6) e o teto trabalhado eram semelhantes aos de outras residências elegantes no mundo romano.

clara linha divisória entre os que freqüentavam a vila e os que passavam pela rua. Poucos privilegiados reclinavam-se lá dentro nos divãs e eram servidos com comidas e bebidas; a maioria, no entanto, passava e dava uma olhada para dentro, mas não podia entrar nem participar, a não ser como empregados, artistas contratados para divertir os hóspedes, ou secretários.

A hierarquia social era reforçada ainda de outras maneiras entre as elites convidadas para o *triclinium*. O piso de mosaico medindo 18 por 23 pés, de excepcional qualidade artística, compunha-se de mais de vinte diferentes tesselas coloridas, dividindo o salão em duas partes. A seção em forma de U, pavimentada com tesselas brancas, era marcada pela letra grega gama para indicar a localização dos três principais divãs. O hospedeiro sentava-se no divã do centro com os dois hóspedes principais nos assentos da direita e da esquerda. A localização dos assentos era claramente demarcada e ocupava mais espaço do que os outros móveis. Posto que os hóspedes permaneciam reclinados, precisavam ser *servidos* por diversos atendentes. Os demais convidados reuniam-se em volta dessa área em ordem descendente. É por isso, por exemplo, que em Lucas 14,7-11, quando o hóspede senta-se no fundo, vai ser chamado para ir à frente e sentar-se junto ao dono da mansão em sinal de honra especial.

Nas casas das elites

A Vila de Dionísio evidencia claramente o estilo aristocrático romano da arquitetura em Séforis no terceiro século. Mas, embora já estejamos distante do tempo de Jesus, muitas dessas feições já existiam quando a cidade foi reconstruída por Herodes Antipas. Examinaremos a seguir dois exemplos de casas desse tipo no primeiro século, certamente elegantes, embora sem chegar aos requintes da vila do terceiro século que visitamos.

Uma casa com pátio interno

O primeiro exemplo, escavado no começo dos anos 1990 por Eric e Carol Meyers, do Projeto Regional de Séforis em convênio com a Duke University, registrado como Unidade II, é de uma casa com pátio interno construída nos quarteirões residenciais da parte ocidental da cidade. As atividades diárias da família eram, de certa forma, protegidas pela distribuição das peças ao redor do pátio, o qual não tinha a forma de peristilo. Mas, no interior, os proprietários assinalavam sua importância na escala social adotando elementos decorativos como afrescos, mosaico, estuque e telhas vermelhas.

As paredes haviam sido bem construídas com pedras recortadas regularmente, sobre alicerces firmes. A técnica usada para a colocação das pedras, dando às paredes a largura de 2 pés, facilmente permitia a construção de outro andar em cima. Alguns aposentos haviam sido pintados com afrescos *al secco*, técnica barata e simples que permitia a aplicação da pintura logo após a secagem do revestimento. Os desenhos florais ou geométricos entre retângulos verdes e vermelhos imitavam mármore como os do palácio de Herodes em Masada. Os pisos das peças pintadas com afrescos eram revestidos com estuque, bem como o pátio. Pedaços de tessela descobertos depois faziam parte não desse contexto, mas sim de outro pertencente à fase romana primitiva, destruído antes de ser descoberto. O chão da cozinha e de diversos quartos era de terra batida.

Além dos murais e dos mosaicos, diversos outros artefatos refletiam a riqueza dos habitantes do primeiro século. Entre os objetos achados nos *strata* do período romano antigo encontram-se restos de uma taça de vidro de alta qualidade, uma lamparina de pendurar e um turíbulo, bem como alfinetes de osso, esculpidos, e espátulas para maquiagem. Os moradores não eram, naturalmente, tão ricos e ostensivos como Herodes, o Grande, ou Antipas. Seus apetrechos cosméticos eram de osso e não de marfim, seu vinho não era importado e as louças eram as mesmas produzidas nos lugarejos da Galiléia, embora aparecessem alguns fragmentos de *terra sigillata*, muito cara, de pratos de servir. Devemos considerar que essas pessoas viviam no topo não apenas da acrópole de Séforis, mas também da pirâmide social.

Uma casa com peristilo

Ainda em Séforis, do outro lado da rua, ao norte, outra casa igualmente contemporânea e rica demonstrava que algumas famílias judaicas no primeiro século adotavam não só elementos decorativos arquitetônicos, mas também a ostentação de riqueza como faziam os romanos. Esta casa, construída com um peristilo que dava visibilidade ao átrio, foi escavada primeiramente em 1931 por Leroy Watermann, da Universidade de Michigan. Achava que havia sido uma basílica por causa das colunas, dos pisos de mosaico, das paredes revestidas e dos afrescos. Supunha ainda que as cavidades encontradas na rocha pareciam-se com catacumbas do tempo em que o ritos cristãos "eram praticados em segredo". Recentemente, contudo, James E. Strange, do Departamento de Escavações da Universidade do Sul da Flórida, retomou os trabalhos no complexo e determinou que, de fato, tratava-se de uma vila e que as cavidades encontradas eram *miqwaoth*, isto é, banheiras rituais judaicas.

O engano de Watermann nada teve a ver com buscas religiosas sensacionais de tipo romântico e aventureiro. É que o desenho original da casa e o gosto do proprietário favoreceram o uso de elementos usados em espaços públicos: pilares, arranjos axiais, pedras bem polidas e bem talhadas, gesso branco, alguns afrescos e pisos de mosaico com figuras geométricas em preto e branco e bordas. Por outro lado, o que levou à identificação do edifício como residência foi a descoberta de Strange de uma cozinha e dos *miqwaoth*, encontrados também em outras casas de Séforis. Além disso, os dois escavadores acharam inúmeros artefatos domésticos: panelas de cozinha, pentes de osso, aplicadores de maquiagem, pesos de teares e moedores de basalto.

A Pax Romana na Galiléia

As duas casas visitadas atestam quanto os seforenses abastados conheciam os estilos arquitetônicos romanos dominantes ao longo do mundo mediterrâneo. E demonstram até que ponto desejavam obter alguns dos símbolos da elite social do império, como afrescos, mosaicos e objetos de luxo importados. Percebe-se também que somente as classes mais altas da sociedade da Galiléia estavam prontas para aceitar e arcar com o sistema romano de ostentar abertamente a camada social a que pertenciam. Antes de Antipas, os judeus asmonianos não haviam conhecido a Galiléia. Herodes, o Grande, foi o primeiro a construir palácios em lugares isolados como Masada, Jericó e, mais tarde, em cidades como Cesaréia e Jerusalém, mas nunca na Galiléia. Somente sob Antipas, que certamente construiu palácios em Séforis e Tiberíades, é que as elites urbanas da Galiléia passaram a experimentar visível estratificação social. Havia, certamente, poucas residências de luxo nas cidades maiores da Galiléia, como a que foi encontrada em Jodefá, do outro lado do Vale Beit Netofah, e a outra em Gamla, no Golan, mas são casos excepcionais e não regra nas cidades da região.

A introdução e difusão de riqueza na Galiléia era não apenas questão pessoal mas também processo social, uma vez que a ostentação de objetos de luxo marcava o lugar das pessoas na hierarquia social. O valor desses bens era proporcional à impossibilidade de sua aquisição pelos *strata* mais baixos da sociedade. Sua exibição criava o valor e não tanto a posse. Também, naturalmente, o aumento do luxo e de seu consumo baseava-se no aumento da produtividade e dos lucros procedentes das áreas rurais.

Que pensavam os camponeses sobre a Séforis de Antipas, reconstruída no ano 4 a.C. para ser, na frase de Josefo, "o ornamento da Galiléia", e sobre Tiberíades, construída em 19 d.C. para substituir Séforis como capital de seus domínios? Na obra sobre sua vida, Josefo contou o que os camponeses (que ele chamava de "galileus") realmente queriam fazer quando procurava treiná-los em 66-67 d.C. para as inevitáveis incursões dos legionários no começo da primeira revolta. No que segue, observemos as repetidas menções a *ódio, abominação* e *extermínio*:

> Marchei com as tropas que eu tinha contra Séforis e tomei a cidade de assalto. Os galileus, aproveitando a oportunidade, boa demais para ser perdida, e expressar seu *ódio* contra essa cidade que *abominavam*, marcharam avante, com a intenção de *exterminar* a população, incluindo forasteiros e todos os outros. Invadindo a cidade, incendiaram as casas, embora os moradores aterrorizados tivessem fugido refugiando-se na cidadela. Pilharam tudo o que puderam, infligindo aos habitantes devastação inconcebível [...]. E, embora recusassem ouvir qualquer reclamação ou ordem, sendo minhas exortações desprezadas por causa de seu *ódio*, instruí alguns dos meus amigos a circular a notícia de que os romanos haviam se dirigido a outro lado da cidade com suas principais forças [...], a fim de [...] tentar aplacar a fúria dos galileus e salvar Séforis [...]; a cidade de Tiberíades escapou por pouco de ser saqueada pelos galileus [...], que denunciavam em altos brados os tiberianos como traidores e amigos do rei [Agripa II], querendo ir até lá para *exter-*

minar a cidade. Pois *abominavam* da mesma forma os habitantes de Tiberíades como os de Séforis (374-384).

O processo de romanização significava urbanização que, por sua vez, implicava comercialização, e, especialmente com o estabelecimento de Tiberíades no começo dos anos 20 de nossa era, a explosão econômica da nova *Pax Romana* atingia totalmente a Baixa Galiléia com violência. Se pensarmos em aliança em lugar de comércio, teria Amós dito algo diferente a Antipas em Tiberíades, no primeiro século, do que dissera a Jeroboão II no oitavo século no distante passado? Seja como for, no final dos anos 20 de nossa era, surgem dois movimentos populares, o do Batismo de João, e o do Reino de Jesus, operando nos territórios de Herodes Antipas. Por que nessa ocasião? Por que aí? Teria sido coincidência ou, antes, resistência?

No Reino de Deus

Parece-nos óbvio, que, de acordo com o primeiro capítulo, os antigos ataques injuriosos eram tão grosseiros como seus equivalentes modernos. A capacidade que as pessoas tinham para insultar e inventar histórias era tão maldosa como a nossa. Às vezes, contudo, lá como aqui, podem-se conservar certos aspectos das descrições sem levar em conta os motivos das acusações. Podemos aceitar a descrição da ação (por exemplo, "pregação") e ignorar a motivação perversa alegada (por exemplo, "lucro pessoal"). Nas críticas levantadas contra João Batista ou Jesus é preciso separar a descrição (que se fazia) da acusação (por que se agia assim). Além disso, quando os opositores avaliavam o movimento de João Batista e do Reino de Jesus, achavam que eles eram protagonistas muito esquisitos, malucos ou desviados, não apenas diferentes deles mas também opostos a eles. E, por mais estranho que nos pareça, os elementos que escolheram para acentuar as divergências que mostravam em face da normalidade corrente foram a comida e a bebida, almoçar e jantar.

Acusações contra João por causa de comida

Depois que os especialistas concordaram que o evangelho de Marcos era a fonte primária de Mateus e Lucas, tornou-se óbvio que estes dois também se valeram de uma outra fonte principal. As semelhanças entre eles eram tamanhas, tanto na seqüência geral como no conteúdo ausente em Marcos, que não podiam ser explicadas pela mera coincidência. Essa outra fonte recebeu o nome de Q (abreviação para *Quelle*, palavra alemã para "fonte"), mas, uma vez que assim se descreve o uso e não a identidade, reconhecemos sua integridade chamando-a de *Evangelho Q*. Vem daí as acusações contra João e Jesus preservadas em Mateus 11,16-19 e Lucas 7,31-35.

O debate se dá no contexto da contra acusação de Jesus de que seus oponentes são como crianças "sentadas nas praças" que se recusam a brincar tanto com jogos tristes como com os alegres. Nesse discurso, as acusações inimigas são repetidas. Em primeiro lugar, "com efeito, veio João que não come nem bebe, e dizem: 'Um demônio está nele'. Veio o Filho do Homem, que come e bebe, e dizem: 'Eis aí um glutão e beberrão, amigo de publicanos e pecadores'". Nessas acusações precisamos distinguir entre a primeira parte, a *descrição*, da segunda, a *acusação*, isto é, separar a base da fundamentação do ataque para conceder credibilidade aos oponentes.

A descrição do jejum de João é fácil de entender e perfeitamente viável. Sabemos a seu respeito por meio de duas fontes principais que concordam no seu apelido, Batizador ou Batista, e a respeito de sua execução por Herodes Antipas. Mas não concordam com outros pormenores.

Josefo não menciona o deserto nem o Jordão nem mesmo o perdão dos pecados quando discorre a respeito de João em sua obra *Antiguidades judaicas* (18.116-119). O batismo de João, diz ele, era mera purificação secundária do corpo depois da purificação da alma. Significava "a consagração do corpo implicando que a alma já havia sido purificada por meio de comportamento correto". Esse comportamento queria dizer "prática da justiça para com o próximo e piedade em relação a Deus". Mas apesar desse tão inocente programa e sem maiores explicações, Josefo explica a decapitação de João por Antipas como medida preventiva, "antes que sua pregação provoque um levante". Mas por que Antipas suspeitaria de tal subversão a partir de um encontro de santos? Parece que falta uma peça entre a descrição sumária de sua vida e sua morte. Algo não foi contado. Teria sido deliberadamente? Que seria?

Se tivéssemos apenas os escritos de Josefo, saberíamos muito pouco sobre o messianismo e o apocaliptismo do primeiro século. Ele apenas nos oferece a interpretação completamente tendenciosa desses conceitos e expectativas. Além das três escolas filosóficas judaicas mais antigas e normais, essênios, fariseus e saduceus, menciona a escola mais recente chamada apenas de "quarta filosofia," com profundas raízes messiânicas e apocalípticas. Seu *slogan* era "Nenhum Senhor a não ser Deus", recusava submissão a Roma e acabou levando o povo à desastrosa guerra de 66-74 d.C. Mas Josefo nada diz a respeito dessas raízes porque, na sua opinião, as profecias messiânicas e as expectativas apocalípticas se referiam não a figuras judaicas mas sim ao advento da dinastia vespasiano-flaviana, que desbancaria a linha júlio-claudiana de Augusto: "O que lhes incitou mais à guerra foi [mesmo depois da destruição do Templo em 70 de nossa era] um oráculo ambíguo [...] encontrado em suas Escrituras sagradas, segundo o qual um escolhido de sua pátria haveria de se tornar governador do mundo. Entenderam que seria alguém de sua raça, e muitos de seus sábios se enganaram nessa interpretação. O oráculo, no entanto, referia-se, na verdade, à soberania de Vespasiano, que foi proclamado imperador em solo judaico" (*Guerra judaica* 6.312-313).

Outros judeus anteriormente já haviam admitido que o esperado messias davídico poderia se encarnar em governadores pagãos como, por exemplo, num monarca persa do sexto século ou num faraó egípcio do segundo a.C., mas seria intolerável encontrá-lo num imperador romano cujo filho Tito incendiara o Templo. De qualquer forma, e contrariando essa teologia de Josefo, João Batista estava protegido contra qualquer associação messiânica ou apocalíptica. Por outro lado, naturalmente, é exatamente isso que proclama a outra fonte sobre ele, o próprio Novo Testamento.

Nos evangelhos, contrariando Josefo, João situa-se no deserto perto do Jordão, e seu batismo era para o perdão dos pecados. Não era a mesma coisa que os ritos ordinários de purificação dos judeus que discutiremos no próximo capítulo. Esses não eram administrados por outras pessoas e muito menos por indivíduos particulares. Além disso, a mensagem do Batista era apocalíptica — anunciava o iminente advento do Deus vingador, e sua missão consistia em preparar as pessoas para o evento. O *Evangelho Q* registra o anúncio de João em Mateus 3,7-10 e Lucas 3,7-9: "Raça de víboras, quem vos ensinou a fugir da ira que está para vir? [...]. Já o machado está posto à raiz das árvores e toda árvore que não produzir bons frutos será cortada e lançada no fogo".

De que maneira poderia alguém se preparar para tamanha vingança divina e, especialmente, evitá-la? Seria preciso, diria João, tornar-se o povo pré-purificado do Deus purificador. Como? Retomando o Êxodo, atravessando o deserto e passando pelo Jordão rumo à Terra Prometida. Mas, acima de tudo, abandonando os pecados nas águas purificadoras do rio. Seria estabelecido, então, um povo santo para que, quando o Deus vingador chegasse, perecessem os maus e se salvassem os justos. Possivelmente, só depois disso viria o esperado apocalipse da vingança e ocorreria a libertação.

Era essa a missão de João: retomar o Êxodo, resgatar os penitentes do deserto, através do Jordão, à Terra Prometida, para possuí-la novamente em santidade. Tratava-se ao mesmo tempo do preparo e da antecipação proléptica da esperada consumação apocalíptica agora iminente. Em outras palavras, já se tornava realidade aquilo que se simbolizava. João assemelhava-se ao profeta posterior, "o egípcio", e ao mesmo tempo era diferente dele, que conduziria uma multidão sem armas a partir do deserto, atravessando o Jordão, até os muros de Jerusalém, e que, como os de Jericó, diante de Josué, desabariam quando de sua chegada. Mas, assim como Josefo tornou João palatável para seus leitores romanos, assim também fizeram os evangelhos para os cristãos. Ele foi transformado, novamente, em líder religioso-espiritual em vez de religioso-político. O deserto e o Jordão tornaram-se acidentais ou neutros. João foi visto como aquele que preparava o povo não mais para o advento de Deus mas sim para a chegada de Jesus.

Quando as duas fontes são combinadas e suas tendências divergentes são entendidas, João aparece claramente como profeta da consumação apocalíptica iminente que agia e falava na perigosa fronteira entre a expectativa passiva e a ativa. Marcos 1,6 menciona sua maneira de vestir-se e comer: "João se vestia de couro de camelo e se alimentava de gafanhotos e mel silvestre". Parece-se com a descrição que Josefo faz de seu mentor, Bannus, "que habitava no deserto, usando roupas feitas de folhas de árvores e se alimentava das coisas que cresciam espontaneamente" (*Vida* 11). Não importa qual seja a nossa interpretação, se ascetismo aceito ou/e rejeição da civilização, e até mesmo se intensificação de pureza; o fato é que João "não comia pão nem bebia vinho". Localização e ação, vestuário e dieta formam um todo coerente. Essas coisas, porém, aumentam o problema da compreensão da correspondente descrição de Jesus. Não comer nem beber eram coisas suficientemente extraordinárias para suscitar críticas e comentários. Podemos observar, mesmo sem concordar, como os oponentes passavam de descrições acuradas para acusações individuais. João era, obviamente, um profeta ascético que anunciava o iminente apocalipse. Os insultos funcionam melhor quando se baseiam em alguma coisa. Mas que dizer a respeito de Jesus?

Acusações contra Jesus por causa de comida

Relembremos o conteúdo das duas acusações registradas no *Evangelho Q* contra João e Jesus citadas anteriormente. As duas referem-se a alimentos (demasiado, num caso, escasso, no outro), mas Jesus é censurado não só por isso mas também por causa de suas companhias. João, diziam os que o atacavam, tinha demônios. Inúmeros exegetas não levam muito a sério o comentário; em geral não debatem se João estava ou não endemoninhado. Acham que era insulto, vitupério, ataques sem fundamento e difamação. Mas com Jesus não foi assim. Não há discussão séria sobre a primeira acusação: era ou não glutão e beberrão? Todos acham que se tratava apenas de difamação. Mas a segunda, infelizmente, não foi considerada da mesma maneira. Posto que o estilo de comer de Jesus envolve dieta e companhias, examinaremos primeiramente a segunda acusação, de que "comia com publicanos e pecadores".

Que significava "pecadores" no contexto do primeiro século? Não se referia aos que ignoravam as estritas regras de pureza dos outros. Não queria dizer "os chamados pecadores", que eram pobres e sofredores e que, portanto, deveriam estar pagando pelos erros cometidos com destituição e doença (a falácia de Jó). Nem tampouco os que se chamavam de "pecadores" arrependidos. Significava, antes, os que deliberada, constante e obstinadamente praticavam o mal. A expressão "coletores de impostos", ou "publicanos", indicava pessoas que colaboravam com os opressores imperiais locais e/ou operavam com excessivo rigor, suborno e corrupção. As duas expressões juntas, "publicanos e pecadores", denotavam pessoas moral e ocupacionalmente perversas, irremediavelmente más.

Consideremos as duas frases semelhantes. Mateus, quando queria designar alguém da comunidade a ser evitado, dizia, "trata-o como gentio ou publicano" (18,17). Essas pessoas deveriam ser evitadas a qualquer custo e não deveriam ser visitadas nem contadas como amigas. Tampouco se deveria procurar convertê-las. Mas outro versículo anuncia: "Pois João veio a vós, num caminho de justiça, e não crestes nele. Os publicanos e as prostitutas creram nele. Vós, porém, vendo isto, nem sequer reconsiderastes para crer nele, afinal" (21,32). Aparecem aqui dois tipos de malfeitores, de ambos os gêneros, só que desta vez foram convertidos com êxito e não mais perdidos para sempre. Essas designações, em outras palavras, serviam para insultar. Chamar Jesus de amigo de "publicanos e pecadores" significava denegri-lo completamente e desprezá-lo, mais ou menos como o pessoal da extrema direita nos Estados Unidos dos anos 1950 gostavam de insultar os simpatizantes da esquerda de "subversivos e comunas".

A acusação de relacionamento com "publicanos e pecadores" não era apenas relembrada no *Evangelho Q*, onde as origens não literais do insulto são claramente evidentes. Outros textos tomam-na literalmente, mas Jesus é defendido de imoralidade com a afirmação de que esse contato tinha a finalidade de convertê-los. Nesses casos, Jesus era defendido especificamente contra os fariseus e outros que criticavam suas ações. Temos outro exemplo quando Jesus come com Levi e "publicanos e pecadores" em Marcos 2,13-17. Mas essa atitude é explicada porque Jesus não viera chamar justos, "mas pecadores" (2,17), e, para que não houvesse dúvidas, Lucas 5,32 acrescenta, "ao arrependimento". Outro exemplo, além deste com Levi em Cafarnaum, é o de Zaqueu em Jericó, "que era rico e chefe dos publicanos" (Lucas 19,1-10). Jesus é, aqui, o hóspede de um pecador. Mas, depois do acontecido, Zaqueu distribui a metade de seus bens aos pobres e devolve o dinheiro roubado às suas vítimas, multiplicado por quatro: "Hoje a salvação entrou nesta casa, porque ele também é um filho de Abraão. Com efeito, o Filho do Homem veio procurar e salvar o que estava perdido". O problema é que, naturalmente, se a salvação e a conversão resultavam desses contatos, a atitude de Jesus deveria ter sido aprovada e não criticada. Que indivíduos, seita ou grupos judaicos criticavam Jesus por converter pecadores, transformando-os em santos, mudando o vício em virtude, ou atraindo os gentios para o judaísmo?

Aí está o problema. Assumindo que Jesus não comesse livremente com pessoas irremediavelmente más e que não fosse glutão nem beberrão, e que João não fosse um possesso, que outra alegação física poderiam ter suscitado as acusações contra ele? Que envolvia seu estilo de comer e beber? Que sentido poderiam ter essas acusações? Jesus comia e bebia. E daí? E se levássemos a sério essas acusações e as tomássemos ao pé da letra, como explicar que tal jeito de comer e beber o levaria a morrer numa cruz romana?

Paulo não aceita o mandamento de Jesus

Se tivéssemos apenas a comparação de João com Jesus nas acusações registradas no *Evangelho Q*, poderíamos imaginar que ele estava sendo criticado porque era diferente de João. Era acusado de não ser asceta, ao contrário do martirizado João Batista. Em Marcos 2,19-20, por exemplo, logo depois da defesa de Jesus por ter comido com "publicanos e pecadores" para que se arrependessem, os discípulos são criticados por não jejuarem como os discípulos de João e os fariseus. Mas seria só isso: que Jesus não era um jejuador asceta? Que ele comia normalmente? Bem como seus companheiros? Se Marcos e o *Evangelho Q* pertencem ao primeiro nível da terceira camada, haveria alguma outra coisa nas camadas anteriores a respeito desse assunto? Será que essas outras camadas nos ajudam a entender a descrição de Jesus como glutão e beberrão? Retornamos, então, às complexidades das camadas exegéticas.

O material presente nas cartas de Paulo provém de camadas da tradição de Jesus precisamente datadas. No inverno de 53-54 d.C., por exemplo, Paulo escreveu à comunidade de Corinto defendendo-se dos que o acusavam, perguntando: "Não temos o direito de comer e beber?" (1Cor 9,3). A acusação é não de que ele esteja se aproveitando da hospitalidade mas sim de que, ao contrário, não a usava como era esperado. Admite que os "que anunciam o evangelho [...] vivam do evangelho", mas confessa que "não me vali de nenhum desses direitos" (9,14-15). Não se percebe imediatamente por que Paulo recusava seguir em Corinto o que sabia ser mandamento do próprio Jesus, coisa que os outros obedeciam. Em princípio não era contra o recebimento de assistência financeira das comunidades: "Vós mesmos bem sabeis, filipenses, que no início da pregação do evangelho, quando parti da Macedônia, nenhuma igreja teve contato comigo em relação de dar e receber, senão vós somente; já em Tessalônica mais uma vez vós me enviastes com que suprir as minhas necessidades" (Fl 4,15-16). Refere-se, de fato, à ocasião descrita em 2 Coríntios 11,8-9: "Despojei outras igrejas, delas recebendo salário, a fim de vos servir. E quando entre vós sofri necessidade, a ninguém fui pesado, pois os irmãos vindos da Macedônia supriram minha penúria; em tudo evitei ser-vos pesado, e continuarei a evitá-lo". Mais tarde diz aos romanos que lhe encaminhem para a Espanha (Rm 15,24), sugerindo, provavelmente, que lhe paguem a viagem e não se limitem a se despedir dele no porto de Óstia em Roma.

Será que essas ofertas só eram aceitas quando partiam *de* uma comunidade *para* outra? Pode ser, mas tudo indica que existiam problemas especiais com a aceitação de ajuda dos coríntios. Em vez do igualitarismo radical adotado por Paulo para judeus e gentios, escravos e livres, homens e mulheres (Gl 3,28), havia na comunidade de Corinto pessoas abastadas, provavelmente escravos alforriados, que operavam segundo os padrões hierárquicos patronais da tradição greco-romana comum. Essa sedutora subversão da igualdade cristã causava problemas na celebração da Ceia do Senhor (1Cor 12) e forçava Paulo a recusar qualquer tipo de hospitalidade que não fosse igualitária, por envolver mais controle do que assistência.

De qualquer forma, e seja pela razão que for, Paulo recusava a ajuda financeira e a hospitalidade das famílias de Corinto, mas admitia que o criticavam corretamente por não seguir o costume geral apostólico adotado por Jesus. Não apelava a nenhuma revelação pessoal, embora admitisse que se tratava de tradição comum. Em outras palavras, se a tradição de Paulo pertencer à segunda camada, o mandamento de Jesus seria da primeira, do próprio Jesus histórico. Mas que realmente significa? Teria Jesus promovido hospitalidade? Quem não faria isso? Teria ele aprovado o pagamento de salários? Quem seria contra? Jesus comia e bebia. Mas todos comem e bebem, não é? Mas realmente o que estaria em jogo nisso tudo e por que tanta confusão sobre comida na tradição de Jesus?

Programa de reciprocidade de recursos

Pressupomos aqui a validade de dois julgamentos especializados, a existência do *Evangelho Q* e a independência do *Evangelho de Tomé*. Aceitando-os como teoria operacional, logo percebemos que as trinta e sete unidades distribuídas divergentemente nesses dois evangelhos indicam que havia um depósito de tradição oral nos quais se basearam independentemente. Essas conclusões dos estudiosos têm sido classificadas, como já vimos, entre as mais importantes "descobertas" textuais nas escavações relacionadas com Jesus na introdução deste livro. Vamos ressaltar, a seguir, uma unidade específica dessa tradição oral conhecida como Tradição dos Ditos Comuns. Trata-se da exortação a respeito de *missão e mensagem* nas versões de *Tomé*, Marcos e *Evangelho Q*.

No *Evangelho de Tomé* 14 Jesus ordena: "Quando vocês forem a qualquer região e entrarem no pátio e forem recebidos pelas pessoas, comam o que lhes for servido e curem os doentes que estiverem aí". Observemos a situação rural e não urbana, a possibilidade implícita de rejeição e a reciprocidade entre comida e cura.

No *Evangelho Q* a situação é mais complexa, posto que Mateus e Lucas estavam usando versões parecidas, uma do *Evangelho Q* e a outra de Marcos 6,7-13. Os especialistas entendem que Mateus 10,7-15 integrava as duas fontes, enquanto Lucas as mantinha separadas, vindo Lucas 9,1-6 de Marcos, e Lucas 10,4-12 do *Evangelho Q*. Eis, a seguir, os dois textos, de Marcos e do *Evangelho Q*.

> *Marcos 6,7-13*: Chamou os doze e começou a enviá-los dois a dois. E deu-lhes autoridade sobre os espíritos imundos. Recomendou-lhes que nada levassem para o caminho, a não ser um cajado apenas; nem pão, nem alforje, nem dinheiro no cinto. Mas que andassem calçados com sandálias e não levassem duas túnicas. E disse-lhes: "Onde quer que estiverdes, entrando numa casa, nela permaneceis até vos retirardes do lugar. E se algum lugar não vos receber nem vos quiser ouvir, ao partirdes de lá, sacudi o pó de debaixo dos vossos pés em testemunho contra eles". Partindo, eles pregavam que todos se convertessem. E expulsavam muitos demônios, e curavam muitos enfermos, ungindo-os com óleo.

> *Evangelho Q* em *Lucas 10,4-12*: Não leveis bolsa, nem alforje, nem sandálias, e a ninguém saudeis pelo caminho. Em qualquer casa em que entrardes, dizei primeiro: "Paz a esta casa!". E se lá houver um homem de paz, a vossa paz irá repousar sobre ele; se não, voltará a vós. Permanecei nessa casa, comei e bebei do que tiverem, pois o

21. Códices de Nag Hammadi
(Reproduzidos com permissão; © Instituto de Antiguidade e Cristianismo, Claremont, Califórnia, EUA)

operário é digno do seu salário. Não passeis de casa em casa. Em qualquer cidade em que entrardes e fordes recebidos, comei o que vos servirem; curai os enfermos que nela houver e dizei ao povo: "O Reino de Deus está próximo de vós". Mas em qualquer cidade em que entrardes e não fordes recebidos, saí para as praças e dizei: "Até a poeira da vossa cidade que se grudou aos nossos pés, nós a sacudimos para deixá-la para vós. Sabei, no entanto que o Reino de Deus está próximo". Digo-vos que, naquele Dia, Sodoma será mais tolerada do que aquela cidade.

Além das referências a alimento nesses textos e das relações que têm entre si, há ainda quatro razões que nos levaram a selecioná-los entre a Tradição dos Ditos Comuns. Em primeiro lugar, visto que derivam de Jesus, e acentuam comida e bebida, hospitalidade e reciprocidade, ligam-se diretamente com o mandamento do Senhor que Paulo não seguiu em 1 Coríntios 9. Talvez isso nos leve, em outras palavras, a entender o conteúdo e o propósito de tal mandamento.

Em segundo lugar, temos a unidade paralela em Marcos. A combinação dela com Paulo e a Tradição dos Ditos Comuns chama em especial a nossa atenção pela importância que tem como testemunho conjunto.

Em terceiro lugar, os estudiosos debatem se as palavras e feitos, ditos e atos de Jesus deveriam receber tanta ênfase e valor. A unidade ressalta a dependência mútua desses elementos e sua importância recíproca.

Em quarto lugar, esses textos distinguem entre o programa do Reino de Jesus e o de João Batista, coisa que foi determinante para seus destinos divergentes. João era chamado de "Batista" tanto por Josefo como pelo Novo Testamento. As pessoas não se batizavam a si mesmas e nem eram batizadas umas pelas outras — mas pelo próprio João. Daí o apelido. Não importando o que tal batismo significasse, João tornou-se tão importante que sua execução acabou desmantelando seu movimento pouco a pouco. Era quase impossível que o movimento pudesse continuar sem ele.

Na unidade que consideramos agora, Jesus envia os companheiros a ir e fazer exatamente o mesmo que ele fazia. Além disso, não lhes mandou realizar essas coisas em seu nome. Em jargão moderno diríamos que João criou o monopólio batista enquanto Jesus, a franquia (*franchise*) do Reino. O movimento poderia continuar ou não depois de sua execução, mas a execução não acabava inevitavelmente o movimento.

Cura e comida. Cura e comida formam o primeiro e mais importante par que estamos usando para discutir as orientações missionárias de Jesus. Como combinação recíproca aparecem tanto na Versão da Tradição dos Ditos Comuns como em Marcos, embora neste último apenas implicitamente. Pressupõe-se aí a comida indiretamente (permanecer na casa) e não se exige obrigatoriamente a cura, embora seja descrita. A reciprocidade, no caso, supõe relacionamento de duas classes, itinerantes e donos de casa, destituídos e pobres. Mas cada parte tem algo a oferecer à outra: de um lado, dons espirituais (cura), e do outro, materiais (comida). A justaposição envolve íntimo relacionamento e livre redistribuição de necessidades espirituais e materiais como base das sociedades campesinas.

Vestuário e interdependência. A Tradição dos Ditos Comuns não menciona vestuário nem interdependência. Estes itens só aparecem no *Evangelho Q* e em Marcos. De um lado, esse par de conceitos liga-se intimamente aos outros elementos que examinamos, mas, do outro, Marcos já suaviza as exigências do *Evangelho Q*. Por exemplo, a orientação de não usar sandálias desse evangelho presente em Mateus 10,10 = Lucas 10,4 transforma-se em seu oposto em Marcos 6,9: "Que andassem calçados com sandálias". É difícil imaginar símbolo maior de indigência do que andar descalço. Da mesma forma, os discípulos tinham que viajar sem alforje, que é uma contradição em termos. Se fossem esmoleiros, como carregariam as esmolas? É isso aí. Essa falta anuncia a interdependência entre itinerantes e proprietários. Os itinerantes dependiam dos hospedeiros para alimentação e pousada, não apenas de caridade e doações.

Será que os companheiros de Jesus eram enviados a residências como as de Nazaré e Cafarnaum ou a praças públicas de cidades e lugarejos como as de Séforis e Tiberíades? O *Evangelho de Tomé* 14 menciona as zonas rurais em vez de cidades/aldeias e somente sugere a dialética de aceitação e rejeição ("quando as pessoas vos receberem"). Marcos menciona apenas "casa", mas observa explicitamente aceitação (6,10) e rejeição (6,11). O *Evangelho Q* inter-relaciona "casa" e "cidade/aldeia" com aceitação e rejeição. Assim, temos em Lucas aceitação numa casa (10,5-6a.7) e rejeição também numa casa (10,6b), seguida de aceitação na cidade/aldeia (10,8-9) e rejeição na cidade/aldeia (10,10-11). Mateus 10,14 reconhece o problema dessa disjunção e o resolve com "numa cidade ou numa aldeia" (10,11) e "daquela casa ou daquela cidade" (10,14). Em resumo, a camada original dessa unidade parecia ressaltar as casas, enquanto as camadas posteriores davam mais ênfase às cidades/aldeias. Relembremos, por exemplo, as maldições proferidas contra Corazim e Betsaida,

22. Reconstrução de uma casa com pátio em Cafarnaum no primeiro século
A vida simples de uma família de camponeses da Galiléia girava ao redor do pátio, onde as crianças brincavam, os animais domésticos eram guardados e os que viviam na casa trabalhavam e comiam. O desenho acima baseia-se na chamada Casa de São Pedro escavada pelos franciscanos, sobre a qual, posteriormente, no quinto século, construiu-se uma basílica octogonal. Embora a maioria dos cômodos de depósito (1) ou unidades em volta do pátio não tivesse mais de um andar, mostramos aqui um deles com dois andares, construído com pedras locais de basalto e revestidos de barro e palha para efeitos de climatização (2). As paredes eram feitas de pedras empilhadas, com cascalhos nos interstícios, e o telhado em cima (3), que acrescentava espaço para secar peixes (4) ou para dormir (5), era feito de sapé e barro, conforme dá a entender Marcos 2, quando os amigos do paralítico "fizeram um buraco" no telhado para fazer descê-lo até Jesus. Mulheres de diferentes idades (6) moem grãos para fazer farinha e cozer o pão num forno de argila.

1. Ossuário de Tiago
(Cortesia da Sociedade de Arqueologia Bíblica, Washington, DC)

2. Nazaré do século XXI

3. Reconstrução da Nazaré do século I

4. Reconstrução de Cesaréia Marítima do século I

5. Reconstrução de Tiberíades do século I

6. Barco da Galiléia do século I
(Cortesia do Museu Allon, *kibutz* Ginnosar)

7. Reconstrução de Cafarnaum do século I

8. Reconstrução de uma casa com pátio em Cafarnaum do século I

9. Reconstrução da Vila de Dionísio em Séforis do período romano posterior

10. Palácio do Norte em Masada (© Baron Wolman)

11. Reconstrução da cidade destruída de Gamla

12. Reconstrução da elegante casa de um sacerdote na cidade alta de Jerusalém

13. Reconstrução do Monte do Templo voltado para o Monte das Oliveiras

14. Reconstrução do Herodiano

15. Reconstrução da Igreja do Santo Sepulcro

16. O Monte do Templo em Jerusalém (© Baron Wolman)

mas mais especialmente contra Cafarnaum no *Evangelho Q* em Mateus 11,20-24 = Lucas 10,13-15. É provável que os primeiros companheiros de Jesus tivessem tido mais êxito nas casas individuais de lugarejos pequenos do que nas arenas públicas das aldeias maiores ou dos vilarejos (chamados "cidades").

Desafios da itinerância e da comensalidade

A cara desse programa mostrava-se relativamente clara. A itinerância, por exemplo, não se limitava a simples vida errante nem à construção de um reino de esmoleiros. Era, antes, a recusa do estabelecimento de uma sede para onde todas as coisas se dirigissem. O Reino de Deus não podia ter um centro geográfico específico. A comensalidade extrapolava a caridade das coletas ou as doações recebidas de porta em porta. Tinha a ver com a partilha justa de alimento como base material da vida pertencente a Deus. A itinerância e a comensalidade eram forjadas ao mesmo tempo no âmbito da sociedade rural. Os discípulos queriam restaurar, de baixo para cima, essa sociedade, fraturada pela romanização, urbanização e comercialização de Herodes. Esse esforço fazia parte do Reino de Deus, em confronto com o estreito domínio de Antipas no âmbito maior do império de César. Mas esses dois aspectos do programa do Reino exigem exame mais profundo.

Itinerância. A itinerância de Jesus não era apenas condição radical da missão nem a exigência de que seus companheiros abandonassem as famílias para sempre e vivessem nas estradas. Desde o começo, a justaposição de comer e curar, de itinerância e residência, criou certa dialética no coração do Reino que requer de nós consideração especial. Quando o Jesus histórico enviou os discípulos para fazer exatamente o que fazia, estaria desmanchando famílias até então perfeitamente felizes ou recolhendo o que sobrava das famílias desfeitas?

Em primeiro lugar, a maneira mais rápida para acabar com a família consiste em advogar o divórcio, com a separação dos cônjuges e o abandono dos filhos. Mas foi precisamente o que Jesus condenou nos ditos *a respeito do* divórcio, segundo Paulo em 1 Coríntios 7,10-11, no *Evangelho Q* em Lucas 16,18 = Mateus 5,32 e em Marcos 10,11-12 = Mateus 19,9. As citações de Paulo, do *Evangelho Q* e de Marcos quase certamente indicam que se originaram no próprio Jesus histórico pertencente à primeira camada da tradição.

Em segundo lugar, o aforismo da *paz e da espada* encontrado na Tradição dos Ditos Comuns, isto é, o *Evangelho de Tomé* 16 e o *Evangelho Q* em Lucas 12,51-53 = Mateus 10,34-36, também remonta ao Jesus histórico da primeira camada. O eixo da separação, no entanto, passa, do marido e da mulher, para os pais e filhos, com ênfase nos casados. Era aí que ocorria a separação nas famílias estendidas que se viam forçadas a trabalhar fora das terras que tinham em comum para sobreviver sob as condições cada vez mais exigentes da comercialização.

A urbanização romana e a comercialização herodiana trouxeram o desenvolvimento econômico da *Pax Romana* à Baixa Galiléia, mas com isso foram abaladas a antiga segurança das redes de camponeses, a coesão das aldeias e a justa distribuição de terras. Naturalmente, as áreas atingidas não ficaram mais pobres. Ao contrário, a urbanização enriqueceu a região (mas quem aproveitou?), envolvendo mudanças profundas. Pequenas fazendas tiveram que se amalgamar às grandes e os camponeses que trabalhavam por conta própria foram obrigados a arrendar terras ou se transformaram em empregados diaristas. A parábola dos trabalhadores na vinha de Mateus 20,1-15 retrata esse tipo de situação. O proprietário da fazenda poderia ir ao mercado de manhã, no meio da manhã, ao meio-dia, no início da tarde, ao anoitecer e sempre encontraria trabalhadores disponíveis. O alto índice de desemprego mantinha-os desocupados durante o dia todo e, por isso, eram às vezes chamados de "preguiçosos". Ao entardecer o capataz poderia mostrar-se bondoso ao pagar-lhes o trabalho contratado. Mas que dizer a respeito da justiça estrutural e sistêmica dessa situação?

Foram precisamente esses camponeses sem posses, os novos destituídos, que vieram a se tornar os itinerantes do programa do Reino. Era a eles que Jesus se referia quando anunciava "Bem-aventurados vós, os pobres", segundo a Tradição dos Ditos Comuns no *Evangelho de Tomé* 54 e no *Evangelho Q* presente em Mateus 5,3 = Lucas 6,20. A tradução mais correta seria "destituídos" em vez de "pobres". Os *pobres* eram os camponeses em geral, ligados ainda às terras de suas famílias. Os *destituídos*, porém, eram os que haviam perdido os bens e agora sentiam-se obrigados a trabalhar nas terras dos outros para sobreviver. Poderíamos dizer que se estava transformando a itinerância, resultado da indigência, numa virtude, mas seria mais acurado dizer que desde que a necessidade era injusta aos olhos de Deus, a virtude (nesse caso) mostrava-se injusta para os que nada tinham.

Originalmente, então, a itinerância de Jesus nada tinha a ver com ascese ou com o abandono voluntário das posses, da família normal e do lar. Não obstante, muito cedo na tradição de Jesus o asceticismo voluntário começou a substituir o forçado. Essa tendência aparece tanto no *Evangelho de Tomé* como no *Evangelho Q*. Inúmeros desses ditos que todos conhecem sobre abandonar riquezas e odiar os pais acabaram sendo interpretados como exigências de uma vida de negação ascética. Os que seguiam e repetiam esses ditos e deixavam voluntariamente as famílias criavam sérias tensões com os proprietários, como aqueles da comunidade da *Didaqué* que não queriam julgá-los nem imitá-los (11,11). Estamos convencidos, porém, de que as primeiras camadas sobre a itinerância de Jesus não procuravam difundir esse asceticismo novo e individual, mas representavam o clamor por justiça comunitária.

Pureza. Antes de passar da itinerância para a comensalidade, precisamos examinar o contexto em que se desenvolveram os códigos judaicos de pureza, uma vez que os debates e acusações envolvendo essas regras *no* judaísmo acabaram sendo usados pelos cristãos *contra* o judaísmo. As caricaturas polêmicas de judeus fariseus por judeo-cristãos, de judeus essênios por judeus fariseus, ou de judeus saduceus por judeus essênios revelam rixas dentro da família e não fora dela. O conceito judaico de pureza e seus diversos sistemas no período do Segundo Templo exigem esclarecimentos históricos e não repetição sem sentido, por causa dos antigos e constantes mal-entendidos cristãos, quase sempre acoplados a acusações falsas de legalismo farisaico.

Em primeiro lugar, os conceitos judaicos de puro e impuro, limpo e imundo não podem ser comparados com virtude e vício, bem e mal. Em vez disso, o conceito de pureza relaciona-se com o Templo, com a presença divina em seus átrios, e, mais amplamente, com a experiência da vida e da morte corpóreas. A maior parte da transmissão de impureza por contato relaciona-se com a morte: cadáveres humanos e de animais, até mesmo répteis ou insetos mortos, sêmen, uma vez que implica a perda de uma força doadora de vida, ligam-se à extinção da força vital e com a morte. A escritura nos obriga a enterrar os mortos; Gênesis ordena a procriação, e a menstruação é inevitável e natural. Nada disso se classifica como pecado nem como lapsos morais. Pensemos: depois de estar em contato com a dimensão humana da morte, é preciso lavar-se e esperar um pouco antes de se aproximar da dimensão divina da vida. Trata-se de um modo concreto e corporal de reconhecer que Deus é autor da vida, santo e distinto de nós. Somente quando as pessoas reconheciam seus lapsos morais é que precisavam oferecer sacrifícios e dádivas além da purificação e da espera. A pureza fazia parte do sistema estabelecido para relembrar Israel deste imperativo: "Escolhe, pois, a vida [...] e assim poderás habitar sobre este solo que Iahweh jurara dar a teus pais, Abraão, Isaac e Jacó" (Dt 30,19-20). As lavagens não seriam feitas em água parada, mas em "água viva", num riacho, rio ou lago; o *miqweh*, ou banho ritual, aproveitava a água da chuva nas cidades e aldeias onde não havia água corrente. A literatura judaica jamais considerou o banho ritual e a espera atos mágicos — não se recitavam orações nem se realizavam feitiçarias, e o ato não era terapêutico no sentido de pretender efetuar curas nos purificados. Era mais como confissão, declaração de fé, ato de respeito divino e lembrança física regular de que a vida do corpo pertence a Deus.

Em segundo lugar, a Torá, ou lei da aliança, tratava de santidade para determinar de que maneira o povo poderia ser santo, de um Deus santo numa terra também santa. A santidade envolvia justiça e pureza, não apenas justiça nem só pureza, mas juntas e nessa ordem. Era *não apenas* sobre pureza, mas *também* sobre ela. Em geral, era fácil distinguir uma da outra e, às vezes, até mesmo separá-las. Mas essa separação nem sempre era possível.

Pensemos, por exemplo, no Sábado. Tratava-se de justiça ou de ritual, ou das duas coisas? Leiamos o conteúdo completo destes dois mandamentos legais que estabeleciam seu significado e propósito:

> *Êxodo 23,12*: Durante seis dias farás os teus trabalhos e no sétimo descansarás, para que descanse o teu boi e o teu jumento, e tome alento o filho da tua serva e o estrangeiro.

Deuteronômio 5,12-15: Observarás o dia de Sábado para santificá-lo, conforme te ordenou Iahweh teu Deus. Trabalharás durante seis dias e realizarás toda a tua obra; o sétimo dia, porém, é o sábado de Iahweh teu Deus. Não farás, portanto, nenhum trabalho, nem tu, nem teu filho, nem tua filha, nem teu escravo, nem tua escrava, nem teu boi, nem teu jumento, nem qualquer um dos teus animais, nem o estrangeiro que reside em tua cidade. Deste modo o teu escravo e a tua escrava poderão repousar como tu. Recorda que foste escravo na terra do Egito, e que Iahweh teu Deus te fez sair de lá com mão forte e braço estendido. É por isso que Iahweh teu Deus te ordenou guardar o dia de sábado.

É quase impossível distinguir e muito menos separar nesses textos justiça distributiva de observância ritual. Trata-se não apenas de descanso *para* prestar culto mas também de descanso *como* culto. Todos precisam de um dia de descanso, animais e humanos, escravos e livres, pais e filhos. A instância simbólica de descanso igual é ordenada para todos, não importando suas diferenças. Era possível, pois, praticar os rituais da justiça divina.

Em terceiro lugar, havia elementos comuns entre as leis sobre justiça e códigos a respeito de pureza: ambos concentravam-se no corpo. Justiça não se reduz a conceitos mentais nem a intenções espirituais; tem a ver com a maneira como os corpos têm acesso eqüitativo e justo à base material da vida, a esse inevitável fundamento sem o qual a vida humana plena não é possível. Em outras palavras, o sentido da justiça divina na Torá, da justiça distributiva de Deus, não se reduz à terra nem ao alimento, mas abrange a vida toda. A ênfase na pureza do corpo nos lembra permanentemente que a exigência de justiça envolve também a vida do corpo.

Em quarto lugar, os códigos de pureza ritual incluem, em sentido amplo, o estado físico das pessoas, em sentido estrito, isto é, a *dieta* do corpo. Vamos examinar, a seguir, esse aspecto da comensalidade, levando em consideração as regras de pureza aplicadas à alimentação. No próximo capítulo trataremos de pureza em sentido amplo que chamaremos de estado puro ou impuro, não apenas em termos de dieta.

Comensalidade. No dito sobre *missão e mensagem* citado anteriormente, a versão no *Evangelho de Tomé* 14 é esta: "Quando forem a alguma região e chegarem a uma cidade, quando as pessoas receberem vocês, comam o que servirem e curem os doentes que aí estiverem. Pois o que entra pela boca não corrompe ninguém, mas o que sai da boca". O dito parece contrastar deliberadamente comensalidade com o que se deve ou não comer. Em outras palavras, uma das principais feições do programa do Reino de Deus, se não a mais importante, na primeira camada da tradição de Jesus, era o ataque às preocupações judaicas com pureza, pelo menos no que concerne à alimentação. Mas existem três problemas com essa interpretação.

Em primeiro lugar, se a desobediência, pelo menos às regras de pureza alimentar, fosse clara no ensino do Jesus histórico, por que Atos 10-11 precisava daquela solene

23. Página título (e última) do *Evangelho de Tomé*
(Reproduzida com permissão; © Instituto de Antiguidade e Cristianismo, Claremont, Califórnia, EUA)

revelação a Pedro negando-lhe quaisquer distinções entre comida pura e impura? Em 10,12-15 Deus diz a Pedro três vezes que "todos os quadrúpedes e os répteis e todas as aves do céu [...] não chames impuro ao que Deus declarou puro". Depois, em 11,6-10 tudo isso é repetido uma vez mais quando Pedro relata a revelação aos outros apóstolos. Assim, ouvimos novamente que a respeito de "todos os quadrúpedes e os répteis e todas as aves do céu [...] não chames impuro ao que Deus declarou puro". O anúncio dado três vezes por Deus é repetido duas vezes por Lucas. Essa sentença retórica indica a nova revelação de Deus em lugar da antiga revelação de Jesus.

Em segundo lugar, na metade do primeiro século debatia-se em Jerusalém se os pagãos convertidos ao judaísmo cristão precisavam se circuncidar (não!) e em Antioquia se as refeições com a presença de judeus e pagãos convertidos deveriam seguir o costume *kosher* (sim!). Mas nem nos relatos polêmicos envolvendo Paulo em Gálatas 2 nem na versão mais irênica de Lucas em Atos 15 menciona-se o Jesus histórico sobre o assunto. Em Gálatas 2,11-14, por exemplo, a comunidade inclusiva de Antioquia mudou de não-*kosher* para *kosher* por insistência de Tiago. Paulo discordava disso, mas nunca citou mandamento algum de Jesus em sua defesa.

Em terceiro lugar, na última parte do mesmo século, dois evangelhos discordavam absolutamente sobre a adoção de alimentos puros ou impuros, limpos ou imundos.

Marcos 7,15 repete o mesmo dito a respeito de *os de casa e os de fora* como apêndice à unidade anterior sobre *missão e mensagem* no *Evangelho de Tomé* 14. Mas para explicar o que dizia acrescentou três comentários contextuais. Tinha que explicá-lo privativamente aos discípulos em 7,17-23. E temos a explícita explicação em Marcos: "Ele declarava puros todos os alimentos". O fato precede a ida de Jesus a territórios pagãos, tipo de missão gentílica proléptica. Essas coisas são suficientemente claras, mas estariam na primeira ou na terceira camada da tradição dos evangelhos? Viriam diretamente de Jesus ou de Marcos?

A frase de Marcos sobre a declaração de Jesus de que são "puros todos os alimentos" é omitida nos versículos paralelos de Mateus 15,17-18. Essa frase só poderia ser esperada depois do que Jesus dissera em Mateus 5,17-18: "Não penseis que vim revogar a Lei e os Profetas. Não vim revogá-los, mas dar-lhes pleno cumprimento, porque em verdade vos digo que, até que passem o céu e a terra, não será omitido nenhum só *i*, uma só vírgula da Lei, sem que tudo seja realizado". Marcos e Mateus, em outras palavras, jogam o Jesus histórico para o lado contrário no que concerne à pureza ou impureza da alimentação, coisa que ainda se podia fazer até mesmo nos anos 70 e 80.

A conclusão óbvia desses três itens é que a camada mais antiga não apóia nenhuma atitude clara *a favor* ou *contra* as regras sobre pureza alimentar a partir do Jesus histórico. Em outras palavras, Jesus observava exatamente as mesmas regras sobre pureza alimentar como qualquer outro camponês da Galiléia daquele tempo e lugar. Mas, se sua ênfase sobre alimentos não recaía na pureza, com que se preocupava?

Comensalidade sem itinerância. Afirmamos anteriormente que, não importando o julgamento final a respeito da autenticidade do ossuário de Tiago, sua apresentação pública e a discussão de alto nível a respeito têm o mérito de salientar a importância de Tiago, irmão de Jesus. Ela se reflete no passado na consideração da itinerância e da comensalidade de Jesus no contexto do programa fundamental do movimento do Reino de Deus.

Segundo o *Evangelho de Tomé* 12, citado no primeiro capítulo, Jesus deixara o irmão no seu lugar: "Independentemente do lugar para onde vocês forem, terão que ir a Tiago, o Justo, por quem os céus e a terra vieram a ser". Tiago não era itinerante, pois vivia em lugar conhecido, alcançável, embora sem nome. Tanto Lucas, em Atos 12,17 e 15,13 até 21,18, como Paulo em Gálatas 1,19 até 2,12 afirmam a autoridade de Tiago e deixam claro que ele residia em Jerusalém. Provavelmente concordavam em outros aspectos a respeito dele, embora cada qual nos tenha deixado apenas metade do retrato completo.

Segundo Lucas a comunidade de Jerusalém adotava comportamento radicalmente igualitário. Lemos em Atos 2,44-45: "Todos os fiéis, unidos, tinham tudo em comum; vendiam as suas propriedades e os seus bens e dividiam o preço entre todos, segundo as necessidades de cada um". E, outra vez, segundo Atos 4,32-35:

> A multidão dos fiéis era um só coração e uma só alma. Ninguém considerava seu o que possuía, mas tudo era comum entre eles. Com muito vigor, os apóstolos davam testemunho da ressurreição do Senhor Jesus. E todos eles tinham grande aceitação. Não havia entre eles indigente algum, porquanto os que possuíam terras ou casas vendiam-nas, traziam o dinheiro e o colocavam aos pés dos apóstolos; e distribuía-se a cada um segundo a sua necessidade.

Lucas continua dando o exemplo positivo da doação de Barnabé e, ao contrário, o negativo, no caso da fraude praticada por Ananias e Safira. É possível descartar essas histórias taxando-as de mero romantismo de Lucas, mas são inúmeras as razões para levá-las a sério. Em primeiro lugar, no âmbito da teologia de Lucas, nunca se vêem estilos de vida semelhantes em outras comunidades, não sendo portanto fruto de seus motivos costumeiros. Ele tendia a falar a respeito de desavenças (ou mentiras) e, no caso, as admite. Observa que a comensalidade era voluntária e nunca exigida de todos. Em segundo lugar, no contexto da história contemporânea, mostra que o estilo de vida da comunidade de Jerusalém assemelhava-se à de Qumrã. Segundo a *Regra da Comunidade* nos Rolos do Mar Morto, depois que os noviços participam em sua vida pelo período de um ano, "seus bens e dinheiro passam para as mãos do Inspetor encarregado de cuidá-los. Serão anotados num livro e não serão usados para todos [...] até que se completem dois anos". Somente depois desse segundo ano probatório "esses bens estarão à disposição do uso comum". Além disso, "se alguém mentir a respeito de seus bens, será excluído dos alimentos puros de todos por um ano, e será condenado a comer apenas um quarto do pão a que tem direito" (IQS 6). Em terceiro lugar, no que concerne à escatologia apocalíptica, a comunidade manifesta clara visão do igualitarismo radical numa descrição do início do primeiro século do que seria a perfeita comunidade de Deus na terra aperfeiçoada. Nesse tempo iminente, segundo os *Oráculos sibilinos* 2.319-324,

> a terra pertencerá igualmente a todos, sem divisões de muros ou cercas. Produzirá, então, frutos mais abundantes espontaneamente. A vida será em comum e não haverá divisão de riqueza.
>
> Pois não haverá mais pobres nem ricos nem tiranos nem escravos. Além disso, ninguém será maior nem menor. Não haverá reis nem líderes. Todos viverão juntos e iguais.

Depois de considerarmos tudo isso, achamos que a narrativa de Lucas mostra-se basicamente acurada. A comunidade judaico-cristã de Jerusalém praticava voluntariamente o estilo comunal de vida repartindo entre todos o que tinha. Resistia, assim, à ganância normal das outras comunidades que como a dos saduceus colaborava com o imperialismo romano. Relembremos Hegesipo, do primeiro capítulo. Seu relato da santidade e do martírio de Tiago continha detalhes acurados e inacreditáveis ou, melhor, essa história basicamente correta vinha permeada por muitas camadas polêmicas, apologéticas e teológicas. Mas, como vimos, mesmo a narrativa religiosamente motivada do "assassinato" de Tiago por Paulo refletia o conhecimento que tinha do martírio de Tiago. A mesma coisa, com a santidade do mártir. Embora os pormenores sejam claramente exagerados, para dizer pouco, e os exemplos extremamente imaginosos, ainda assim se percebe debaixo deles o reconhecimento da santidade de Tiago. Eusébio em sua *História da Igreja* 23, sobre esse tema, cita a afirmação de Hegesipo de que Tiago "estava sempre ajoelhado pedindo perdão para seu povo, de tal maneira que seus joelhos se tornaram calosos como os dos camelos: estava sempre em atitude de adoração e suplicando o perdão de Deus para seu povo". Não importando os joelhos de Tiago, aceitamos que sua santidade era coisa histórica. Finalmente, isso explica por que os judeus não cristãos, tão zelosos quanto à Lei, opuseram-se à sua execução e levaram o sumo sacerdote Ananus II à deposição por causa disso.

Em resumo, portanto, Tiago era urbano enquanto Jesus, rural. Não era itinerante ao contrário de Jesus. Mas a atitude comunitária de Tiago e sua comensalidade representaram válida continuação da visão de seu irmão e do programa do Reino de Deus. Divergentes como o grupo Qumrã com sua *Regra da Comunidade* e o outro, essênio, retratado no *Documento de Damasco*. Mas, ao observarem a justiça divina, resistiam à injustiça imperial romana.

Da terra ao mundo e à alimentação

Recordemos o que foi dito no capítulo anterior sobre o reino da aliança de Deus, a justiça e a retidão divinas na Lei e nos Profetas, a justa distribuição da terra e, portanto, sobre o esforço da Torá de controlar a disseminação das dívidas. A terra, base material da vida, não poderia ser vendida e comprada como qualquer mercadoria. Pertencia a Deus de tal maneira que sua distribuição eqüitativa era questão não apenas de virtude humana mas também de necessidade divina: "A terra não será vendida perpetuamente, pois que a terra me pertence e vós sois para mim estrangeiros e residentes temporários" (Lv 25,23). Desse conceito sobre a *terra* na Torá se poderia ir, quase necessária e inevitavelmente, para duas direções diferentes, expandindo-se desse ponto focal para o *mundo* e contraindo-se daí para a *alimentação*.

Terra e mundo

Embora a soberania divina tenha sido vindicada especificamente para a terra de Israel, era válida para o mundo inteiro no que concerne à justiça e à retidão de Deus. No Salmo 82, por exemplo, "Deus se levanta no conselho divino, em meio aos deuses ele julga". Julga todas as outras divindades encarregadas das nações que controlam a terra. Eis a sua palavra: "Até quando julgareis injustamente sustentando a causa dos ímpios? Protegei o fraco e o órfão, fazei justiça ao pobre e ao necessitado, libertai o fraco e o indigente, livrai-o das mãos dos ímpios" (82,2-4). As divindades acusadas parecem não compreender a situação nem a denúncia. É como se nunca tivessem se dado conta de que a justiça fazia parte de sua função: "Eles não sabem, não entendem, vagueiam em trevas". Mas os resultados de sua falha são catastróficos: "Todos os fundamentos da terra se abalam" (82,5). A incapacidade de administrar o mundo de maneira justa e eqüitativa não apenas desagrada ao Deus Supremo; mina os próprios fundamentos da criação. A justiça não é mera idéia humana ou mandamento divino. Somente nela o mundo pode se movimentar com segurança e manifestar que pertence ao Deus justo.

A seguir, duas notas de rodapé sobre a expansão da terra para o mundo. Eis a primeira. Quando nós, cristãos, lemos a respeito de "justiça e retidão" no Antigo Testamento, parece-nos que fala sobre retribuição e castigo. Mas no salmo que acabamos de ler, por exemplo, a ênfase recai não em justiça pessoal ou compensadora, mas sim na estrutural e distributiva. As divindades fracassadas não são, afinal, punidas pelo Deus Supremo. O único resultado e "castigo" de sua falha em manter justiça no mundo é este. "Eu declarei: Vós sois deuses, todos vós sois filhos do Altíssimo; contudo, morrereis como um homem qualquer, caireis como qualquer um dos príncipes" (Sl 82,6-7). As divindades do poder costumam cair quando os poderes que as apóiam falham e desabam. As falanges da Grécia se foram e também Zeus. As legiões de Roma pertencem ao passado assim como Júpiter. Mas poderá o Deus da justiça morrer?

Quando o salmista exclama no último verso do Salmo 82, "Levanta-te, ó Deus, julga a terra, pois as nações todas pertencem a ti!", não se trata de mero desejo de punir o poeta, ou de destruir os opressores, o que seria mais aceitável. Ao contrário, Deus quer sacudir o mundo onde a retidão tornou-se quase impossível para estabelecer a justiça. Relembremos a admoestação de Jesus em Mateus 5,25-26: "Assume logo uma atitude conciliadora com o teu adversário, enquanto estás com ele no caminho, para não acontecer que o adversário te entregue ao juiz e o juiz ao oficial de justiça e, assim, sejas lançado na prisão. Em verdade te digo: dali não sairás, enquanto não pagares o último centavo". Era assim que os camponeses do mundo antigo pensavam a respeito da justiça humana: fique longe dos tribunais para não ficar enredado até perder o último centavo exposto a intermináveis subornos. Se não encontramos justiça distributiva na terra, começamos a desejar um Deus que venha administrá-la com justiça e eqüidade.

A segunda nota de rodapé é esta. Em geral, nós, cristãos, traduzimos a palavra *agape* do Novo Testamento por "amor" e a interpretamos como caridade ou oferendas.

Seria melhor traduzi-la não pelo termo vago "amar" mas pelo mais preciso "compartilhar". Mas no sentido de que estamos não compartilhando generosamente o que temos mas sim distribuindo eqüitativamente o que pertence a Deus. Esse tipo de atitude significa que justiça no Antigo Testamento cristão é exatamente a mesma coisa que *agape*/amor no Novo Testamento também cristão.

Terra e alimento

Mas, na verdade, a base material da vida é não a terra mas sim o alimento que ela produz. A distribuição justa da terra relaciona-se, pois, com a distribuição justa do alimento. É por isso que as visões escatológicas e apocalípticas do Reino de Deus buscam não mais terra, mas sim mais fertilidade. Essa incrível fertilidade futura é retratada em textos separados por trezentos anos: de um texto produzido antes da perseguição síria e da revolta dos macabeus a outro surgido depois da guerra romana e da destruição do Templo. Em *O livro dos vigilantes* em 1 Enoc 10,19: "De cada uma de todas as sementes lançadas em sua [nova terra justa], nascerão mil outras, e de cada unidade de oliveiras sairão dez prensas de azeite". E em 2 Baruc 29,5-6: "A terra produzirá frutos dez mil vezes. Numa só parreira brotarão mil ramos, e um ramo produzirá mil cachos, e um cacho dará mil uvas e uma só uva produzirá incontáveis galões de vinho". Esse mundo escatológico ou Eutopia divina na terra seria uma espécie de Mediterrâneo perfeito agraciado com superplenitude de cereais, azeite e vinho. De nada valeria a terra sem alimentos. Por outro lado, era possível pensar em alimentos sem terra.

Por que muda no tempo de Jesus a ênfase da justiça distributiva a respeito da terra para o mesmo tipo de justiça relacionada com alimentação? Seria reconfortante se pudéssemos pensar que ele estivesse prevendo a mudança do cristianismo das áreas rurais para as urbanas, representadas nas cidades do Mediterrâneo em vez das propriedades rurais da Galiléia. A proclamação da renovada criação de Deus exigia necessariamente a justa distribuição de alimento em comunidades prontas a compartilhá-lo. Era o que se esperava dos artesãos sem terra, dos escravos alforriados e da primeira geração de filhos nascidos livres. Mas a ênfase de Jesus na alimentação em vez da terra dependia não de previsão futura, mas sim de necessidade presente. Indicava que a situação no final dos anos 20 na Baixa Galiléia não era favorável à distribuição de terras de baixo para cima. Tratava-se do reino de Antipas. A simples sugestão de justa distribuição de terra, mesmo sem falar em implementar a idéia, envolveria quase inevitavelmente uma violenta revolução. Era, porém, possível tentar redistribuir o alimento e a cura, bases material e espiritual da vida, de baixo para cima. Esse era o Reino de Deus na terra.

A visão e o programa fundamentalmente judaicos de Jesus na primeira camada da tradição era terra como alimento e justiça como *agape*. A teologia da criação era a base fundamentalmente judaica que indagava a respeito não apenas de quem *fizera* o mundo mas também de quem o *possuía*. Nós, humanos, afinal, nunca imaginamos que fomos os criadores da terra, embora normalmente pressupomos que somos seus donos.

Capítulo 5

RESISTÊNCIA JUDAICA AO DOMÍNIO ROMANO

Este capítulo desenvolve-se tendo em vista duas importantes questões. A primeira é que, em qualquer situação de discriminação ou opressão, as resistências visíveis são apenas a ponta do *iceberg* debaixo do qual movem-se secretamente resistências ocultas mas permanentes. A outra é que ao citar opções contrárias como, por exemplo, resistência e não-resistência, violência e não-violência, lemos "opções contrárias" mas ouvimos "gradação de opções". As opções contrárias dão ênfase não apenas a si mesmas mas também a todas as combinações e inter-relações entre elas. Sem imaginar extremos, contudo, é difícil perceber essas gradações ou analisar os níveis de possibilidades abertos a indivíduos e grupos no ano 4 a.C, quando dois mil rebeldes foram crucificados em Jerusalém, e depois, no ano 70 de nossa era, quando esse número subiu para quinhentos em um dia.

Religião e política, colônia e império

Conhecemos milhares de moedas coletadas em escavações arqueológicas ou adquiridas de sítios roubados no território judaico do primeiro século d.C. As moedas não serviam originalmente apenas para favorecer o comércio; representavam também o único meio de comunicação de massa e de informação no mundo antigo.

O espírito de Júlio César é retratado numa delas subindo ao céu como um cometa para assumir o seu lugar entre as divindades eternas. Em outra, Augusto César recebe a qualificação de *divi filius*, filho divino, filho de Deus, filho do cometa. Tibério César é saudado numa moeda com o título de *pontifex maximus*, ponte suprema entre a terra e o céu, sumo sacerdote de um povo imperial. Um dia de trabalho valia um denário de prata. Se o empregado trabalhasse mais, digamos, três dias seguidos, consideraria seu salário muito bom. Imaginemos esse trabalhador com três denários nas mãos. De que maneira poderia distinguir entre política e religião no Império Romano?

Pensemos um pouco mais sobre Augusto César. Era quatro vezes divino. Poderia empregar armas transcendentais de destruição em massa além do necessário. Sua divindade originara-se primeiramente, havia um milênio, de uma tribo existente na época da Guerra de Tróia. Descendia também das relações da deusa Vênus-Afrodite com o humano Anquise, segundo a *Eneida* de Virgílio. Havia sido concebido divinamente por Apolo e Átia, como vimos no final do primeiro capítulo. Era também divino por causa da adoção de Júlio César, como mostram algumas de suas moedas. E se tudo isso não tivesse sido suficiente, fora ainda deificado, pessoal e diretamente, por um decreto do Senado na ocasião de sua morte no ano 14 de nossa era. De que maneira poderia o povo distinguir entre política e religião nesse ambiente de bajulação? Até que ponto se poderia fazer oposição política a Augusto sem misturá-la com religião, ou vice-versa? Do ponto de vista de Augusto, que motivos haveria para alguém se opor à *Pax Romana*, à nova ordem de reformas políticas e de rearmamento moral, às sólidas estradas livres de bandidos e os mares sem ameaça de piratas, às cidades unidas pela mesma cultura e pela explosão econômica, e às legiões protetoras das periferias além das quais somente ressoavam os gritos dos bárbaros ocidentais e as ameaças dos partos orientais?

Roma, somente Roma, havia construído o reino e apenas ela poderia aprovar a existência de reinos menores e governos a ela subordinados. Como seria possível separar a religião da política na construção de qualquer reino, a favor de Roma ou contra ela? De quem era o reino, o poder e a glória na difícil situação do primeiro século?

Nessa época, o território judaico havia sido dominado pelo imperialismo cultural grego por mais de trezentos anos, e agora, pelo imperialismo militar romano, por menos de cem anos. Este capítulo trata das reações a esses dois imperialismos. Não imaginamos que todos os judeus estivessem empenhados apenas em resistir e que os resistentes pensassem da mesma forma. Sempre existiu entre eles grande variedade de opinião sobre controle imperial, dominação pagã e opressão social como, aliás, a respeito de qualquer outro assunto. Na verdade, somente essa grande variedade faria justiça ao judaísmo do primeiro século, nada monolítico nem unívoco, embora antigo e tradicional, em face da atitude condescendente da invasão cultural e do tremendo poder militar. Mas vamos nos concentrar na reação ao imperialismo e na resistência à opressão por um motivo principal.

O território judaico esteve sob controle imperial desde cerca de quinhentos anos antes da chegada dos romanos. Depois que os babilônios destruíram o Primeiro Templo e deportaram a liderança judaica, sua terra foi sucessivamente controlada pelos persas, pelos gregos, pelos ptolomeus greco-egípcios e pelos selêucidas greco-sírios. Durante todo esse tempo houve apenas uma revolta, causada pela suprema provocação de uma perseguição religiosa estrangeira que resultou no governo judaico dos macabeus asmonianos por um século. Mas nos primeiros duzentos anos do domínio romano houve quatro grandes revoltas: no ano 4 a.C., em 66-74 d.C., em 115-117 d.C. e em 132-135 d.C. Depois desses levantes, estabeleceu-se o governo romano direto e se construiu o Segundo Templo, o judaísmo egípcio desapareceu e Jerusalém tornou-se oficialmente uma cidade pagã proibida para os judeus. A reação ao imperialismo é, pelo menos, importante ponto de referência para considerar o primeiro século no território judaico e, nesse *continuum* de reação, as opções principais e mais intransigentes situavam-se entre resistência e não-resistência.

Opções pela não-resistência

A não-resistência colonial pode ser passiva ou ativa, envolvendo colaboração conscientemente mínima ou deliberadamente máxima. Imaginemos que esta última venha a ser considerada traição, no pior dos casos, ou colaboração, no melhor. Naturalmente, a diferença entre traidores e colaboradores pode ser vaga e incerta na prática. Deixando de lado as opções abstratas, examinemos as figuras de Tibério Júlio Alexander ou Flávio Josefo no primeiro século.

Traidores

Tibério Júlio Alexander, filho de um rico e famoso oficial financeiro da Alexandria romana e sobrinho do filósofo Fílon, nasceu judeu, mas rejeitou o judaísmo em favor do paganismo romano. Desde então, sucessivamente e com êxito, encarregou-se da Palestina, do Egito, e da guarda pretoriana do imperador, em Roma. Tornou-se o primeiro governador que proclamou fidelidade às pretensões imperiais de Vespasiano em 69, e um dos principais conselheiros de Tito, filho de Vespasiano, durante o cerco e destruição de Jerusalém e de seu Templo no ano 70 d.C. Exerceu com competência suas funções no Império Romano. Mas, do ponto de vista dos judeus, seria traidor e apóstata? Numa de suas primeiras obras, *Guerra judaica*, Josefo elogia-o sem nenhuma crítica, observando que, "abstendo-se de qualquer interferência nos costumes do país", enquanto governava o território judaico "manteve a nação em paz" (2.220). Mas na obra posterior, *Antiguidades judaicas*, o relato é menos laudatório, observando que o pai de Tibério Júlio Alexander "era superior ao filho na devoção religiosa, pois este não se pautava pelas práticas de seu povo" (20.100).

Mas até esse comentário nos parece moderado: Alexander não seguia as tradições de seu povo. Trata-se, porém, de importante advertência no início deste capítulo. Talvez fosse possível manter as antigas tradições de Israel sem se opor ao domínio romano ou, mesmo, manter as práticas religiosas judaicas e colaborar com o poder romano, achando que assim se fazia a vontade de Deus. Mas, por outro lado, sem as tradições da aliança, como poderiam os judeus se opor, de certa forma, à inculturação greco-romana? Sem essas práticas religiosas, a identidade judaica poderia eventualmente desaparecer no caldeirão do império. Era possível ignorar as principais exigências da justiça e retidão da Torá *com* os rituais de purificação, mas *sem* eles valeria a pena lhes dar atenção? Os que observavam essas práticas poderiam curvar-se à urbanização romana, mas *sem* elas animar-se-iam a afirmar a aliança contra o comércio?

Procuraremos entender no resto deste capítulo que causa estava realmente em jogo quando, por exemplo, indivíduos e grupos judaicos aferravam-se aos rituais externos de purificação corporal, diferentes e distintos dos costumes dos pagãos, com os quais interagiam e sobre os quais governavam. Em tal situação, os atos de purificação revelavam a identidade judaica e a resistência dos judeus à invasão greco-romana. Relacionavam-se, também, com o futuro. Teriam a tradição, o povo e o Deus dos judeus algum futuro?

Colaboradores

Josefo foi um sacerdote aristocrata de Jerusalém que "preparara" a Galiléia para a guerra contra Roma em 66-67. Depois de se render ao general romano Vespasiano e de ter profetizado a respeito de seu futuro imperial, passou a ser conselheiro de seu filho, Tito, durante o cerco de Jerusalém no ano 70 e se tornou apologista dos romanos diante dos judeus em sua obra *Guerra judaica*. Mais tarde, defendeu os judeus perante os romanos nos livros *Antiguidades judaicas* e *Contra Apião*. Colaborador? Certamente. Traidor? Talvez, não. Apóstata? Jamais. Segundo o livro *Guerra judaica*, ele acreditava em três coisas a respeito de Roma.

Em primeiro lugar, achava que Deus desejava que a terra de Israel fosse, internamente, uma teocracia dirigida por sacerdotes e, externamente, colônia do império: "Deus, que andou ao redor das nações, concedeu sucessivamente a cada uma o cetro do império, mas agora entregou-o à Itália" (5.367). Em segundo lugar, Deus havia escolhido Vespasiano para ser o esperado messias judaico: "Certo oráculo ambíguo [...] encontrado em suas Escrituras sagradas anunciava que naquele tempo o governador do mundo sairia de sua pátria. Entenderam, então, que haveria de ser alguém de sua raça. Muitos dentre seus sábios acabaram elaborando interpretações erradas. O oráculo, no entanto, referia-se na realidade à soberania de Vespasiano, que foi proclamado imperador em solo judaico" (6.312-313). Em terceiro lugar, rebelar-se contra Roma equivalia a rebelar-se contra Deus e seu messias: "Vocês estão guerreando não apenas contra Roma mas também contra Deus" (5.378). Tibério Júlio Alexander e Flávio Josefo pertenciam à equipe de Tito na época da queda de Jerusalém e do incêndio do Templo. Suas intenções declaradas, no mínimo, tinham outro caráter.

Para que não descartemos a teologia imperial de Josefo, considerando-a mera justificação por ter mudado de idéia, ou de seus interesses ocultos de colaborador, lembremos que ela mesma foi a solução proposta pela delegação de judeus palestinos e romanos depois da morte de Herodes, o Grande. Suplicaram a Augusto, segundo

Josefo em *Guerra judaica*, que "juntasse seu país à Síria e entregasse a administração a governantes escolhidos dentre eles" (2.91). Mas foi essa última posição rabínica depois da resistência que quase destruiu completamente o território judaico. Vemos então, naturalmente, que se a não-resistência podia representar para alguns mera submissão teológica à vontade de Deus, para outros, provavelmente, não passava da aceitação oportunista do poder romano.

Opções de resistência

Seria simples optar por não-resistência ou colaboração. O oposto de resistência era bem mais complexo. Podemos isolar três subopções distintas de resistência. Relembremos, porém, que se trata de tipos ideais e que, na prática, poderia haver mais mistura do que distinção ou separação entre eles.

Bandidos

O primeiro tipo incluía o que os romanos chamavam de bandidos ou baderneiros. Alguns poderiam ser matadores ou criminosos comuns, mas as situações imperiais dificultavam, muitas vezes, separar a violência sistêmica dos conquistadores dos revides individuais dos conquistados. Seja como for, a ênfase de Josefo sobre o aumento de banditismo no primeiro século indica que os desalojados camponeses preferiam lutar nas montanhas do que pedir esmolas nas cidades ou morrer nas trincheiras. Quando os exércitos marchavam contra as legiões, os romanos chamavam a guerra de *bellum justum*, não tanto "justa" mas, certamente, "guerra de verdade". Mas quando os "bandidos" e os "baderneiros" lançavam suas guerrilhas do alto das montanhas ou dos pântanos, com desprezo chamavam essas ações de *bellum servile*, guerra de escravos. Nos textos favoráveis a Roma, as palavras "bandidos" e "baderneiros" precisavam vir entre aspas, uma vez que esses grupos poderiam, do ponto de vista colonial, considerar-se "libertadores".

Apocaliptistas

O segundo tipo pode ser chamado de apocaliptistas, levando-se em consideração o que foi dito no capítulo 2 sobre a passagem do reino da aliança, pelo escatológico, ao apocalíptico. Os membros desse grupo proclamavam o iminente ato de poder transcendental em favor do mundo todo, mas especialmente de Israel, capaz de transformá-lo em espaço de ilimitada fertilidade, de prosperidade espontânea, de Eutopia de perfeita justiça, de paz idílica, e de santidade absoluta. Em seguida.

Imediatamente. De repente. Agora. Relembremos que apocalipse significava não destruição mas sim transformação, não o fim do mundo material de espaço e tempo mas sim o fim do mundo social do mal, da impureza, da injustiça e da violência.

Examinaremos agora três subopções das expectativas apocalípticas. Vamos estudá-las separadamente, sabendo, no entanto, que sempre se manifestam misturadas, escorregadias e entrelaçadas.

Violência militante. A primeira é a violência *militar*. Tomemos por exemplo o galileu Judas ou qualquer outro como ele. Seu lema ou manifesto resumia-se nestas palavras: "Nenhum outro Senhor além de Deus", e, em nome desse mandato divino, instigou a revolta depois que os romanos exilaram Herodes Arquelau em 6 a.C. e mandaram fazer um recenseamento sobre impostos para preparar a submissão dos territórios judaicos ao governador romano. Nenhum César poderia ser chamado Senhor além de Deus. Na verdade, boa parte do que Josefo chamava de "quarta filosofia", classificando-a como tardia e inválida, além das três anteriores, dos essênios, dos fariseus e dos saduceus, compunha-se, provavelmente, do pensamento dos apocaliptistas de opção militante. Se Josefo conseguia perceber a vontade de Deus na não-resistência, Judas podia, da mesma forma, vê-la na resistência.

Simbolismo dos arquétipos. Esta é a segunda subopção. Como exemplo, relembremos João Batista, examinado no capítulo anterior. Ou então o chamado profeta egípcio e outros como ele nos anos 50 e 60 de nossa era. O Batista reuniu multidões de adeptos nas margens do Rio Jordão e as conduziu aos muros de Jerusalém, esperando que ruiriam com a sua chegada, como os de Jericó, com a de Josué um milênio antes. Esperava a repetição da cena apocalíptica. Assim como Deus agira no passado, também faria agora. O começo e o fim se encontrariam. As multidões não precisavam de armas, porque Deus se encarregaria da consumação desejada. Como isso não aconteceu, foram esmagados.

Comunidade da aliança. Chamamos assim a terceira subopção. Damos como exemplo o *Documento de Damasco*, regra comunitária conhecida hoje por meio de cópias medievais da coleção de livros sagrados, magnificamente restaurados, da Sinagoga Ezra do Cairo antigo, e de edições originais das diversas cavernas de Qumrã. Que relações estabelecem entre expectativas apocalípticas e compromisso comunitário? As regras parecem tentar deliberadamente resistir em face da normalidade da ambição imperial ao criar comunidades participativas devotadas à santidade da aliança capazes de iniciar ativamente ou instituir antecipadamente a consumação apocalíptica. Os que entravam nessa "nova aliança" deveriam "abster-se das riquezas malignas degeneradoras, por meio de promessa ou voto, das riquezas do Templo, de roubar dos pobres, de explorar as viúvas e de matar os órfãos". Exigiam que "cada um amasse o próximo como a si mesmo; estendesse a mão aos pobres, aos necessitados e aos estrangeiros; que buscasse a paz com os irmãos e não cometesse pecado contra os de seu sangue". Cada membro da comunidade deveria doar "o salário de, pelo menos, dois dias por mês, entregando-o ao Inspetor e aos juízes. Esse dinheiro seria distribuído entre órfãos, necessitados e pobres, aos idosos que esperavam a morte, aos desempregados, aos prisioneiros de outros países, às jovens desprotegidas, às mulheres solteiras desamparadas e a todas as demais obras da comunidade". Tratava-se, também, ou melhor, acima de tudo, de resistência à injustiça imperial.

Tomemos mais este exemplo do capítulo anterior sobre o comunalismo de Tiago em Jerusalém e a menção do primeiro capítulo da obra *Reconhecimentos clementinos* 1, a respeito da existência de fontes mais antigas a favor de Tiago e contra Paulo. Esse texto culpava Paulo pela falha de sua missão aos judeus e pela morte de Tiago. Porque, como nos devemos lembrar, Paulo foi, digamos, obliquamente, identificado como quem atacara Tiago violentamente quando autoridades e povo estavam prestes a se converter ao judaísmo cristão. Como narrativa literal, a história é fantasticamente inverossímil, mas como condensação metafórica da divisão entre Tiago e Paulo é altamente instrutiva. Existe, porém, outro aspecto de importância imediata a respeito da comunidade de Tiago mencionado no relato.

A parábola em *Reconhecimentos clementinos* conta que Paulo teria jogado Tiago pelos degraus do Templo abandonando-o lá embaixo como se estivesse morto: "Mas nossos companheiros o levantaram. Pois eram mais numerosos e fortes do que os outros. Mas, por causa de seu temor por Deus, deixaram-se morrer pela minoria em vez de matá-los" (1.71.1). Estamos querendo dizer não que as coisas teriam passado dessa maneira mas sim que a comunidade judaica fez questão de inserir esse comentário na parábola. Além da vida comunitária que se contrapunha à normalidade da vida ambiciosa imperial, a não-violência programática constituía-se em outra forma de resistência.

Protestadores

Os *bandidos* agiam sempre com violência humana. Alguns *apocaliptistas* aguardavam a violência divina, outros, alguma violência humana, às vezes as duas coisas ou nenhuma delas. (Repetimos que tais violências representavam sempre repúdio às injustiças imperiais.) Os *protestadores* eram os que resistiam de maneira não violenta, como Judas, o galileu, mas nem sempre apenas dessa forma, como Josefo, o historiador. Mas sempre partindo de resistência não violenta. Tratava-se, contudo, de protesto absoluto, com implicações de martírio e jamais de submissão. Merece, pois, a designação especial de *protesto martirial*. Desafiava o poder imperial de revelar a violência encoberta imposta a resistentes desarmados e não violentos. Temos dois exemplos principais, o primeiro do final dos anos 20 contra Pilatos e o outro do início dos anos 40, contra Petrônio.

Exemplos de resistência não violenta. O primeiro exemplo relaciona-se com os estandartes militares de Pilatos. Data, provavelmente, de 26-27 d.C., na hipótese de ter acontecido muito cedo quando ainda era prefeito. Suas tropas carregavam estandartes com a imagem de César marchando para Jerusalém. O resultado, segundo *Guerra judaica* (2.169-174) e *Antiguidades judaicas* (18.55-59), de Josefo, foi que "a indignação dos habitantes da cidade espalhou-se por todos os subúrbios, e as multidões cercaram as bases de Pilatos na costa de Cesaréia Marítima. Postaram-se diante de sua residência por cinco dias e, finalmente, quando acuados pelas tropas, "os judeus *de comum acordo* jogaram-se no chão, e erguendo as cabeças disseram que preferiam morrer a transgredir a lei". Pilatos aceitou a reivindicação e mandou retirar os estandartes ofensivos.

O segundo exemplo extraordinário relaciona-se com a estátua de Caio Calígula. O incidente ocorreu entre 40 e 41 d.C., quando o imperador pretendeu erguer sua estátua no Templo de Jerusalém. O fato foi narrado por duas fontes do primeiro século, ambas de Josefo, *Guerra judaica* (2.185-203) e *Antiguidades judaicas* (18.261-309), além da obra *Embaixada a Caio* (203-348), do filósofo judeu Fílon. Quando Petrônio, governador Sírio, veio para o sul, segundo Josefo, com poderosas legiões de Antioquia, foi surpreendido por um protesto popular não violento no porto mediterrâneo de Ptolomais ("milhares de judeus") e na Galiléia em Tiberíades (também "milhares de judeus"). Os judeus, para acentuar seu espírito de não-violência, "reuniram-se com as esposas e os filhos" e disseram ao governador que, "se ele insistisse em pôr no Templo essas estátuas, teria que primeiramente destruir a nação judaica; e que se apresentavam, com as famílias, para o sacrifício". Petrônio reconheceu "que a nação corria o perigo de perder a semeadura — pois estava na estação do plantio e as pessoas já haviam perdido cinqüenta dias de trabalho esperando por ele". Em vista disso rendeu-se ao que o povo queria e retornou a Antioquia com suas legiões. A resistência não violenta ameaçava não apenas com o martírio, mas também com uma greve de agricultores.

Fílon conta o mesmo incidente com pequenas diferenças; por exemplo, a greve dos plantadores, da narrativa de Josefo, corria o risco de provocar incêndios considerados criminosos nos campos em plena época de colheita. Mas Fílon, por sua vez, ressalta mais do que Josefo a resistência não violenta e a disposição para o martírio. Eis, a seguir, as frases principais dessa parte do relato:

> Quando os habitantes da cidade santa e das regiões ao redor souberam do que os ameaçava, reuniram, *como se tivessem sido chamados por um sinal*, impelidos pela miséria comum, e marcharam como se fossem um só corpo, e, deixando suas cidades e vilarejos, e as casas vazias, foram de comum acordo à Fenícia, onde estava Petrônio no momento [...]. A multidão foi dividida em seis companhias, dos velhos, dos jovens, dos rapazes, das matronas, das mulheres jovens e das virgens [...]. "Estamos sem armas, como você vê [...] [e] oferecemos livremente nossos corpos a quem nos desejar matar. Trouxemos nossas esposas, nossos filhos e todos os demais membros da família, e estamos prontos a nos prostrar perante Caio [Calígula], não tendo deixado ninguém em casa, para que você nos preserve todos

ou nos destrua de uma vez de maneira geral e completa [...]. Se não conseguirmos convencê-lo nesta matéria, oferecemo-nos, então, à destruição, a fim de que não continuemos a viver contemplando essa calamidade mais terrível e ofensiva do que a morte [...]. Voluntária e prontamente submetemo-nos à morte."

Essa longa citação exemplifica o presente argumento. Se apenas Josefo tivesse escrito a respeito dessa resistência não violenta, aberta para o martírio, poderia ser rejeitada como simples propaganda, expressando apenas seu desejo de interpretar o passado, ou seu exemplo a respeito do que poderia acontecer no futuro. Mas, neste caso pelo menos, mesmo admitindo certo exagero, os dois autores concordam nos pontos principais. Consideraremos ainda duas importantes notas de rodapé.

Líderes. Ao citar esses casos de resistência não violenta contra Pilatos e Petrônio, apoiados pela disposição de deixar que o protesto acabasse em martírio, insistimos num elemento particular. Tais demonstrações públicas de grande escala envolviam planos teóricos, controles práticos, líderes permanentes e administradores consistentes. Não aconteciam espontaneamente. Observemos, por exemplo, a frase, "como se tivessem sido chamados por um sinal", que escrevemos em itálico. Quem teria organizado esses protestos? Quem conseguia controlar a multidão dos resistentes? Nossa melhor hipótese é a seguinte, sabendo que, se não puder ser aceita, a questão continuará em aberto. Quem inventava, organizava e controlava as demonstrações públicas de resistência não violenta e os protestos martiriais na primeira metade do primeiro século?

Estudiosos propuseram recentemente três indicadores de resposta. Em primeiro lugar, os fariseus exerciam grande influência popular na época, sugerida pela maneira como Josefo direta ou indiretamente a lamentava. Em segundo lugar, sua liderança envolvia não apenas debates exegético-legais mas também atividades político-religiosas. Em outras palavras, a piedade e a política representavam dois lados da mesma moeda. Por exemplo, mestres fariseus instigaram estudantes a retirar a águia imperial de cima do portal principal do Templo, e por isso foram executados por Herodes, o Grande. Em terceiro lugar, as duas principais escolas de tradição farisaica, dos shamaítas e dos hilelitas, divergiam não só a respeito de regras legais severas e brandas, mas também a respeito de reações violentas e não violentas à opressão romana. Se esta argumentação for correta, os fariseus hilelitas teriam instigado teoricamente e organizado na prática as reações não violentas escoradas na possibilidade de martírio, no primeiro século.

Objeções. Qual teria sido, exatamente, a base religiosa ou teológica desses perigosos atos martiriais de protesto? Não há respostas nos textos, mas arriscamos três sugestões. Os protestadores não violentos esperavam que seu martírio motivaria a retribuição violenta ou até apocalíptica de Deus. Talvez quisessem evitar atos de violência para não manchar de sangue a terra de Deus, mesmo se o paganismo greco-romano já o tivesse feito. Competia aos pagãos agir como tais, mas *eles* se absteriam de derramar sangue. Ou, finalmente, gostariam de imitar a divindade não violenta, e agir de acordo com seu Deus. Relembremos, no entanto, que os dois extremos, o de Josefo (não-resistência não violenta) e o de Judas, o galileu (resistência violenta), fundamentavam seus programas absolutamente opostos no mesmo Deus judaico. O fundamento divino do protesto martirial não violento, seja qual for a explicação, sempre esteve presente.

A segunda objeção é óbvia e talvez os leitores já se deram conta dela. O discurso da resistência não violenta não seria mera projeção do passado, portanto, inválida, dos ideais de Tolstoy, Gandhi e King? Mas se tal anacronismo representa sempre algum perigo, o mesmo acontece com a arrogância, isto é, com a pressuposição de que somente a modernidade poderia ter inventado a não-violência. Mas, na verdade, quase todas as opções imagináveis de resistência aos colonizadores foram praticadas e/ou inventadas na situação do primeiro século. Por exemplo, pensemos nos sicários (*sica* significa um punhal curto e escondido) como exemplo para o outro lado da resistência religioso-política.

Em primeiro lugar, os sicários, ou portadores de *sica*, não inventaram conspirações e assassinatos. Essas coisas já existiam há tempo e em todos os lugares. Mas inventaram o terrorismo urbano. Esse termo não é anacrônico; não representa nenhuma projeção da modernidade na Antiguidade. Segundo *Guerra judaica* (2.254-257) e *Antiguidades judaicas* (20.208-210), de Josefo, os sicários matavam judeus que ocupavam cargos importantes, especialmente da família do sumo sacerdote, que colaboravam com as autoridades romanas. Mas cometiam esses crimes na surdina no meio das multidões urbanas, de modo que, como reconhecia Josefo, "o pânico criado era mais alarmante do que a própria calamidade; as pessoas, como nos campos de batalha, esperavam a morte a qualquer hora". Em segundo lugar, como não havia cobertura da mídia (posto que não existia), "aproveitavam as estações dos festivais especiais" não só para se proteger no meio do povo, mas também para que todos ficassem sabendo de suas atividades. Em terceiro lugar, inventaram também os seqüestros em troca de prisioneiros: "Raptaram o secretário do capitão [do Templo] Eleazar, filho do sumo sacerdote Ananias, e o mantiveram preso. Comunicaram a Ananias que libertariam o secretário se conseguisse de Albino [prefeito romano] a libertação de dez prisioneiros de seu grupo". Em quarto lugar, o sucesso inicial desses atos resultou inevitavelmente em "maiores problemas", posto que os sicários aumentaram o número de seqüestros de altas autoridades em troca da libertação de presos. Teríamos imaginado essas táticas na Jerusalém do primeiro século sem as precisas descrições de Josefo? Mas nenhuma dessas ações *prova* que a reação não violenta dos hiletitas conjugava-se com o martírio. Apenas nos advertem de que não inventamos essas coisas para o bem ou para o mal em nossa era moderna.

Masada e Qumrã ao sul

Essas opções, de resistência a não-resistência, de violência a não-violência, figuram claramente nos textos que ainda temos daquele terrível primeiro século. Mas que dizer dos restos materiais? Podem mostrar locais desertos, pedras enegrecidas, madeiras carbonizadas, muros danificados, corpos quebrados, pontas de flechas, hastes de lanças e armas abandonadas. Mas será que apenas as revoltas violentas deixam traços permanentes no solo, cicatrizes na terra? Vamos examinar agora os sicários de outro ângulo e buscar que elementos sobraram para as descobertas dos arqueólogos e para sua interpretação.

Sicários em Masada

A revolta judaica contra Roma terminou em cima dos penhascos de Masada cerca de quatro anos depois da queda de Jerusalém e da destruição do Templo em 70 d.C., oito anos depois de ter começado em 66 d.C. A resistência violenta contra a dominação romana terminou no palácio-fortaleza de Herodes, o Grande, construído no século anterior às margens do Mar Morto.

Histórias. Josefo conta que um bando de sicários cometeu suicídio com suas famílias na noite anterior à tomada de Masada pelas legiões romanas. A história contada pelo escritor é dramática. Os defensores da fortaleza sobreviviam à custa de enormes suprimentos de trigo, água, vinho e armas, mas decidiram acabar com a própria vida em vez de morrer nas mãos dos romanos. Cada chefe de família encarregou-se de matar pela espada a esposa e os filhos; em seguida, escolheram dez homens para tirar a vida dos outros. Dentre os restantes dez sobreviventes, sorteou-se um para matar o resto. O único que sobrou incendiou o edifício e, finalmente, acabou com a própria vida. Josefo atribuiu ao líder Eleazar ben Yair a dramática frase "escolheram morrer para não ser escravos", levando a cabo seu intento a fim de "não servir aos romanos nem a nenhum outro poder a não ser Deus". Na manhã seguinte, os gritos de batalha dos soldados de Flávio Silva perderam-se no silêncio. A revolta judaica terminava.

Depois das escavações de Yigael Yadin, em Masada, entre 1963 e 1965, o local tornou-se metáfora do Estado de Israel embalado pelo refrão nacional: "Nunca mais Masada será tomada outra vez". Assim como alguns arqueólogos cristãos, de tendência teológica conservadora, empenham-se em confirmar certas histórias bíblicas por meio de materiais remanescentes, assim também arqueólogos israelenses, comprometidos com atitudes políticas defensivas, procuram fundamentar sua saga nacionalista na história de Josefo que acabamos de apreciar.

Atualmente, no entanto, levantam-se muitas dúvidas a respeito das interpretações iniciais dos escavadores. O suicídio em massa, no centro da narrativa de Josefo, tem sido questionado — trata-se de tema recorrente na literatura desse autor e de artifício literário muito comum na literatura greco-romana. Também questiona-se a veracidade de esqueletos precipitadamente identificados pelos escavadores como dos defensores de Masada. Os ossos de um homem, de uma mulher e de uma criança com cabelos trançados e sandália, ao lado de outros vinte esqueletos, encontrados numa cisterna, receberam sepultamento estatal reverente, mas é provável que tivessem pertencido a romanos que ocuparam o local até o ano 111 d.C. Afinal, pergunta o antropólogo físico de Israel, Joseph Zias, por que os ocupantes romanos que viveram aí nos quarenta anos seguintes tolerariam a permanência de cadáveres decompostos no palácio do norte? Como explicar ainda a presença de ossos de porcos entre os esqueletos humanos, uma vez que o sacrifício desses animais fazia parte das práticas fúnebres romanas? Essas questões, ao lado da natureza fragmentária dos esqueletos e da presença de marcas de dentadas, sugerem que em vez de denotar a presença de famílias judaicas, os escavadores encontraram uma cova de hienas, que juntavam ossos de um cemitério de tropas romanas.

As escavações de Yadin relacionaram as narrativas de Josefo com grupos de *ostraca*, fragmentos de cerâmica com inscrições, desenterradas em Masada. A coleção, portando nomes próprios em cada elemento, foi considerada da época do suicídio final, e a que mostrava o nome de "Ben Yair" foi logo atribuída a Eleazar ben Yair, líder dos sicários. O grupo era constituído de onze lotes e um fragmento, e não dez como pretendia Josefo. Na verdade, encontraram-se setecentos *ostraca* no terraço sobre a montanha, também com nomes de mulheres, letras isoladas, designação de gêneros alimentícios e anotações sacerdotais. Os *ostraca* faziam parte do sistema de suprimento dos defensores e não se pode atribuir a nenhum grupo o que sobrou da última noite. A veracidade da narrativa de Josefo sobre o suicídio em massa depende de base arqueológica muito frágil.

Escavações. A história básica, contudo, deixou traços confiáveis nos registros arqueológicos: a poderosa força de legionários romanos e auxiliares sitiaram e derrotaram o pequeno bando de judeus no alto das rochas de Masada no estágio final da revolta nacional. Esses fatos são incontestáveis. Até hoje se podem ver os sinais dos muros ao redor de Masada, ao lado de oito acampamentos de sitiantes retangulares e quadrados. O muro com mais de 6 pés de largura, contendo ao noroeste doze torres com intervalos regulares, fora construído por engenheiros militares romanos da Décima Legião (*Fretensis*) para que nenhum dos defensores escapasse. Dois desses acampamentos, muito grandes, situavam-se nos lados oriental e ocidental da montanha em forma de losango. O tamanho e a forma eram os mesmos de qualquer acampamento legionário. A minifortaleza murada possuía quatro entradas, uma de cada lado, e parecia-se com uma cidade romana em miniatura, cortada por duas grandes vias e hierarquicamente arranjada com o *praetorium*, ou posto do comandante, no centro e pequenas unidades para os soldados.

A ruína mais impressionante é da sólida rampa construída pelos romanos no lado ocidental de Masada. A fortaleza parecia impenetrável entre rochedos e precipícios e abrigos subterrâneos ao longo dos muros; um pequeno caminho serpenteava até o declive leste, onde poucas sentinelas poderiam facilmente rechaçar até mesmo um exército inteiro. Herodes, o Grande, construíra o castelo dotando-o de eficiente sistema de suprimento de água e de silos capazes de armazenar alimentos por ocasião de possíveis cercos. Os romanos sabiam disso e, impacientes para matá-los à fome, ou para desestimulá-los a novas revoltas no futuro, começaram o cerco sistemático com a construção de gigantesca rampa no lado ocidental, com mais de 650 pés de comprimento e 650 de largura na base da montanha. No ponto mais alto media 250 pés. Andaimes de madeira seguravam rochas, pedras e terra batida para dar suficiente estabilidade às máquinas de guerra, com uma plataforma em cima destinada a catapultas, protegida embaixo por arietes.

No lado ocidental ao redor da rampa foram encontradas inúmeras pedras balísticas, rudemente talhadas do tamanho de laranjas, usadas nas catapultas. Haviam sido arremessadas contra a fortaleza pela artilharia romana. Além disso, no meio delas, espalhavam-se pedaços de flechas de ferro, evidenciando a ação militar dos arqueiros contra os defensores de Masada. Depois de tentativas frustradas para reforçar os abrigos ao longo da muralha, talvez com vigas de madeira para absorver os ataques dos arietes, o muro se rompeu tornando-se vulnerável ao ataque.

Defensores. Os registros arqueológicos são claros a respeito. Os romanos entraram na fortaleza vitoriosos e ocuparam o local até o século seguinte. Mas como

24. Vista de Masada, com os acampamentos da Décima Legião e a Rampa Romana (Reproduzida com permissão da Sociedade Israelense de Exploração)

podemos ter certeza, a não ser pelos escritos de Josefo, de que os derrotados eram judeus? E serão suficientes os artefatos escavados para afirmarmos que pertenciam aos sicários? Quatro conjuntos de objetos achados em Masada certificam que eram judaicos: *ostraca* mostrando preocupações com pureza e dízimos sacerdotais; taças e cálices de calcário moldável; piscinas revestidas para imersão chamadas *miqwaoth*, ou banheiras rituais; e a construção de nova sinagoga.

Ostraca. Trata-se de fragmentos de cerâmicas usadas para registros ocasionais. A grande maioria descoberta pelos escavadores vem de camadas associadas aos defensores de Masada. Quase todas as mais de setecentas peças conservavam inscrições em aramaico e hebraico da segunda metade do primeiro século d.C., algumas em paleo-hebraico usado nos rolos bíblicos e em moedas cunhadas na época da revolta. Inúmeros cacos de vasos com inscrições de tinta preta achavam-se em câmaras de armazenagem ou ao redor delas, marcadas por uma só letra, talvez usada como numeral, ou por um nome seguido de um dígito, talvez parte de um sistema de controle de alimentação usado pelos defensores da fortaleza. Os nomes deixam entrever importantes ligações com o passado e são tipicamente judaicos como os dos ossuários estudados no primeiro capítulo; por exemplo, encontramos Yehochanan (João), Yehudah (Judas), filha de Damali, esposa de Ya'akov (Jacó, Tiago), filho de Yeshua (Jesus). Outro grupo achado no palácio ocidental trazia nomes de possíveis sacerdotes como, Yoezer, Yoshayah e Hezekiah. Jarros para armazenar alimentos pertenciam a sacerdotes indicando se eram suficientemente puros ou inadequadamente impuros: podiam-se ler nesses jarros indicações como estas: "dízimos de sacerdotes" e "apropriados para a pureza de coisas santas". Havia também jarros rejeitados com estas marcas: "desqualificados" ou "estes jarros não são apropriados".

Vasos de pedra. Entre o primeiro século a.C. e o primeiro de nossa era, faziam-se copos, xícaras e tigelas de pedra considerados especialmente impróprios para rituais de pureza segundo a literatura rabínica. Também havia em Masada vasos de pedra fabricados de calcário especial até mesmo com alças e alguns com bicos, chamados geralmente de "vasos de medida" rudemente burilados. Outros, torneados, já eram bem polidos e decorados, embora com simplicidade.

Banheiras rituais. Também foram encontrados dois balneários rituais, *miqwaoth*, nas extremidades do complexo. Tais instalações com degraus e revestidas não faziam parte da construção original herodiana, mas provinham de salas previamente existentes e fechadas com cimento gris escuro. Podem ser datadas claramente pelas moedas judaicas presentes nas camadas associadas com a revolta, cujas legendas marcam os anos desse evento, "Ano 1", "Ano 2", "Ano 3" e "Ano 4" incluindo a frase "pela libertação de Sião" ou "pela redenção de Sião" em paleo-hebraico. Cada balneário tinha três piscinas. Tudo indica que uma delas, separada das outras, era usada para lavar os pés e retirar a poeira antes do ritual de purificação. Das outras duas, na primeira os banhistas desciam os degraus para a imersão, e a outra era apenas reservatório ligado às demais por canos ou canais. A terceira banheira recolhia água da chuva, "água viva" segundo Levítico, e os canos e canais supriam as demais piscinas.

Sinagoga. A sinagoga num dos abrigos da muralha é o quarto e último artefato que atesta o judaísmo dos defensores, construída em espaço já existente a partir da derrubada de paredes, novo arranjo de pilares e acréscimo de bancos em diferentes níveis. No canto ao noroeste um depósito (guenizá) abrigava rolos demasiadamente antigos para uso mas bastante sagrados para não serem jogados no lixo. Sob o solo, sobreviveram dois fragmentos de rolos escriturísticos, preservados pelo clima árido até sua descoberta dois mil anos depois. Confirma-se, assim, que o edifício servia para reuniões e, entre outras atividades, para ler e consultar as tradições de Israel.

Ideais. Podemos, realmente, afirmar que a partir dos achados arqueológicos, os defensores eram mesmo defensores judeus, de fato, sicários, como dizia Josefo? Não. Mas o que deixaram para trás diz muito a respeito da maneira como entendiam o significado do judaísmo e dos ideais pelos quais se rebelaram e lutaram, viveram e morreram. Pensemos um pouco sobre o palácio nos terraços ao norte de Masada construído por Herodes, o Grande. Recordemos não apenas o *triclinium*, os afrescos, os banhos e os mosaicos mas também a marca arquitetônica de seu reino: linhas ortogonais implicando controle e estilos estruturais para incentivar a hierarquia social com Herodes no ápice da pirâmide. Os mesmos temas permeiam a Cesaréia de Herodes e relacionam-se em Masada com a sólida fortaleza destinada a resistir a qualquer cerco. O local foi eventualmente cercado como temia Herodes, mas não serviu para proteger os seus aliados.

Herodes, o Grande, impôs *seu* reino sobre o cenário natural, mas anos depois os judeus defensores deram *sua* resposta em Masada. Renovaram-na. Diferentemente das famílias que viviam nos palácios elegantes do norte e do ocidente, transformaram-nos em centros administrativos e em postos de defesa, derrubando colunas e capitéis para fortalecer as posições. Ocuparam também outros edifícios mais simples,

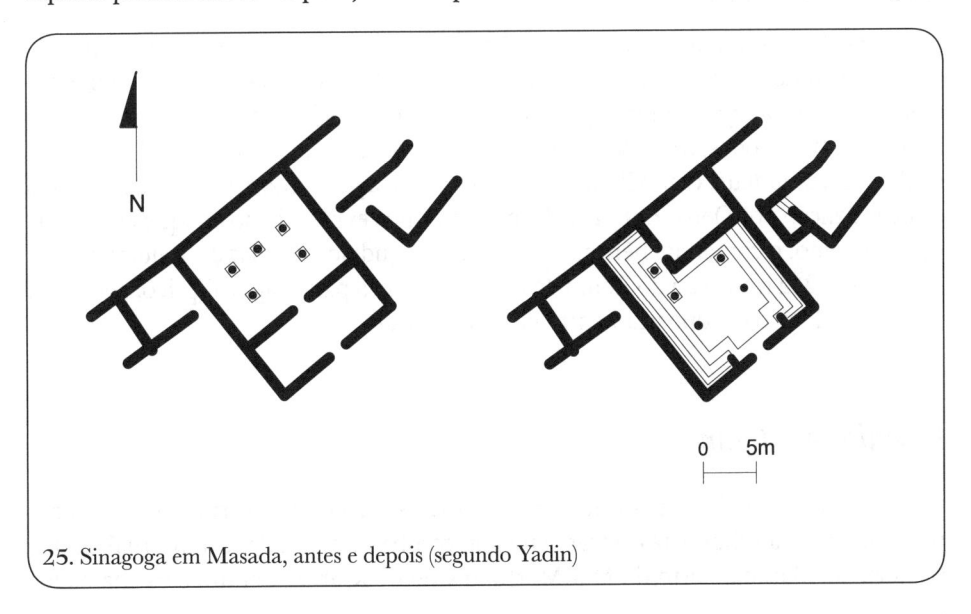

25. Sinagoga em Masada, antes e depois (segundo Yadin)

instalando divisórias baratas para criar espaços habitáveis do mesmo tamanho, e ao longo do platô instalaram o que lembrava um acampamento de colonizadores feito de pedras rústicas e barro, cobertas de lona, vime ou palha. Transformaram os armazéns sofisticados de Herodes num sistema de redistribuição de alimentos com *ostraca*. Itens especiais se destinavam não mais aos reis mas sim aos sacerdotes. Em lugar da estrutura romana da basílica, que centralizava oradores e juízes na abside, construíram uma sinagoga com assentos circulares com diferentes níveis, para que todos se pudessem ver. A água que era usada para banhos e prazer em estilo romano foi dirigida aos *miqwaoth* para a pureza. Lembremos que a palavra pureza significava relacionamento físico para lembrar a presença de Deus em todas as áreas da vida corpórea numa terra, segundo a Torá, pertencente a Deus, sem a conotação pejorativa de sistemas esotéricos de abluções.

Passamos agora a examinar esta nota final a respeito dos fragmentos de rolos encontrados na sinagoga. Pertenciam a Deuteronômio e Ezequiel. Talvez seja mera coincidência — fragmentos de outros livros bíblicos foram achados em outras salas —, mas esses dois livros representam de certa forma o programa da revolta. Deuteronômio, que contém a segunda dádiva da lei das mãos de Moisés, reitera as estipulações da aliança sobre a maneira como vivê-la na terra. Incluía, entre outras coisas, um sistema de verificação e medidas para assegurar a justa distribuição da terra e de seus produtos, posto que a terra pertencia a Deus, de modo que os habitantes, como diria Levítico, são arrendatários e residentes temporários. Herodes, o Grande, importava vinho da Itália para Masada, e o provava para se certificar de sua qualidade para oferecê-lo à aristocracia luxuosa, mas os defensores judeus testavam o vinho para saber se servia para os sacerdotes, e distribuíam trigo com inscrições em tabletes de cerâmica.

Ezequiel, o primeiro livro profético depois do exílio, termina com pormenorizada revelação do novo, vasto e ordenado complexo do Templo, no qual reis e monarcas eram relegados a representar papéis de menor importância. Eram os sacerdotes que governavam. Herodes, o Grande, colocara-se ao lado de Roma, no topo da hierarquia; os defensores judeus, como ilustram suas moedas, aguardavam a libertação de Sião e sua redenção por Deus. Em Masada, encontramos evidência do choque entre dois tipos de reino, o comercial herodiano-romano e o judaico da aliança. Relembremos, do capítulo 2, a transição do Reino de Deus da aliança para o apocalíptico, passando pelo escatológico e a oposição entre eles no capítulo 3.

Essênios em Qumrã

Teria sido a violência o único meio de resistência ao governo romano, para protestar contra influências estrangeiras ou combater a decadência interna? Pouco ao norte de Masada, perto do Mar Morto, o sítio de Khirbet Qumrã e os chamados

Rolos do Mar Morto encontrados em cavernas mostram uma alternativa à resistência violenta.

Debates. Em Qumrã, Roland de Vaux, da École Biblique et Archéologique Française de Jerusalém, entre 1951 e 1956 escavou as ruínas de um centro monástico, logo depois da descoberta dos Rolos do Mar Morto nos arredores. O sítio abrigava casas da seita judaica dos essênios, cujos membros provavelmente escreveram e copiaram os Rolos. Josefo, o filósofo Fílon e o autor romano Plínio já heciam a seita. De Vaux morreu em 1971 sem publicar o relatório final — o que ainda não foi feito até esta data [2001] —, deixando alguns detalhes das camadas sem conclusão. Não se sabe ainda a data da fundação da comunidade de Qumrã nem sua função original, nem quando o sítio transformou-se em complexo monástico. Tampouco se conhecem os efeitos de um terremoto e a extensão do abandono do sítio na segunda metade do século primeiro a.C. Não se sabe se a primeira fase da vida monástica envolvia sacrifícios animais e refeições cultuais.

Escavações. Apesar disso, ao final do reino de Herodes, o Grande, e até sua destruição pelas legiões romanas em 68 d.C., tratava-se, sem dúvida, de um centro

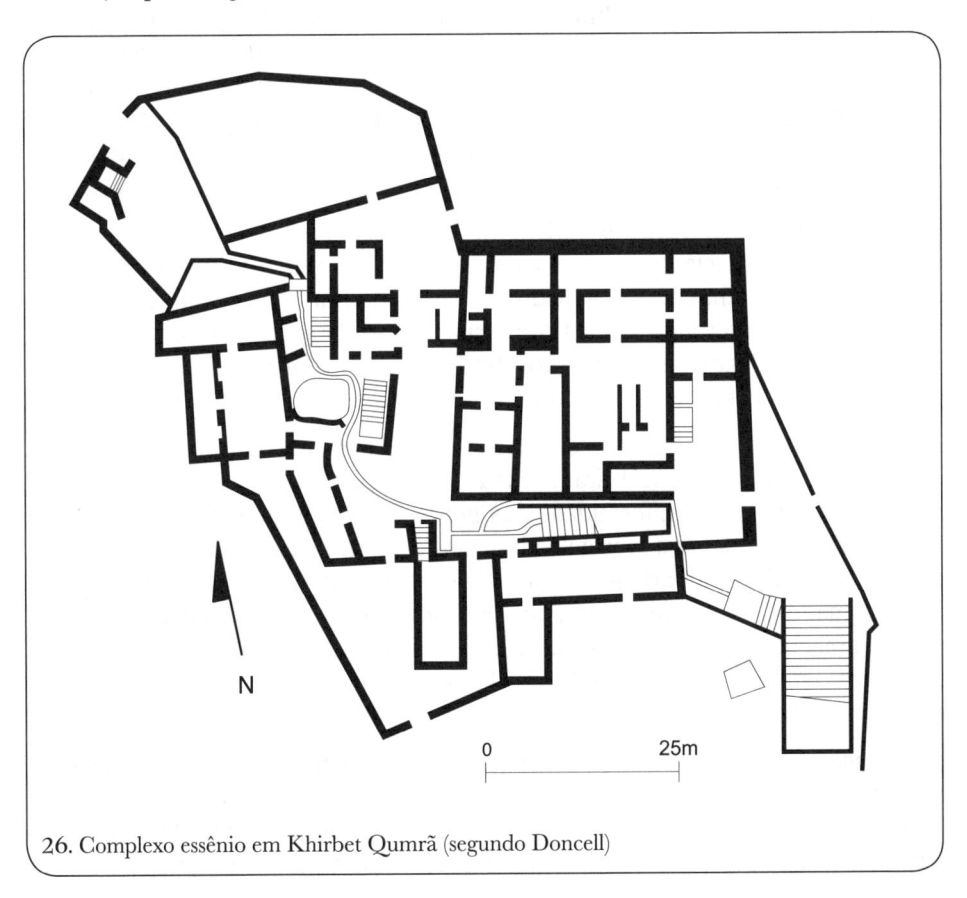

26. Complexo essênio em Khirbet Qumrã (segundo Doncell)

comunitário monástico. Talvez tenha sido construído primeiramente como fortaleza rural no final do segundo ou início do primeiro século a.C., no final do governo de Herodes, o Grande. Os escavadores designaram esse sítio com o nome de Fase Ocupacional II. Qumrã havia sido transformada numa instituição monástica que sobreviveu até a segunda parte do primeiro século de nossa era. Situada num terraço de calcário argiloso, distante uma milha do Mar Morto, encaixada em penhascos rochosos ao oeste e recortada por um *wadi* (vádi), correnteza na estação das chuvas, ao sul, exibia arquitetura incomum sem paralelo algum com a de outros lugares. As paredes ao redor do complexo protegiam diversas instalações para água, incluindo reservatórios, canais, e piscinas com degraus e revestidas. Havia também edifícios com salas grandes, oficina de cerâmica e forno, cozinha, refeitório e um *scriptorium*, onde os rolos foram copiados.

Rolos. A última peça liga os habitantes do sítio aos rolos aí encontrados. Entre escombros do segundo andar que ruiu quando o local foi destruído no final da Fase II, foram encontrados diversos objetos que identificaram o espaço como *scriptorium*: fragmentos de longas mesas estreitas, bronzes e recipientes de terracota para tinta de escrever. As mesas provavelmente teriam sido usadas para abrir os longos rolos de couro e para marcar as colunas e linhas com utensílios pontiagudos. Um dos tinteiros ainda conservava sobras da mesma tinta feita da mistura de resina, fuligem e óleo, usada nos rolos. Ali por perto, apareceram diversos fragmentos de pergaminho e pedaços de cerâmica com inscrições de letras embaralhadas, semelhantes aos rabiscos dos escribas quando se preparavam para o trabalho e testavam a pena ou exercitavam a mão.

É provável que os essênios de Qumrã preparassem o próprio pergaminho. Há evidência da existência de animais para trabalhar nos campos em outros setores do complexo, 2 milhas ao sul, ao lado das fontes de Ein Feshka. Tanques e canais rebocados podem ter sido usados como curtume onde se processavam os couros crus de animais. Também foram encontradas tiras de couro curtido e pedaços de pergaminho para encadernar e identificar os rolos.

Cerâmica. É óbvio que os essênios fabricavam seus utensílios. Além do forno e da oficina de cerâmica descobriram-se mais de mil peças de vasos numa despensa, perto do refeitório. A uniformidade dos pratos, tigelas e taças feitas de material simples, rude e cor laranja avermelhada chama a nossa atenção. Não foram achados restos de utensílios importados. A maioria dos rolos foi descoberta dentro de um jarro chamado de "jarro dos rolos", diferente dos de outros lugares, mas freqüentes em Qumrã. Ao contrário de outros vasos em forma de sacos utilizados em geral para água, vinho ou óleo, estes eram cilíndricos e perfeitamente adequados para conter os rolos.

Finanças. Dois achados nos dão alguma idéia dos recursos financeiros da comunidade. Em primeiro lugar, De Vaux desenterrou um tesouro de 561 moedas de prata, escondidas em três potes na estrutura administrativa central. Havia dinheiro disponível. As moedas de prata eram quase todas tetradracmas de Tiro, as mais usadas em território judaico, e as únicas aceitas para o pagamento de taxas no Templo. Talvez a comunidade recolhesse esse dinheiro para os pagamentos que tinham de fazer ou — quem sabe? — os iniciados em Qumrã pagavam o equivalente à comunidade em vez de dar ao Templo porque consideravam corrupta a administração do santuário. De qualquer maneira, tratava-se de importante soma de dinheiro.

O segundo achado foi um *ostracon* descrevendo a transferência de uma propriedade para determinado indivíduo ou grupo. Será que a comunidade possuía riquezas e bens? Deveria ter, mas com caráter comunitário sem ostentações nem para elevar um membro do grupo acima dos outros. Roma, Herodes, o Grande, e seus descendentes gostavam de fachadas e de exibir sua riqueza para indicar seu *status* social, mas os essênios de Qumrã, apesar de certa riqueza, não construíam fachadas nem alardeavam posses que pudessem criar diferenças entre eles.

Vidas. O complexo possuía quartos para todos os fins, menos para dormir. Nenhum dos edifícios tinha cubículos para esse fim, mas há evidência de que os moradores passavam a noite em covas pelos penhascos. Deixaram muitos pregos de metal ou tachas pelos caminhos, e restos de sandálias relembrando suas idas e vindas de manhã e de tarde. Pentes, lamparinas e louças de uso doméstico semelhantes às do complexo, uma escora de barraca e até mesmo o que se chamava *mezuzot*, pequenas molduras com textos do Deuteronômio fixados nas portas, indicavam que os membros da comunidade dormiam nesse espaço, mas não no complexo.

Mesmo sem os rolos, a arqueologia do lugar provê informações a respeito de como viviam esses cem ou duzentos sectários naquela época. Dormiam em cavernas, tendas ou choupanas fora do complexo e buscavam auto-suficiência cultivando grãos no platô ao lado e tâmaras junto a um oásis, bem como criando cabras. Fabricavam sua louça e peças de couro, incluindo pergaminho, onde escreviam assiduamente e faziam cópias. A vida era simples, uniforme e modesta. Se, de um lado, Herodes, o Grande, construíra belos palácios votados ao prazer, ao norte e ao sul, a comunidade de Qumrã não mostrava nenhum sinal externo de riqueza. Os essênios construíam seus edifícios principalmente com pedregulho com poucas pedras talhadas. Não revestiam os pisos com mosaico nem cobriam as paredes com estuque e afrescos. Tampouco deixaram restos de utensílios de luxo importados. Os poucos jarros custosos de pedra torneados descobertos indicam o desejo que tinham de gastar dinheiro com pureza e não com luxo.

A vida dos essênios de Qumrã era austera e comunitária, e, mesmo que tenham tido acesso a certa riqueza, eles haviam renunciado à ostentação porque a consideravam má. Os registros arqueológicos revelam que sua vida era simples e que todos comiam juntos, diferindo dos ricos de Roma, dos herodianos no território judaico e mesmo de alguns sacerdotes ricos de Jerusalém.

Rituais. Os essênios preocupavam-se principalmente com rituais de purificação, apesar das dificuldades com transporte e conservação de água. Também costumavam realizar refeições em comum. A ênfase nesses ritos, exemplificada nos esforços para canalizar "água viva" para a comunidade, constituiu-se numa de suas mais notáveis características. Na verdade, qualquer localidade nos remotos desertos da Judéia precisava de sistemas para suprimento de água, e o de Qumrã era dos mais complexos. Uma represa precariamente construída coletava água dos *wadis* ali existentes alimentados pelos temporais do inverno; essa água seguia depois para o complexo por canais cavados nas rochas. Também foram escavadas, além desses reservatórios de água, especialmente benéficos nos dias de calor, cerca de doze *miqwaoth*, ou banheiras rituais, incluindo a maior até agora encontrada. Duas delas em cada extremidade do complexo, perto das entradas, facilitava o uso freqüente dos inúmeros adeptos dos banhos de purificação. Doze degraus desciam a uma grande piscina no lado sul, com uma divisória para separar os impuros que desciam e os puros que subiam. Os banhistas provavelmente esperavam em fila a sua vez. Segundo os rolos, os sectários purificavam-se antes da "refeição pura" servida diariamente.

Os membros da comunidade sentavam-se juntos em silêncio, segundo alguns rolos da seita, em almofadas, segundo os arqueólogos. A grande comunidade era servida por um moinho para fazer farinha, um forno para cozer e cinco fornalhas (ou fogões). As refeições, vale a pena repetir, eram momentos vitais de participação comunitária e símbolo de suas vidas e esperanças, não importando a maneira como comiam nem o que comiam. As refeições eram puras não somente externamente, porque os participantes se purificavam antes de comer, mas também internamente, porque Deus se fazia presente nelas. Achavam que participavam do próprio alimento de Deus.

Inimigos. Alguns versos de seus rolos mostram certa insatisfação com o Templo ou, melhor, com os que o administravam, e registram estarem se preparando para a vitória final contra os atuais usurpadores. Muito antes da chegada dos romanos, a comunidade de Qumrã já deixara de participar no Templo e de observar o calendário da liderança sacerdotal em Jerusalém. Não achavam legítima a combinação asmoniana de rei e sacerdote numa só pessoa, e nada melhorou quando os herodianos e os romanos contrataram ou dispensaram sumos sacerdotes como se fossem meros serviçais de nível inferior. Mas, para a comunidade de Qumrã, os mais odiados e antigos inimigos eram as autoridades sumo-sacerdotais de Jerusalém, e não tanto os colonizadores romanos.

Na verdade, esses documentos não se referem muito aos romanos, muito embora estivessem se preparando para lutar contra eles na batalha final apocalíptica, segundo o *Rolo da guerra*. Essa luta dar-se-ia no final dos tempos, quando os Filhos da Luz, que eram os membros do grupo, enfrentariam os Filhos das Trevas, os romanos, chamados pelo codinome Kittim. A batalha contra Roma realmente aconteceu quando o general romano Vespasiano, que logo se tornaria rei, marchou sobre a área no caminho de Jerusalém no começo do verão de 68 d.C. Mas a guerra final dos essênios de Qumrã não terminou como o *Rolo da guerra* imaginara. O que De Vaux classificou de Fase II do sítio, chamada ainda assim pelos arqueólogos, acabou em belicosa destruição, com flechas romanas espalhadas por todos os lugares. No momento final de desespero, os membros da comunidade esconderam seus rolos em jarros com tampas e os enterraram nas covas ao redor, e assim permaneceram até a descoberta por um pastor beduíno em 1947.

Jodefá e Gamla ao norte

No sul, Qumrã e Masada representaram tipos diferentes de resposta à ocupação romana e, de fato, guiados por motivos divergentes. Os dois lugares foram destruídos, respectivamente, no início e no fim da revolta dos anos 66-74 d.C. Ao norte, Jodefá (em grego, Jodapata) e Gamla representaram exatamente o mesmo tipo inutilmente trágico de reação aos romanos no início da mesma rebelião.

No final desse período, a maioria dos judeus na Galiléia e no Golan juntou-se aos descontentes e reagiu à dominação romana. Ou, pelo menos, depois do surgimento das hostilidades e dos ataques violentos e indiscriminados dos romanos, os galileus fugiram para lugares fortificados em busca de segurança temporária. Além disso, foram os primeiros a sofrer os efeitos da fúria romana depois que Vespasiano e seu filho Tito organizaram forças legionárias e auxiliares no porto de Ptolomais em 67 d.C. e marcharam avante. Duas das cidades destruídas pelos romanos em 67 d.C., Jodefá, em julho, e Gamla, em outubro, nunca foram reconstruídas. Recentes esca-

27. Rolo de Isaías de Qumrã
(Reproduzido com permissão; © John C. Trever; imagem cedida pelo Centro de Manuscritos Bíblicos Antigos)

vações mostraram até que ponto a revolta foi suicida. A topografia fora sua melhor defesa. A cidade de Jodefá da Baixa Galiléia situava-se numa colina recortada com três lados por íngremes declives, mais facilmente alcançável pelo norte. Gamla, no Golan, era como a corcova de um camelo, de onde tirou seu nome, com desfiladeiros íngremes de cada lado que dificultavam o acesso a não ser pela extremidade leste da cordilheira.

Josefo narra as batalhas aí travadas. Em Jodefá ele ofereceu, de fato, sua última assistência à causa judaica antes de se render aos romanos e de ajudá-los como guia e tradutor. Seus relatos contêm inúmeros discursos inflamados, atos heróicos e finais trágicos (suicídios). As escavações arqueológicas retratam vivamente o sítio e a destruição de Jodefá e dão testemunho dramático da fraqueza das defesas e da inutilidade da revolta. Nas duas cidades, os habitantes com refugiados dos arredores tentaram em vão fortalecer os muros onde pareciam mais vulneráveis.

Em Jodefá, a torre e o muro do tempo dos asmonianos haviam sido ampliados e reforçados. A torre original media 30 por 36 pés. Fora construída no alto da rocha com diversas camadas de enormes pedras talhadas medindo cerca de 6 pés de comprimento. Os primeiros muros que defendiam o lado noroeste da torre eram mais fracos, em parte dilapidados, foram reconstruídos depois do ataque romano. Os defensores construíram um muro de proteção, não sobre o alto da rocha mas sim sobre pedaços de pedras da construção original. Empregaram terra e preenchimentos de cascalho aproveitando pedras da antiga parede destruída, resultando numa obra bastante precária. O muro externo da casamata tinha a grossura de 6 pés com sólidas camadas de pedras bem firmadas. Um dos quartos interiores fora apressadamente preenchido com pedras quadradas e dos campos nos últimos dias da defesa.

Em Gamla, a grande torre redonda no alto da cordilheira ligava-se ao muro de defesa ao longo da colina e até embaixo. Esse muro nada mais era do que diversas casas nos limites da cidade cujas peças exteriores haviam sido preenchidas com destroços e paredes erguidas nos espaços abertos entre elas. As paredes da frente haviam sido mais bem construídas com pedras de basalto bem ajustadas com pedregulhos nos interstícios, protegidas atrás com enormes pedaços de rocha.

Os muros de Jodefá e Gamla não representavam obstáculo algum às legiões bem treinadas de Vespasiano e Tito, que primeiro as enfraqueceram com sua artilharia, procurando os pontos vulneráveis. Em seguida trouxeram suas máquinas de guerra sob a cobertura dos arqueiros. Finalmente, abriram brechas nos muros para a passagem da infantaria. Ainda se pode ver hoje em dia, em Gamla, a abertura que as tropas fizeram no muro, bem ao lado da sinagoga cujas salas exteriores faziam parte do complexo. As evidências da batalha espalham-se pelas ruínas de cada cidade. Os escavadores encontraram em Gamla cerca de mil e seiscentas flechas, diferentes pedaços de catapultas e mais de mil pedras esféricas de basalto que foram lançadas pelos invasores romanos. Poucas foram achadas em Jodefá, porque, segundo Josefo, os romanos concentraram-se na parte noroeste do muro e avançaram sobre as defesas. Em Gamla inúmeras pedras balísticas foram achadas dentro dos muros da cidade, escondidas pelos defensores para arremessá-las contra os invasores no dia seguinte.

As legiões deixavam para trás inúmeras evidências depois de destruir cidades: pedaços de armadura, pregos de botas, protetores do queixo de elmos, fragmentos de bainhas douradas de espada e prendedores de túnicas (*fibulae*). Os espólios da guerra passavam aos vencedores; as tropas romanas não deixavam coisa alguma de valor aos vencidos. Mas Moti Aviam, do Departamento de Antiguidades de Israel, escavador de Jodefá, encontrou um rico artefato deixado pelo defensor. Numa pequena lajota de pedra alguém desenhou imperfeitamente um caranguejo e um túmulo, para representar o signo de Câncer do zodíaco correspondente ao mês de julho, e a morte. Aviam oferece a sinistra interpretação: as figuras teriam sido feitas por um dos defensores iletrados já sem esperança: "Em julho, eu morro".

Seriam os rituais judaicos de purificação armas de resistência contra Roma? Os muros eram frágeis, nada desafiadores para os engenheiros militares do império. Os romanos possuíam poderosa artilharia e arqueiros precisos. Eram bem treinados, bem organizados, bem pagos e bem alimentados. Os judeus resistentes em Gamla e Jodefá não tinham nada disso, mas pareciam determinados e esperançosos. Tinham vasos de pedra em suas casas e praticavam o *miqwaoth* comunitário, ou banhos rituais. Mesmo depois de décadas sob governos herodianos e romano, essas lembranças de que Deus estava presente em suas vidas e terras davam-lhes coragem para enfrentar o poder e a ocupação dos romanos. A terra pertencia a Deus e não, certamente, aos romanos. E mesmo quando suas defesas desabavam, saber que Deus estava com eles dava-lhes certa medida de esperança.

Manutenção da identidade e resistência silenciosa

Ao norte, Jodefá na Galiléia e Gamla no Golan acabaram igualmente destruídas, como no sul, os sicários em Masada e os essênios em Qumrã. Os eventos em Masada foram espetaculares e dramáticos. Juntemos agora arqueologia e Josefo para imaginar a batalha final contra Roma em solo judaico: discursos heróicos de Eleazar, os sicários, temidos terroristas urbanos, a impenetrável fortaleza de Masada e os extraordinários feitos da engenharia romana. Lembremos ainda as preocupações com pureza. Como em Qumrã, a vida era ascética e piedosa. Misturemos também aí arqueologia e os Rolos do Mar Morto, e imaginemos sua recusa do mundo, a vida comunitária, a rejeição de influências estrangeiras e a batalha entre os Filhos da Luz e os Filhos das Trevas. Também havia preocupação com a pureza. As únicas alternativas precisam ser os extremos de violência ou aceitação?

A vida, na Antiguidade como hoje, era complicada, mais para o lado do cinza do que do branco e preto. No sul, Masada e Qumrã chamam nossa atenção por causa de seu final catastrófico — a destruição violenta e o abandono deixou-as relativamente intocáveis para os arqueólogos. Graças ao clima árido e à localização geográfica remota, o que restou foi preservado até nossos dias. Essas sobras teriam se desintegrado se estivessem em ambiente úmido. Ao norte, contudo, Jodefá e Gamla nunca haviam sido perturbadas desde que foram abandonadas no primeiro século. Chove mais na Galiléia e o solo é úmido. Muitas localidades foram refeitas e os materiais antigos reutilizados. Há, portanto, menos preservação, e o que sobrou não passa de fragmentos. As camadas, em geral, misturam-se tornando a arqueologia muito complexa. Eram também assim as vidas de seus habitantes sob Herodes, o Grande, e Herodes Antipas, apoiados por Roma e, depois, diretamente sob o poder romano. Entre as alternativas extremas de confronto violento e aceitação, no primeiro século, a maioria dos galileus escolhia entre aquiescência inteligente e rebeldia silenciosa. Duas ilustrações de escavações na Galiléia, uma específica e singular, a outra geral e abrangente, revelam o meio termo entre os dois pólos: a cidade de Séforis nos anos anteriores à revolta e o uso de vasos de pedra e de *miqwaoth*. No primeiro caso, olhamos como de cima para baixo; no segundo, de baixo para cima.

Séforis, cidade da paz

Como já vimos, Herodes Antipas construiu seu reino refundando Séforis e construindo Tiberíades. Dirigiu o reino com as elites locais e preservou seu caráter essencialmente judaico. Não havia estátuas nem imagens nas cidades e suas moedas não ostentavam sua figura em contraste com as de seu irmão Felipe, que governou uma população quase toda pagã. Antipas impôs o estilo arquitetônico romano e alguns dos mais ricos cidadãos adotaram, também, feições romanas em suas residências, tanto em cidades grandes como em pequenas. As adaptações, no entanto, eram mais cautelosas do que na Cesaréia de Herodes. Antipas comportava-se bem na Galiléia como rei-cliente. Havia sido educado em Roma, mas, como judeu, entendia a religião tradicional do país e parecia instintivamente traçar a linha entre controle ostensivo e respeito tolerante.

Algumas outras moedas cunhadas em Séforis mostram como os líderes continuaram o estilo de Antipas, fundindo a influência romana com a base cultural judaica. Durante a revolta contra Roma, a cidade cunhou moedas de bronze representando num lado duas cornucópias entrecruzadas, típico símbolo numismático judaico de fertilidade e, no outro, o nome *Caesar Nero Claudius*, em letras grandes, usando o nome sem a imagem. Pró-Roma, certamente, mas observando a proibição de imagens da Torá. A legenda era mais submissa: "Sob Vespasiano em Eirenópolis-Nerônias-Séforis". Gravada em 68 d.C., a moeda anunciava a recusa da cidade de se rebelar contra Roma, adotando o nome de Nerônias, em honra do imperador Nero, e de Eirenópolis, grego para "Cidade da Paz". A mesma inscrição em grego encontrava-se cercada por uma coroa na edição do ano seguinte. Na outra face omitia-se também a imagem do imperador, mas apareciam as letras maiúsculas "S" e "C", representando "S[enatus] C[consulto]," isto é, "por decreto do Senado Romano". Tais moedas anicônicas eram tipicamente judaicas — embora com letras gregas e obedientes ao governo romano. Herodes Antipas sabia ser politicamente correto nos relacionamentos com o povo, e os futuros líderes de Séforis, bastante prudentes para proclamar suas intenções, curvando-se a Vespasiano e Nero, sem, contudo, ferir as sensibilidades religiosas judaicas com suas moedas.

Além das moedas, os chefes das escavações, Eric e Carol Meyers, da Duke University, acharam outras evidências da aceitação do governo romano em Séforis. Escavaram entre 1993 e 1997 os restos de uma fortaleza perto do topo da acrópole que havia sido intencional e sistematicamente aplainada na época da revolta. Fora construída por volta do ano 100 a.c., supostamente quando os governantes asmonianos transformaram Séforis em importante posto avançado do recém-adquirido território da Galiléia, como atestam centenas de moedas de Alexandre Janeu (103-76 a.C.). Aos poucos transformou-se em importante assentamento, mas os imponentes muros da fortaleza permaneceram lá por quase dois séculos. Até agora, já foram escavados sete muros, em cima da rocha, três ao norte-sul e quatro ao leste-oeste, separados entre si pelo menos por três quartos quadrados. Os muros foram construídos com grandes pedras extraídas das rochas e eram, de fato, duplos, um contra o outro, medindo no total cerca de 6 pés. É provável que um muro tenha sido construído antes do outro para garantir rapidamente o contorno da fortaleza, e o segundo, depois, para torná-la mais resistente.

O que se encontrou dentro dos muros era o que se esperava de uma guarnição militar: cisterna para suprimento de água, fogão, pequenas moedas perdidas dos salários dos soldados, pontas de flechas pelos cantos e duas pedras balísticas junto ao muro. A estrutura nada tem de notável. O que mais chamou a atenção dos escavadores, no princípio, foi a maneira como a fortaleza fora abandonada. Não havia evidência alguma de incêndio, destruição ou desmoronamento. Em vez disso, espaços dando a impressão de bem cuidados e paredes meticulosamente demolidas até certa altura, além de cuidadosa terraplanagem na área toda. Sujeira, pedras demasiadamente pequenas para construção e milhares de cacos de louça foram carregados numa operação de remoção de terra, formando montes de até 6 pés de altura.

Quando e por que foi desmontada a fortaleza? A mais antiga moeda encontrada no terreno aplainado era de Herodes Agripa II do ano 53 d.C., indicando que o terreno não deveria ter sido mexido antes disso. Os fragmentos de louça remontam provavelmente aos anos 70 d.C. por causa da ausência de panelas e tigelas que só começaram a aparecer no sítio (bem como em toda a Galiléia) depois da revolta dos anos 70 d.C. Por que teriam os cidadãos de Séforis acabado com a fortaleza entre os anos 53 e 70 d.C.? Provavelmente, porque no início dos sinais das hostilidades queriam mostrar com certa antecedência que não queriam se rebelar contra Roma ou, talvez, tenham sido instruídos por Herodes Agripa II ou por algum outro oficial romano a agir dessa maneira. Não importando se o ato tenha sido oferecido como gesto de boa vontade ou em sinal de obediência a determinado comando, a cidade de Séforis não participou na revolta com os compatriotas galileus, coisa que Josefo conta com certa consistência em seu livro sobre a guerra. Na sua autobiografia afirma que a cidade "proibiu os cidadãos de se alistarem com os judeus" que se preparavam para se opor a Roma e, "voluntariamente, admitiram uma guarnição providenciada por Cesto Galo, comandante-em-chefe das legiões romanas na Síria" (*Vida* 347). Embora outras narrativas a respeito de Séforis durante a guerra sejam deturpadas e até mesmo, às vezes, contraditórias, acentua-se sempre a recusa da cidade em participar das hostilidades contra Roma.

Os líderes judeus em Séforis mostravam-se atentos diante do poder romano e os que permaneceram em paz acabaram em parte ganhando o dia. É provável que conservassem na memória o ataque romano à cidade sob o legado sírio Varo depois da morte de Herodes, o Grande, e tivessem aprendido a lição a respeito do poder vindicativo de Roma. Ou, ainda, os habitantes mais ricos da cidade sabiam que tinham mais a perder com a revolta do que os camponeses. De qualquer maneira, curvaram-se diante de Roma e traíram seus compatriotas galileus, mesmo sem abandonar as tradições judaicas. Trata-se do mesmo tipo de ambigüidade material presente nos textos colaboracionistas de Josefo. Continuavam indubitavelmente judeus, fiéis às tradições antigas, mas colaboravam ativamente com Roma e imitavam seu estilo. Essa posição ambígua, como vimos no capítulo 3, levou muitos camponeses galileus a tentar incendiar Séforis no começo da grande revolta.

Vasos de pedra e banheiras rituais

A outra estratégia dos galileus para enfrentar os governos herodiano e romano mostra-se mais abrangente e muito mais complexa nos registros arqueológicos. Nem todos os galileus condenavam a revolta e, afinal, a atitude da pró-Roma Séforis (de anti-revolta) tornou-se clara com a guerra, ao contrário do destino de muitos lugarejos da Galiléia que foram destruídos. Demos uma olhada, não de cima, da perspectiva das classes altas na acrópole de Séforis, mas de baixo, do ponto de vista dos camponeses que habitavam os vales da Galiléia. Para entender a situação valemo-nos de fragmentos de artefatos encontrados em moradias e instalações rebocadas nesses sítios. Vamos considerar vasos de pedra e banheiras rituais espalhados pela região, já encontrados em Qumrã e Masada, que tipificam o judaísmo nos registros arqueológicos. Estavam ao mesmo tempo nas primeiras camadas romanas tanto no território judaico (em Jerusalém, em toda a Judéia e através da Galiléia toda) como no Golan ao sul. Mas estão virtualmente ausentes nos territórios vizinhos.

Vasos de pedra. Um dos achados mais característicos dos sítios judaicos são os vasos de pedra muito mole conhecida pelos geólogos como algo parecido com giz.

28. Vaso de pedra do primeiro século, chamado de medidor
(Coleção do Departamento de Antiguidades de Israel; © Museu de Israel em Jerusalém)

Chamam-se vasos de pedra ou, às vezes, utensílios herodianos de pedra porque começaram a aparecer no território judaico a partir do governo de Herodes. O que, na verdade, é um fato curioso. Perguntamos novamente se as preocupações judaicas com a pureza não redundam sempre em velada declaração antierodiana e anti-romana? Seja como for, esses utensílios eram usados sempre com água, como, por exemplo, tigelas, taças, xícaras, bacias, tampas e grandes jarras. Em Jerusalém e nos arredores no período posterior do Segundo Templo, surgiu uma verdadeira indústria para a produção desses objetos, que também incluía ossuários (caixas para ossos humanos), bem como bancos e tampos de mesas. Foram descobertas e escavadas diversas oficinas especializadas nesse ramo, dando-nos idéia de como eram trabalhadas as pedras, seus cortes, polimento em tornos ou moldadas a mão. Mais recentemente, em junho de 1999, um trator, usado numa construção, acidentalmente abriu uma brecha numa caverna ao leste de Jerusalém, descobrindo enorme complexo, com restos de pedra, vasos ainda não acabados e sobras de utensílios, acrescentando à lista mais uma pedreira do primeiro século e uma fábrica de vasos de pedra.

Sítios dedicados à produção não se limitavam ao sul, posto que um deles foi encontrado na Galiléia em Reina, perto de Nazaré e Séforis, onde formações geológicas criaram pedras calcárias nos terrenos em declive. Foram achados, também, inúmeros miolos extraídos por tornos do interior de xícaras e muitas sobras de vasos que se quebravam durante a manufatura. Como havia muita pedra calcária na Galiléia, esses vasos eram produzidos em diversos sítios. A pedra mole esbranquiçada, facilmente moldável depois de molhada, podia ser trabalhada com instrumentos simples de metal ou martelo. As formas mais comuns na Galiléia incluíam xícaras com alça e copos de vários tamanhos feitos a mão que têm sido, às vezes, erroneamente chamados "medidores". A cavidade era obtida com o uso de pequenos instrumentos cortantes, incluindo até mesmo pequenos tornos. O cinzel esculpia a face externa com diversas facetas verticais que lhes davam aspecto rude e sensação de aspereza. Tinham uma ou duas alças quadradas e, às vezes, um bico, o que lhes fazia parecer com vasos feitos de madeira. Entre as demais formas comuns produzidas na Galiléia, feitas a mão, foram encontradas bacias retangulares e banheiras, algumas tigelas, taças e tampas de boa qualidade, torneadas, decoradas com linhas simples nos lados e bordas.

Como esse tipo de vasos só se desintegra em solos úmidos e ácidos, têm sido achados em grande número principalmente nas camadas do primeiro século escavadas na Galiléia. Por exemplo, no vilarejo de Nabratein na Alta Galiléia foram encontrados mais de cinqüenta fragmentos em camadas do primeiro período romano. Numa só área de uma casa com pátio foram descobertos diversos fragmentos ao lado de lascas e pedaços de pedra calcária, talvez deixados pelo oleiro local que as fabricava para a família e para o vilarejo. Em Cafarnaum, acharam-se resíduos desse material em todas as casas escavadas; centenas deles. Semelhante quantidade também foi encontrada em contextos do primeiro século em Jodefá, na Baixa Galiléia e ao sul de Gamla, no Golan. Também nas casas do primeiro século de Séforis.

São artefatos judaicos ligados ao sistema de purificação segundo a literatura rabínica, pois os judeus não aceitavam impurezas rituais. Os vasos de pedra diferiam dos de cerâmica, que precisavam ser destruídos depois de entrar em contato com líquidos impuros, segundo a *halakhah*, ou lei sagrada, posto que transmitiam impureza a conteúdos subseqüentes e a seus usuários. As pedras, contudo, estavam livres desses estragos rituais: assim, os vasos de pedra mantinham-se sempre "limpos".

Por quê? Talvez porque se pensasse que as pedras não eram fabricadas como o vidro, o metal ou a cerâmica. Eram cortadas diretamente da natureza. Eram menos, portanto, produto humano e mais dádiva divina. A literatura rabínica argumentava que os vasos de pedra eram puros porque não passavam pelo fogo e, por isso, os de barro e de esterco secados ao sol também eram considerados puros (ver Mixná, *Kelim* 10,1; 4,4). Mas há outra razão: a maioria dos vasos de pedra parecia-se com os de vidro, metal e cerâmica, que eram importados e mais caros. Atribuía-se facilmente impureza a esses vasos trazidos das "terras dos gentios," ou, em outras palavras, porque eram artigos de luxo. A pedra era considerada pura e, além disso, mais barata e produzida no local. Vasos de pedra podiam ser fabricados com facilidade.

Banheiras rituais. Os segundos artefatos típicos do judaísmo nos registros arqueológicos são as piscinas com degraus revestidas de estuque, chamadas de *miqwaoth*. Cerca de trezentas dessas piscinas foram encontradas até hoje no território judaico datadas do período romano, na Judéia, na Galiléia e no Golan. São raras na costa e virtualmente ausentes na Samaria e ao lado do Rio Jordão. Embora não fossem completamente uniformes, possuíam traços básicos: eram recortadas no chão; o revestimento espesso e até mesmo retocado servia para evitar infiltrações; muitas

29. *Miqweh* do primeiro século em Séforis
(Cortesia de Eric Meyers; © Projeto Regional de Séforis, Duke University)

delas possuíam canais para recolher água da chuva, de fontes ou de correntezas; e tinham degraus que as distinguiam de reservatórios ou cisternas. Os degraus, obviamente, ajudavam as pessoas a descer para os banhos de imersão. Não teriam sentido se fossem apenas cisternas.

Como os vasos de pedra, os *miqwaoth* eram comuns desde o tempo de Herodes, o Grande, no primeiro século d.C. Em centros urbanos, como Jerusalém, Séforis e outras cidades grandes, eram também instaladas em casas de família. Em Séforis, cerca de duzentas piscinas desse tipo foram escavadas na zona residencial ocidental, mostrando que essas famílias estavam preocupadas com os ritos de purificação. Mas na maioria dos sítios da Galiléia aparecem perto de instalações agrícolas ou de sinagogas. O sítio de Gamla é típico. Nele os escavadores encontraram quatro *miqwaoth*. O primeiro, perto de uma sinagoga e duas outras, de uma prensa de olivas. A sinagoga foi a mais antiga a ser escavada ao norte, até hoje, e a única do primeiro século d.C. O saguão principal media cerca de 100 por 130, pés com a entrada voltada para Jerusalém. Como as sinagogas de Masada, possuía fileiras de bancos ao longo das paredes da sala principal, que precisava de colunas para apoiar o teto por causa do tamanho da área. Embora o *miqweh* tenha sido cavado fora da sinagoga propriamente dita e faça parte de um complexo ao oeste, liga-se fisicamente a ela por um canal que recolhe água das chuvas que caem no telhado vizinho. A piscina, sem dúvida, de uso comunitário, media 13 por 33 pés e tinha sete degraus, tamanho suficiente para ser compartilhada pelos habitantes do local.

Descobriu-se outro *miqweh* na parte ocidental, ao lado de uma grande fábrica de azeite, com duas prensas e dois tanques coletores e piscinas provavelmente usadas pelos habitantes de Gamla. A sala com o *miqweh* fazia parte desse complexo e possuía uma pequena banheira acima do chão e, ao lado, o *miqweh* propriamente dito, maior e de forma oval, cavoucado no solo e revestido com diversas camadas de reboco. As pessoas desciam por escadas espiraladas junto à parede. Presume-se que os usuários que trabalhavam nas prensas se lavassem primeiramente na banheira, em cima, para

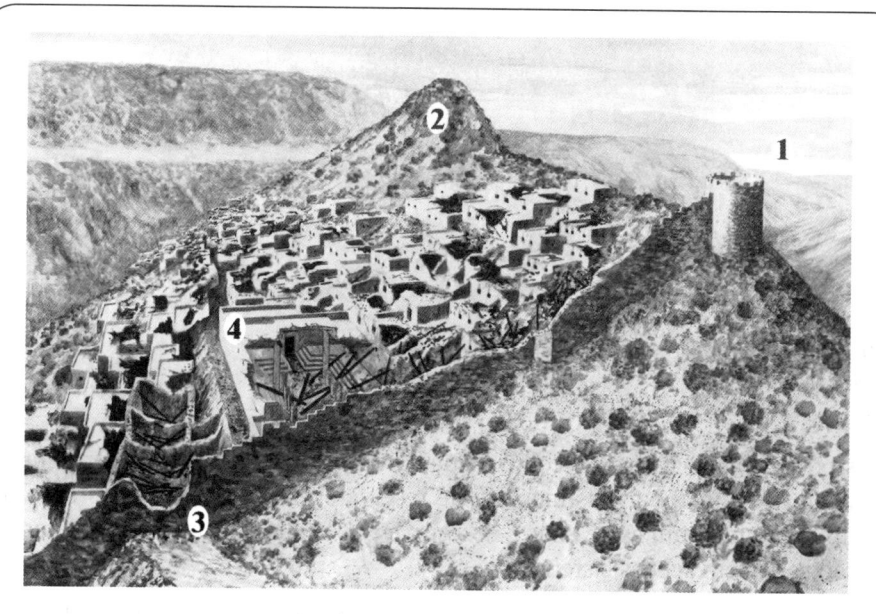

30. Reconstrução da cidade destruída de Gamla
Sem grandes problemas para as legiões romanas, os muros da cidade judaica de Gamla estão destruídos desde 67 d.C. Distante do Mar da Galiléia (1), Gamla ergue-se dos vales ao redor do Golan como a corcova de um camelo (2) de onde tirou seu nome. Refugiados judeus que fugiam do avanço das tropas romanas fizeram inchar sua população e embora a cidade oferecesse forte proteção, segundo Josefo, Tito destruiu os muros (3) e derrotou os habitantes com sucesso. Os escavadores descobriram centenas de pedras balísticas romanas e pontas de flechas no lugar onde o muro foi derrubado, cerca de uma das poucas sinagogas do primeiro séculos até agora descobertas (4), com bancos para sentar e banheira ritual logo na entrada.

entrar, depois, já limpos, no *miqweh*. Assim a água pura não seria contaminada com seu suor e resíduos indesejáveis.

Josefo conta como a cidade de Gush Halav na Alta Galiléia despachava azeite *kosher* para judeus que viviam nas grandes cidades pagãs da costa, e, uma vez que os líquidos podiam transmitir impureza, tomavam-se todos os cuidados com a sua produção. A literatura rabínica relaciona os *miqwaoth* com pureza, da mesma forma como os vasos de pedra, e dedica um tratado inteiro da Mixná ao seu uso adequado.

Pureza. De que maneira os vasos de pedra e os *miqwaoth* podiam ser meios de resistência contra Roma? Trata-se de uma pergunta óbvia. É claro que o uso de jarros de pedra no jantar e os banhos nas piscinas com degraus não representavam nenhum confronto aberto contra o governo romano ou herodiano nem em face das influências estrangeiras. Roma não temia essas coisas, mas nem por isso eram pacíficas. Representam o que sobrou da cultura material de um modelo maior de comportamento por meio do qual os judeus se definiam em contraposição aos outros. Tratava-se de desafio silencioso, relembrando no dia-a-dia a tradição da aliança com Deus, e reconhecendo a santidade de Deus e a pureza exigida de Israel.

Não havia no judaísmo do primeiro século nenhum sistema unificado de crenças e rituais a respeito da prática da purificação. Havia diversos graus de compreensão ou, talvez como a resistência, inúmeros matizes. Os sacerdotes associavam a pureza com os papéis que desempenhavam no culto do Templo. Preocupavam-se, principalmente, com alimentos e contatos antes do encontro com a presença divina, e eram particularmente meticulosos no Dia da Expiação, quando o sumo sacerdote entrava no Santo dos Santos no santuário.

Embora o Templo fosse o centro da religião judaica, os fariseus, considerados intérpretes populares da Torá, não apenas procuravam decidir sobre questões relacionadas com pureza acima dos sacerdotes — competindo, assim, com seu *status* social —, mas também se apropriavam de noções de pureza tipicamente reservadas aos sacerdotes e as aplicavam a suas atividades. Estas desenrolavam-se ao lado do culto do Templo, e às vezes em tensão com ele, quando estendiam aspectos do culto para a vida diária, em particular ao fazer as refeições com pureza. Talvez quisessem imitar as refeições sacerdotais do Templo, mas certamente queriam reconhecer a presença divina em suas mesas, que necessitavam das mesmas lavagens antes da comida comunitária, e a presença de Deus nas demais esferas da vida. Debatiam animadamente uns com os outros a interpretação das Escrituras, especialmente a respeito de questões de pureza. Esses debates foram registrados no final do segundo século no código legal Mixná. Como os fariseus, os essênios em Qumrã purificavam-se antes das refeições comunitárias, porque acreditavam que Deus se fazia presente quando comiam.

Identidade. Mas por que a observação da "pureza" era tão comum na Galiléia? Seriam todas as casas de Séforis residências de sacerdotes, posto que em todas elas foram achados vasos de pedra e *miqwaoth*? Será que em todas as moradias de Cafarnaum realizavam-se refeições farisaicas, uma vez que também aí foram encontrados vasos de pedra? Não é provável. Será que os camponeses de Jodefá eram essênios? Não. Em vez disso, os judeus do período do Segundo Templo preocupavam-se com pureza. Não estamos nos referindo a rituais legalistas, mas sim entendendo que se dava ênfase à preparação do corpo para se apresentar diante de Deus, porque Deus se fazia presente na terra todos os dias e era parte da vida diária.

Como as pessoas comuns entendiam a pureza? Haveria, certamente, discordância a respeito de pormenores. Os fariseus criticavam como os camponeses, "gente da terra", evitava seguir plenamente suas decisões. Mas também criticavam alguns sacerdotes. E discutiam entre si como, por exemplo, a escola menos estrita, de Hilel, contra a mais meticulosa, de Shammai. É provável que inúmeros galileus ignorassem alguns de seus detalhes interpretativos. Por exemplo, poucas piscinas revestidas de estuque, com degraus, seguiam rigorosamente as prescrições encontradas depois no código da Mixná. Mas levavam a sério a questão: vasos de pedra e *miqwaoth* por toda a parte.

Não nos parece que esses fatos implicassem legalismo muito difundido nem meras demonstrações populares como muitas vezes o anti-semitismo cristão tem insinuado. Ao contrário, significa que os judeus do primeiro século acreditavam na presença de Deus e que ela requeria comportamento adequado, que incluía não apenas pureza em resposta à santidade divina, mas também justiça e retidão por meio do compromisso com a aliança. Os códigos judaicos de purificação acentuavam que o decoro ritual do corpo perante Deus vinha junto com a vida ética do mesmo corpo diante do mesmo Deus.

O uso de vasos de pedra nas refeições e as piscinas destinadas à purificação não simbolizavam qualquer resistência violenta a Roma, como foi o caso de Masada, nem abandono do mundo, como em Qumrã. Esses extremos tinham em comum com o meio termo o desejo de viver na terra diante de Deus e sob sua aliança. O uso dessas tradições solidificava a identidade judaica, no caso dos *miqwaoth*, ao restaurar o lugar do indivíduo na comunidade de Israel sob a aliança, e, no caso dos jarros de pedra, ao preservar o *status* de cada um perante Deus. Eram meios concretos de auto-identificação, preservados no solo e recuperados pelos arqueólogos, capazes de definir os judeus diante dos outros, além dos nomes, roupas, circuncisão, dieta, práticas fúnebres, escrituras e tradições.

Não se trata de mera coincidência que os instrumentos de purificação descobertos pelos arqueólogos desafiem duas das principais invasões culturais dos mundos helênico e romano: a maneira de tomar banho e de jantar. Os banhos nos *miqwaoth* contrastavam com o estilo das elites romanas e ofereciam uma alternativa que reforçava o caráter distinto dos judeus e fortaleciam a resistência à dominação estrangeira. Da mesma forma, os vasos de pedra representavam alternativa local e barata aos copos, metais e cerâmicas importados. Poderíamos chamar essa fidelidade cultural física e corporal de resistência? Nesse caso, a autodefinição judaica tornou-se o mais profundo ato de resistência não violenta à colonização. Resumamos da seguinte forma. Era certamente possível observar os rituais judaicos de purificação e ainda assim colaborar plenamente com Roma. Mas, se os judeus deixassem esses costumes de lado, teria sido possível resistir tanto de um jeito como de outro, violenta ou não-violentamente?

Resistência radical não-violenta

Onde, nesses diferentes graus de resistência, situamos Jesus? Não está entre os não resistentes por duas principais razões. A primeira, relativamente certa, porque durante sua vida anunciou e representou o Reino de Deus. Ele e seus companheiros talvez por respeito ao nome sagrado, preferiram falar em Reino dos Céus. É mais ou menos como o repórter que ao se referir ao presidente dos Estados Unidos diz "a Casa Branca anunciou". A residência significa o residente. Infelizmente, contudo, a expressão "Reino dos Céus" tem sido entendida erradamente como um reino *no* céu, e não *dos* céus e, conseqüentemente, conotando mundo vindouro ou vida depois da morte. Mas, por exemplo, no pai-nosso, Mateus ensina, "venha o teu reino" bem como "seja feita a tua vontade assim na terra como no céu", exatamente como ensinava Jesus. Mas chamemo-lo de Reino de Deus ou Reino dos Céus, estamos nos referindo à vontade de Deus para a terra aqui embaixo, aqui e agora. Em outras palavras, de que maneira Deus governaria o mundo se estivesse sentado no trono de César? Como seria o mundo perfeito de prosperidade e fertilidade, de justiça e paz, e de pureza e santidade? O sentido desse mundo teria que ser interpretado segundo a transição tradicional do governo terreno da aliança com Deus, passando pelo escatológico e culminando no apocalíptico.

A segunda razão, também relativamente certa, vem da morte de Jesus, ao ser considerado pelo poder romano um subversivo da classe baixa, uma vez que a crucifixão servia de advertência oficial e pública contra atividades criminosas desse tipo. Antes de Jesus, Herodes, o Grande, fora oficialmente instalado por Roma como "rei dos judeus". Depois de Jesus, o mesmo se deu com Herodes Agripa I. Entre os dois reinados, Jesus de Nazaré morreu sob a escarnecedora acusação romana, aliás muito séria, de que era ilegalmente o "rei dos judeus". Mas Roma, e apenas ela, decidia quem era ou não o rei dos judeus. O título e o destino, no pleno sentido religioso e político, indicava que Jesus fora executado por ter resistido à lei, à ordem e à autoridade romanas. Em que grau, portanto, o classificamos na escala da resistência de que já falamos?

Estudiosos contemporâneos debatem se o Jesus histórico teria sido ou não, afinal, uma figura apocalíptica. Em geral, não se chega a conclusão alguma porque há bons argumentos em favor dos dois lados. Se fosse apocalíptico, quais as características necessárias para descrevê-lo dessa maneira? Por exemplo, pregava a solução divina para o problema dos malfeitores por meio de *extermínio* ou de *conversão*? Deveriam os fiéis esperar *passivamente* ou *ativamente* no processo? Se não tivesse sido apocalíptico, qual teria sido o conteúdo do Reino de Deus, além dessa negação? Pretendemos, neste livro, transcender esse impasse ao insistir na transição do conteúdo básico do Reino de Deus, da aliança por meio da escatologia ao apocalipse. Esperamos especificamente, na conclusão, poder situar o movimento de Jesus e o do Reino de Deus mais precisamente entre os apocaliptistas e/ou protestadores do primeiro século.

Ao incluir Jesus entre estes não queremos dizer que advocasse violência *militante*. Mesmo aceitando Jesus como profeta apocalíptico, teríamos que interpretar os ditos atribuídos a ele contra tudo mais em sua vida e morte. A violência militante teria que se basear nas expectativas apocalípticas, como foi o caso, provavelmente, com a chamada quarta filosofia de Josefo, em geral, ou com Judas, o galileu, em particular. Mas se Pilatos tivesse considerado Jesus esse tipo de ameaça, muitos de seus companheiros teriam estado com ele e morrido a seu lado. Jesus não representou esse *simbolismo arquetípico*, como o profeta egípcio que marchou com seus seguidores ao redor dos muros de Jerusalém. Se o tivesse feito, muitos teriam morrido com ele. E se o tivesse feito individualmente, como João Batista no Jordão, esse ritual não teria vindo até nós. Devemos, pois, colocá-lo na escolha entre *comunidade da aliança* e *protesto martirial*.

No capítulo 3 examinamos a Tradição dos Ditos Comuns, a mais antiga seleção de material oral de Jesus, discernidos assim pelo uso independente do *Evangelho Q* e do *Evangelho de Tomé*. Neste capítulo vamos considerar o *Grupo dos Ditos Comuns*, constituído por material escrito sobre Jesus, segundo o uso independente do *Evangelho Q* e da *Didaqué*. Relembremos da introdução deste livro nossa aceitação das conclusões de especialistas, a respeito das quais não argumentaremos aqui, de que (1) o *Evangelho Q* existe, de que (2) o *Evangelho de Tomé* é independente dele e de que (3) a *Didaqué* é independente tanto do *Evangelho Q* como dos quatro evangelhos. Essas conclusões fazem parte das dez mais importantes "descobertas" textuais mencionadas na introdução. Concordando ou não com elas, precisamos decidir a respeito e, daí para a frente, nossas conclusões cairão ou se manterão segundo a coerência de nossa escolha.

Radicalização da Regra áurea

Usamos o termo Grupo dos Ditos Comuns para designar o conjunto de seis ditos que apareceram primeiramente no *Evangelho Q* e na *Didaqué*, o primeiro um evangelho de uma comunidade sobre Jesus e o segundo, uma regra de vida comunitária posterior.

No *Evangelho Q*, o grupo dos ditos aparece em Mateus 5,38-48; 7,12=Lucas 6,27-36, como parte do discurso programático inaugural de Jesus. Na *Didaqué* aparece em 1,2c-5a, inserido numa instrução para convertidos, mais pagãos do que judeus, uma vez que os padrões éticos dos primeiros poderiam ser postos em dúvida. A inserção situa-se no começo de uma instrução anterior ou pré-*Didaqué*, tipicamente judaica. Anuncia Dois Caminhos, um de vida e virtude em 1,1-2c e 2,1-4,14 e outro de morte e vício em 5,1-6,2. A instrução é, em geral, de certa forma radicalizada (já era bastante radical!) pela inserção inicial desse Grupo em 1,2c-5a. Mas já estava enfraquecida pela inserção final em 6,2: "Se vós podeis carregar o jugo do Senhor, sereis perfeitos, mas se não for possível, fazei o que puderdes". Observemos, de passagem, que a *Regra áurea* em 1,2c estava presente na nova inserção e na pré-inserção anterior. A presença das duas facilitava o processo nesse texto.

Examinaremos a seguir os três grupos na seqüência em que aparecem agora nos três textos. Observemos, imediatamente, que os seis ditos dos grupos aparecem em arranjos diferentes, pois Mateus e Lucas redesenham o discurso inaugural do *Evangelho Q*. Em geral, os especialistas supõem que Lucas e não Mateus está mais perto da seqüência original do *Evangelho Q*.

Mateus (do Evangelho Q)	*Lucas* (do Evangelho Q)	*Didaqué*
A outra face	Amai os vossos inimigos	Regra áurea
Dar sem retribuição	A outra face	Amai os vossos inimigos
Amai os vossos inimigos	Dar sem retribuição	Superar os pecadores
Superar os pecadores	Regra áurea	A outra face
Como vosso Pai	Superar os pecadores	Dar sem retribuição
Regra áurea	Como vosso Pai	Como vosso Pai

Antes de prosseguirmos, convém ler o texto completo de cada grupo, concentrando-nos no conteúdo geral e não na seqüência precisa, uma vez que esta não é muito segura.

1. *Regra áurea*: Tudo aquilo, portanto, que quereis que os homens vos façam, fazei-o vós a eles.

2. *Amai os vossos inimigos*: Amai os vossos inimigos, fazei o bem aos que vos odeiam, bendizei aos que vos amaldiçoam, orai por aqueles que vos difamam.

3. *Superar os pecadores*: Se amais aos que vos amam, que recompensa tendes? Não fazem também os publicanos a mesma coisa?

4. *A outra face*: Àquele que te fere na face direita oferece-lhe também a esquerda; e aquele que quer pleitear contigo, para tomar-te a túnica, deixa-lhe também a veste; e, se alguém te obriga a andar uma milha, caminha com ele duas.

5. *Dar sem retribuição*: Dá ao que te pede e não voltes as costas ao que te pede emprestado.

6. *Como vosso Pai*: Deste modo vos tornareis filhos do vosso Pai que está nos céus, porque ele faz nascer o seu sol igualmente sobre maus e bons e cair a chuva sobre justos e injustos. Portanto, deveis ser perfeitos como o vosso Pai celeste é perfeito.

Nota técnica de rodapé. No capítulo anterior, a razão para concluirmos que a Tradição dos Ditos Comuns com trinta e sete itens derivava-se da tradição oral e não da escrita era porque não havia ordem alguma na edição do *Evangelho Q* e do *Evangelho de Tomé* (que, por ser apenas uma lista de ditos, não precisava ser reordenada). Por outro lado, neste capítulo, o Grupo dos Ditos Comuns com seis itens procede de um documento escrito e não da tradição oral. Essa afirmação torna-se evidente no original grego. O grego faz distinção entre a segunda pessoa do singular e a segunda do plural. O *Evangelho Q* e a *Didaqué* misturam o uso de "tu" e "vós". Por exemplo, *A outra face* e *Dar sem retribuição* usam o singular, enquanto *Amai os vossos inimigos* e *Superar pecadores* empregam o plural. Essas coincidências nos convencem de que se tratava de um Grupo de ditos escritos e não memorizados. Parece-nos difícil imaginar que a memória oral reteria essas diferenças e as repetiriam sem problemas.

Examinemos agora a *Regra áurea*. No *Evangelho Q* ela é positiva ("Fazei aos outros o que quereis que vos façam"), mas é negativa na *Didaqué* ("O que não quereis que vos façam não façais aos outros"). As duas formas querem dizer a mesma coisa e são bem conhecidas na tradição geral. Mas surge esta questão crucial especialmente quando se combina a *Regra áurea* com outros ditos do grupo. A regra deverá ser tomada apenas ofensivamente ou também de maneira defensiva? Estará dizendo (apenas ofensivamente): "Se você não quer ser atacado, então não ataque"? Ou (defensivamente): "Se você não quiser ser atacado, não revide quando for atacado"? Estará nos admoestando a nunca atacar ou a não atacar em revide? Estará proibindo apenas a violência inicial ou qualquer tipo de violência?

Pensemos, em seguida, nesse grupo de ditos como interpretação muito radical da *Regra áurea*, profundamente motivada por ela. Imaginemos agora tudo isso no contexto das três seções. A *Regra áurea* é o centro do grupo. A injunção, tomada em si, pode ser lida tanto de uma forma como de outra. Mas o resto do grupo, com os comentários interpretativos, que incluem o amor pelos inimigos, a outra face (mencionando vestes e trabalho forçado) e a dádiva sem retribuição não exigem apenas que "não se ataque" mas que "não nos defendamos".

Finalmente, temos o caso da motivação, tanto no nível comparativo humano, em *Superar os pecadores*, como no nível da iniciativa divina, em *Como vosso Pai*. A motivação humana nos leva a ser melhores do que as nações, do que os pagãos e do que os pecadores gentios. Mas a motivação divina é muito mais importante. No *Evangelho Q*, somos chamados a "ser perfeitos" em Mateus ou "misericordiosos" em Lucas, imitando "o Pai". Essa "perfeição" é exigida em Mateus, para que "vos torneis filhos do vosso Pai que está nos céus, porque ele faz nascer o seu sol igualmente sobre maus e bons, e cair a chuva sobre justos e injustos". Essa *misericórdia* é comandada por Lucas para que a recompensa seja grande "e sejais filhos do Altíssimo, pois ele é bom para com os ingratos e os maus". Não existe nada semelhante a isso na *Didaqué*, embora mencione a perfeição em 1,4. Entretanto, considera mais amplamente a discussão do aforismo *Dar sem retribuição*. A motivação é que nossas dádivas pertencem não a nós mas a Deus, "pois a vontade do Pai é que demos daquilo que temos recebido". Não estaremos imitando Deus ao dar o que temos aos outros porque somos participantes nas dádivas divinas. Em outras palavras, apenas cooperamos como mordomos da generosidade de Deus. O que damos, afinal, não nos pertence. "Deveríamos nos dar conta", disse alguém, "de que as doações dos ricos para os pobres são, realmente, dádivas de Deus. Quem dá esmola é apenas gerente e distribuidor dos dons de Deus". Nesse caso, naturalmente, devemos falar a respeito não da generosidade humana quando fazemos doações, mas sim da justiça distributiva de Deus.

O Grupo dos Ditos Comuns ao falar de "pecadores gentios" se refere às diferenças não entre o cristianismo e o judaísmo, mas sim entre o judaísmo cristão e o paganismo. Estabelece uma comunidade radical de resistência baseada na imitação de Deus e na participação em sua natureza. Se tivéssemos apenas a *Regra áurea* poderia ser ofensiva (não atacar) ou defensiva (não revidar quando atacado). Se fosse apenas *A outra face*, poderíamos ter existência não violenta em vez de resistência não violenta. Mas o grupo, tomado como um todo, liga o Deus radical da justiça distributiva e da retidão igualitária da lei mosaica, ao ideal radical da resistência não violenta no Grupo dos Ditos Comuns. A resistência, neste caso, dá-se no estilo de vida da comunidade participativa, que dá de suas posses porque elas procedem desse Deus justo, e procura evitar violência defensiva porque essa é a natureza dele.

Nota final. Jesus começou como seguidor de João, por quem foi batizado no Jordão. Daquele momento em diante, pelo menos, Jesus estava aceitando a visão do Batista da iminente chegada do Deus vindicativo para erradicar o pecado e os pecadores. Mas, como vimos no início do terceiro capítulo, mesmo seus inimigos comuns concordavam que, embora sendo tipos estranhos, não eram semelhantes. Assim, Jesus deixou de ser discípulo, seguidor e herdeiro da posição de João. Parece-nos que houve uma razão principal para essa mudança de atitude. Deus não veio tão depressa assim, nem se vingou, em tempo para salvar o próprio João. Jesus, então, entendeu que não era assim que Deus agia, porque Deus não era violento e tinha outros caminhos para a terra, principalmente por meio da consumação apocalíptica.

Jesus, cristãos e César

Além de certas unidades nas epístolas de Paulo ou em outros lugares, a Tradição dos Ditos Comuns com seus trinta e sete itens no *Evangelho Q* e no *Evangelho de Tomé* considerada representativa no último capítulo, e o Grupo dos Ditos Comuns composto por seis unidades no *Evangelho Q* e na *Didaqué*, vistos acima, são os "pedaços" mais antigos de materiais escritos e orais sobre Jesus discerníveis até agora. Esses dois complexos remontam ao primeiro nível da terceira camada, antes mesmo do *Evangelho Q*, e são exemplos do material de suas fontes. Trabalhamos com a hipótese de que os dois complexos são até anteriores à primeira camada, que é a do próprio Jesus histórico. Onde quer que situemos Jesus na passagem da resistência da aliança, pela escatológica até a apocalíptica, o Reino de Deus é a força da resistência não violenta à normalidade da opressão social, visível no sistema de classes, e da opressão colonial de Roma.

Há, contudo, duas óbvias objeções a essa interpretação. A primeira questiona se os primeiros discípulos e os posteriores seguidores de Jesus realmente se conservaram fiéis à resposta não violenta mesmo quando atacados. A segunda alega que o próprio Jesus teria dividido o mundo entre César e Deus.

Cajado e espada. Há duas curiosas indicações de que nem todos os membros do Reino de Deus seguiam o seu programa. Mas mesmo se mais tarde acabaram se desviando dele, ainda davam testemunho de sua presença anterior.

Relembremos, do último capítulo, a maneira como Jesus enviou os discípulos para viver e agir como ele, partilhando com todos o poder espiritual (de curar) e o material (de comer) ao proclamar a presença do Reino de Deus. Esse mandamento aparece no *Evangelho Q* e em Marcos 6,6b-13. Mas nota-se grande diferença entre eles. O *Evangelho Q* explicitamente proíbe que os discípulos carreguem um cajado (Mateus 10,10 e Lucas 9,3). Mas esse ato é explicitamente permitido em Marcos 6,8. O cajado servia basicamente como arma de defesa contra cães e ladrões; ninguém imaginava viajar sem ele. Era, na verdade, tão normal e esperado que, mesmo se apenas Marcos recomendasse o seu uso, poderíamos presumir que seria proibido em algum outro texto. Tratava-se de equipamento mínimo de defesa até mesmo para quem tivesse alimentação e hospedagem garantidas. Recordemos, por exemplo, o que Josefo dizia a respeito da hospitalidade comunitária dos viajantes essênios: "Conseqüentemente, nada levavam com eles nas jornadas, a não ser armas contra bandidos" (*Guerra judaica* 2.125). Consideramos, portanto, que a mudança da proibição do cajado no *Evangelho Q* para a permissão de seu uso em Marcos representa substituição da absoluta falta de proteção para a proteção básica normal, pela absoluta não-violência para a violência defensiva, acentuando apenas o que existia antes dela.

As vestes simbólicas e o equipamento dos mensageiros do Reino em Lucas 9,3 (rejeição de cajado, de alforje, de pão, de dinheiro e de uma túnica a mais) e em Lucas 10,4 (nem bolsa, nem alforje nem sandálias) são explicitamente revogadas por Jesus na noite de sua prisão em Lucas 22,35-37: "E disse-lhes: 'Quando eu vos enviei sem bolsa, nem alforje, nem sandálias, faltou-vos alguma coisa' — 'Nada,' responderam. Ele continuou: 'Agora, porém, aquele que tem uma bolsa tome-a, como também aquele que tem um alforje; e quem não tiver uma espada, venda a veste para comprar uma'". Lucas, provavelmente, mais do que Jesus, nega as primeiras proibições, com a permissão de Lucas do uso de espada defensiva daí para a frente.

Com isso revoga-se explicitamente o princípio anterior da não-violência defensiva (nem cajado, nem espada), não importando o tipo do cajado ou da espada. Vê-se, então, que era de um jeito antes e que agora seria diferente. A resistência não-violenta, ofensiva ou defensiva, foi silenciosamente mudando para certo grau de violência defensiva. Mas a primeira camada, a do Jesus histórico, pregava a resistência não violenta à injustiça em nome do Reino de Deus.

César e Deus. Que dizer daquela conhecida frase de Jesus: "Dai a César o que é de César e a Deus o que é de Deus"? Não estará separando política (César) de religião (Deus)? Não nos impede de resistir contra César?

Em primeiro lugar, recordemos do início deste capítulo, ser impossível separar religião e política, bem como ética e economia, no mundo do primeiro século. Em segundo lugar, se tudo o que tivéssemos em nossos textos fosse apenas a frase acima, fora de contexto e de situação, seria impossível entendê-la pronunciada por qualquer judeu do primeiro século. Josefo, que foi tão pró-Roma como nenhum outro, nunca dividiu o mundo entre César e Deus, acreditando que Deus dera poder a César, poder esse que César deveria usar segundo a vontade de Deus. Segundo Josefo, quando alguém se rendia a César, rendia-se igualmente a Deus. Semelhantemente, como Paulo dizia em Romanos 13,1: "Todo homem se submeta às autoridades constituídas, pois não há autoridade que não venha de Deus, e as que existem foram estabelecidas por Deus". Como, então, teria Jesus podido dividir o mundo entre os afazeres de César e os de Deus?

Procuremos, agora, situar o texto em seu contexto. Leiamos a história inteira. Temos duas versões independentes, uma do *Evangelho de Tomé* e outra de Marcos:

> *Evangelho de Tomé 100*: Eles mostraram a Jesus uma moeda de ouro e lhe disseram: "O imperador romano exige que lhe paguemos impostos". Ele lhes disse: "Dai a César o que pertence a César, a Deus o que lhe pertence, e a mim o que é meu".

> *Marcos 12,13-17*: Enviaram-lhe, então, alguns dos fariseus e dos herodianos para enredá-lo com alguma palavra. Vindo eles, disseram-lhe: "Mestre, sabemos que és verdadeiro e não dás preferência a ninguém, pois não consideras os homens pelas aparências, mas ensinas, de fato, o caminho de Deus. É lícito pagar imposto a César ou não? Pagamos ou não pagamos?" Ele, porém, reconhecendo a sua hipocrisia, disse: "Por que me pondes à prova? Trazei-me um denário para que eu o veja". Eles trouxeram. E ele disse: "De quem é esta imagem e a inscrição?". Responderam-lhe: "De César". Então Jesus lhes disse: "O que é de César, devolvei a César; o que é de Deus, a Deus".

Em Marcos, trata-se claramente de uma pergunta astuta para surpreender Jesus contra os impostos de César e levantar contra ele romanos dissidentes ou colaboradores. Mas Jesus nem mesmo carregava consigo moedas com a imagem de César como eles. Quando lhe mostram uma, sua resposta é maravilhosamente ambígua (para eles). Disse-lhes que jogassem as moedas de César rebeldemente na face de

César, ou que pagassem devidamente os impostos aos cofres de César? Mesmo na versão mais curta, a situação fundamental foi conservada: eles tinham que mostrar uma moeda a Jesus. O problema não era pagar ou não os impostos de César, mas carregar no bolso essas moedas. Jesus já havia tomado sua decisão a respeito. É uma pena que durante séculos não tenhamos entendido o significado das palavras de Jesus e não consigamos ouvir sua risada ou de seus discípulos quando se safavam da armadilha.

Capítulo 6

BELEZA E AMBIGÜIDADE EM JERUSALÉM

Nos séculos anteriores à destruição do Primeiro Templo de Jerusalém pelo império babilônico e da deportação de sua aristocracia de escribas e de ascendência dos sumos sacerdotes, era clara a distinção entre a monarquia e o alto sacerdócio. Ambos eram hereditários, a primeira descendia de Davi (pelo menos na parte sul do reino dividido de Israel), e o outro de Sadoc, do tempo de Salomão. Nos séculos que se seguiram ao exílio babilônico, o sumo sacerdócio foi restaurado, mas não a monarquia. Internamente, e com êxito, Israel era uma teocracia dirigida por sacerdotes. Externa e sucessivamente, foi colônia dos impérios persa, grego, egípcio e sírio. Mas na segunda metade do segundo século a.C. os macabeus asmonianos revoltaram-se contra os sírios e estabeleceram um reino judaico no qual rei e sumo sacerdote eram a mesma pessoa. A combinação representou profunda ruptura na tradição antiga e levantou sérias questões a respeito da legitimidade do sumo sacerdócio.

O povo comum não se preocupava ou nem mesmo sabia que a novidade do sacerdócio real ou da monarquia sacerdotal era um problema. Mas os essênios de Qumrã abandonaram o espaço sagrado do Templo de Jerusalém e o calendário lunar provavelmente porque não mais considerassem válido o sacerdócio asmoniano. A pior impureza era, sem dúvida, a ilegitimidade. Como poderia um sumo sacerdote impuro entrar no Santo dos Santos do Templo para representar a terra e o povo de Israel diante de Deus no Dia da Expiação? Quando os membros da comunidade de Qumrã anunciaram o advento de um messias duplo, um sacerdotal e outro real, separados e hierarquicamente nessa ordem, estavam rejeitando a novidade asmoniana.

A situação não melhorou sob os herodianos nem sob os romanos. Havia agora, novamente, clara distinção entre a autoridade dos sumos sacerdotes e o governo herodiano ou romano. Herodes, o Grande, era da Idúmeia, grupo étnico convertido ao judaísmo sob os asmonianos. Mas nunca quis ser sumo sacerdote. Tanto os herodianos como, mais tarde, os governantes romanos tratavam os sumos sacerdotes como servidores civis subordinados, estimulando desavenças entre as famílias sacerdotais, arbitrariamente demitindo uns e contratando outros. Tratava-se, naturalmente, de péssima política para os dois lados. Qualquer aristocracia imperial sempre precisa da cooperação dos colonizados. No melhor dos casos, estes abrandavam as depredações imperiais. No pior dos casos, a aristocracia aliava-se à exploração colonial. Em qualquer das situações, a classe subjugada era, em geral, a primeira a morrer nas revoltas populares.

Vimos no capítulo 2 que a principal fonte de conflito entre Roma e o território judaico era a insistência da Torá de que a terra pertence a Deus por direito de propriedade e justiça contra a pretensão do império de que lhe pertencia por direito de conquista e poder. Mas havia ainda outro fator que contribuía significativamente para a história da escalada da discórdia na terra judaica do primeiro século. Externamente, a autoridade romana envolvia um governador-prefeito que contava com a proteção de tropas não legionárias e que, portanto, submetia-se ao governador da Síria e às três ou quatro legiões que guardavam as fronteiras do Eufrates contra as ameaças do império dos partos. Internamente, de um lado, os herodianos substituíram os asmonianos e, do outro, famílias sacerdotais substituíam o antigo sumo sacerdócio hereditário. É provável que as disputas acerca de terras não fossem suficientes para provocar rebeliões, mas, quando a autoridade estava em jogo, tornavam-se inevitáveis.

Esses temas nos dão o contexto para entender o título deste capítulo. Havia no primeiro século fundamental choque entre beleza e ambigüidade, e entre a beleza da antiguidade e a ambigüidade da legitimidade, em relação com o sumo sacerdócio, o culto e o Templo. Era possível, por exemplo, do ponto de vista da mais restrita pureza judaica, rejeitar o sumo sacerdócio contemporâneo e até mesmo as atividades em voga no Templo. Seriam legítimos os sumos sacerdotes? Seria o Templo um santuário a ser protegido ou mera fortaleza a ser destruída? Não seria apenas a acrópole de Jerusalém? Tanto Josefo como Tácito hesitaram em descrever sua destruição, embora mais por causa de piedade retórica do que por motivação política. Na verdade, beleza e ambigüidade.

Precisamos alertar os leitores a respeito do conteúdo deste capítulo. Não apenas por cortesia inter-religiosa ou melindres pós-holocausto, mas por fidelidade à exatidão histórica. As críticas ao sumo sacerdócio judeu e/ou ao Templo quase sempre emanam de antijudaísmo teológico ou de anti-semitismo racial. Além disso, parece que algumas denominações cristãs que não têm sacerdócio gostam de criticar o antigo sacerdócio judaico como desculpa para atacar sacerdócios cristãos contemporâneos.

Como cristãos, temos profunda consciência desses ataques preconceituosos e anti-históricos contra o judaísmo. Rejeitamos completamente tais tentativas de transformar conflitos intrajudaicos em críticas antijudaicas. Da mesma maneira como denunciamos as injustas estratégias para comparar ideais cristãos com certas difíceis decisões judaicas nos tumultuados dias do primeiro século. Naquela época, o judaísmo era uma grande religião, dona de tradição antiga, enfrentando o avassalador orgulho do internacionalismo grego e o poder dominador do imperialismo romano. Os impérios conquistam e dividem, enquanto as colônias disputam e perdem. O judaísmo essênio, o farisaico e o que Josefo chamava de quarta filosofia debatiam-se furiosamente entre si, mas, especialmente, contra o judaísmo saduceu, que mantinha o monopólio por meio de colaboração com as autoridades romanas. Esses conflitos poderiam envolver especialmente a aristocracia sacerdotal questionada por causa de seu excessivo luxo, da violência controladora, da afirmação da legitimidade do sumo sacerdócio e, finalmente, da própria lealdade judaica. As contendas com os saduceus acabavam afetando de maneira ambígua o culto e o Templo.

Relembremos o que Jesus realizava na Galiléia, segundo nosso capítulo 3. De acordo com seu programa itinerante, recusava-se a residir com a família em Nazaré e com Pedro em Cafarnaum, porque não lhe parecia compatível com o Reino de Deus estabelecer um centro fixo a ser entendido como sinal de hierarquia geográfica. A reciprocidade de seu programa envolvendo cura e refeições compartilhava o poder material e espiritual pertencente apenas a Deus. A Torá exigia a distribuição eqüitativa da terra pertencente ao Deus justo, mas no contexto romanizado, urbanizado e comercializado da Galiléia de Antipas Jesus só podia falar do alimento que a terra produzia. Mas, com base na teologia da criação da Torá, a terra devia ser compartilhada igualmente por todos, porque seus proprietários nada mais eram do que mordomos de Deus. A visão e o programa de Jesus para estabelecer a presença do Reino convidava os outros a fazer exatamente o que ele estava fazendo, sem chamá-los para si, nem mandando que agissem em seu nome. Mais extraordinário ainda é que Jesus não orava quando curava e não ordenava que seus discípulos o fizessem, posto que todos os habitantes do Reino de Deus já viviam no âmbito dessa presença poderosa. Todos os atos e pensamentos do movimento desse Reino mostravam claramente a oposição de Jesus aos planos de longo alcance de Antipas de se tornar, como seu pai, rei dos judeus. A maneira como Jesus viveu levou-o à execução, da mesma forma como a João, antes dele.

Jerusalém era um lugar muito mais perigoso do que as cidades da Galiléia. Em vez de um tetrarca herodiano, havia aí um sumo sacerdote saduceu e um prefeito romano. Se, de um lado, Jesus fizesse e dissesse em Jerusalém o que fazia e dizia na Galiléia, especialmente durante os festivais, que eram as épocas mais prováveis de estar lá, especialmente na atmosfera inflamável da Páscoa, seria executado imediatamente. Mas, por outro lado, como os confrontos de seu Reino de Deus com o Reino de Roma poderiam não aumentar quando o culto, o sacerdócio e o Templo pareciam-se cada vez menos serviço de Deus e mais colaboração com a normalidade do império?

Precisamos evitar dois mal-entendidos, não importando o que Jesus de Nazaré tenha dito ou feito em Jerusalém. O primeiro é afirmar que atacava o judaísmo. O outro é dizer que ele não atacava coisa alguma. Jesus era judeu e tinha o direito de se engajar nas lutas internas de sua tradição; os cristãos não precisam negar esses fatos nem transformá-los em atitudes antijudaicas. Por outro lado, mesmo que o sumo sacerdote Caifás fosse santo, tinha obrigação de cooperar com o prefeito, Pilatos. No devido tempo, o legado sírio depôs os dois, coisa que bem pode significar que até mesmo do ponto de vista romano tivessem ido longe demais e agido com pouca sabedoria. Romanos e judeus, império e colônia, sumo sacerdócio e Templo. Na verdade, beleza e ambigüidade.

Revolta colonial e luta de classe

Não é difícil ter acesso à evidência arqueológica da revolta colonial, das duas grandes guerras contra Roma no território judaico em 66-74 e 132-135 d.C. Essas rebeliões destruíram a glória do Templo e a grandeza da cidade das grandes peregrinações, Jerusalém.

Destruição de Jerusalém

Na primeira revolta, a resistência judaica ao domínio romano foi esmagada depois de oito anos de luta. As forças legionárias começaram a vencer na Galiléia terminando em Masada, mas o clímax foi o cerco de Jerusalém e a destruição do Templo. Segundo Josefo, o Templo ruiu no nono dia do mês judaico de *Av* no ano 70 d.C., embora alguns judeus discordem da data. Os que sobreviveram à fome e ao combate foram crucificados ou vendidos como escravos. As legiões romanas celebraram a vitória hasteando seus estandartes coroados pela figura de uma grande águia com raios nas garras, ostentado a insígnia SPQR, *Senatus Populusque Romanus*. A águia simbolizava o protetor divino de Roma, Júpiter *Optimus Maximus*; a insígnia acentuava o serviço prestado ao "Senado e Povo de Roma". O Templo de Herodes, o Grande, foi incendiado e sistematicamente desmantelado, embora, segundo o historiador romano Tácito, alguns oficiais guerreiros relutassem em levar a cabo a ordem destruidora de Tito, sentindo "que não seria correto destruir tal edifício sagrado conhecido como um dos maiores produtos da indústria humana".

Não obstante, sua grandeza foi abaixo. Exploradores do século dezenove e escavadores mais recentes descobriram grandes pedras e restos das paredes do Templo herodiano derrubado pelos romanos. Devastaram à toa os maciços fundamentos e acabaram com as colunas, arcos e paredes. Os fragmentos ainda se espalham pelas ruas pavimentadas e degraus debaixo do Monte do Templo. Os romanos pilharam o que sobrou da cidade e a aplainaram; estabeleceram também acampamentos da Décima Legião na colina ao oeste do Vale Tyropoeon para vigiar de perto os habitantes remanescentes.

Sinais simbolizando o triunfo romano e a colonização espalham-se sobre a camada marcada pela destruição da guerra. Os conquistadores ergueram colunas em Jerusalém com inscrições em latim para honrar a Décima Legião e Tito, filho de Vespasiano, feito imperador em 69 d.C. A Décima Legião deixou artefatos pela colina ocidental da cidade: telhas, canos de água e tijolos com a insígnia LXF, *Legio X Fretensis*, e/ou a figura do emblema da legião: um javali selvagem.

Mais tarde, o imperador Adriano refundou o que restava da cidade e a transformou numa colônia romana, mudando o nome para Aelia Capitolina, que conjugava o seu nome (*Aelius Hadrianus*) com o de seu deus-patrono (*Jupiter Capitolinus*). Proibiu que os judeus entrassem na cidade. Romanizou-a impondo um sistema ordenado com duas avenidas (*cardos*) cercadas de colunas e erradicou todos os sinais de judaísmo, indo ao ponto de construir um templo pagão dedicado a Júpiter Capitolino sobre as ruínas do Templo judaico que fora outrora dedicado a Iahweh. Visitou a cidade durante a excursão que fez às províncias orientais em 129-130 d.C. O itinerário incluiu Filadélfia, Petra e Jerash, ao leste do Jordão, e Scythopolis e Cesaréia, ao oeste. Em cada cidade, sua chegada era marcada pela solene entrada real chamada *adventus*. Nessas ocasiões o imperador trajava vestes cerimoniais, empunhava o báculo e montava um cavalo branco. Era recebido por dignitários locais e oficiais civis que discursavam entre cânticos de hinos. Os cidadãos comuns alinhavam-se nas ruas saudando-o com palmas por causa de suas vitórias. Em troca, Adriano oferecia sacrifícios em favor da cidade e concedia privilégios aos cidadãos, com a intenção de estimular devoção ao imperador e lealdade a Roma. Nessas jornadas imperiais, estabelecia santuários e templos dedicados ao culto do imperador com estátuas em sua honra e ao divino Zeus. Lembremo-nos para futura referência que era assim que o governador entrava em sua cidade.

Jerusalém, sem recursos naturais e longe das principais rotas, havia prosperado como cidade judaica de peregrinação e atraído visitantes pagãos, mas agora não mais recebia judeus nem tinha habitantes. Mesmo sua elevação à categoria de colônia por Adriano não fazia aumentar a população. Permaneceu assim, sem muita importância, até a conversão do império ao cristianismo por Constantino, o Grande. Tornou-se, novamente, lugar de peregrinação, desta vez, cristã em vez de judaica. A cidade retomou as versões grega e latina de seu nome judaico, Jerusalém, mas se transformou na Cidade Santa Cristã, centrada não mais no Templo, deixado intencionalmente em ruínas para relembrar a vitória cristã sobre os judaísmo, mas na Igreja do Santo Sepulcro, suposto lugar da ressurreição de Jesus. Mais tarde veio a ser cenário de batalhas de exércitos bizantinos e persas. O islamismo transformou-a, depois, na terceira mais santa cidade, construindo a Cúpula do Rochedo em cima do Monte do Templo para comemorar a ascensão de Maomé para visitar o céu. Nos séculos seguintes sucederam-se conquistas dos cruzados, governos otomanos e turcos, colonização européia e mais recentemente a Guerra dos Seis Dias em 1967, todos deixando suas marcas em Jerusalém.

Depois da Guerra dos Seis Dias os escavadores tiveram permissão para realizar seu trabalho ao sul e ao oeste do Monte do Templo, ainda sob custódia muçulmana, bem como na cidade alta no local chamado hoje quarteirão judaico ou herodiano. Os principais especialistas de arqueologia em Israel trabalharam nessas áreas: Nahman Avigad escavou os quarteirões residenciais da cidade alta; Benjamin Mazar e Meir

Ben-Dov encarregaram-se de sítios fora do Monte do Templo, onde hoje Ronny Reich ainda está escavando. Além disso construiu-se um túnel de cerca de 900 pés ao lado do Muro Ocidental sob a supervisão do arqueólogo Dan Bahat para o Ministério dos Assuntos Religiosos de Israel.

A área ao redor do Monte do Templo já havia sido explorada antes. No século dezenove, dois britânicos, Charles Wilson e Charles Warren, sob os auspícios do Fundo de Exploração da Palestina, realizaram diversas escavações profundas ao longo do Muro Ocidental encontrando lá embaixo uma rua herodiana com suas ramificações. Antes, ainda, o explorador e arquiteto suíço Titus Tobler detectou os restos de um arco saindo desse muro. Chama-se hoje Arco de Wilson porque foi ele quem anunciou o achado. Em 1838, o explorador americano Edward Robinson já havia investigado os restos de uma escadaria no canto sudoeste do Monte do Templo.

Revolta dentro da revolta

Essas escavações em Jerusalém e no Templo mostram claramente a grandeza anterior e a desolação que veio depois da primeira grande revolta contra o Império Romano em 66-74 d.C. As gigantescas pedras fraturadas derrubadas pelos romanos permanecem aí para sempre. Mas, no primeiro século, a resistência colonial não se dirigia apenas ao controle imperial externo; vinha também das classes oprimidas contra o poder aristocrático interno. Tratava-se, certamente, de oposição a Roma, mas igualmente aos que detinham o poder na colônia. Nessa situação a ambigüidade aumentava. O capítulo 4 concentrou-se nos diversos graus da reação colonial ao controle imperial, desde atos de não-resistência traiçoeiros ou colaboracionistas até atitudes de resistência violenta ou não violenta. Havia, portanto, inúmeras opções nem claras nem distintas, obviamente ambíguas e interativas. Mas relembremos também o capítulo 2. Amós, o profeta camponês de Técua na Judéia, falava em nome de Deus contra Jeroboão, Rei de Israel, e contra Amazias, o sumo sacerdote de Betel. Tratava-se não de protesto colonial em busca de liberdade humana mas sim de protesto baseado na aliança exigindo justiça divina.

A resistência profética podia não ser violenta, como no caso do profeta Amós do oitavo século, ou violenta, como no caso dos profetas anteriores, do século nono, Elias e Eliseu. Estes conseguiram derrubar a dinastia de Omri e substituí-la pela de Jehu. Mas não valeu a pena destruir Acab de Omri para ter em seu lugar Jeroboão de Jehu. Seja como for, mesmo antes da resistência colonial violenta ou não à injustiça imperial externa, sempre se manifestava a resistência profética, violenta ou não, à injustiça real interna. A mais profunda tradição israelita levava em consideração não apenas a resistência colonial ao domínio estrangeiro, mas também a que se inspirava na aliança contra a opressão injusta estrangeira ou local. Como já vimos, estava sempre fundamentada, de certa forma, na transição ideal do Reino de Deus da aliança, para o escatológico e ao apocalíptico. Imaginemos, então, Jerusalém e, especialmente, o Templo no primeiro século de nossa era. Beleza e ambigüidade ao mesmo tempo.

A grande revolta de 66-74 d.C. caracterizou-se precisamente pela interação da luta de classe *no interior* da rebelião colonial. A ênfase nesse aspecto de modo algum nega a existência de outras tensões entre os judeus nessa guerra. Havia profundas divisões entre sacerdotes aristocratas e entre aristocratas e doutores da Lei. Os sicários, mencionados no capítulo 4, eram não sacerdotes aristocratas mas sim mestres bem educados. Havia também enormes tensões entre grupos regionais como idumeus, judeanos e galileus, e entre líderes individuais de qualquer classe ou região. Mas, por enquanto, vamos nos concentrar especialmente na revolução interna socioeconômica sob o guarda-chuva da rebelião político-imperial externa.

Defesa da Galiléia

No começo da guerra de 66-74 d.C., Josefo foi enviado de Jerusalém à Galiléia a fim de prepará-la para a iminente chegada das temidas legiões de Vespasiano. Mais tarde, escrevendo sob o patrocínio imperial flaviano, mostrava claro interesse em exaltar as legiões de sua Galiléia considerando-as oponentes à altura de enfrentar o melhor general romano, que acabara de se tornar o novo imperador. Ele possuía, diz-nos, "um exército, pronto para agir, de sessenta mil soldados de infantaria e trezentos e cinqüenta de cavalaria", treinados "nos modelos romanos" (*Guerra judaica* 2.583,577). Quando Vespasiano reuniu as forças legionárias com as auxiliares em Ptolomais na primavera de 67, seu exército também contava com "sessenta mil" soldados (3.69). Tudo parecia estar preparado para um choque de titãs. E foi o que aconteceu. "As tropas sob o comando de Josefo, acampadas ao lado da cidade de Garis, não muito distante de Séforis, percebendo que a guerra estava por começar contra eles e que podiam ser atacados a qualquer momento pelos romanos, dispersaram-se e fugiram, mesmo antes de qualquer ação e antes de ter visto os inimigos" (2.129). Naturalmente, foram muitíssimo prudentes.

O resultado da preparação da Galiléia por Josefo para enfrentar os romanos, acabou sendo, na verdade, militarmente, um grande fracasso, mas, humanamente, enorme sucesso. Seu exército não se compunha de camponeses recrutados nos poucos meses do inverno e transformados em hábeis legionários. Era formado, ao contrário, de bandidos que lhe eram pessoalmente leais, porque conseguira ofertas dos ricos de quem eles roubariam, dinheiro suficiente para seus salários. Além do que citamos de *Guerra judaica*, prestemos atenção ao que o autor escreveu bem depois em sua *Vida*: "Reuni os mais valentes combatentes e, percebendo ser impossível desarmá-los, persuadi o povo a pagá-los como mercenários; relembrando-o de que era melhor dar-lhes voluntariamente pequenas somas do que submeter-se a ataques contra suas propriedades" (77-78). Na verdade, o processo de transformar bandidos-ladrões em soldados assalariados foi mesmo admitido em *Guerra judaica*, embora o autor perca-se em fantasias a seu próprio respeito como se fosse um modelo de general romano moderno. Dizia a respeito de seus subordinados que "testava sua disciplina militar antes de entrarem em ação, verificando se estavam se abstendo das costumeiras práticas indesejáveis, como roubo, assaltos e pilhagem, não defraudando os conterrâneos e não considerando lucro pessoal injúrias contra os próprios amigos" (2.581).

Josefo jamais teria derrotado os romanos nas frentes de batalha nem resistiria por muito tempo entrincheirado. Mas realizara alguma coisa na Galiléia. Conseguira impedir eclosões de luta de classe no contexto anárquico da rebelião colonial. Impediu que cidades e vilas, camponeses e nobres, bandidos rurais e aristocratas urbanos se confrontassem em lutas sangrentas antes da chegada das legiões que vieram para matá-los. Já vimos como as forças locais se misturaram quando os romanos chegaram. Mas se esses "galileus" (era assim que Josefo se referia aos camponeses) não estavam muito interessados em lutar contra as legiões romanas, o mesmo não se dava em relação às cidades de Séforis e Tiberíades. Eles queriam mesmo era destruir essas e outras capitais regionais, como vimos no capítulo 3. Era nelas que as cortes de justiça se reuniam, onde se guardavam os arquivos dos impostos e onde viviam os grandes proprietários de terras. Era assim que esses camponeses da Baixa Galiléia viam o controle romano. O General Josefo não conseguiu ganhar a guerra colonial externa, mas impediu com êxito a luta de classe interna. Mas em Jerusalém, mais tarde, ninguém conseguiu vencer nem interna nem externamente.

Zelotes e aristocratas

Como termo específico e técnico, "zelote" refere-se à pouco organizada coalizão de camponeses lutadores (bandidos, para alguns; libertadores, para outros) forçada a permanecer dentro dos protetores muros de Jerusalém enquanto a tremenda devastação liderada por Vespasiano arrastava-se para o sul no inverno e na primavera de 67-68. Desse inverno até 69, com o suicídio de Nero, o surgimento de três possíveis candidatos a imperador, e a ascensão de Vespasiano, Jerusalém experimentou um período de descanso inesperado em face do cerco iminente. Apesar desse interlúdio ou por causa dele, irromperam em Jerusalém diversas lutas de classe à medida que os zelotes instituíam um reino de terror contra as classes altas. Acusavam-nas de conspirar em favor dos romanos. Josefo demonstrou claramente seu horror a respeito do que narrava (*Guerra judaica* 4.147-148, 153-157).

A motivação ideológica dos zelotes era clara. O sumo sacerdócio descendia de Zadok desde Salomão até a nova dinastia judaica asmoniana que se constituiu combinando o rei e o sacerdote numa só pessoa, no segundo século a.C. Mais tarde, tanto os herodianos como os romanos encarregavam-se de indicar e demitir sumos sacerdotes como queriam, e usaram quatro diferentes famílias para suas manobras destinadas a dividir e conquistar. Os zelotes escolheram um grupo sacerdotal, supostamente mais legítimo do que os outros na linha de Zadok, e lançavam sortes para fazer suas escolhas. Considerando que esse procedimento era entendido como providência divina em vez de sorte humana, os resultados eram tidos como escolha divina. O sistema fazia parte de longa tradição começada com a eleição de Saul para governador em 1 Samuel 10,21 ("Mandou que a tribo de Benjamim se aproximasse, dividida por clãs, e o clã de Metri foi sorteado. Mandou então que se aproximasse o clã de Metri, homem por homem; e Saul, filho de Cis, foi apontado no sorteio") até a de Matias, como apóstolo, em Atos 1,26 ("Lançaram sortes sobre eles, e a sorte caiu em Matias, que foi colocado no número dos doze apóstolos"). Esse era também o procedimento seguido pelos essênios de Qumrã, segundo a *Regra da Comunidade*: "Em todos os assuntos relacionados com lei, propriedade e julgamento, a decisão será feita por sorteio".

Dentro dessa tradição, então, os zelotes, diz Josefo, "chamaram um homem das famílias sumo-sacerdotais chamado Eniaquim e lançaram sorte para escolher um sumo sacerdote. Por acaso a sorte caiu sobre um indivíduo chamado Fanni, filho de Samuel, do vilarejo de Aphthia, que se tornou sinal da depravação dos zelotes". Como a convocação desse clã reivindicasse que a escolha humana era legítima, contra qualquer outra, os "sorteios" representavam para os camponeses a opção divina contra a aristocracia. Josefo quase perde a fala ao descrever um camponês substituindo um aristocrata na função do sumo sacerdócio. Esse incidente é apenas a parte mais simbolicamente óbvia do programa dos zelotes.

Além disso, eles aprisionaram, julgaram e executaram "Antipas, da família real [herodiana] [...], encarregado do tesouro público", bem como Levias e Sifas, "ambos de sangue real — além de outras pessoas de alta reputação por todo o país" (*Guerra judaica* 4.139-146). Em seguida, fortalecidos pelas forças camponesas iduméias, mataram os sumos sacerdotes anteriores Ananus e Jesus, indo "tão longe em sua impiedade a ponto de enterrarem os corpos sem nenhuma cerimônia fúnebre, sabendo-se que os judeus sempre foram muito cuidadosos sobre esses ritos, concedendo-os até a malfeitores que, quando condenados à crucifixão, eram retirados da cruz e sepultados antes do pôr-do-sol". Ao contrário, esses aristocratas "eram jogados no chão, desnudos, para ser devorados pelos cães e por outras bestas ferozes" (4.317). Prendiam os "jovens nobres" com a intenção de "convertê-los a seu partido", mas os torturavam e executavam se agissem ao contrário. Foi assim que pereceram cerca de "mil e duzentos deles" (4.327,333). Outro passo na escalada vê-se no julgamento de Zacarias, filho de Baris, "um dos mais eminentes cidadãos [...] [,que também] era rico". Setenta juízes "dentre os mais importantes do local" absolveram-no da acusação de conspiração contra Roma, mas os zelotes o executaram assim mesmo (4.335,336,343). Josefo resume essas lutas de classe: "Ninguém escapava, a não ser os que não eram notados por causa de sua origem humilde ou por acidente" (4.365). Finalmente, Matias, o sumo sacerdote aristocrata, enviado pelo lutador messiânico Simão bar Giora "para libertar a cidade do domínio dos zelotes", entrou em Jerusalém e foi "aclamado pelo povo como salvador e protetor". Acabavam-se a luta de classe e a revolução social, mas a política continuava e a vingança imperial ainda estava por vir sobre uma Jerusalém destinada à destruição.

Chegamos a certas importantes conclusões tiradas das relações entre revolta colonial e luta de classes. Em primeiro lugar, podemos encontrar resistência à injustiça da dominação romana e/ou da discriminação social em qualquer dos graus da escala que vai do Reino de Deus da aliança, passando pelo escatológico e terminando no apocalíptico. Em segundo lugar, poderia haver resistência colonial sem luta de classes. A guerra de 66-74, por exemplo, começou com a contenda no interior do sumo sacerdócio aristocrata porque os sacrifícios diários oferecidos ao imperador romano haviam cessado no Templo de Jerusalém. Em terceiro lugar, e mais importante, não teria havido conflito entre classes sociais na situação colonial (talvez até mesmo em qualquer outra) sem o conflito imperial. Oposição à aristocracia colonial judaica confundia-se com a recusa dos patrocinadores e padrinhos imperiais romanos.

Dessa história toda, o que mais importa é o seguinte. No primeiro século, tanto o Templo de Jerusalém como a autoridade de seus sumos sacerdotes haviam adquirido incômoda ambigüidade. Para o judaísmo essênio, as preocupações com a fidelidade à aliança e à pureza ritual militavam contra o Templo e o sacerdócio. Se os essênios tivessem conquistado Jerusalém, teriam se esforçado para transformar o Templo e a cidade em lugares purificados, segundo as exigências de seu *Rolo do Templo* encontrado em Qumrã. O judaísmo dos zelotes dirigiu a luta de classes contra o Templo e seu sacerdócio. Que dizer a respeito do judaísmo dos fariseus? Eles haviam levado a pureza sacerdotal para o interior de seus lares. Estariam aumentando o que lhes parecia ser a observância perfeita em contraposição ao que, segundo eles, a ameaçava? O judaísmo cristão havia se oposto ao Templo e ao sacerdócio. Mas não seria tremendo erro histórico afirmar que se tratava de mero ataque abstrato contra os sacrifícios, a pureza, o santuário e o sacerdócio? Não estaríamos reduzindo a questão à luta do "cristianismo" contra o "judaísmo"? Para muitos judeus do primeiro século as questões relacionadas com luxo excessivo, legitimidade dinástica, ascendência aristocrática e colaboração com o império sepultavam a beleza do sumo sacerdócio, a glória do Templo e até mesmo o esplendor de Jerusalém em camadas de ambigüidade que não podem ser ignoradas.

A glória do Templo

Por toda a Antiguidade e muito tempo depois da destruição do Templo, os sábios de Israel continuavam dizendo que "quem não tinha visto o edifício de Herodes não sabia o que era uma estrutura bela". Josefo, Fílon, Tácito e outros escritores antigos louvam igualmente a beleza do Templo. Graças a escavações e descobertas arqueológicas chegamos a vislumbrar o feito de Herodes, o desenho grandioso do complexo, os pormenores da construção e as técnicas arquitetônicas empregadas. Podemos agora imaginar o Templo como Jesus o teria visto.

Herodes, o Grande, não poderia ter alterado muito o santuário interno, reconstruído depois do exílio babilônico, a partir das prescrições bíblicas de Salomão. As fachadas foram renovadas e as colunas, revestidas com placas de ouro, mas a estrutura continuava a mesma. Herodes, então, duplicou os contornos do Monte do Templo. O projeto teve início em 19 a.C. e só foi completado muito tempo depois de sua morte.

Relembremos, dos capítulos anteriores, o reino arquitetônico de Herodes, o Grande, construído em Cesaréia Marítima, com seu palácio, bem como outros no deserto da Judéia. Mantenhamos essas obras na memória enquanto começamos a examinar o terceiro componente dos sinais de seu reino, o Monte do Templo em Jerusalém. Cesaréia curvava-se a Roma e ao comércio, os palácios da Judéia ofereciam segurança e luxo, e o conjunto dessas edificações mantinha e mostrava o esplendor de seu governo de *rei-cliente romano*. Examinemos, agora, sua grande conquista como *rei dos judeus*. Mas, como já dissemos, todas essas coisas fazem parte da mesma unidade. O grande porto de Cesaréia destinava-se primeiramente ao comércio. Mas também servia para trazer pagãos em visita ao Templo de Jerusalém. Por que outra razão teria Herodes projetado a ampla Corte dos Gentios no Templo se não estivesse esperando a visita de turistas curiosos e de peregrinos piedosos gentios?

Imponência geográfica do Templo

Não podendo alterar nem aumentar o santuário interior, Herodes, o Grande, cercou-o de ambientes novos, esplêndidos e monumentais, dobrando o espaço da plataforma onde se erguia o Monte do Templo. Não se tratava de tarefa simples, posto que Jerusalém fora construída em terreno acidentado, cheio de colinas ao redor do Templo. O Vale Tyropoeon corria do lado ocidental, um pequeno vale ao norte, e o mais profundo Kidron, ao leste. Mas Herodes, o Grande, impôs sua vontade sobre a topografia e transformou o terreno. Aumentou a plataforma com aterros ao norte abrangendo também um pedaço do Vale Tyropoeon ao oeste. Construiu também diversas galerias com arcos no declive ao sul para sustentar a praça lá em cima.

Herodes mandou construir fortes muros nos quatro lados do Monte do Templo. Não mexeu no lado oriental da antiga plataforma, mas a estendeu ao norte e ao sul. Criou a partir daí uma gigantesca plataforma debaixo do santuário. Com forma levemente trapezoidal, media cerca de 1.000 pés de largura no eixo leste-oeste e 1.550 de comprimento no norte-sul. Para assegurar a estabilidade da praça, cerca de 100 pés acima do nível da rua, os muros fortificados, particularmente nos lados sul e oeste, precisaram de alicerces absolutamente seguros, feitos de enormes pedras. Os arquitetos de Herodes prepararam a área e cavaram mais 60 pés na rocha, que foi cortada e nivelada embaixo com uma base de 16 pés. Economizaram horas de trabalho preparando as pedras no alto da colina ao lado, trazendo-as para baixo em carretas puxadas por bois ou em caixas providas de grandes rodas. Quando os diversos elementos iam sendo colocados no lugar, o espaço interior entre as paredes antigas e as novas ia sendo preenchido e compactado com restos de material, sobre o qual se construía a nova camada. O processo eliminava a necessidade de içar as gigantescas pedras.

Algumas delas, nas camadas inferiores, eram colossais. O túnel cavado ao longo do Muro Ocidental pelo Ministério dos Assuntos Religiosos de Israel deixou à mostra a base principal onde uma única pedra media 40 pés de largura e 10 de altura com a grossura de 14 pés, pesando mais do que 500 toneladas. As pedras de Stonehenge da Bretanha reduzem-se a quase nada em comparação com esta. A outra pedra principal media 40 pés de comprimento, a seguinte, 25 e a última, 6, de maneira que as quatro ocupavam mais de 100 pés. A maioria das pedras nas camadas mais baixas não era tão grande como aquelas, medindo em geral 4 pés de altura, mas mesmo assim pesavam entre 3 e 5 toneladas. Eram bem esquadrilhadas e polidas, de tal maneira que o muro não precisou de argamassa para ser erguido. Cada pedra encaixava-se tão perfeitamente às outras que, até hoje, vinte séculos depois, nem uma lâmina ou folha de papel pode ser introduzida entre elas.

A fachada magnífica do Templo

Os muros do Monte do Templo de Herodes ajudavam a criar a imponente fachada. Subiam do nível da rua 100 pés, cada fileira recuando 5 polegadas para dar ao todo a leve aparência de uma pirâmide. As pedras do lado de fora eram cortadas segundo o estilo herodiano com relevo e margem. Nessa técnica, a margem ou moldura de 3 a 6 polegadas era cavada para dentro da área interna ou relevo. Essas pedras eram bem polidas, dando ao edifício estética singular: em lugar de uma fachada monolítica branca, cada pedra salientava-se e, no decorrer do dia, os raios solares produziam sombras que se movimentavam entre os relevos e as margens. A rica textura dos muros enfeitava-se de uma aura rósea sobre as pedras amareladas tanto no nascente como no poente. Nas demais horas do dia, brilhavam como se fossem de mármore, e os desenhos atraíam a atenção dos visitantes à medida que mais se aproximavam deles. Em algumas pedras foram deixadas projeções em forma de cubos, bem pequenas, nas quais prendiam-se cordas para o transporte nos carros de bois ou para o içamento. Em geral, eram removidos por ocasião do assentamento das pedras, mas alguns foram deixados por acaso, de maneira que podiam, agora, acrescentar novas formas de sombras na fachada do Templo.

A rica e ao mesmo tempo suave textura dos muros de proteção na parte de baixo contrastava com a de cima. Nenhuma das paredes no alto nem os edifícios da plataforma subsistiram. Foram destruídos e derrubados pelos romanos. Mas podem ser reimaginados por arqueólogos e arquitetos dos fragmentos espalhados embaixo. A parte de cima fora construída com pilares adornados de capitéis. Embutidos no muro em intervalos proporcionais, eram retangulares, diferindo dos cilíndricas usados no palácio de Masada. Para quem contemplasse de fora, a fachada do Templo constituía-se de duas partes: embaixo, a muralha levemente inclinada; em cima, os muros ornamentados com pilares, um parapeito arredondado emoldurado por uma torre em cada canto. Era daí que sacerdotes e levitas vigiavam o lugar e daí, como nos contam as inscrições, soavam trombetas.

A inscrição foi recuperada pelas últimas escavações de Benjamin Mazar no canto sudoeste do Monte. Escrita sobre uma pedra de 8 pés de comprimento que no passado fizera parte do revestimento do pináculo redondo do muro, a inscrição em hebraico feita a mão com espaços levemente irregulares pode ser traduzida assim: "Para o lugar de tocar a trombeta para". As letras finais desapareceram talvez quando os romanos derrubaram a estrutura ou, mais provavelmente, quando Charles Warren utilizava seu martelo de explorador. São várias as sugestões para se reaver as palavras que faltam: tocar a trombeta "para o sacerdote" ou "para o Templo" ou, ainda, "para anunciar o Sábado". A escrita a mão, de certa forma rude, entre alguns resíduos de reboco, sugere que tenha sido feita na pedreira para marcar o destino da pedra. Quando colocada no muro acabou sendo revestida pelos pedreiros. Seja como for, a inscrição evidencia a existência de vigilância pelos sacerdotes e confirma a prática de anunciar o Sábado ou outros festivais com o som da trombeta do Templo, como Josefo e a literatura rabínica descrevem.

As energias despendidas na fachada do Templo mostram o desenvolvimento de uma estética austera para outra sofisticada, provavelmente por duas razões. Em primeiro lugar, porque a fachada de pedras economizava obras de revestimento, em geral produzido pela queima de pedra calcária, tarefa muito dispendiosa para qualquer cidade no deserto da Judéia com pouca madeira para fazer fogo. Também, porque ao evitar reboco em favor da pedra sólida, raramente a obra precisaria de reparos. O Templo de Herodes fora construído para durar.

O segundo motivo ligava-se às orientações de Herodes para que o projeto não tivesse imagens. A não ser numa citação de Josefo, que veremos depois, os escavadores nunca encontraram nenhum indício de representações de seres vivos no Templo, nem de estátuas ou relevos de corpos humanos ou de animais. Em lugar disso, havia decorações florais e geométricas, principalmente no interior. Quem entrava no Templo pelas escadas do sul, pela chamada Porta Dupla dos Portões de Hulda, passando pela *Stoa* Real até a praça, via inúmeras câmaras arredondadas, com abóbadas, multicoloridas e fantasticamente ornamentadas. Quadrados com diferentes e intrincados modelos geométricos combinavam-se com rosetas parecidas com crisântemos, botões de ouro e outras flores locais, bem como com parreiras e cachos de uva reproduzidos com capricho. É provável que essa tenha sido a Porta Formosa, onde Pedro, segundo Atos 3,1-10, curou um aleijado de nascença que pedia esmola aos que entravam.

Hierarquia arquitetônica do Templo

O lugar por onde se entrava no Templo já estabelecia a diferença de *status* dos freqüentadores. A maioria vinha do sul e entrava pelos dois portões de Hulda, abertos para a praça em cima. À esquerda, perto de um edifício com diversos *miqwaoth*, onde o público podia mergulhar e se purificar, uma grande escadaria levava ao Portal Duplo, reservado aos leigos; à direita, uma escada estreita acabava na entrada menor do Portal Tríplice reservado aos sacerdotes. No canto sudoeste, uma escadaria monumental, chamada hoje de Arco de Robinson, dirigia-se diretamente do sul da praça debaixo do Monte do Templo, à *Stoa* Real, em cima do muro do lado sul.

As entradas eram facilmente controladas com guardas levíticos sob as ordens do sumo sacerdote em cada portal, onde tinham poder para barrar desordeiros e controlar o fluxo da multidão. Lá dentro, a Corte dos Gentios, que ocupava dois terços da praça, abria-se indistintamente para todos os visitantes, judeus e gentios, homens e mulheres. Além da Corte, uma barreira de pedra ou de grades, chamada *soreg*, com poucos pés de altura, impedia a entrada de não-judeus, embora lhes fosse permitido espiar o que se passava do outro lado. Encontraram-se duas inscrições do primeiro século de nossa era anunciando a pena de morte para qualquer pagão transgressor, a primeira no século dezenove, a outra, na primeira metade do vinte. Burilada na pedra com escrita grega profissional, a primeira completa, contém a seguinte mensagem:

> Não é permitida a entrada de nenhum estrangeiro além da balaustrada e da proteção em volta. Os transgressores terão de se lamentar sozinhos pela morte que recairá sobre eles.

A grafia da inscrição encontrada em 1938 ainda mostra resíduos de tinta vermelha para lhe dar destaque. (Da segunda inscrição restaram apenas fragmentos.) De um lado, os pagãos não podiam ultrapassar esse limite sob pena de morte. Mas, de outro, tinham acesso à maioria dos recintos do Templo do que somado todo o resto. Certamente, não está correta a afirmação atribuída ao Jesus de Marcos de que o Templo deveria ser mas não era uma casa de oração para todos os povos (11,17).

A arqueologia nos leva até aí. Para o resto do Templo precisamos da ajuda de Josefo e da literatura rabínica, que concordam entre si nas questões básicas. Os sacerdotes e os leigos judeus, homens e mulheres, podiam atravessar o *soreg* para o perímetro à frente, que era dividido em três partes: no sentido leste-oeste a Corte das Mulheres, a dos Israelitas e a dos Sacerdotes. As mulheres não tinham permissão de entrar na Corte dos Israelitas, onde os homens judeus traziam oferendas; e estes, por sua vez, não podiam entrar na Corte dos Sacerdotes, onde os sacrifícios eram oferecidos no altar.

Os especialistas debatem se os leigos traziam os próprios animais para o sacrifício ou os compravam na *Stoa* Real, ou se as duas coisas eram possíveis e quando isso era feito. Perguntam também quem segurava os animais durante o sacrifício. Mas não há dúvida de que os sacerdotes e seus assistentes levíticos eram açougueiros bem treinados e eficientes, capazes de cortar a garganta dos quadrúpedes, quebrar o pescoço das aves, retirar o sangue, cortá-las para, afinal, queimá-las no fogo do altar. O Santo dos Santos situava-se dentro do santuário, atrás do altar, de frente para o oriente e para o nascente no Dia da Expiação. Era aí que no passado guardava-se a Arca da Aliança, mas em tempos mais recentes permanecia vazio, porque era a casa anicônica de Deus. Somente o sumo sacerdote, apenas no Dia da Expiação, e em completa pureza, podia entrar por entre as cortinas que velavam a presença de Deus. Tratava-se, naturalmente, de hierarquia, só que desta vez ditada pelas normas judaicas de pureza e não pelo poder romano ou pela dignidade real.

De cada lado do Templo concêntrico erguiam-se duas importantes estruturas, a *Stoa* Real dentro da parede, ao sul, e a Fortaleza Antônia fora dos muros, ao norte. Arquitetonicamente, a *Stoa* Real era uma gigantesca basílica feita de quatro fileiras de quarenta colunas ao longo dos 900 pés do muro ao sul. A fileira mais ao sul constituía-se de pilares junto ao muro do Monte do Templo; as colunas de cada lado da nave sustentavam outras colunas para apoiar o telhado, e a quarta fileira, ao norte, era vazada, de maneira que se podia através dela chegar à praça. Os escavadores encontraram algumas colunas tão largas como Josefo descrevera: três homens com os braços esticados ao redor dificilmente conseguiriam apertar as mãos. O ponto focal da *Stoa* Real situava-se na extremidade oriental.

Funcionalmente, era no mercado que se convertia cada unidade da moeda corrente em meio-siclo para os impostos do Templo, onde se compravam animais para o sacrifício e, talvez, onde também se reunia o sinédrio ou concílio na sua extremidade leste. Em outras palavras, abrigava as operações comerciais das quais dependiam os sistemas fiscal e sacrificial do Templo.

Herodes deu à fortaleza o nome de Antônia em homenagem a seu antigo patrono Marco Antônio antes de ter sido derrotado por Otaviano. Depois disso, porém, Herodes passou a obedecer o novo poder romano, sem muito alarde. Na época dos asmonianos, localizava-se aí a Fortaleza Baris, mas arqueologicamente pouco se sabe a respeito desse edifício no período herodiano, uma vez que Adriano reconstruiu a maior parte de sua Aelia Capitolina em cima dela. Contém um grande pavimento de pedra, que tem sido mostrado aos turistas e peregrinos desde o tempo das cruzadas até hoje como o *lithostroton* onde Pilatos se sentou para julgar Jesus, segundo João 19,13. Na verdade, o local data do segundo século, de Adriano, e não do primeiro, de Pilatos. Mas a mera localização dessa fortaleza militar, seja no tempo do monarca Herodes seja no tempo do prefeito romano, acentua a importância da constante supervisão do que se passava lá embaixo no Templo, de intervenções rápidas quando necessárias e de controle total. O Império Romano e o reino de Herodes estavam sempre vigiando o Templo, os sacerdotes e o povo. As vestes do sumo sacerdote, por exemplo, eram guardadas quase sempre pelos procuradores e prefeitos romanos na Fortaleza Antônia e só eram entregues a eles para as festividades depois que as autoridades tinham certeza de que a multidão estava sob controle.

A águia dourada do Templo

A arqueologia confirma o caráter anicônico e a estética sem imagens do Templo de Herodes. Na verdade, por que teria o monarca se preocupado em construir essa maravilha do mundo para alimentar a fé popular, se, no processo, acabasse provocando sua ira? Mas temos notícia de uma exceção a essa iconoclastia em dados textuais. O incidente aconteceu pouco antes da morte de Herodes, o Grande, e se tornou prelúdio imediato do morticínio da Páscoa executado por seu filho Arquelau dentro do próprio Templo. Comentaremos mais adiante a respeito, mas, por enquanto, vejamos como as obras *Guerra judaica* (1.650-655) e *Antiguidades judaicas* (17.151-167) registram a história da águia do Templo:

> Era, de fato, ilegal colocar no Templo qualquer imagem, busto ou representação de criaturas vivas; apesar disso, o rei mandou instalar no grande portão uma águia de ouro. Foi assim que os mestres [da Lei, Judas, filho de Sepphoraeus, e Matias, filho de Margalus,] exortaram os discípulos a derrubá-la [...]. Ao meio-dia, de comum acordo, quando muitas pessoas perambulavam pelo Templo, desceram do telhado com o auxílio de cordas e começaram a derrubar a águia com machadinhas. O capitão do rei [...], com considerável força, prendeu cerca de quatrocentos jovens e os levou ao rei [...]. Os que haviam descido do telhado agarrados nas cordas juntamente com os doutores foram queimados vivos; os outros foram encaminhados para execução.

Onde se situava o "grande portão" sobre o qual fora colocada a águia dourada? Josefo não nos informa a respeito porque talvez nem ele mesmo o soubesse. O que aconteceu depois só podemos imaginar a partir do que sabemos. A passagem elevada ligava os quarteirões ricos da cidade alta, passando sobre o Vale Tyropoeon, aos muros do Monte do Templo, atrás do santuário. As elites judaicas entravam no Templo atravessando essa ponte. Era também por ela que Herodes conduzia, dos palácios fortificados ao Templo, dignitários pagãos que lhe visitavam. É provável que Herodes tenha colocado a águia de ouro em cima do portão dessa ponte, no muro ocidental do Templo. Nesse lugar, não podia ser vista do lado de dentro nem das outras entradas usadas pelo povo. Seria vista, então, apenas pelos poderosos pagãos que passavam por aí.

Mas por que colocar a figura de uma águia nesse complexo? Por que, afinal? Certamente, não para provocar alguém. Tudo indica que tivesse permanecido no Templo durante muito tempo até que alguém se deu conta de que Deus exigia a

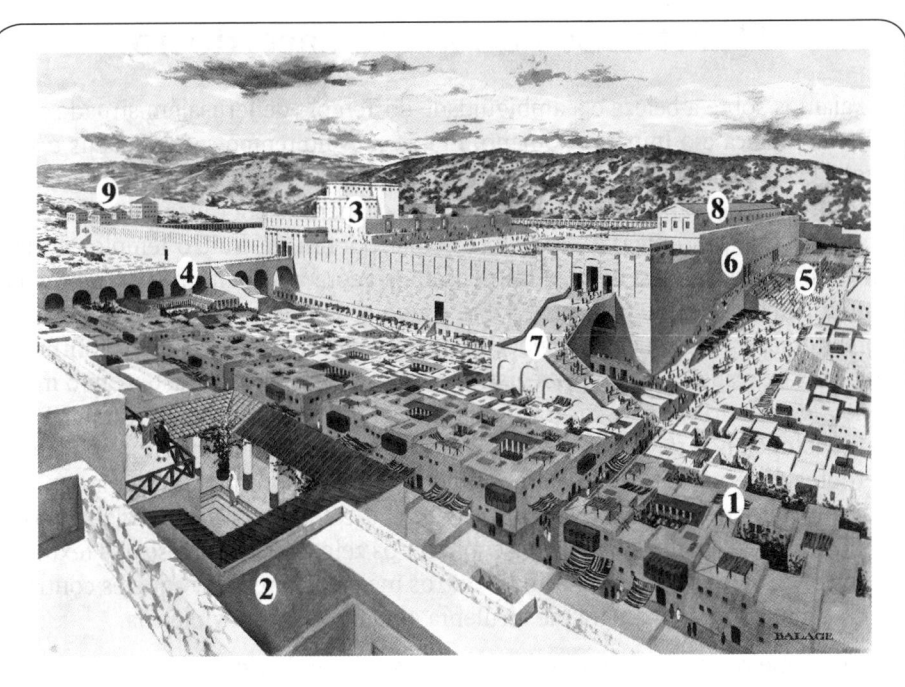

31. Reconstrução do Monte do Templo voltado para o Monte das Oliveiras
A beleza do Templo dominava a cidade baixa de Jerusalém (1), erguido sobre um monte artificial construído por Herodes, o Grande, visto aqui da cidade alta (2). No centro do maior recinto sagrado da Antiguidade sobressaía o santuário dourado (3), na frente do qual os sacerdotes ofereciam sacrifícios. O Monte do Templo era acessível aos sacerdotes aristocratas que viviam na cidade alta por meio de uma via sobre o Vale Tyropoeon (4); a maioria dos peregrinos entrava pela porta sul na praça que também abrigava banheiras rituais (5), ou pela Porta Dupla (6) que se dirigia à esplanada em cima, ou por uma escadaria (7) que acabava na *Stoa* Real (8), pórtico semelhante a uma basílica, onde provavelmente Jesus expulsou os cambistas. À esquerda, na época de Jesus a Fortaleza Antônia (9) abrigava as tropas romanas, que vigiavam cuidadosamente as multidões durante a Páscoa e outras festas.

sua remoção. Esqueçamos por enquanto a beleza das brilhantes cores brancas e as decorações com intrincados desenhos geométricos. Pensemos, em vez disso, na ambigüidade das imensas pedras e dos monumentais alicerces. Os romanos poderiam indagar se Herodes construíra um magnífico santuário ou uma fortaleza impenetrável. Por isso era absolutamente necessário colocar no topo do edifício o símbolo claro da submissão a Roma, entre o santuário e a cidade. A águia dourada representava a dominação romana e a submissão judaica. Assim como a Cesaréia de Herodes curvava-se diante de Roma por meio do Templo de Augusto, assim também o Templo judaico de Herodes reconhecia o governo romano. Esta, pelo menos, é uma provável interpretação da localização da águia e da intenção de Herodes.

Quarteirões do sumo sacerdócio

Falamos sobre a beleza e a ambigüidade do Templo de Jerusalém situado entre a colônia judaica e o Império Romano. Era ao mesmo tempo casa de Deus e sede da colaboração. Conjugava o magnífico santuário com a impressionante fortaleza. Era controlado pela aristocracia sacerdotal que cooperava, por causa das circunstâncias, com a ocupação imperial. A revolta colonial, por fim, destruiu o Templo e acabou com o sacerdócio para sempre. Mas pensemos agora a respeito não só da revolta mas também da luta de classes, e sobre o que aconteceu quando os camponeses zelotes tomaram Jerusalém na época da revolta em 66-74 d.C. Não encontramos muita coisa a respeito disso nos registros arqueológicos em contraste com o muito que foi descoberto sobre os sicários de Masada. Podemos, no entanto, ouvir o que os arqueólogos nos têm para dizer sobre os quarteirões onde moravam os sumos sacerdotes de Jerusalém. Não estamos pressupondo que os moradores fossem mais venais ou piores do que qualquer outra aristocracia colonial obrigada a colaborar com o poder imperial. Como só podemos conhecer os zelotes pela exegese dos textos de Josefo, talvez nos seja possível utilizar outros meios para retratar aqueles contra os quais se opunham de maneira tão virulenta e rejeitavam com violência.

No primeiro século, como acabamos de ver, ia-se da cidade alta de Jerusalém ao Monte do Templo por uma grande ponte. O trajeto inverso começava no Arco de Wilson no muro ocidental, atravessava o Vale Tyropoeon e ligava as cortes do Templo à cidade alta onde viviam as classes privilegiadas e os sacerdotes ricos. Nahman Avigad, da Universidade Hebraica de Jerusalém, começou a escavar sistematicamente a colina ocidental da cidade antiga de Jerusalém em 1969, conhecida hoje como seção herodiana ou judaica, de frente para o Monte. Encontrou facilmente sob a superfície, abaixo de poucas camadas, casas do período herodiano e romano antigo, destruídas no desastre de 70 d.C. Essas residências faziam parte da abastada cidade alta, onde viviam as famílias dos sumos sacerdotes, segundo as fontes literárias disponíveis. Chamam a atenção pela beleza e requinte, semelhantes às vilas luxuosas petrificadas em Pompéia e Herculano. Examinemos um exemplo, quase um palácio, segundo Avigad, descrito por ele como Mansão Palaciana.

Mansão Palaciana

A casa estava distribuída ao redor de um pátio quadrado mas, diferindo das encontradas em Cafarnaum da Galiléia, pavimentado com lajotas polidas e bem recortadas. Ao oeste, onde ainda resiste o primeiro andar e algumas paredes de 3 metros de altura, segue-se um vestíbulo que vai do pátio ao salão (talvez *triclinium* ou espaço para recepções) e, do outro lado, apenas o porão com instalações de água e despensas, recortado na rocha. A mansão ocupava uma área de 6.000 pés quadrados — mais ou menos do tamanho da Vila de Dionísio em Séforis, ou de outras vilas

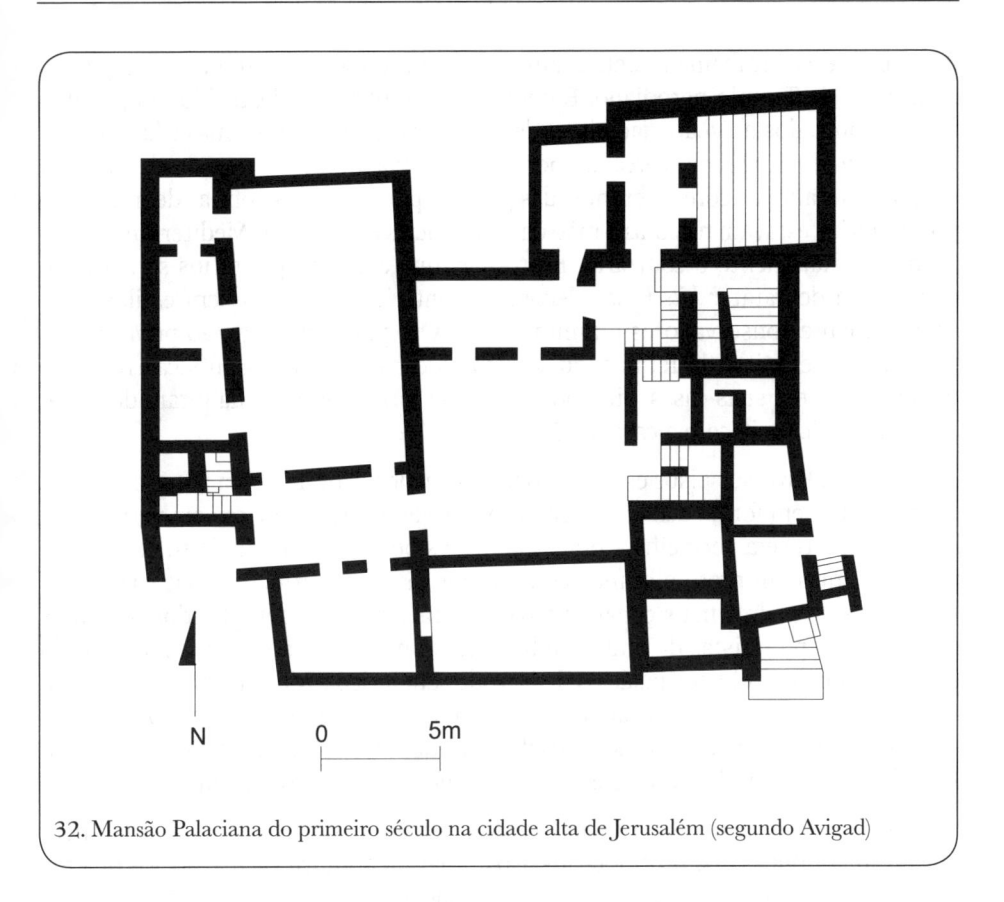

32. Mansão Palaciana do primeiro século na cidade alta de Jerusalém (segundo Avigad)

no mundo romano. Sobressaía das demais residências na cidade baixa e, por causa das técnicas de construção, materiais empregados e estilo semelhante ao Templo, criava certa ambigüidade sofisticada relacionada com espaços públicos e privados, sagrados e profanos.

Afresco. A casa fora solidamente construída sobre a rocha com pedras regulares. Quase todas as paredes da primeira fase, na primeira metade do primeiro século, haviam sido cobertas com coloridos afrescos semelhantes aos do segundo estilo de Pompéia; algumas exibiam motivos da flora, grinaldas, romãs e maçãs; outras imitavam painéis de mármore ou ostentavam desenhos geométricos em vermelho vivo, ocre e verde; também foram achados restos pintados de uma coluna jônica. Os afrescos da Mansão Palaciana e, na verdade, de todas as residências da cidade alta eram sempre anicônicos — a única exceção foi a figura de um pássaro na parede perto do Monte Sião. Essas paredes eram pintadas quando o estuque ainda estava úmido, bem diferente da técnica mais cara e tecnicamente mais exigente do *al secco*, utilizada na Ínsula II de Séforis, que, por sua vez, facilmente se deteriora.

Estuque. Na fase final da casa, os proprietários apagavam os afrescos de tempos em tempos e aplicavam nova camada de gesso nas paredes com estuque ornamental.

A superfície era trabalhada delicadamente com incisões que imitavam as pedras da fachada do Templo herodiano. Embora o teto tenha sido destruído, fragmentos dele, encontrados no chão, dão pistas de seu antigo esplendor: formas triangulares, hexagonais e octogonais cercadas por motivos ovais e em forma de dardos. Ao substituir as antigas cores vibrantes das paredes por imitações sóbrias de muros, os proprietários estavam na contra-mão das tendências em voga no Mediterrâneo, pois acontecia exatamente o contrário. É provável que esses proprietários se tivessem dado conta do caráter *kitsch* das decorações anteriores e buscassem estilos mais artisticamente conservadores e minimalistas. Ou, possivelmente, ao privatizar as feições arquitetônicas do Templo, quisessem evocar a aura da vida pública e religiosa de Jerusalém em suas casas, situando-se, dessa forma, no topo da pirâmide social ao ligar a residência com a casa de Deus.

Mosaico. Diversos pisos estavam cobertos de mosaicos. Embora feitos de pedras brancas, também foram achados alguns com desenhos geométricos em vermelho e branco: uma roseta vermelha e branca com seis pétalas e um tabuleiro comum de jogo de damas em preto e branco cercado por moldura vermelha. Nas casas vizinhas pisos de pedras mais ornamentadas utilizavam desde complicados desenhos emoldurados por cristas de ondas, linhas emaranhadas e triângulos até o estilo do *opus sectile* encontrado nos palácios de Herodes em Jericó e Masada, onde se podiam ver grandes pedras polidas triangulares e quadradas. Os pisos — como os afrescos — mostravam o conservadorismo tradicional dos donos das casas, que evitavam figuras humanas ou de animais e, assim mesmo, faziam parte da elite abastada.

Os pequenos achados na mansão e nas demais casas da cidade alta também atestavam a riqueza dos proprietários. Costumavam adquirir os mais belos objetos do exterior, dificilmente vistos localmente e valorizados precisamente por causa de sua inacessibilidade às classes inferiores. Com esses, os objetos que analisaremos a seguir articulavam o lugar de seus donos nos *strata* sociais de Jerusalém.

Cerâmica. A Mansão Palaciana contribuiu com panelas de cozinha e jarros para armazenar alimentos, alguns encontrados inteiros no fundo de cisternas. Mas o que distingue as casas da cidade alta, digamos, das moradias dos vilarejos da Galiléia é a grande quantidade de finos aparelhos de servir como louças importadas e tigelas locais da mais alta qualidade. Entre os artigos importados sobressaíam-se garrafas vermelhas para servir vinho e tigelas do oeste, uma muito rara de Mégara feita a partir de um molde com decorações em relevo, bem como tigelas rasas feitas no local, finas e delicadas, pintadas em vermelho com motivos florais em vermelho, marrom e preto.

Utensílios de vidro. Entre estes foram achados inúmeras tigelas com alças, frascos de perfume ou óleo e fragmentos de um tipo raro de jarra. Este último item, embora deformado pelo incêndio que destruiu a casa em 70 d.C., foi quase completamente restaurado. No seu braço lê-se a inscrição em grego "Feita por Ênio", referente ao conhecido fenício de Sídon, fabricante de vidro, cujos objetos ainda hoje enfeitam lugares como o Museu Metropolitano de Arte de Nova York.

Lamparinas. As lamparinas, em geral, eram herodianas, feitas de uma roda, com a saída para o pavio. Mas diversos exemplos mais raros e ricos foram também achados, como as "lamparinas de Éfeso," retocadas com uma borda brilhante, preta ou vermelha, com o pavio (às vezes duplo) cercado por espirais e um cabo de tamanho quase sempre exagerado.

Junto à riqueza da Mansão Palaciana e de outras casas da cidade alta, e considerando que seus proprietários gostavam de ostentá-la, havia sempre artefatos intimamente relacionados às preocupações judaicas com os ritos de purificação: jarros de pedra e *miqwaoth*. De fato, cada casa escavada na cidade alta por Avigad possuía diversos *miqwaoth* e inúmeros vasos de pedra. Mesmo se tivéssemos acesso a apenas isso, já seria suficiente para revelar a riqueza das famílias.

Vasos de pedra. Dos muitos encontrados, alguns haviam sido feitos a mão, parecidos com canecas, ou "vasos para medir", tão comuns na Galiléia. Outros procediam de pequenos tornos, principalmente os esféricos caprichosamente polidos, com decorações gravadas. Notáveis, no entanto, eram os maiores, com um pé de diâmetro e 3 de altura. Podiam conter muitos galões de água e deviam ser semelhantes aos da história das bodas de Caná, quando Jesus transformou água em vinho, segundo João 2. Feitos a partir de grandes pedaços de pedra e modelados com perfeição em grandes tornos operados por pelo menos três homens, ostentavam bela forma circular. O polimento interno e externo era perfeito. Alguns ostentavam linhas na borda e no pé, enquanto outros apresentavam desenhos com motivos ovais e de dardos ou formas verticais caneladas. Esses grandes vasos torneados dificilmente seriam achados na Galiléia. Nenhum deles, por exemplo, foi encontrado em Nabratein, alguns em Gamla, Jodefá e Cafarnaum, embora poucos tivessem sido achados em casas aristocráticas dos bairros residenciais de Séforis. Podem ter sido modelados a partir de matrizes de bronze ou mesmo de cerâmica, comuns nas casas aristocráticas do mundo greco-romano. Mostram, sem dúvida, a preocupação dos donos dessas casas com purezas, mas também que a mantinham dentro do estilo cosmopolita.

Banheiras rituais. O mesmo se aplica aos *miqwaoth*, ou banheiras rituais. Relembremos como na Galiléia se situavam em espaços comunitários, por exemplo, em Gamla, junto às prensas de oliva ou ao lado da sinagoga. Pensemos também nas grandes piscinas comunitárias em Qumrã abertas à comunidade e no edifício dedicado a esses rituais no lado sul do Monte do Templo, entre os muitos existentes nas casas da cidade baixa, onde quartos de aluguel para os peregrinos incluíam *miqwaoth*. Somente nas casas mais ricas da acrópole de Séforis existiam piscinas com degraus em residências particulares. Mas nas casas da cidade alta havia muitas delas, e algumas muito elaboradas.

Num dos exemplos que temos, o vestíbulo pavimentado com mosaico branco conduzia a três salas de banho distintas. Entrava-se aí, onde as pessoas trocavam de roupa, e à esquerda abria-se uma sala com uma banheira — por acaso, exatamente igual à usada em Masada —, provavelmente para cuidados de higiene. À frente, descendo cinco degraus, chegava-se a um *miqweh* medindo 6 pés de largura e 9 de

33. Grande vaso de pedra torneado
(Coleção do Departamento de Antiguidades de Israel; © Museu de Israel em Jerusalém)

comprimento, bem acima das exigências formais da Mixná, que estipulava pelo menos 40 *seahs*, ou cerca de 200 galões. A terceira piscina, menor, ligada por um canal a anterior, servia como depósito de água, mas imagina-se que, por causa dos degraus, também fosse usada eventualmente para purificações.

O trabalho de cavar na rocha, rebocar a cavidade, cobri-la com arcos e pavimentar o chão com mosaico era dispendioso e complexo; não menos, porém, do que fixar encanamentos para recolher água da chuva para as diferentes piscinas. Tais esforços, entretanto, serviam para livrar os ricos de se banhar em público com seus conterrâneos plebeus. Imergiam com elegância e privacidade, bem diferente de certos balneários comuns em alguns vilarejos ou do mergulho nas águas abertas do Mar da Galiléia em Cafarnaum. Contrastavam, certamente, com os costumes políticos e apocalípticos de João Batista de mergulhar com outras pessoas no Jordão. As *miqwaoth* da cidade alta mostram, sem dúvida, o respeito de seus donos pelos rituais de purificação, mas também que tinham recursos para se purificar no luxo de suas residências.

É de certa maneira irônico que exatamente quando os fariseus estendiam suas noções a respeito de pureza para além do Templo, levando-as para suas refeições e vidas diárias, os sacerdotes ricos introduziam elementos de luxo nessas práticas. Os judeus comuns começavam, também, a democratizar a presença do divino fora dos muros do santuário e as massas começavam a utilizar seus *miqwaoth* e vasos de pedra, enquanto os ricos modificavam alguns dos implementos dos rituais de purificação para acentuar seu *status* social.

Impostos e dízimos, sacerdotes e sacrifícios

Os antropólogos estimam que a classe sacerdotal em sociedades tipicamente agrárias possuem quase sempre cerca de 15 por cento da terra, que era, naturalmente, o capital básico desse tipo de economia. Sabendo-se que na tradição israelita a terra era dividida entre todas as tribos, ficamos surpresos ao saber que a tribo sacerdotal de Levi não recebia nenhuma terra. Entretanto, para ela a herança era não a terra, mas sim Deus. Examinemos, por exemplo, Deuteronômio 18,1-5:

> Os sacerdotes levitas, a tribo inteira de Levi, não terão parte nem herança em Israel: eles viverão dos manjares oferecidos a Iahweh e do seu patrimônio. Esta tribo não terá uma herança no meio dos seus irmãos: Iahweh é a sua herança, conforme lhe falou. Eis os direitos que os sacerdotes têm sobre o povo, sobre os que oferecem um sacrifício: do gado ou do rebanho serão dados ao sacerdote a espádua, as queixadas e o estômago. Dar-lhe-ás as primícias do teu trigo, do teu vinho novo e do teu óleo, como também as primícias da tosquia do teu rebanho. Pois foi ele que Iahweh teu Deus escolheu dentre todas as tuas tribos, ele e seus filhos, para estar diante de Iahweh teu Deus, realizando o serviço divino e dando a bênção em nome de Iahweh, todos os dias.

A clara intenção da Torá era de que os sacerdotes obtivessem seu sustento da terra, apenas indiretamente, por meio de impostos, dízimos e sacrifícios. O ideal é que tudo isso fosse dividido eqüitativamente entre os sacerdotes. A justa distribuição da terra entre as tribos incluía a justa distribuição de alimento entre os sacerdotes. Segundo o ideal das Escrituras, essa concessão de alimento era perfeitamente aceitável sem a partilha da terra. Mas, na verdade, logo depois do exílio babilônico alguns sacerdotes começaram a possuir terras, segundo Neemias 13, e ao final do primeiro século muitos deles já haviam adquirido o equivalente a grandes fazendas. O próprio Josefo, que era sacerdote aristocrata, relata ter sido recompensado por seu patrono imperial, Tito, pela terra que havia perdido nos arredores de Jerusalém na época da revolta, com muito mais terra na costa fértil da planície (*Vida* 422). O ideal das Escrituras exigia a justa distribuição de terra e de alimento, mas a inevitável realidade pendia para o acúmulo injusto da riqueza. Alguns sacerdotes acabavam mais ricos do que outros, sem se falar nos camponeses. Imaginemos, então, como funcionava o processo.

Em primeiro lugar e mais importante do que o resto, os sacrifícios e os dízimos oferecidos pelo povo eram prescritos pelas Escrituras, mas o governo romano não forçava a obediência dessas leis. Ninguém era obrigado a oferecer sacrifícios e, certamente, os camponeses da Galiléia não conseguiam fazer anualmente as três esperadas peregrinações a Jerusalém. A maioria das ofertas era totalmente queimada diante de Deus, sem nada sobrar para comer. Alguns dos animais sacrificados eram entregues aos sacerdotes e eles, obviamente, podiam comer mais do que povo comum. Havia sacrifícios extremamente flexíveis: Levítico 5 exige um cordeiro que podia ser substituído por dois pássaros e até mesmo por uma porção de grãos na falta de dinheiro. O povo sacrificava a Deus, os sacerdotes recebiam sua parte, e era assim que, sem terra tribal, tinham que sobreviver.

Porque comiam muita proteína, os sacerdotes eram maiores do que os outros e tinham melhor musculatura. Mas carne sem refrigeração causava problemas de saúde, e os filhos de casais carnívoros na Antiguidade eram suscetíveis de envenenamento alimentar. Na verdade, dentro do ossuário do sumo sacerdote Caifás, a ser discutido no próximo capítulo, acompanhavam seus restos os esqueletos de uma criança e de dois infantes. Nem a riqueza garantia a longevidade.

Em segundo lugar, os dízimos dos produtos agrícolas sustentavam os sacerdotes, que não podiam trabalhar fora do Templo. O sistema era complexo, havendo diferenças entre as normas de Levítico e as de Deuteronômio. Além disso, Josefo o interpretava diferentemente dos rabinos. De qualquer forma, não se tem notícia se o povo tomava conhecimento dessas diferenças, e os sacerdotes nem sempre estipulavam as quantias com precisão para cada família. As pessoas, no entanto, traziam ao Templo o que lhes parecia ser 10 por cento do produto agrícola obtido, para ser repartido entre os sacerdotes. Os piedosos galileus, por sua vez, não podendo arcar com as despesas das peregrinações, davam o dízimo diretamente aos sacerdotes locais. Segundo Deuteronômio 14, parte dos produtos do dízimo era vendido em Jerusalém, e o lucro servia para cobrir despesas de viagem e na cidade, incluindo virtualmente qualquer coisa, até mesmo "vinho e bebidas fortes". Jerusalém também lucrava economicamente, e os peregrinos podiam celebrar as festas nessas ocasiões.

Em terceiro lugar, o imposto do Templo correspondia a meio siclo, quantia equivalente a dois dias de trabalho de um camponês. Aqui, também, as fontes são confusas: Êxodo 30 exige meio siclo de cada israelita do sexo masculino e maior de vinte anos mas, ao que tudo indica, apenas uma vez durante a vida. Neemias 10 já pede a terça parte de um siclo, mas anualmente. No primeiro século, a prática comum atestada por Fílon, Josefo e pela literatura rabínica era de ofertar meio siclo anualmente, para a manutenção do Templo e, principalmente, para cobrir os custos dos sacrifícios comunitários. Vespasiano, por sua vez, aumentou o imposto para punir os judeus, homens, mulheres e crianças, depois da revolta de 66-74 d.C., e transferiu o pagamento para o templo de Júpiter Capitolino em Roma.

Vê-se bem que os impostos e os dízimos não seriam suficientes para manter o opulento nível de vida dos sacerdotes ricos de Jerusalém. Mesmo os mais rigorosos e generosos observadores da lei não costumavam dar mais do que 15 por cento de sua renda para o Templo, e muitos deles, provavelmente, só doavam suas ofertas nominalmente e de vez em quando. Alguns galileus, vivendo longe de Jerusalém, não tinham condições de viajar até lá nem de pagar regularmente os dízimos, coisa que incomodava os rabinos. Mas preocupavam-se mais com os impostos cobrados por Herodes Antipas, destinados a Roma, do que com os de Jerusalém. Os impostos romanos eram cuidadosamente monitorados e cobrados sob ameaças de prisão, extrema violência ou confisco de terras. Os índices desses impostos variavam entre 25 e 40 por cento de tudo o que se ganhava.

As fontes literárias da época registram, em geral, pouco ressentimento contra os impostos do Templo ou contra os dízimos da parte dos judeus leigos, mas os sacerdotes ricos eram às vezes acusados de usurpar demasiadamente o dinheiro de seus colegas mais pobres. Josefo narra com pormenores duas ocasiões que ilustram o fato: a primeira sob o sumo sacerdote Ismael em 59 d.C. e a outra sob Ananias, pouco antes da revolta:

> Naquela época o Rei Agripa conferiu o sumo sacerdócio a Ismael filho de Fiabi. Surgiu então mútua inimizade e luta de classe entre os sumos sacerdotes, de um lado, e os sacerdotes e líderes do populacho de Jerusalém, do outro [...]. Era tamanha a falta de vergonha e a afronta da parte dos sumos sacerdotes, que descaradamente enviavam escravos à entrada de suas casas para receber os dízimos devidos aos sacerdotes, resultando daí que, sem nada ter, os pobres religiosos morriam de fome [...]. O [sumo sacerdote] Ananias tinha servos tão velhacos que, de comum acordo com homens sem caráter, tomavam à força os dízimos destinados aos sacerdotes; não hesitavam em surrar os que se recusassem a entregar o dinheiro. Os sumos sacerdotes eram culpados das mesmas práticas de seus escravos, e ninguém conseguia impedi-los de agir desse modo. E aconteceu que os sacerdotes que nos tempos antigos eram mantidos pelos dízimos agora morriam de fome (*Antiguidades judaicas* 20.179-181,206).

Eram casos de abuso, mas, de fato, ninguém era contra o dízimo para manter os que serviam a Deus. Os judeo-cristãos do primeiro século, segundo a regra comunitária, *Didaqué*, incentivavam a comunidade a dar o dízimo aos profetas, "tanto das suculentas vinhas e do dinheiro, dos bois e ovelhas [...], pois eles são os vossos sacerdotes principais" (13,3).

Havia, por outro lado, claro ressentimento contra o roubo das riquezas do Templo pelos romanos. O general Crasso pilhou o tesouro do Templo em 54 a.C. surrupiando cerca de dez mil talentos em moedas e objetos de valor (um talento equivalia a 88 libras). Pôncio Pilatos provocou a revolta do povo quando se apossou de fundos do Templo para construir um aqueduto. O procurador romano Gessius Florus roubou dezessete talentos do tesouro do santuário alegando que César precisava deles. Em conseqüência disso, as massas revoltaram-se contra seu governo envolvido com extorsão e ladroeiras.

Além disso, o exemplo dos zelotes mostrava até que ponto os camponeses militantes eram capazes de reagir na primeira oportunidade e dar um banho de sangue, pelo menos em parte da aristocracia sacerdotal. Em tal massacre misturavam luta de classe com revolta popular; os zelotes criaram, assim, um reinado de terror contra as classes altas, provocados pela riqueza e pelo poder da aristocracia sacerdotal, por sua colaboração passada com os romanos e potencial traição no futuro. Parte dos camponeses demonstrava, assim, que a consciência que tinha dos problemas era de ordem não apenas pessoal e individual mas também sistêmica e estrutural. As famílias da aristocracia e especialmente dos sumos sacerdotes eram, na verdade, as responsáveis por esse estado de coisas. Tratava-se não apenas da riqueza advinda da participação no Templo, mas também do lucro obtido por meio da colaboração com o império. Estavam em jogo a beleza do sacerdócio antigo e a ambigüidade da aristocracia colonial.

A casa incendiada

Essas famílias aristocráticas, não importando a colaboração com Roma nem a riqueza conseqüente, acabaram em nada. O Templo caía enquanto a cidade alta duraria apenas mais um mês. O quarteirão residencial dos sacerdotes foi destruído. O clima dessa devastação foi captado vivamente na chamada Casa Incendiada, descoberta por Nahman Avigad em janeiro de 1970, quase dezenove séculos depois do desastre. O andar de baixo e o porão encheram-se com os destroços de pedras carbonizadas e madeiramentos queimados dos andares superiores. Dois achados conseguem reavivar os momentos finais da casa. Um resto de lança de bronze apoiava-se ainda no canto de uma parede. O osso do braço de uma mulher de mais ou menos vinte anos sobre a escadaria indicava dramaticamente sua tentativa de fugir dos romanos ou de escapar do inferno.

A data do desabamento da casa e da morte dessa mulher não é clara: fragmentos de cerâmica encontrados no solo situam o acontecimento por volta da segunda metade do primeiro século, e as moedas achadas são do ano 70 d.C. Algumas delas haviam sido cunhadas pelos procuradores romanos da Judéia, mas a maioria datava da revolta dos judeus em Jerusalém. Traziam as seguintes legendas: "Ano Dois/Liberdade de Sião", "Ano Três/Liberdade de Sião" e "Ano Quatro/Da Redenção de Sião", isto é, 69/70 d.C.

Alguns artefatos da casa pareciam restos de uma cozinha, mas havia tantos fornos, pilões e mós de basalto, amoladores e grandes vasos de pedra espalhados por diversas salas, que bem poderiam fazer parte de uma oficina. A presença, também, de inúmeros frascos de perfume, pesos e vasos de pedra com formas inusitadas levou Avigad a sugerir que a oficina produzia incenso para o Templo, coisa que precisava ser feita com pureza ritual.

Entre diversos pesos cilíndricos baixos, lia-se no de 3 polegadas de diâmetro a seguinte inscrição em letras aramaicas quadradas, "de Bar Kathros" ou "filho de Kathros". Dava-se o nome de Casa de Kathros a uma das quatro mais conhecidas famílias sumo-sacerdotais que oficiavam no Templo sob o governo romano. O Talmude babilônico registrou, mais tarde, a péssima reputação dessas famílias. A ode *Pesahim* 57a refere-se a essas famílias, entre outras, com desprezo e vergonha, sem nenhum respeito ou estima:

> Ai de mim por causa da Casa de Beothus,
>   ai de mim por causa dos bastões.
> Ai de mim por causa da Casa de Hanan,
>   ai de mim por causa de seus mexericos.
> Ai de mim por causa da Casa de Kathros,
>   ai de mim por causa de suas canetas.
> Ai de mim por causa da Casa de Ismael, filho de Fiabi,
>   ai de mim por causa de seus pulsos.
> Pois são todos sumos sacerdotes,
>   e seus filhos, tesoureiros,
>   e os genros, administradores,
>   e seus servos agridem o povo com bastões.

O poema preserva a realidade do primeiro século documentada na metade do sexto século. Essas antigas famílias sacerdotais foram criticadas duramente durante mais da metade de um milênio. A Casa de Ismael, filho de Fiabi, foi criticada por Josefo, e a de Ahanan, Anás ou Ananias, é bem conhecida no Novo Testamento por causa de uma rebelião contra judeo-cristãos que durou cerca de trinta anos desde os dias de Jesus de Nazaré até o tempo de seu irmão Tiago de Jerusalém. Essas famílias eram conhecidas pelo rigor com que controlavam as dívidas e pela prática de nepotismo para a escolha de diversos oficiais. Deduzimos que a oficina encontrada na Casa Incendiada, a Casa de Kathros, estava ligada a vantajoso monopólio concedido a essa família sacerdotal aristocrática, para produzir incenso e outros aromas para o Templo. Entre os artefatos, foram também achados tinteiros de cerâmica quase iguais aos de Qumrã, relembrando-nos de que a escrita na Antiguidade não se limitava apenas aos que se ocupavam com rolos sagrados. Servia, também, para contratos legais que eram cuidadosamente conservados: "Ai de mim por causa de

34. Reconstrução da elegante casa de um sacerdote na cidade alta de Jerusalém
Com vista para o Monte das Oliveiras (1) e o santuário do Templo (2), a cidade alta era habitada pelos ricos de Jerusalém e pelos principais sacerdotes. Esta reconstrução é resultado de uma colagem de várias casas escavadas incluindo a espetacular Mansão Palaciana. Os artefatos encontrados nessas casas incluíam vasos de pedra (3), copos e xícaras de pedra (4) e mesas também de pedra (5) adequadas aos rituais judaicos de purificação. Entre os objetos de luxo havia colunas de bronze para lamparinas (6), lâmpadas penduradas (7) e mesas de três pés (8). O mosaico ornamentado (9) é réplica da cidade alta, como os afrescos bem executados (10), enquanto o teto (11) é a hipotética reconstrução a partir de fragmentos de estuque. Em contraste com as casas do mundo romano de então, as da cidade alta eram totalmente anicônicas em respeito à Lei Mosaica.

suas canetas". Observemos, acima de tudo, os "bastões" mencionados duas vezes, presentes no começo e no fim do poema.

Peregrinação ao Templo

Josefo, testemunha ocular que também estivera em Cesaréia e Roma, descreve a fachada do Monte do Templo com deslumbramento. E o faz no momento trágico em que também testemunha a sua destruição:

> Não havia nada no exterior do edifício que não encantasse a mente e o olhar. Pois, coberto de todos os lados com imensas placas de ouro,

assim que o sol subia, irradiava seu brilho com tamanho esplendor que as pessoas se ofuscavam com os reflexos como se fossem os próprios raios do astro. Aos estrangeiros que se aproximavam, o Templo parecia, à distância, uma montanha coberta de neve, pois tudo que não estivesse forrado de ouro era do branco mais puro (*Guerra judaica* 5.222-223).

Imaginemo-nos como peregrinos visitando Jerusalém pela primeira vez e contemplando o Templo, vindos não das cidades do Egeu ou de Roma, mas sim da Galiléia ou do Golan, de Jodefá ou Gamla, ou mesmo de Cafarnaum ou Nazaré. Chegando em Jerusalém, do Oriente, passando por Betânia, perto do Monte das Oliveiras, entraríamos pelos portões da cidade baixa. Passando pela piscina de Siloé, onde muitos peregrinos se lavavam depois da árdua jornada, seguiríamos pelo Vale Kidron, passaríamos por mercados, casas com quartos de aluguel — alguns com *miqwaoth* — e por hospedarias para visitantes judeus da diáspora. Uma inscrição em grego, numa hospedaria construída por judeus para judeus da Ilha de Rodes, permite-nos tomar consciência das muitas línguas e dialetos estrangeiros ouvidos pelos peregrinos antigos.

Ao chegarmos à praça ao sul sob o Monte do Templo, veríamos em primeiro lugar o grande arco e a passagem na frente deixando para trás a ponte sobre o Vale Tyropoeon. Seríamos conduzidos diretamente pelas residências de luxo dos sacerdotes aristocratas, que, juntamente com a nobreza, passavam facilmente de suas casas para o Templo.

Uma vez na praça abaixo do Templo, poderíamos, se fosse necessário, banhar-nos no grande *miqweh* à direita da Porta Hulda. Depois disso, subiríamos os largos degraus de 8 polegadas de altura, com larguras entre 12 e 35 polegadas, forçando-nos a nos aproximar vagarosamente à Porta Dupla. Já fascinados pelo tamanho das enormes pedras, ficaríamos mais extasiados pela cor vívida e pelas ilusões geométricas do domo redondo do vestíbulo logo após o portal. Ao entrar com a multidão na esplanada do Monte do Templo, começaríamos a perceber sinais, cheiros e sons dos sacrifícios, coisa que consideraríamos absolutamente normal, por ser a maneira como todos os povos adoram o divino. Entre os sinais veríamos nuvens de fumaça subindo dos altares para o céu. Os cheiros viriam dos doces aromas das carnes e das gorduras queimadas, do vinho e do azeite, do incenso e de outras ervas exóticas (misturados, naturalmente, com o cheiro das fezes de bois, bodes, ovelhas e pássaros!). Os sons incluiriam também os mugidos dos bois e o balido das ovelhas. Se fôssemos camponeses da Galiléia, estaríamos acostumados a viver com os animais e, naturalmente, acreditaríamos que por meio deles e até mesmo neles encontraríamos Deus.

Se fôssemos judeus, poderíamos passar pelo *soreg* e ir à entrada oriental dos recintos do santuário — no qual, por causa do arranjo axial, veríamos a Corte das Mulheres, passando pela escadaria circular até a Corte dos Israelitas e, já perto do altar, subir mais alguns degraus até o santuário, em cujo recesso o Santo dos Santos estaria protegido por espessa cortina.

Se fôssemos mulheres judias, teríamos que nos limitar à Corte das Mulheres. Mas, sendo homens, teríamos permissão de levar os sacrifícios até os sacerdotes e levitas. Esses devotados e competentes trabalhadores, suados e manchados de sangue, estariam ocupados cortando gargantas, pendurando carcaças, cortando e fatiando pedaços de carne para jogá-los no altar. Alguns encarregar-se-iam de manter o fogo aceso, enquanto outros abanariam as brasas ou ofereceriam incenso. Nossas oferendas seriam consumidas no fogo enquanto a fumaça sobe até Deus.

A satisfação de estarmos no Templo misturar-se-ia profundamente e quase em forma de êxtase com a alegria do festival. Na ocasião da Páscoa, as pessoas, por exemplo, sacrificavam primeiramente um cordeiro no Templo, oferecendo sangue a Deus, por intermédio dos sacerdotes, e recebiam de volta a carne para comer no recôndito da família com os amigos, na mesma noite, ainda na presença de Deus. A Páscoa relembrava o que Deus fizera para seu povo no passado, que se tornava presente agora e se projetava no futuro. Deus havia permanecido com um povo simples, escravizado e condenado à morte, contra o poder e a força do império egípcio.

O ritual correlacionava o passado com o presente. Será que também equacionava o Império Egípcio com o romano? Talvez as pessoas nem fizessem essa pergunta. Talvez nem mesmo pensassem a respeito de legitimidade sacerdotal, submissão colonial ou colaboração imperial. É provável que em nossa visita imaginária também nem notássemos a presença de soldados na Fortaleza Antônia, ocupados em nos vigiar. Seriam auxiliares pagãos locais e não membros das forças legionárias, mas estariam nos observando do norte. Era sempre do norte que vinham os ataques romanos. É provável que muitos visitantes se envolvessem com familiares e amigos, com sacrifícios e festas, Deus e Páscoa, de tal maneira que, perdidos na beleza do Templo, não se dessem conta da perigosa ambigüidade da celebração da libertação numa terra ocupada. Talvez.

Não obstante, essa perigosa ambigüidade estava sempre ali. Transpirava nos festivais, que reuniam muita gente em lugares superlotados. Fazia-se presente especialmente na Páscoa, quando as pessoas celebravam a liberdade em face de um império do passado na colônia do presente. Tomemos este exemplo de Josefo a respeito de dois casos acontecidos ao longo de cinqüenta anos no primeiro século.

Em 4 a.C., segundo suas obras *Guerra judaica* (2.10-13) e *Antiguidades judaicas* (17.204-205), Arquelau, filho de Herodes, o Grande, lançou suas tropas contra multidões de protestadores durante "a festa dos pães ázimos, que os judeus chamavam de Páscoa [...], ocasião em que se ofereciam múltiplos sacrifícios" e quando "muita gente vinha do interior para a cerimônia". Além disso, "a Páscoa comemorava sua saída do Egito". Os gritos de protesto acabaram em apedrejamentos, até que finalmente

> Arquelau, contudo, sentiu que seria impossível conter a multidão sem derramamento de sangue, e ordenou que seu exército entrasse em ação. A infantaria entrou alinhada na cidade, enquanto a cavalaria avançava pela planície. Os soldados avançaram inesperadamente sobre as pessoas, que se ocupavam com os sacrifícios, e mataram cerca de trezentas delas, dispersando as outras pelas colinas em volta. Os mensageiros de Arquelau ordenaram que todos voltassem para suas casas; assim, todos abandonaram o festival e partiram.

Arquelau era apenas um príncipe herodiano ainda não confirmado no governo por Augusto. Mas outro morticínio ainda pior do que esse aconteceu meio século depois, quando o procurador romano Ventidius Cumanus governava todo o território judaico. O número das vítimas varia nos dois relatos de Josefo, mas, de qualquer forma, tratava-se igualmente de matança:

> A multidão reunia-se, como de costume, em Jerusalém, para a festa dos pães ázimos, e as tropas romanas agrupavam-se no telhado do pórtico do Templo; pois era natural que grupos de homens armados montassem guarda nos dias de festa para prevenir desordens no meio do povo. Lá em cima, um dos soldados, levantou a veste e se colocou em atitude indecente, com o traseiro voltado para os judeus, chamando a atenção de todos para a sua postura. Enraivecida com o insulto, a multidão em alta voz pediu a Cumanus que punisse o soldado; alguns jovens de cabeça quente com pessoas sediciosas na multidão começaram a lutar e, tomando pedras, jogaram-nas na tropa. Cumanus, temendo um ataque geral contra si mesmo, enviou reforços. Quando as tropas invadiram os pórticos, os judeus foram tomados de irresistível pânico e procuraram escapar para a cidade. Mas, no meio de tamanha violência, enquanto buscavam as saídas, foram pisoteados e mortos uns pelos outros; cerca de trinta mil pessoas pereceram, e a festa transformou-se em lamentação pela nação inteira e por todas as famílias (*Guerra judaica* 2.224-227; *Antiguidades judaicas* 20.106-112 afirma que o número de mortos foi de 20.000).

A arqueologia não tem como relatar incidentes desse tipo. A única fonte existente são as obras de Josefo. Referindo-se a uma data entre esses dois incidentes de Páscoa, Lucas 13,1 menciona: "Os galileus, cujo sangue Pilatos havia misturado com o de suas vítimas". Lucas gostava muito de fazer alusões históricas e, às vezes, seu entusiasmo sobrepujava a exatidão. Se a citação de Lucas não se refere a incidentes envolvendo Arquelau e/ou Cumanus com Pilatos, relaciona-se talvez com algum outro incidente da Páscoa ou de algum outro festival, quando o sangue dos protestadores misturava-se com o dos animais sacrificados no Templo de Jerusalém. Beleza e ambigüidade, mais uma vez, mas agora no nível do simples camponês judaico.

Duas ações perigosas

Jesus foi executado não pelo tetrarca Antipas na Galiléia mas sim pelo prefeito romano Pilatos, na Judéia. Por que não por Antipas? Por quê? Jesus opunha-se à romanização e urbanização de Antipas na Baixa Galiléia, desafiava a construção de um reino comercial por palavras e ações, na visão e no programa. Fundamentava sua atitude no Reino de Deus da aliança. Encarnava esse Reino no estilo de vida participativa das comunidades. O movimento do Reino de Jesus era, pelo menos, tão subversivo como o Batista de João. Mas Antipas governou por mais de quarenta anos, devendo ter agido, se não corretamente, pelo menos com muito cuidado para permanecer no poder por tanto tempo. Mas havia executado João. Não lhe parecia prudente executar mais de um profeta numa década. É provável que Jesus tenha sido salvo pelo martírio de João. Mas era o que se passava na Galiléia. A Galiléia tinha apenas o herodiano Antipas. A Judéia, no entanto, tinha ao mesmo tempo o saduceu Caifás e o romano Pilatos. Duplo perigo.

É provável que Jesus tivesse ido apenas *uma vez* a Jerusalém, como se vê no cenário parabólico de Lucas. Poderia ter ido *mais de uma vez*, segundo o cenário igualmente parabólico de João mas diferente do de Lucas. De qualquer maneira, podemos ter certeza de que esteve em Jerusalém *pelo menos uma vez*. E nunca retornou. O historiador romano Tácito conta que Jesus "sofreu pena de morte no reinado de Tibério, sentenciado pelo procurador Pôncio Pilatos". Josefo escreveu que "Pilatos, depois de ouvir acusações de homens do mais alto gabarito entre nós, o condenou à crucifixão". Os dois escritores situam a condenação na seqüência de movimento-execução-continuação-expansão. A execução tinha a finalidade de acabar com o movimento, mas este não só continuou apesar disso, como também se expandiu. Nenhum dos autores menciona causas específicas e imediatas dessa suprema penalidade.

Algumas advertências antes de continuarmos. Mesmo que nunca venhamos a saber com certeza quais teriam sido as causas *imediatas* da execução de Jesus, a promulgação do Reino de Deus que ele encarnava como programa de resistência (fosse derivada da aliança, da escatologia ou do apocalipse) teria, de qualquer forma, resultado num confronto fatal com as autoridades oficiais. Era só questão de tempo e lugar. Também do surgimento de alguma atitude geral ou de algum incidente específico capaz de levá-lo inevitavelmente ao martírio. Além disso, não é preciso retratar Caifás ou Pilatos como monstros para entender o que aconteceu. Quem anuncia o Reino de Deus facilmente pode ser confundido com o próprio rei, e embora nem as autoridades judaicas nem as romanas vissem Jesus como perigo militar, pois nunca prenderam seus seguidores, claramente percebiam que era ameaça social e por isso não o executaram a portas fechadas. Finalmente, nesta seção mais do que em outras partes deste livro, os problemas dos *strata* exegéticos e das camadas textuais são quase incontornáveis. Que porções, por exemplo, procedem das primeiras camadas do Jesus histórico por volta do ano 30 e quais pertencem a outras, posteriores, ou até mesmo de antes do primeiro nível da terceira camada presente no Marcos histórico dos anos 70?

Entrada em Jerusalém

Como já mencionamos, qualquer ação subversiva era especialmente perigosa na Páscoa, quando a antiga tradição de libertação da escravidão imperial combinava-se com grandes multidões no mesmo espaço confinado do santuário e da cidade. Tem-se notícia de duas ações principais na última semana de Jesus em Jerusalém que poderiam ter provocado a ira do sumo sacerdote Caifás e do prefeito Pilatos. Os incidentes são geralmente conhecidos por *Entrada em Jerusalém* e *Purificação do Templo*. Os dois eventos estão de acordo com a atividade de Jesus na Galiléia, que já analisamos. Ressaltam, respectivamente, em relação à injustiça violenta, elementos de resistência *não violenta* do capítulo 4 e de *resistência* não violenta do capítulo 3. Há notáveis semelhanças e significativas diferenças entre eles.

Os dois incidentes foram relatados nos quatro evangelhos, demonstrando que Marcos narrou-os e os outros copiaram dele. A afirmação aplica-se quase certamente a Mateus e a Lucas, e possivelmente a João. Mas será que se pode dizer a mesma coisa a respeito dos dois eventos?

Os dois combinam palavras e obras, ação e interpretação, e citações incidentais e escriturísticas. Na *Entrada*, contudo, o cumprimento das escrituras aparece apenas no contexto escrito e só em Mateus e Lucas. Na *Purificação*, procede do próprio Jesus.

Os dois incidentes, portanto, estão certamente *no* primeiro nível da terceira camada, isto é, de Marcos. Mas procederiam os dois *de* camadas anteriores? Remontarão, ambos, ao Jesus histórico? Há bons argumentos para afirmar que as duas histórias vieram de Marcos como narrativas tradicionais, porque se pode ver nelas as mudanças ocorridas a partir da base recebida.

Na *Entrada*, Marcos evita alusões a Zacarias 9,9-10: "Exulta muito, filha de Sião! Grita de alegria, filha de Jerusalém! Eis que o teu rei vem a ti: ele é justo e vitorioso, humilde, montado sobre um jumento, sobre um jumentinho, filho da jumenta. Ele eliminará os carros de Efraim e os cavalos de Jerusalém; o arco de guerra será eliminado. Ele anunciará a paz às nações. O seu domínio irá de mar a mar e do Rio às extremidades da terra". Em vez disso, Marcos usa a história como mera negação de Jesus como Filho de Davi. Em primeiro lugar, na passagem anterior à *Entrada*, 10,46-52, Marcos descreve um cego que saúda Jesus como "Filho de Davi" dizendo que precisava ser curado antes de segui-lo "pelo caminho". Em seguida, na passagem posterior, 12,35-37, Marcos argumenta que o Senhor de Davi não pode ser, ao mesmo tempo, filho de Davi. Finalmente, Marcos sempre relacionava com Jesus o Reino de Deus e não o de Davi. A partir daí julgamos que a proclamação em Marcos 11,10, "Bendito o Reino que vem, o Reino do nosso pai Davi!", tem a intenção, no contexto, de ser totalmente errada. A multidão erroneamente prefere a vinda do Reino de Davi (messianismo triunfante e/ou militante?) do que o presente Reino de Deus. Nesse uso negativo, qualquer alusão explícita ou não a Zacarias 9,9-10 tinha que ser completamente omitida.

É possível, em outras palavras, localizar a *Entrada* numa camada anterior a Marcos, bem antes da terceira camada do primeiro nível, também chamada "evangélica". Mas seria a primeira e original camada do Jesus histórico? Se, por um lado, fosse um incidente histórico comandado por Jesus, teria sido suficiente para suscitar sérias conseqüências. Aquela entrada em Jerusalém parecia-se mais com uma sátira antitriunfal e até mesmo caricatural. Os generais entravam nas cidades conquistadas num carro de guerra ou montados em corcéis cerimoniais, ostentando símbolos de poder violento. Mas Jesus entrava montado num jumento. As autoridades, no contexto do severo sistema de segurança acionado durante as celebrações da Páscoa, não teriam achado graça nessa atitude. Esse ato público já seria suficiente para provocar a crucifixão. De outro lado, se se tratasse não de incidente histórico mas sim de história parabólica, embora não explicando o que teria acontecido, como as narrativas, teria servido para nos mostrar a maneira como o reinado de Jesus era entendido por seus primeiros discípulos ou seguidores posteriores. Era, para eles, um anti-reinado não violento.

"Purificação" do Templo

No episódio da *Purificação* parece evidente o mesmo tipo de adaptação editorial da unidade pré-marcana. Jesus, na verdade, não efetua um ritual de purificação, mas representa a simbólica destruição do Templo. A citação de Jeremias 7,11 ("esta casa [...] será porventura um covil de ladrões?") encaixa-se perfeitamente no que aconteceu, e a examinaremos mais adiante. Mas a citação anterior de Isaías 56,7 ("A minha Casa será chamada casa de oração para todos os povos") interrompe essa unidade e é, no contexto histórico do primeiro século, injustamente imprecisa. O Templo de Jerusalém era, de fato, casa de oração para todos os povos. A enorme Corte dos Gentios não era apenas ornamental, pois mostrava o grande número de pagãos que vinham de longe em peregrinação para visitar a monumental reconstrução de Herodes, chamada, adequadamente, de Terceiro Templo.

Eis, a seguir, breve comentário a respeito do título *Purificação*. Podia-se, naturalmente, no judaísmo, criticar o Templo por causa da ilegitimidade dinástica ou da colaboração que as famílias sumo-sacerdotais prestavam ao império. Da mesma forma, seria possível, também no judaísmo, não participar nas atividades programadas segundo seu calendário e culto, em forma de protesto. Se, por exemplo, os essênios de Qumrã tivessem controlado Jerusalém e o Templo, certamente teriam se empenhado em "purificá-lo" das impurezas rituais. Considerando tudo isso, sempre houve certa sombra antijudaica ou mesmo anti-semita na descrição da "purificação" do Templo por Jesus, principalmente quando dá ênfase no ato de virar "as mesas dos cambistas". Quando, portanto, lermos essas passagens, precisamos deixá-las entre aspas para indicar sua inexatidão.

De qualquer forma, Marcos 11,15-17 não descreve nenhuma purificação simbólica, mas sim a destruição simbólica do Templo. Tal conclusão mantém-se por causa da relação com a figueira, quando é amaldiçoada, antes, em 11,12-14 e depois encontrada morta em 11,20. Para Marcos, a destruição da figueira significava a destruição do Templo. Em seguida, a mesma coisa torna-se evidente, quando Jesus não apenas ataca os que trocavam a moeda corrente pelos siclos aceitos no santuário destinados a impostos e doações. Ele quis interromper todas as operações fiscais, sacrificiais e logísticas do Templo. Os termos "destruir" e "interromper" são, naturalmente, simbólicos e proféticos em vez de históricos e factuais. É claro, finalmente, a partir dos ditos de Jesus sobre "covil de ladrões" em forma de apêndice.

Reflitamos um pouco sobre essa frase. O termo "covil" (esconderijo ou espaço seguro) refere-se não ao lugar onde os larápios roubam, mas sim onde se refugiam depois de suas aventuras. É assim que se entende a expressão "covil de ladrões" na linguagem comum, bem como na citação de Jeremias 7,11. Esse contexto faz parte da tradição contínua das advertências proféticas contra os que separam o culto divino do Templo da justiça divina na terra. Como seria possível "oprimir o estrangeiro, o órfão e a viúva" contra a lei de Deus e tentar escapar refugiando-se no Templo de Deus? Como seria possível entrar-se nessa casa e dizer "Estamos salvos", para continuar cometendo estas abominações! Esta casa, onde o meu nome é invocado, será porventura um "covil de ladrões a vossos olhos?" (Jr 7,6.10-11). Quem ousa transformar o meu Templo em refúgio para a injustiça?

Nesse contexto profético e com a citação das escrituras, o ato de Jesus consuma a advertência de Deus sobre a destruição do Templo em Jeremias 7,14. Se continuardes a separar o culto divino sacrificial do Templo da justiça divina distributiva, "vou tratar a casa, onde meu Nome é invocado, e em que colocais a vossa confiança, o lugar que dei a vós e a vossos pais, como tratei [o antigo santuário de] Silo".

Desses dois incidentes perigosos, a *Entrada* e a *Purificação*, o último parece ser mais histórico do que parabólico. Por quê? Em primeiro lugar, porque há mais possibilidade de que João 2,13-17 tenha se baseado numa versão independente e não seja fruto de mero arranjo literário criativo, reinterpretação ou deslocamento. Em segundo lugar, por causa da versão independente do *Evangelho de Tomé* 71: "Jesus disse: 'Vou destruir [esta] casa, e ninguém será capaz de a reconstruir' [...]". Se, portanto, houve realmente um evento específico que justificasse a crucifixão de Jesus, este seria o mais recuperável. Em resumo, se as duas narrativas fossem históricas, teriam levado Jesus à execução pública para servir de advertência pascal. Se, pelo contrário, não passassem de parábolas, não teríamos como determinar o evento específico em Jerusalém responsável pela execução de Jesus. Mas, então, como notamos acima, sua visão e programa, a vida sempre representando o Reino de Deus, colocavam-no em deliberado choque contra o Reino de Roma, fosse na Galiléia sob

Antipas ou em Jerusalém sob Caifás e Pilatos. Mas esta discussão, não importando o que decidirmos, introduz a questão muito maior a respeito da historicidade do julgamento de Jesus.

A historicidade do julgamento de Jesus

Não estamos questionando o fato básico da crucifixão de Jesus sob Pôncio Pilatos (descrita por Tácito), nem a colaboração entre as mais altas autoridades judaicas e romanas para a consecução dessa morte (de acordo com Josefo), nem mesmo *certa* conjunção entre a morte de Jesus e a festa da Páscoa (segundo os evangelhos). Não há dúvida sobre a historicidade desses fatos. Por outro lado não estamos simplesmente perguntando se todos os pormenores de que se tem notícia sejam realmente verdadeiros. O que importa saber é se o julgamento aconteceu e se a execução se deu no nível mais baixo dos padrões estabelecidos pelos procedimentos de controle da multidão na Páscoa. Indagamos especificamente a respeito da historicidade dos elementos aparentemente incidentais que, juntos, teriam ajudado a forjar o anti-semitismo cristão através dos séculos.

O problema inclui: Praticava-se a anistia aberta por ocasião da Páscoa? Poderia "a multidão" anualmente conseguir a libertação de quem quisesse? Houve mesmo uma escolha entre Barrabás e Jesus? Queria Pilatos, realmente, libertar Jesus, considerando-o inocente? Teria procurado libertá-lo e, afinal, com relutância, o enviado às exigências contrárias das autoridades do sumo sacerdócio judaico e à multidão alvoroçada? A questão não se limita a considerar o caso drama constrangedor ou narrativa sensacional. Naturalmente, as duas coisas estão aí. Mas tampouco se trata de querer alimentar as análises biográficas da total insegurança política de Pilatos ou das tensões psicológicas por que passava. Naturalmente, também se pode proceder assim. Mas essas coisas realmente aconteceram? Trata-se de história? Por causa dos limites de espaço, vamos nos concentrar nos elementos centrais desse antigo cenário, a saber, a multidão e Barrabás, Jesus e Pilatos.

Rumor da multidão e escolha de Barrabás

Seria a anistia pascal aberta historicamente plausível? Certamente sim. Mas teria de fato acontecido? Não estamos nos referindo a libertações concedidas para assinalar a festa, concedidas pela vontade de algum governador tanto a criminosos de baixo nível, em geral, como a outros de classes mais privilegiadas. Queremos saber é se a anistia pascal, aberta aos que a solicitassem, era costume corrente em qualquer lugar e, especialmente, na Judéia de Pilatos.

Ao escrever seu ataque contra o governador do Egito, Flaccus, o filósofo judeu Fílon de Alexandria descreveu o que os governadores normais poderiam fazer em ocasiões festivas a favor de pessoas condenadas. Uma vez que "o caráter sagrado do festival tinha que ser considerado", o bom governante deveria adiar a crucifixão do condenado sem, no entanto, redimi-lo. Por exemplo, "entre todos os governantes que dirigem qualquer Estado segundo princípios constitucionais e que não querem se arriscar com atos de audácia e que ao mesmo tempo querem honrar seus benfeitores, costuma-se não punir ninguém, mesmo dentre os legalmente condenados, até que o festival ou a assembléia em honra do aniversário do ilustre imperador tenha passado". Esse é seu melhor exemplo do que os governantes fazem em geral quando "o próprio tempo dava, se não perdão completo, ainda em todos os eventos, a breve e temporária pausa para a punição" (*Contra Flaccus* 81-84). Fílon imagina a aplicação temporária da anistia em vez da plena ou aberta.

Resta a questão sobre a multidão pedindo, aos gritos, a execução de Jesus. Por enquanto, concedamos que havia anistia aberta na Páscoa e que o governador era decente. Mas por que a multidão pedia, aos brados, a crucifixão? Que tinha ela contra Jesus? Que teria feito Jesus contra ela? Observemos, a seguir, o desenrolar dessa história de uma fonte para outra no período de sua transmissão.

A narrativa mais antiga, de Marcos 15,6-8, descreve a chegada da multidão da seguinte maneira: "Por ocasião da Festa, ele lhes soltava um preso que pedissem. Ora, havia um chamado Barrabás, preso com outros amotinadores que, num motim, haviam cometido um homicídio. A multidão, tendo subido, começou a pedir que lhes fizesse como sempre tinha feito". O povo tinha vindo, em outras palavras, *por causa* de Barrabás e não *contra* Jesus. Mas Pilatos procura libertar Jesus em vez disso, e daí por diante, instigada pelos sumos sacerdotes, a multidão insiste que Jesus seja crucificado (e Barrabás, solto). A reunião do povo *em favor de* Barrabás só é contada em Marcos. Ele é mencionado em primeiro lugar e Jesus, apenas mais tarde.

Quando Mateus reescreve a fonte de Marcos, a "multidão" de 27,15 aumenta para "as multidões" de 27,20 e se torna em "todo o povo" em 27,25. Não nos diz que essa gente se havia reunido por causa de Barrabás, mas que, ao chegar, Pilatos pede que o povo faça a escolha: "Como estivessem reunidos, Pilatos lhes disse: 'Quem quereis que vos solte, Barrabás ou Jesus, que chamam de Messias?'". Então, insuflados pelos sacerdotes, fizeram a escolha. Neste trecho, Barrabás e Jesus são mencionados juntos, nessa ordem.

Lucas, ao reescrever Marcos, adota mudança semelhante. Em 23,13-18 Pilatos declara a inocência de Jesus aos "chefes dos sacerdotes, os chefes e o povo", mas todos gritam ao mesmo tempo: "Morra este homem! Solta-nos Barrabás!". Nada menciona a respeito de uma "multidão" que teria vindo a Pilatos para soltar Barrabás. Jesus é rejeitado mesmo antes do pedido para libertar Barrabás. Neste trecho, Jesus ("este homem") e Barrabás são mencionados juntos, nessa ordem.

Finalmente, em João 18,38-40, a multidão transforma-se nos "judeus" que não vêm até Pilatos para interceder por Barrabás, mas o governador pergunta: "É costume entre vós que eu vos solte um preso, na Páscoa. Quereis que vos solte o rei dos judeus?". Eles gritam em resposta: "'Este não, mas Barrabás!' Barrabás era um bandido". Jesus é oferecido por Pilatos e rejeitado pelos "judeus" em favor de Barrabás, que apenas aparece nesse ponto. Neste caso, Jesus é mencionado em primeiro lugar, Barrabás, depois.

Ao longo desses textos, por meio desses níveis da terceira camada desde Marcos até João, vai havendo uma espécie de escalada. Vai, primeiramente, da "multidão" para "as multidões", "todo o povo" para terminar nos "judeus". A cena move-se de uma situação compreensível, quando a multidão vem para libertar Barrabás, contrariando qualquer propósito que Pilatos tivesse para soltar Jesus, e chega à situação incompreensível, em que o povo se manifesta contra Jesus e em favor de Barrabás.

A compreensão desse processo duplo é vital para decidirmos qual história teria vindo da primeira camada do primeiro nível do tempo do Jesus histórico ou se fora criada pelo histórico Marcos para o primeiro nível da terceira camada. Relembremos que os evangelistas escreveram evangelhos e não história nem biografia ou jornalismo. Evangelho quer dizer boa-nova, e boa-nova, para continuar sendo boa para novos ouvintes ou leitores, precisa ser atualizada e tornada sempre relevante a novos lugares, tempos, experiências e comunidades. Essa é a lógica, por exemplo, que determina como escritores posteriores modificam e adaptam deliberadamente a fonte de Marcos, mudando e adaptando as próprias palavras e feitos de Jesus registrados por ele. Assim, à medida que os judeo-cristãos iam sendo cada vez mais marginalizados no meio de seu próprio povo na experiência dos autores do evangelho, assim também crescia a animosidade contra Jesus, expressa, então, na maneira como representavam sua execução no passado. Daí a escalada que acabamos de mencionar. Resulta de *atualização* da narrativa, com o objetivo de encaixar a história do passado na presente realidade. Quem são, neste momento, nossos amigos e inimigos? Aqueles, pois, eram os amigos e os inimigos de Jesus na época de sua execução. Se o autor do evangelho de João e sua comunidade experimentavam "os judeus" (os "outros" judeus com exceção de nós, os bons) como inimigos, nada mais natural do que projetá-los no passado como inimigos de Jesus. Mas, finalmente, se o método da *atualização* é o princípio básico da narrativa evangélica, teria sido a de Marcos adaptação ou criação? De novo a pergunta: Seria história da primeira camada ou parábola da terceira camada do primeiro nível?

Marcos escreve logo depois do confronto da grande revolta de 66-74 e especialmente da destruição de Jerusalém e do Templo em 70 d.C. Relembremos dos capítulos anteriores os inúmeros bandos de rebeldes (lutadores pela liberdade ou guerrilheiros revoltados) encurralados dentro dos muros protetores da cidade em face do avanço das tropas de Vespasiano. Criaram, então, a coalizão pouco organizada conhecida tecnicamente como zelotes. O Barrabás de Marcos era exatamente como um deles, um rebelde usando violência contra o controle imperial romano. Marcos confronta a cidade arruinada com a escolha fatal que fizera do salvador errado, o "filho do pai". Vocês enganaram-se, diz Marcos, entregando-se ao violento Barrabás em vez de ter escolhido o não violento Jesus. Esse foi o seu terrível erro, clama Marcos. A escolha entre Barrabás e Jesus é parábola, não história, mas é, segundo a intenção de Marcos, uma parábola do passado sobre a história recente de Jerusalém.

Relutância de Pilatos e inocência de Jesus

E se Pilatos, de fato, fosse puro, decente e justo, e se encontrasse enredado entre a ética interior e a política externa, vacilando entre a consciência privada e a pressão pública? Não estamos apenas nos referindo ao infame (e famoso) contraste descrito apenas por Mateus: "Vendo Pilatos que nada conseguia, mas, ao contrário, a desordem aumentava, pegou água e, lavando as mãos, na presença da multidão, disse: 'Estou inocente desse sangue. A responsabilidade é vossa'. A isso todo o povo respondeu: 'O seu sangue caia sobre nós e sobre nossos filhos'" (27,24-25). Formal, oficial e ritualmente, esse gesto transfere a responsabilidade pela execução das mãos romanas para as judias. Trata-se, claramente, de adição mateana à fonte marcana, mas apenas acentua o que a história da paixão sublinha: o relutante Pilatos, que reconhece a inocência de Jesus, fora forçado, por várias razões, a se render diante dos pedidos de execução.

Há governantes do começo do primeiro século dos quais sabemos apenas os nomes e de outros somente comentários de passagem. Mas conhecemos Pilatos por meio de duas fontes judaicas da época, Fílon e Josefo. E o que mais criticam nele é sua atitude perante condenações injustas e sobre as multidões de protestadores.

Fílon o descreve como "um homem de disposição muito inflexível, sem misericórdia e obstinado", reprova "sua corrupção e seus atos insolentes, seus roubos, os hábitos de insultar o povo, a crueldade e os constantes assassinatos do povo sem julgamento e sem sentenças de condenação, bem como sua terrível desumanidade incessante e gratuita", para resumir dizendo que era "sempre um homem de paixões ferozes" (*Embaixada a Caio* 301-303). Mesmo se tudo isso não passe de retórica, foi Pilatos que ele escolheu como alvo, retratando-o como a personificação do mau governo.

Como ainda nos lembramos do capítulo 4, Josefo contou que levando os estandartes imperiais para dentro dos muros de Jerusalém, Pilatos retrocedeu em face da multidão desarmada, que protestava esperando o martírio. Mas em ocasião posterior, quando o povo tentou a mesma estratégia, Pilatos infiltrou soldados sem uniforme em seu meio e começou a luta de tal maneira que "grande número de judeus pereceu, alguns em conseqüência dos golpes recebidos e outros na batalha que se seguiu. Amedrontada pelo destino das vítimas, a multidão reduziu-se ao silêncio" (*Guerra judaica* 2.177; *Antiguidades judaicas* 18.62). Pilatos, naturalmente, acabou sendo demitido de seu ofício por seu superior imediato, o governador da Síria, Vitélio, e chamado para explicar o "assassinato das vítimas" de outra multidão, desta vez samaritana (*Antiguidades judaicas* 18.88). Pilatos não foi santo nem monstro. Tudo o que sabemos a seu respeito torna a história dos evangelhos implausível como fato.

Casualmente, como parte da restauração de Vitélio, depois de Pilatos, os impostos de Jerusalém foram abolidos, as vestes dos sumos sacerdotes passaram a ser controladas pelos sacerdotes e Caifás foi deposto de seu cargo. Pressupõe-se que essas mudanças foram aprovadas por todos, posto que Vitélio foi "recebido magnificamente" na festa da Páscoa em Jerusalém. Caifás e Pilatos, aparentemente, subiram e caíram juntos.

Retomamos agora a pergunta anterior sobre as origens desse cenário. Trata-se da primeira e original camada de Jesus ou da terceira camada do primeiro nível de Marcos? E se tivesse sido criação de Marcos, qual seria o propósito? A resposta comum é que Marcos e os outros evangelistas estavam jogando as cartas romanas. Eles sabiam que Jesus fora crucificado por Pôncio Pilatos mesmo se com certa colaboração dos sumos sacerdotes. Mas, segundo essa explicação, teriam transferido a responsabilidade dos ombros dos romanos para os dos judeus criando uma multidão barulhenta mas sob controle sacerdotal, e um Pilatos que sabia da inocência de Jesus mas desistira de agir para evitar o pior. Tudo isso para tornar seu movimento mais palatável ao poder imperial, escondendo o fato de que seus participantes eram seguidores de um criminoso condenado.

Mas há uma explicação melhor do que essa. A camada na qual a responsabilidade romana diminui e acaba passando para o lado dos judeus de Jerusalém teria se originado depois da primeira e antes da terceira. Segundo nossa interpretação, a história básica da paixão teria sido criada nos primeiros anos da década de 40 numa situação muito especial. Em primeiro lugar, os romanos não mais controlavam diretamente o território judaico por meio de um governador imperial. Em segundo lugar, o monarca judaico Herodes Agripa I chamava-se "Rei dos Judeus", título que ninguém ostentara desde a morte de Herodes, o Grande. Em terceiro lugar, Agripa havia instituído um sumo sacerdote da casa de Anás. Em quarto lugar, nada disso foi bem recebido pelo grupo dissidente dos judeo-cristãos. Josefo conta que Agripa "gostava de estar presente em Jerusalém e o fazia constantemente; e observava escrupulosamente as tradições de seu povo. Não deixava de participar nos ritos de purificação e não deixava nenhum dia passar sem a oferenda do sacrifício" (*Antiguidades judaicas* 19.331). O livro de Atos dos Apóstolos relata que Agripa "naquele mesmo tempo começou [...] a maltratar alguns membros da Igreja. Mandou matar à espada Tiago, irmão de João. Vendo que isto agradava aos judeus, mandou prender também a Pedro" (12,1-3).

Pensemos primeiramente numa história da paixão criada nesse contexto. Os romanos pareciam muito bons porque seria mais seguro para os judeo-cristãos tê-los no poder em vez de Agripa. Seus inimigos implacáveis pertenciam às autoridades sumo-sacerdotais (principalmente da casa de Anás), e os habitantes de Jerusalém pareciam apoiar Agripa. O que determinava no início dos anos 40 os amigos e inimigos de Jesus na história da paixão era essa atualização contemporânea. Não é que se quisesse falsear o poder romano nem deliberadamente contar mentiras sobre Pilatos. A história teria sido criada para refletir com precisão a situação dos judeo-cristãos no novo e perigoso contexto da Jerusalém dos anos 40, dando-lhes certo alívio. Tratava-se, pois, de parábola e não de história. Era evangelho e não reportagem jornalística. Na introdução deste livro, a segunda das dez "descobertas" exegéticas mais importantes nas escavações a respeito de Jesus mostra que a história mais antiga da paixão encontrava-se em fragmentos do chamado *Evangelho de Pedro*. Nessa antiga história da paixão Pilatos nada tem a ver com a crucifixão. Quem se envolve com ela é um certo Herodes não identificado, e percebe-se séria divisão entre as autoridades dos judeus e "o povo dos judeus" a respeito da crucifixão e da ressurreição de Jesus. Trata, naturalmente, não de história factual mas sim de sonho fictício, do início e não do final do primeiro século.

35. Fragmento do *Evangelho de Pedro*
(© Sociedade Egípcia de Exploração; fotografia gentilmente cedida pelo Museu Ashmolean, Oxford)

Todos esses elementos indicam quanto mais precisamos ainda fazer para entender a intenção, esclarecer a situação e, a partir daí, avaliar a historicidade das narrativas da paixão. Não importando a maneira como explicamos suas origens, sabemos que carregam pesado fardo de responsabilidade para incentivar diretamente o antijudaísmo cristão e, indiretamente, o anti-semitismo racial. Pensemos, por exemplo, no auto da Paixão de Oberammergau, que representa dramaticamente a execução de Jesus na pequena cidade bávara desse nome, em ação de graças pela superação da peste. Esse drama tem sido representado desde 1634 sempre no décimo verão setentrional da década — com algumas omissões necessárias, como em 1940, e em outras ocasiões especiais, como em 1934. No dia 5 de julho de 1942, Adolf Hitler, que havia visto a Paixão de Oberammergau duas vezes, em agosto de 1930 e no mesmo mês em 1934, concluiu:

> É vital que o auto da Paixão continue a ser apresentado em Oberammergau; pois nunca a ameaça judaica tem sido tão convincentemente retratada como nesta encenação, mostrando o que aconteceu no tempo dos romanos. Nela vemos o romano Pôncio Pilatos tão racial e intelectualmente superior, que sua figura se impõe como rocha firme e límpida no meio do lixo e do lodo dos judeus.

Mesmo não levando em consideração a linguagem preconceituosa de Hitler, será verdadeiro o contraste jurídico? Teria existido mesmo esse Pilatos favorável à inocência e à justiça contra a implacável oposição judaica? Na verdade, do ponto de vista romano de Pilatos, poderia Jesus ser realmente considerado completamente inocente e acusado injustamente?

Mesmo se tudo o que lemos nos evangelhos a respeito desse julgamento tivesse acontecido exatamente assim, não seria válido estender a responsabilidade para todos os judeus de todos os tempos por causa de Caifás, e a todos os italianos também de todas as épocas por causa de Pilatos. Mas, repetindo o que dissemos no início deste capítulo, deixando de lado a cortesia ecumênica ou até mesmo a sensibilidade pós-holocausto, permanece ainda a questão da exatidão histórica. Qual poderá ser nossa melhor reconstrução do que aconteceu nesse distante passado em Jerusalém entre a beleza e a ambigüidade da festa judaica sob o poder romano?

Capítulo 7

COMO ENTERRAR UM REI

Dois temas, neste capítulo, interagem entre si. O primeiro refere-se aos sepulcros aristocráticos. Túmulos e tumbas, sepulcros e mausoléus, rituais e práticas fúnebres traduzem o que se crê a respeito da morte e depois dela. Mas, como nos relembram os antropólogos, os monumentos para os mortos são também criptogramas da vida social presente. Os arqueólogos têm descoberto grande variedade de túmulos judaicos do primeiro século que não só indicam atitudes sobre a vida depois da morte, mas também acentuam como esses mortos se situavam na sociedade. Na morte, talvez mais do que na vida, a arquitetura funerária e as demonstrações de luxo marcam o *status* do morto na sociedade, estabelecendo distinções entre abastados e pobres, governadores e súditos. Mas como se enterram o imperador, o rei e o sumo sacerdote? Como se preparam as pessoas para seus funerais? Examinaremos não só o que dizem a respeito de suas crenças no mundo vindouro, mas também no que esses monumentos revelam a respeito de seus reinos e domínios. Como se preparavam para a morte e de que maneira gostariam de ser lembrados? Se fôssemos governadores e tivéssemos que preparar nossos próprios funerais, que gostaríamos de anunciar sobre nosso reino?

O outro tema trata do sepulcro de Jesus. Jerusalém, cidade de santidade e paz, era também lugar de luta e divisão. Há divergências entre diversos grupos cristãos a respeito do lugar do sepultamento de Jesus, inclusive no interior da própria Igreja do Santo Sepulcro. O grande santuário, construído e reconstruído desde a primeira quarta parte do quarto século, é o centro espiritual do cristianismo. Contudo, em primeiro lugar, nem o catolicismo anglicano ou o cristianismo protestante têm lugar especial no cenotáfio de Cristo. As lutas que dividem o território de mármore da igreja vêm de períodos anteriores à triste história da divisão dos cristãos. Os seguintes grupos repartiram o espaço da igreja entre si e continuam lutando, às vezes vergonhosamente, outras, com mais seriedade, para defender seu pedaço: católicos latinos, greco-ortodoxos, coptas, armênios e sírios jacobitas. Finalmente, o que mais chama a atenção não é que tenham coberto o túmulo de Jesus com mármore e discutido sobre seu controle. O mais intrigante é o nome do lugar: Igreja do Santo Sepulcro. Se esse foi realmente o lugar do sepultamento de Jesus depois de ser retirado da cruz pela ação humana, foi também onde ressuscitou dos mortos pelo poder divino. O primeiro momento presta-se a debate histórico, mas o segundo pertence ao domínio da fé. Trata-se, na verdade, do centro da fé cristã. Apesar disso, a igreja continua a ser chamada de Santo Sepulcro e não da Bendita Ressurreição. Não se encontra aí o mais desconcertante elemento desse sagrado santuário do cristianismo? Parece que sabemos como se enterram o rei, o imperador e o sacerdote e como o túmulo deve ser adornado. Mas como sepultar um criminoso crucificado e celebrar sua ressurreição? Que tipo de lugar, tumba ou santuário cumpriria esse propósito?

O magnífico mausoléu de Augusto

Logo depois da vitória militar sobre Marco Antônio e Cleópatra em 31 a.C., Otávio, que seria Augusto, mandou construir seu mausoléu romano. Tendo visitado o túmulo de Alexandre, o Grande, em Alexandria e antecipando a adoção em Roma do estilo helênico do reinado divino, Augusto mandou erguer um mausoléu que copiava no nome e na forma uma das sete maravilhas do mundo, a tumba de Mausolo em Halicarnasso na Ásia Menor. Mas quarenta anos antes de sua morte não estava preocupado com a vida do além-túmulo nem com a preparação de sua alma para a eternidade. No começo de seu reinado, o mausoléu anunciava aos contemporâneos o significado de imperador e império, de César e reino. O monumento articulava três temas relacionados com o aqui e agora.

Em primeiro lugar, como era de esperar, o mausoléu situava Augusto no pináculo da pirâmide social. Nenhuma família romana nem indivíduo algum possuía túmulo tão magnífico. A construção começou no Campus Martius, localizado então nos limites da cidade onde diversos romanos ilustres eram sepultados. Ao longo da vida, Augusto desenvolveu obras do sul para o norte, ligando o mausoléu à cidade de tal modo que ao final de sua vida salientava-se no cenário urbano e podia ser facilmente visitado. Melhorou a via principal que passava pela tumba na direção da saída norte de Roma com estruturas cívicas para diversões públicas, beneficiando a região. Entre elas destacavam-se os magníficos balneários públicos de seu genro Agripa, o deslumbrante santuário dos deuses e deusas (Panteão) e, especialmente, o Altar da Paz (*Ara Pacis*) para celebrar a Paz Romana (*Pax Romana*) que ele trouxera ao império.

Augusto era suficientemente cauteloso para não violar diretamente a tradição romana construindo o mausoléu dentro do perímetro urbano da cidade, mas meticulosamente e com firmeza expandiu-a até o local do monumento fúnebre. Elevou-se ao nível da divindade, ao situar o mausoléu perto do Panteão, igualmente redondo e revestido de mármore como templo aos deuses. O túmulo de Augusto não pretendia ser apenas uma cripta para enterrar um cadáver, embora isso fosse importante, mas memorial público semelhante a um templo para homenagear o governador divino e coroá-lo — mesmo depois de morto — como o ápice da sociedade romana.

Em segundo lugar, e intimamente relacionado com o que dissemos acima, Augusto mandou fazer uma fachada espetacular de proporções monumentais. Como já observamos, parecia-se com o famoso Mausoléu de Halicarnasso na forma e no tamanho. Como aquele antigo túmulo, era uma rotunda, elevando-se em círculos concêntricos, integrando jardim e rocha em forma de monte, semelhante a elevações tradicionais etruscas ao redor de Roma usadas para funerais. A parte externa do cilindro media cerca de 300 pés de diâmetro e 25 de altura, construída internamente de tijolos e concreto, mas coberta externamente de esplêndido mármore travertino que o geógrafo Estrabão descreveu como "sublime edifício de mármore branco". Do lado de dentro e acima do cilindro externo, ciprestes e outras árvores cresciam no solo protuberante de onde se elevava um cone também cilíndrico de 150 pés. Uma grande estátua de Augusto, em bronze, completava, no topo, o monumento. No interior, corredores cercados de colunas e diversas câmaras concêntricas levavam à câmara mortuária onde uma urna conservava as cinzas de Augusto.

Em terceiro lugar, e talvez mais obviamente, o mausoléu de Augusto imortalizava em Roma seu legado e sua dinastia. O mausoléu era não apenas seu lugar de repouso final, mas também de sua família e dos descendentes — pressupunha a continuação de seu reinado por meio da sucessão dinástica depois de sua morte. As tumbas de famílias eram o grande ideal do Mediterrâneo. Esperava-se descansar na morte ao lado dos ancestrais e ser relembrado aí pelos descendentes. O sobrinho de Augusto foi o primeiro a ser enterrado nesse lugar em 23 a.C., e as cinzas de outros cinco também foram depositadas no monumento antes das de Augusto no ano 14 d.C. Depois dele, e sem contar outros que vieram mais tarde, seguiram-se três júlio-claudianos: Tibério, Calígula e Cláudio. O privilégio do sepultamento nesse lugar foi negado deliberadamente a certos membros da família, excluídos até na morte e banidos da cripta, como, por exemplo, a filha de Augusto, Júlia, e o imperador Nero.

Ao lado de sua família, Augusto deixou gravado o seu legado por meio das chamadas *Res Gestae Divi Augustii*, as "Conquistas do Divino Augusto", dentro do túmulo. A entrada do mausoléu foi cercada por dois obeliscos de granito de estilo egípcio, e em duas pilastras dentro do portão sua autobiografia (*Res Gestae*) escrita aos sessenta e seis anos de idade foi gravada em tábuas de bronze. Embora esses documentos romanos originais tenham se perdido, cópias foram encontradas no Templo de Roma e Augusto em Ancira, ao norte da Galácia, agora Ancara na Turquia central. Hoje, a *Ara Pacis Augustae*, mencionada antes, foi reconstruída e recolocada ao lado do mausoléu, e as *Res Gestae*, inscritas ao redor da base externa do altar.

De que maneira queria Augusto que seu reino e governo fossem lembrados? Devemos ler o que ele mesmo escreveu sobre o que fizera. Exaltava as vitórias militares, o estabelecimento da lei e da ordem, e sua benevolência. As muitas guerras e batalhas, violentas e sangrentas, são justificadas pela pacificação dos mares, estabilidade no império e estabelecimento da paz em todos os lugares: "Na qualidade de vencedor, concedi perdão aos cidadãos que o pediram. As nações estrangeiras — as

36. Mausoléu de Augusto em Roma

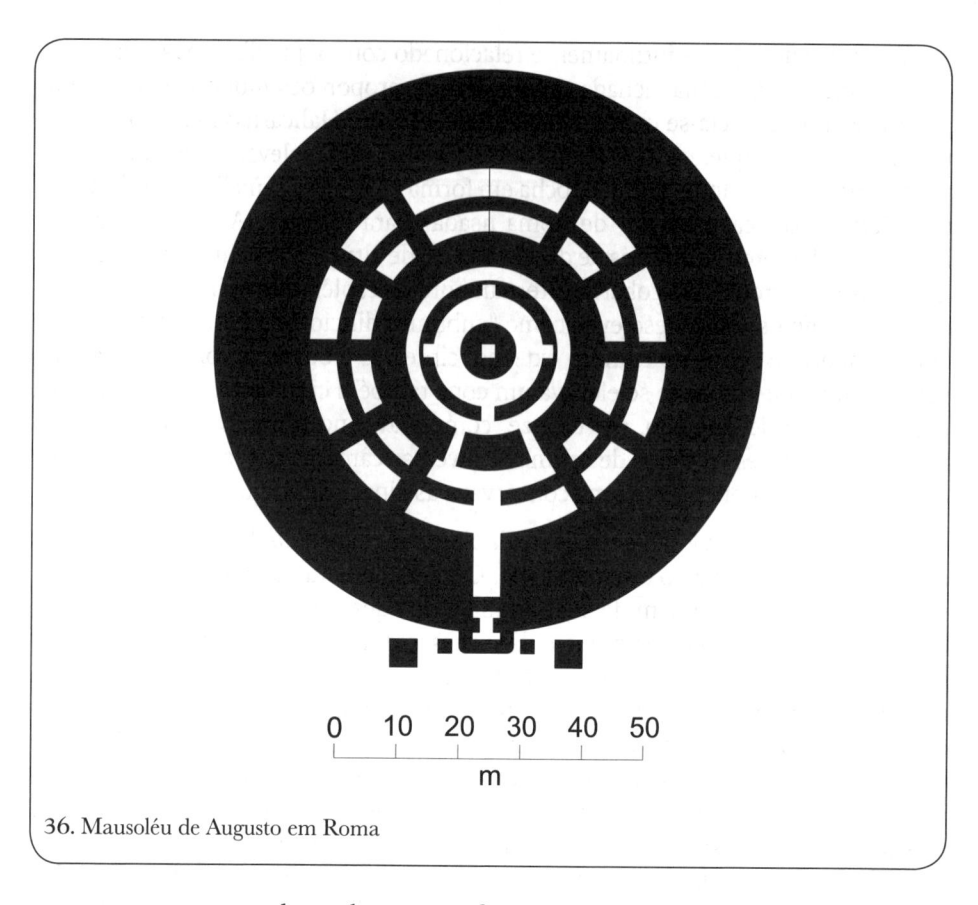

que com segurança pude perdoar —, preferi preservar do que matar". Seu senso de lei incluía três recenseamentos: o primeiro contava 4.063.000 cidadãos romanos, seguido por 4.233.000 e 4.937.000 no terceiro. Manteve a ordem e praticou a justiça reprimindo a revolta dos escravos, dizendo que dos "fugitivos de seus senhores [...] que haviam pegado em armas, eu capturei 30.000 devolvendo-os a seus proprietários para punição". Mas não conta que os recenseamentos facilitavam a cobrança de impostos e que os escravos foram crucificados como inimigos da ordem romana. As tábuas de bronze também louvam sua benevolência e patrocínio: distribuía aos pobres de Roma presentes em dinheiro. Em cerca ocasião chegou a "dar 240 sestércios [quantia equivalente a dois meses de trabalho] para cada homem, chegando a 320.000 membros das plebes urbanas". Além disso patrocinou jogos de gladiadores e a construção de inumeráveis templos em Roma e outros lugares. Mas não dizia, naturalmente, que os subsídios do governo significavam controle da multidão nem que os presentes vinham das pilhagens em outras terras ou que suas estátuas eram introduzidas em templos imperiais nos territórios subjugados.

Suas conquistas, em suas próprias palavras, eram inscritas permanentemente em bronze e afixadas na entrada de seu monumental e esplêndido mausoléu. O imperador queria que as gerações futuras entendessem seu legado corretamente, isto é, como ele escrevia, buscando controlar o futuro mesmo depois de morto. Era assim que se enterrava um rei.

A tumba de Herodes no deserto

Imitando o patrono Augusto, depois dele, Herodes, o Grande, também construiu seu mausoléu bem antes de sua morte. Não queria simplesmente copiar Augusto, mas trazia as marcas do empreendimento da construção de seu reino. Tratava-se de miniatura romana, com toques judaicos, resultando na síntese final herodiana bastante original. Em todos os sentidos, o sepulcro referia-se à vida além-túmulo e ao mesmo tempo impunha-se como fortaleza para proteger a vida neste mundo, lugar de prazer para celebrações e sinal para Jerusalém de quem comandava a sociedade do alto do pináculo.

Como vimos antes, Herodes, o Grande, dava nomes aos projetos de construção, desde Cesaréia à baía de Sebastos, da cidade de Sebaste à fortaleza Antônia de Jerusalém, para honrar o poder de Roma e sua força protetora. Também designava lugares com nomes de membros de sua família — cidade de Antipatris, relembrando o pai, fortaleza Cypros, homenageando a mãe, e a torre Fasaelis, em Jerusalém, dedicada ao irmão. Mas dedicou a si mesmo o Herodiano. Josefo conta que construiu-o como sua sepultura no mesmo local onde no deserto da Judéia, 8 milhas ao sul de Jerusalém, lutara contra os partos e os soldados asmonianos, seus rivais, quando fugiam para a Arábia em 40 a.C. Ao escapar com sua família de Masada, buscando ajuda dos nabateus, foi atacado por seu adversário Antígono e, ainda segundo Josefo, "esmagou-o como se não estivesse encontrando dificuldades e estivesse excelentemente preparado para a guerra com vantagem. Mais tarde, quando se tornou rei, construiu nesse local um palácio maravilhoso" (*Antiguidades judaicas* 14.359-360).

O Herodiano era um complexo com duas partes, o palácio-fortaleza no alto da colina e o palácio-jardim-piscina na planície. Combinando os temas de seus outros projetos, este presta tributo à sua personalidade e às construções de seu reino. Dominava e conquistava a topografia, de um lado, construindo elevações artificiais no terreno para sua fortaleza rotunda, modelada como "se fosse um seio", nas palavras de Josefo. De outro lado, aplainou a área ao norte criando um platô para o palácio-jardim-piscina. E, naturalmente, mandou fazer um aqueduto para transformar o deserto em oásis. A fortaleza no alto da colina fez do Herodiano um ponto de referência ressaltando a importância de Herodes. Ao construir o monte artificial não só oferecia aos visitantes a bela vista panorâmica mas também tornava o monumento visível para quem estava em Jerusalém. Josefo afirma que ele queria que "todos vissem" seu memorial. Mandou até mesmo desmanchar uma colina do lado leste para facilitar a identificação do palácio ao longe, dando a impressão de que era mais alto do que na realidade.

A visibilidade era também acentuada pela forma e pela fachada da fortaleza. Era redonda, com duas paredes circulares, a interna medindo 175 pés de diâmetro e a de fora, com 200 pés. Possuía quatro torres, distribuídas nos pontos cardeais. A do leste, cilíndrica, salientava-se das demais. A forma redonda do Herodiano elevava-se sobre as colinas da Judéia e chamava a atenção principalmente pela fachada, que deveria ter sido polida como a do Monte do Templo ou, talvez, rebocada e lavada de branco. Embora Josefo descreva as escadarias "de mármore branco" subindo até a fortaleza, nenhum resquício delas foi encontrado pelo persistente e experiente arqueólogo Ehud Netzer, de Israel. Mesmo se Herodes não tivesse trazido mármore para o deserto e se Josefo não tivesse usado o termo técnico correto, o rei concluiu seu monumento com luminosa fachada.

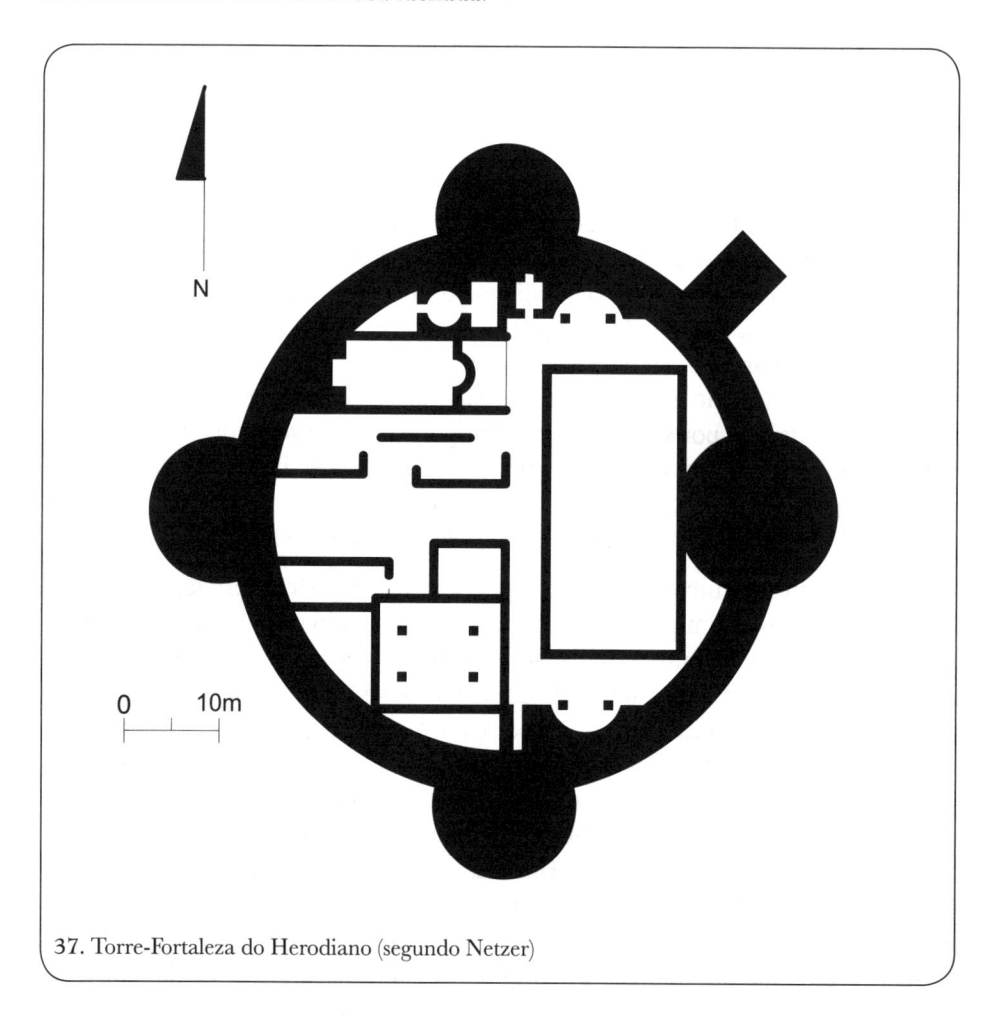

37. Torre-Fortaleza do Herodiano (segundo Netzer)

O mausoléu de Herodes copiava o de Augusto de diversas maneiras. Era redondo e muito visível com muitas plantas ao redor. Mas não copiou Augusto exuberantemente. Em vez disso, construiu o Herodiano em estilo próprio, adequado ao seu reino singular. Tipificava a carreira de Herodes. Não comemorava nenhuma grande vitória militar, mas a luta sangrenta por sobrevivência pessoal e política quando pedia ajuda romana em face da guerra civil. Embora o mausoléu fosse uma rotunda, precisava ser também uma fortaleza para protegê-lo de levantes populares e, talvez, por isso, tenha escolhido construí-lo, por motivos de segurança, longe das multidões de Jerusalém. Na verdade, o túmulo propriamente dito nunca foi achado; talvez nunca tivesse ocupado a parte superior da fortaleza, mas o complexo inferior, num edifício parecido com um mausoléu no final de longo corredor semelhante às câmaras mortuárias judaicas no Vale Kidron em Jerusalém, com telhados piramidais e cônicos. Mas ao redor, Herodes construiu piscinas e jardins com a vida deste mundo em sua mente. Finalmente, diferindo de Augusto, não foi enterrado com a família. Na verdade, muitos de seus parentes foram mortos por ele por ciúmes ou paranóia. Seus filhos não se uniram a ele na morte: Arquelau foi deposto de sua etnarquia e exilado na Gália, Antipas perdeu a tetrarquia e se exilou na Espanha enquanto Felipe acabou sepultado em seu próprio território ao norte.

Josefo registra que em seu leito de morte Herodes ordenou que, quando morresse, sua irmã mandasse matar muitos judeus eminentes que estavam presos, para que, pelo menos, fosse lamentado na morte deles. E disse: "Toda a Judéia e todas as famílias chorarão por mim, pois não poderão fazer outra coisa". A irmã não cumpriu a ordem, e seu filho Arquelau deu-lhe um funeral magnífico. O corpo de Herodes, o Grande, Rei dos Judeus, foi transportado num ataúde dourado ornamentado com pedras preciosas e coberto com um manto de púrpura real, acompanhado por parentes e mercenários da Trácia, Gália e Germânia até o Herodiano para as cerimônias fúnebres. Quinhentos servos encarregaram-se de levar perfumes. Estes, naturalmente, para abafar o cheiro da decomposição do cadáver. Era assim que se enterrava um rei.

O esplêndido ossuário de Caifás

Primeiro e segundo funerais. Contrariando a tradição romana da cremação, que era um dos costumes comuns ao lado do enterro do morto em sarcófago do tamanho dele, a tradição judaica proibia terminantemente a queima dos cadáveres. Em vez disso, as práticas funerárias judaicas incluíam a antiga tradição semita do segundo enterro, quando os ossos depois de um ano no túmulo eram exumados e preparados para novo sepultamento. O costume milenar consistia em depositar esses ossos com outros de familiares ou do grupo numa sepultura, parecida com um caixão, na câmara mortuária; daí o desejo bíblico expresso na frase "reunido com meus pais". Nos arredores de Jerusalém do primeiro século, os ossuários eram caixas, como já

38. Reconstrução do Herodiano (segundo Netzer)
Herodes, o Grande, Rei dos Judeus, construiu o complexo de seu monumental túmulo cerca de 8 milhas ao sul de Jerusalém no deserto da Judéia. Voltado para o Mar Morto (1) e a Jordânia moderna (2), o Herodiano era um memorial contendo ao mesmo tempo elementos de fortaleza e de palácio de recreio. A fortaleza elevada (3) sobre um monte artificial parecia-se com o mausoléu de César Augusto por causa da forma arredondada. Contudo, o túmulo de Herodes localizava-se num complexo mais abaixo na extremidade de um corredor (4) em estilo tradicional semita (5). O Herodiano oferecia ao rei segurança e diversão bem antes de sua morte, nos jardins (6), piscinas e gazebo (7), incluindo o palácio mais abaixo (8) e acomodações para os servos e hóspedes, transformando o deserto num elegante oásis de prazer.

comentamos no primeiro capítulo, feitas de pedra calcária ou argila como os vasos descritos no capítulo 5.

Nos dias de Jesus, os corpos na primeira fase do enterro passavam por um destes dois processos. Em geral, eram depositados em nichos fundos, chamados *kokhim*, medindo cerca de 6 pés cavados nas paredes com 1 ½ de largura sob um arco em cima. O segundo método consistia em colocar os corpos em grandes prateleiras talhadas nas paredes da câmara, chamadas *arcosolia*, medindo também 6 pés de comprimento por 2 de largura. Na segunda fase do sepultamento, ainda no primeiro século, os ossos passavam, em geral, para ossuários, que eram caixas com tampas quase sempre decoradas, de tamanho suficiente para conter o fêmur e outros ossos longos. Dos mil ossuários encontrados dessa época cerca de um quarto deles exibiam os nomes dos ocupantes. Muitos deles foram descobertos nos fundos dos *kokhim* ou em cima de camadas de *arcosolia*.

Por que a prática de ossuários desenvolveu-se nessa época e lugar, isto é, no primeiro século e ao redor de Jerusalém? É possível que o costume reflita a crença geral teológica na ressurreição do corpo entre alguns judeus, principalmente entre os fariseus. É também provável que o depósito de esqueletos em caixas discretas refletisse o alto sentido psicológico de individualismo da era helênica. Além disso, as pressões sociais e políticas sentidas pelos judeus vivendo sob o jugo romano poderiam ter afetado suas práticas funerárias. Assim como os vasos de pedra e os *miqwaoth* descritos no capítulo 5 podiam ser considerados marcas de identidade, e os ritos de purificação, formas de resistência, assim, também, conservar os ossos em ossuários poderia reforçar os limites sociais dos judeus depois da morte. Os ossuários não apenas distinguem claramente os sepultamentos judeus dos romanos, como também assinalam de maneira concreta a diferença e protegem os indivíduos mesmo depois de mortos das desordens do mundo lá fora. Mas é difícil forçar as evidências arqueológicas nessas direções. Por isso, ofereceremos, mais adiante, objeções a essas interpretações.

Talvez seja mais fácil perceber os modelos dominantes a respeito de ossuários nos arredores de Jerusalém durante e depois do reinado de Herodes, o Grande. Observemos os fatores socioeconômicos por detrás da adoção de ossuários. A atividade econômica emanada do reino comercial do reino de Herodes fez aumentar consideravelmente a população de Jerusalém, diminuindo o espaço destinado a sepultamentos. Não era fácil acrescentar novas câmaras mortuárias nas abarrotadas necrópoles existentes. Os ossuários economizavam espaço e podiam ser devolvidos aos antigos sepulcros.

Mais importante ainda é o fato de que o projeto do Templo de Herodes não apenas atraiu fundos para a cidade, mas também treinou um quadro de pedreiros profissionais. Em diversas tumbas, o abandono de esquifes e a adição de ossuários datam de uma ou duas décadas antes da era cristã, quando começou a construção do Templo. As decorações dos ossuários mais elegantes sempre com motivos geométricos e florais imitavam os da arquitetura do Templo, com predominância de rosetas. Além disso, inspiravam-se nos ornamentos do Templo como, por exemplo, colunas, colunatas e paredes com margens e saliências, bem como a da Mansão Palaciana, cujos elementos já examinamos no capítulo anterior. Havia duas inscrições ligadas ao Templo. Numa câmara mortuária muito elaborada e rica no Monte Scopus, foi achado um ossuário com a inscrição em grego "Nicanor de Alexandria, que fez os portões", provavelmente o mesmo doador dos fundos para a construção dos Portões de Nicanor no Templo, mencionado em fontes literárias. Outro espaço fúnebre mais modesto, encontrado em Givat Hamivtar, continha o ossuário de "Shimon, construtor do Templo", possivelmente um dos contramestres ou pedreiros empregados na obra.

Concluímos que o fenômeno dos ossuários só pode ser explicado por meio da crença ou da teologia. *Podem* refletir a crença comum na ressurreição, alto senso de individualismo, ou o desejo subconsciente de manutenção da identidade e de proteção na morte, mas seu uso tornou-se possível pela economia de Jerusalém, que imitava o Templo em construção, e pela existência de bem treinados pedreiros e escultores. Na verdade, eram mais usados pelas classes altas. Mas os mais simples não seriam caros — sabe-se por meio de inscrições da época que custariam, cada um, cerca de uma dracma e quatro óbolos, equivalente a um dia de trabalho de um operário especializado. O ossuário de Tiago não sugere gastos extraordinários em sua confecção. O que custava mais era o pedaço de terra para a câmara mortuária. Nem todos tinham recursos para construir uma câmara mortuária com cavidades para o primeiro sepultamento e ossuários para o segundo.

A seguir, breve comentário cauteloso sobre ossuários e o estilo helênico individualista: poucos ossuários encontrados continham os restos de um só indivíduo — a grande maioria abrigava diversos esqueletos. As inscrições atestam que o sepultamento dos membros da família era norma vigente judaica. Termos familiares afetuosos como o aramaico *Abba* ("papai") ou *Emma* ("mamãe") eram comumente rabiscados nos ossuários. De fato, a maioria dos nomes mostrava relações consangüíneas, não só pelo uso freqüente e óbvio do aramaico *bar* x ou "filho de x" indicando paternidade, mas de muitas outras relações como "esposa de," "pai de" ou "mãe de". Embora a fórmula do ossuário de Tiago — *akhui di*, "irmão de" — ocorra em apenas esse, mais freqüentemente os irmãos eram enterrados juntos e identificados com a inscrição mais genérica, "filhos de x"; há o caso de Mathai e Simão, irmãos e filhos de Yair, que foram enterrados juntos, embora a esposa de Mathai, Mariame, tenha sido sepultada noutro lugar. As covas anônimas com muitos sepultamentos acabaram sendo abandonadas, mas os ossuários não implicavam absoluta individualidade, uma vez que as pessoas mesmo mortas ainda se relacionavam com suas famílias e se reuniam nessas caixas de ossos.

O ossuário de Caifás. O lugar de descanso final de Caifás, sumo sacerdote que participou na crucifixão de Jesus, foi encontrado espetacularmente em novembro de 1990, por acidente, numa caverna de Jerusalém. Examinaremos seu ossuário e tumba com pormenores não porque esteja ligado à figura central dos evangelhos mas porque representa tipicamente os funerais das classes altas na Jerusalém do primeiro século.

A tumba foi descoberta durante as obras de construção de um parque e estrada na Floresta da Paz ao sul da cidade antiga de Jerusalém, em frente ao Monte Sião. O escavador principal, Zvi Greenhut, e o antropólogo Joseph Zias não puderam completar o exame do conteúdo da caixa porque judeus ultra-ortodoxos protestaram e fizeram pressão para que o ossuário fosse novamente selado e entregue ao Ministério dos Assuntos Exteriores para re-sepultamento no Monte das Oliveiras. Mas, de qualquer forma, os escavadores de então não haviam sido os primeiros a abrir o ossuário. Em algum momento da Antiguidade, ladrões de túmulos roubaram do ossuário o que lhes pareceu de valor, e os operários da construção moderna também mexeram em alguns deles, deixando apenas dois dos doze ossuários intocados e em seu lugar original. Os demais foram quebrados e espalhados pelo terreno.

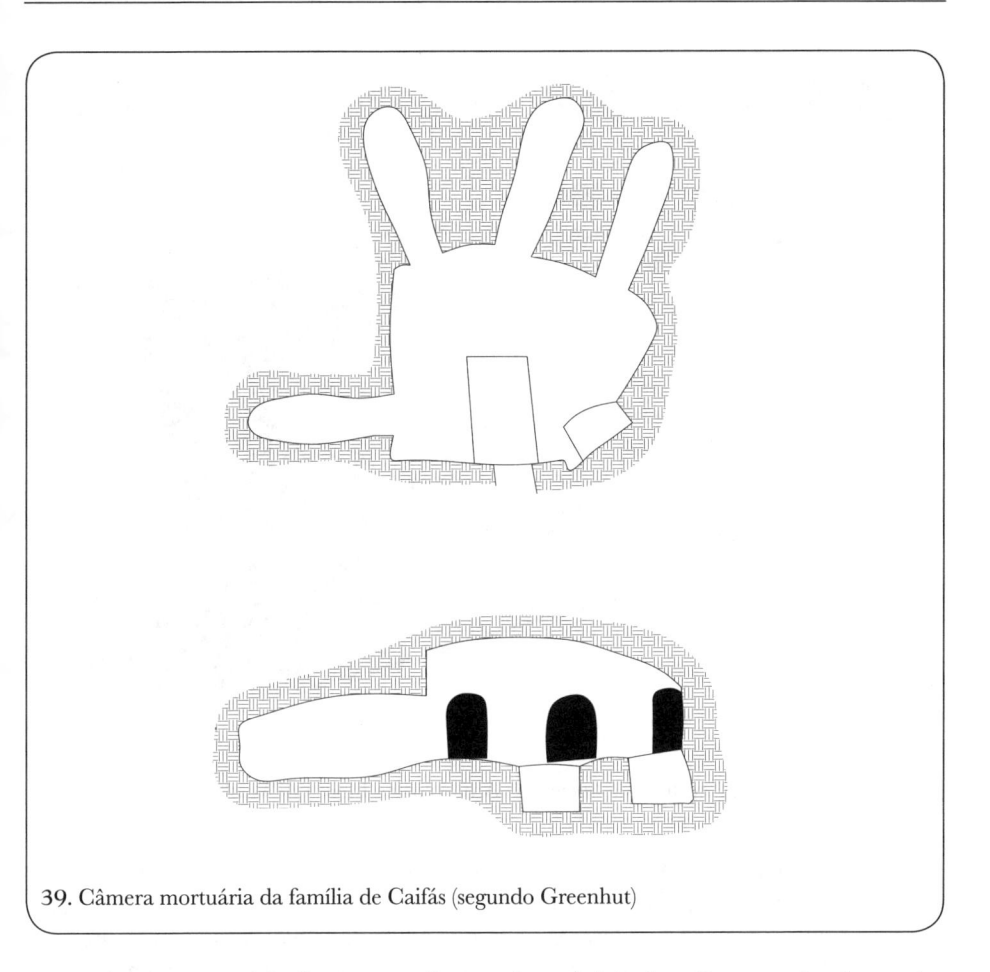

39. Câmera mortuária da família de Caifás (segundo Greenhut)

A câmara mortuária fora recortada na pedra calcária da colina no primeiro período romano, e quatro *kokhim* relembrando formas de dedos estendiam-se a partir da câmara. Ela havia sido recortada rudemente na rocha em desintegração com exceção de dois lados, trabalhados com cuidado. A abertura estreita retangular forçava os visitantes a se abaixar quando entravam, mas, lá dentro, fora recortado também um espaço para estar, sob o teto acima de 5 1/5 pés. No canto leste situava-se uma cova para depósito, semelhante às que recebiam cadáveres. Os quatro *kokhim* avançavam na rocha cerca de 6 pés; apenas num compartimento havia dois ossuários intocados, sendo um deles o do sumo sacerdote Caifás.

Em geral, os ossuários, muito decorados, continham inscrições com nomes tipicamente judaicos e ornamentos profissionais e bem executados. O ossuário com o nome de Yehosef bar Caiapha era de beleza excepcional, o mais belo dentre os outros, e até mesmo um dos mais formosos até agora encontrados. Excedia, em todas as maneiras, o ossuário simples e levemente trapezóide de Tiago com sua roseta rudemente desenhada e quase apagada. A parte da frente vinha emoldurada

40. Ossuário de Tiago (cortesia da Sociedade Arqueológica Bíblica de Washington, DC)

por figuras de palmas, dos lados e em cima, com dois círculos no painel principal, formando seis rosetas cada um. Muito delicadas, combinavam pétalas e rodas giratórias, pintadas, às vezes, de laranja. A tampa abobadada e decorada na frente com molduras desenhadas em ziguezague havia também sido pintada com cor alaranjada clara.

Apesar do esmero das decorações dos ossuários, as inscrições não revelavam nenhuma preocupação estética, gravadas talvez pelos membros da família, provavelmente com dois pregos de ferro encontrados, um no ossuário e outro nos compartimentos dos *kokhim*. As escritas nada tinham do trabalho profissional de calígrafos ou escribas, mas eram feitas depois que os ossuários estavam em seus lugares definitivos. Em alguns casos os nomes pareciam ter sido inscritos de baixo para cima ou da direita para a esquerda por mãos que se espremiam entre o ossuário e a parede. Os nomes serviam para que os sobreviventes relembrassem quem haviam enterrado e onde. Eram escritos em letras cursivas judaicas semelhantes a outras em ossuários do primeiro século. Predominavam nomes femininos comuns da época, Miriam (grego, Maria) e Shalom (grego, Salomé), com os masculinos, Shimon (grego, Simeão) e Yehosef (grego, José). Mas o nome aramaico raro, Caiapha (grego, Caifás), não aparecido antes em nenhuma inscrição, fora escrito três vezes no túmulo, duas delas especificando que era Yehosef bar Caiapha (grego, José, filho

41. Ossuário de Caifás
(Coleção do Departamento de Antiguidades de Israel; © Museu de Israel em Jerusalém)

de Caifás), o sumo sacerdote assim nomeado por Josefo. Continha ossos de seis diferentes esqueletos, dois infantes, uma criança entre dois e cinco anos, um adolescente masculino, uma mulher adulta e um homem com cerca de sessenta anos de idade. Não há dúvida que a câmara era o lugar de descanso final da família do sumo sacerdote Caifás lembrado nos evangelhos por causa de seu papel na crucifixão. É quase certo que os ossos do homem mais velho sejam dele. Este achado contrasta vivamente com o questionado ossuário Tiago-José-Jesus, não só pela raridade do nome de Caifás mas também pela integridade arqueológica do achado.

Três pensamentos finais sobre o sepultamento de Caifás. Em primeiro lugar, não obstante a beleza da urna, a tumba parecia relativamente modesta. O fato nos mostra que Herodes e os procuradores romanos promoviam certos sacerdotes ao sumo sacerdócio oriundos de famílias mais populares e eminentes. Sabemos que Caifás deixara sua família em Beth Meqoshesh, onde, presume-se, a maior parte dela permaneceu e onde se localizava sua câmara funerária. Ele casara-se com a filha de Anás, que fora sumo sacerdote de 6 a 15 d.C. e fundador da dinastia ananita, que dominou por algum tempo antes dos anos 70 d.C. em Jerusalém. Assim, José Caifás subiu não pela hereditariedade mas pelo casamento, e, embora bem conectado, não viera de família rica. Mas conseguiu adquirir suficiente riqueza pessoal para poder comprar um dos mais belos ossuários até agora descobertos, mesmo se o monumento visível ao público não fosse proeminente.

Em segundo lugar, apesar das difíceis condições de trabalho e das pilhagens antigas, que deixaram restos de ossos espalhados pela área, Joseph Zias conseguiu identificar sessenta e três esqueletos na câmara. A distribuição demográfica dos mortos é triste lembrança de que mesmo os ricos não estavam livres de doenças fatais e de mortalidade infantil. Examinemos, a seguir, a distribuição dos mortos na câmara funerária por idade.

Idade	Restos de esqueletos
0-1 ano	10
2-5 anos	16
6-12 anos	14
13-18 anos	3
19-25 anos	1
26-39 anos	1
40 e mais anos	6
adultos com idade desconhecida	13

Mais ou menos 40 por cento deles nunca passaram do quinto aniversário e 63 não chegaram à puberdade. O índice de mortes é chocante pelos nossos padrões atuais, mas comuns em Jerusalém e em todo o Império Romano.

Em terceiro lugar, surge dessa tumba uma questão intrigante. Pensemos em quão difícil é reconstruir as *crenças* de Caifás e de sua família a partir dos traços que as *práticas* funerárias deixaram no local. Consideremos estas duas ironias. Os sumos sacerdotes no tempo de Jesus eram saduceus que, diferindo dos fariseus, não acreditavam na ressurreição dos mortos. Achou-se também um outro ossuário de conhecida família de saduceus com a inscrição "Yehochana, filha de Yehochanan, filho de Thophlos, sumo sacerdote". Será que esses ossuários pretendiam de fato conservar os ossos para a ressurreição? Nada indica que Caifás tenha adquirido o ossuário com esse fim, mas não temos dúvida de que adotava a prática do sepultamento comum entre os ricos de Jerusalém e o fazia em grande estilo. Além disso, uma moeda de bronze do Rei Agripa I (42-43 d.C.) foi encontrada na caveira de uma mulher na tumba da família de Caifás, que caíra da boca para trás durante a decomposição do corpo. Tratava-se de antigo costume no mundo grego e constatado também em sepultamentos judaicos. Punha-se a moeda na boca ou na mão do morto para ele pagar ao barqueiro Caronte, que levava as almas dos mortos através do Rio Estige. Teria a família do sumo sacerdote adotado essa crença pagã? Dificilmente. É mais provável que algum membro da família usasse esse costume do mundo helênico.

De qualquer forma, esse esplêndido ossuário no interior de uma câmara mortuária recortada na rocha estava muito aquém do que Augusto e Herodes imaginavam para perpetuar a memória e erguer mausoléus. Por outro lado, seus ossos não sobreviveram, enquanto provavelmente os de Caifás ainda estão lá. Essa era, pelo menos, uma das maneiras de enterrar um sumo sacerdote.

O Santo Sepulcro de Jesus

Nem todas as famílias na Jerusalém do primeiro século possuíam um pedaço de terra com uma câmara funerária nem mesmo podiam se dar ao luxo de ter um ossuário. Para cada um das centenas de ossuários e *kokhim* examinados pelos arqueólogos, podemos calcular que milhares de corpos eram enterrados em covas rasas sem nenhuma proteção contra a decomposição e desintegração no solo.

Enterros de pessoas comuns

Apesar das dificuldades de sobrevivência, foram encontrados ao redor de Jerusalém muitos túmulos simples. No subúrbio de Beit Safafa, a poucas milhas da cidade do primeiro século, distantes da tumba de Caifás, foram achados cinquenta túmulos verticais simples. Foram encontrados acidentalmente durante construções de estradas; se não fosse por isso, poderiam não ter sido notados, porque nenhum deles estava marcado por pedras tumulares nem por outro tipo de sinal. Não havia inscrições e nada de valor. Retangulares, estavam entre 5 e 7 pés abaixo da superfície com um nicho fúnebre onde o corpo podia ficar deitado, semelhante aos encontrados no cemitério de Qumrã. O nicho era coberto por uma laje e se empregavam pedaços de rocha e outros resíduos para os acabamentos. Quase todas essas covas abrigavam apenas um corpo cada uma, embora houvesse poucos nichos de dois andares. Das cinquenta tumbas, somente uma continha um ossuário simples. Dos ossos identificados de quarenta e sete indivíduos, quarenta e dois pertenciam a adultos e somente cinco a crianças e jovens entre cinco e dezoito anos de idade. Suspeita-se que os infantes mortos prematuramente eram enterrados em sepulturas menos permanentes.

Mesmo tumbas de pessoas ainda mais pobres foram encontradas ao redor de Jerusalém, entre campos com covas rasas em diversos sítios na parte ocidental da cidade antiga, algumas cavadas na rocha e cobertas de terra, outras apenas aproveitando depressões naturais nas rochas. Em Mamilla, havia quinze cavidades recortadas na rocha cobertas com tampas de pedra contendo ao lado dos corpos pequenas moedas asmonianas e frascos de vidro do primeiro século d.C. No Vale Hinnon também foram achados buracos no solo, ao lado das rochas, cobertos com lajes. Nestes, também, não havia nenhum sinal de identificação dos mortos nem objetos de valor.

Deixemos Jerusalém e vejamos o que se passava na Galiléia. Foram achados aí diversos túmulos do primeiro século, não tantos como em Jerusalém, mas suficientes para perceber seu estilo. Ao redor dos vilarejos de Nazaré e Caná, diversas câmaras mortuárias chamadas *kokhim* eram protegidas por pedras redondas ou quadradas típicas dos cemitérios judaicos em Jerusalém. Muitas delas haviam sido recortadas rudemente nos flancos das colinas sem acabamentos. Convém observar, ainda, que não havia quase inscrições no contexto da Galiléia do primeiro século. É que os corpos simplesmente depositados nessas cavidades sugeriam pobreza e ausência de indústria local de pedras para esse fim.

Funerais de criminosos crucificados

Que acontecia com os crucificados? Como eram enterrados? Devemos ter em mente que aristocratas e cidadãos não eram punidos dessa forma, mas apenas escravos, servos, camponeses e bandidos. Os primeiros possuíam câmaras mortuárias e deixaram ossuários por toda a Jerusalém; os outros quando morriam de causas naturais eram sepultados em covas rasas sem identificação. Mas as milhares de vítimas da crucifixão não deixaram traço algum de sua morte a não ser um. Em geral, eram abandonadas na cruz até se decompor ou serviam de alimento aos animais carniceiros. Tentaremos examinar as violações da lei e da ordem romana pela classe baixa.

Josefo menciona a crucifixão de milhares pelos romanos na Jerusalém do primeiro século, de dois mil depois da morte de Herodes, o Grande, no ano 4 a.C., a cinco mil por dia depois da destruição do Templo no ano 70 d.C. São, naturalmente, referências textuais. Temos, no entanto, evidência arqueológica de apenas uma vítima encontrada num ossuário no subúrbio Givat Hamivtar, ao norte de Jerusalém. Vassilios Tzaferis, do Departamento de Antiguidades de Israel, escavou diversas covas fúnebres em junho de 1968. Na tumba do primeiro século, cavada na rocha, num dos cinco ossuários encontrados, havia restos do esqueleto de dois homens e uma criança. No osso direito do calcanhar de um dos homens, medindo 5 pés e 5 polegadas de comprimento, dando a impressão de ter entre vinte e trinta anos, ainda se podia ver um prego de 4 1/5 polegadas atravessando o osso com um fragmento de madeira de oliveira preso nele. Suas pernas tinham sido pregadas no madeiro e o calcanhar havia sido apoiado numa base para que o corpo não se desprendesse. O prego que permaneceu no osso estava um pouco torto ao ser martelado na madeira dura e não foi retirado depois de sua morte. Imagina-se, então, que a peça de madeira fora cortada e o tornozelo, o prego e a madeira ficaram juntos quando o corpo foi descido da cruz. Quando os ossos foram, afinal, depositados no ossuário, permaneceram dessa forma.

Como não havia evidência de trauma violento nos antebraços nem nos metacarpos das mãos, presume-se que a vítima fora amarrada nos braços da cruz, ao contrário do que em geral se imagina. As pernas também não foram quebradas para acelerar a morte. Sem esse procedimento, a vítima morre mais lentamente por asfixia dolorosa,

42. Tornozelo de um crucificado
(Coleção do Departamento de Antiguidades de Israel; © Museu de Israel em Jerusalém)

porque os músculos do diafragma vão parando de funcionar até que a vítima deixe de respirar. No lado do ossuário alguém rabiscou o nome do morto, Yehochanan, agora conhecido como o Homem Crucificado de Givat Hamivtar.

Assim, os arqueólogos descobriram por coincidência uma vítima da crucifixão que apesar disso recebeu sepultamento pela família. Tiveram também a sorte de recuperar o prego enferrujado no pedaço de madeira ainda em seu calcanhar. Mas, apesar dessa morte terrível, Yehochanan viera de uma família rica (como o ossuário indica) e supostamente bem relacionada que conseguiu retirar o corpo da cruz e enterrá-lo. Conservemos na memória quão excepcional foi seu destino e a descoberta. Segundo a regra, os crucificados não eram enterrados. Sem minimizar a longa dor cruciante que era temporal, a vergonha de não ter sepultamento era eterna e igualmente temida. Para a mentalidade antiga, o supremo horror da crucifixão era não permitir o lamento público, o sepultamento digno, e deixar o morto para sempre separado dos ancestrais, longe da visita dos espíritos, impossibilitando a reunião dos descendentes que costumavam comer com os mortos. Foi assim que Jesus morreu. Segundo os evangelhos, Pilatos afixou no alto da cruz uma placa com a inscrição *Jesus de Nazaré, Rei dos Judeus*. Que tipo de sepultamento teve Jesus? Como, afinal, era seu sepulcro? Será que seu túmulo e sepultamento foram diferente dos de Augusto,

Herodes e, mesmo, Caifás? Teria sido apropriado ao Reino de Deus como o destes outros representavam o Reino de Roma que haviam criado, copiado e obedecido?

Teve Jesus mausoléu adequado?

Enterro. O sepultamento de Jesus no evangelho de João não foi apropriado para um rei, e muito menos para um rei divino. Mas essa narrativa, longe de vir da primeira camada do Jesus histórico, procede da imaginação criativa do evangelho de João, do terceiro nível da terceira camada. O que a primeira camada teria dito talvez fosse demasiadamente horrível para os discípulos tanto na época como agora. Segundo João 19,41, "havia um jardim, no lugar onde ele fora crucificado e, no jardim, um sepulcro novo no qual ninguém fora ainda colocado". Qualquer túmulo novo num jardim destinava-se a monarcas, como os reis de Judá, no "jardim de Oza", segundo 2 Reis 21,18.26, ou Augusto debaixo do jardim artificial de ciprestes em cima do mausoléu júlio-claudiano, ou Herodes, o Grande, junto à piscina e ao jardim do Herodiano. Mas Jesus foi sepultado, segundo João 19,39, por Nicodemos com "cem libras [romanas] de uma mistura de mirra e aloés". Calculando como medida de volume, 4 galões de ungüentos deixaria o corpo mergulhado em líquidos perfumados. Se calcularmos em medida de peso, 75 libras envolveriam todo o corpo em perfumes secos. Em qualquer dos cálculos, a quantia é deliberadamente excessiva. (Estranha, contudo, essa ênfase em perfumes, uma vez que eram usados para abafar o cheiro da decomposição.) João quer acentuar que Jesus recebera não apenas um sepultamento real mas também divino. O evangelho pergunta, então, como se enterra um rei assim divino? E qual seria o mausoléu mais adequado para isso?

Herodes, o Grande, morrera no ano 4 a.C., César Augusto no 14 d.C. e Jesus fora crucificado por volta do ano 30. Cerca de três séculos mais tarde e doze anos depois de Constantino, o Grande, ter assumido o controle do Império Romano, a primeira expedição arqueológica começou a buscar o lugar da ressurreição de Jesus. Oficiais imperiais foram guiados por autoridades cristãs locais a um templo pagão e ordenaram que "o edifício dedicado ao demônio impuro chamado Afrodite, santuário escuro de ofertas sem vida", fosse derrubado para ser logo escavado debaixo da plataforma onde fora construído. Eusébio, bispo de Cesaréia e mais tarde biógrafo de Constantino, descreve a obra levada a efeito por decreto imperial constantiniano: "Quando as diversas camadas começaram a aparecer, o venerável e santíssimo memorial da ressurreição do Salvador, superando todas as nossas esperanças, apareceu" (*Vida de Constantino* 3.38).

Sítio. Teriam encontrado mesmo o lugar do sepultamento de Jesus? Pensamos que ao lado da casa de Pedro em Cafarnaum, o Santo Sepulcro de Jerusalém é um dos poucos lugares sagrados cristãos dignos de credibilidade. A igreja constantiniana pode muito provavelmente ter sido erguida em cima do lugar onde Jesus foi crucificado e o corpo sepultado. Estava dentro do terceiro muro da parte norte de

Jerusalém, construído por Agripa I (41-44 d.C.), mas do lado de fora do segundo muro que demarcava a cidade no tempo de Jesus. Estava fora, portanto, da cidade do primeiro século, como prescreviam os judeus para crucifixões e sepultamentos. Os arqueólogos de Constantino acharam, depois, túmulos de um cemitério quando cavavam debaixo do templo de Afrodite. As camadas escavadas por Constantino foram corroboradas por recentes missões estratigráficas. Encontraram paredes de uma estrutura monumental do tempo de Adriano que deveriam ter pertencido ao templo da deusa. Debaixo desse complexo havia muitos túmulos do primeiro século e até mesmo anteriores a ele. Antes dessas descobertas o lugar estava desabitado e era uma pedreira.

A Igreja do Santo Sepulcro de Constantino foi construída em cima de um cemitério e tudo indica que estava perto do lugar onde Jesus fora crucificado. Pode até mesmo marcar esse local, embora perguntemos se aí se preserva a memória adequadamente. Estamos interessados em saber não tanto se esse era o lugar do sepultamento de Jesus, mas mais o que se fez com as marcas do sepultamento. Pensemos no sentido de sua vida, morte e ressurreição e, depois disso, leiamos o trecho desta carta enviada por Constantino a Macário, bispo de Jerusalém:

> É meu desejo, então, que deves estar especialmente convencido disto, que me parece claro para todos, que entre todas as coisas a minha principal preocupação seja como *adornar esplendidamente* com edifícios esse lugar sagrado, que, sob divina direção, eu libertei [...]. Esta basílica não deverá ser apenas a *mais bela* do mundo, mas todos os seus pormenores serão de tal maneira excelentes que até mesmo as mais *formosas* estruturas em todas as cidades sejam ultrapassadas por eles [...]. Quanto às *colunas* e aos *mármores*, procura nos informar, por escrito, depois de examinar o plano, quais julgas mais *preciosos* e úteis, de modo que os materiais, de qualquer tipo e quantidade, sejam adquiridos não importa de onde (Eusébio, *Vida de Constantino* 3.29-32, os itálicos foram acrescentados)

O templo de Afrodite foi derrubado e a pedreira que fora lugar de execução e cemitério foi transformada num magnífico recinto sagrado. A Igreja do Santo Sepulcro foi construída com quatro elementos estruturais ligados entre si: o *átrio* na frente; a basílica chamada *martyrium*; a corte conhecida como Jardim Santo, com a rocha do *Gólgota* elevando-se do solo; e finalmente a rotunda cercada de colunas chamada *anástase*, abrigando o túmulo de Jesus.

Que sabemos a respeito desse complexo? As pesquisas arquitetônicas do começo do século vinte, buscas arqueológicas do século dezenove, desenhos de mosaicos do século sexto conhecidos como Mapa de Madaba, no Jordão, e descrições de Eusébio e de peregrinos da época nos dão algumas idéias a respeito. Para entender o complexo precisamos começar com os quatro elementos encomendados por Constantino com a inclusão de uma basílica e a construção da rotunda em cima da cripta.

43. Igreja do Santo Sepulcro (segundo Gibson)

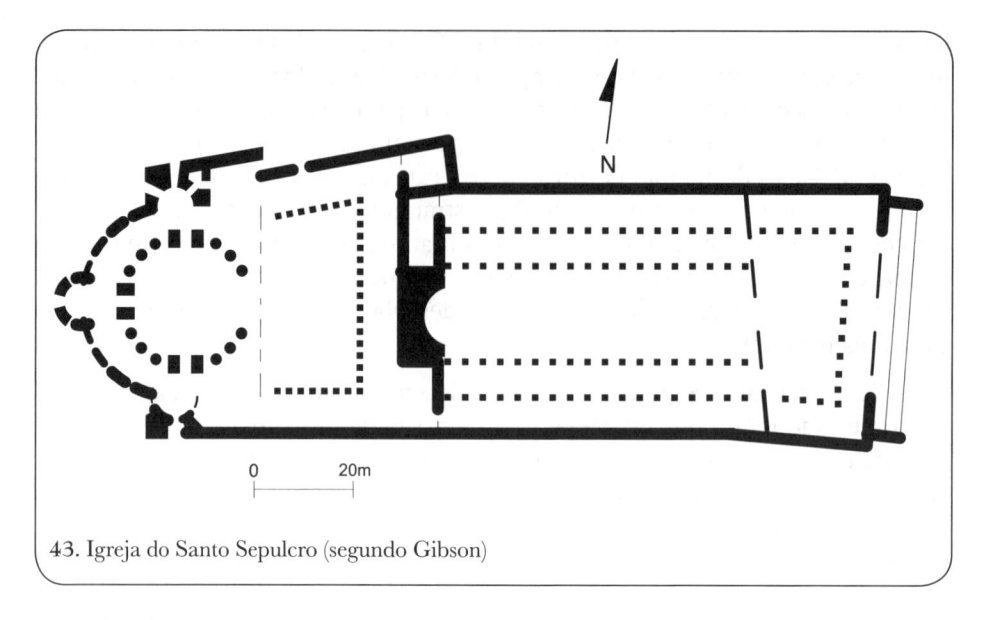

A basílica. Tecnicamente, basílica nada mais era do que uma forma arquitetônica especificamente romana destinada a grandes reuniões cívicas. Na sua forma básica, tinha um saguão longo aberto para um espaço semicircular dividido por fileiras de colunas que apoiavam o teto alto coberto de telhas ou madeira. Construir dessa maneira era mais barato do que fazer arcos e colunas de pedra, sobrando, assim, fundos para decorações internas. De certa forma, o formato da basílica assemelhava-se aos pórticos (*stoa*), abertos mas com telhados, das cidades gregas, lugares também reservados para reuniões cívicas. A cidade romana trouxe-os para ambientes fechados usando-os para reuniões públicas, mercado (como em Séforis) e especialmente para sessões jurídicas. As basílicas também serviam como antecâmara, próximas a teatros, balneários e templos, e eram também usadas pela elite como salões de recepção.

Por volta do quarto século de nossa era, a basílica relacionava-se mais intimamente com o significado de seu nome, isto é, *edifício real*. Deixemos o território judaico e atravessemos os Alpes romanos a Trier na região do Mosela na Alemanha, sé de Constantino na qualidade de César do Império Romano dividido antes de sua vitória em 312 e da proclamação do Edito de Milão em 313, quando o cristianismo tornou-se religião aceita pelo Estado. Entre 305 e 312 Constantino havia construído nessa região uma enorme basílica ao lado de seu palácio, que ainda permanece até hoje com seus 100 pés de altura. A largura do saguão media 100 pés, cortado por duas fileiras de colunas. O comprimento era de 200 pés terminando numa abside. As janelas, em cima, iluminavam o ambiente ressaltando as aplicações de mármore nas paredes e os mosaicos com ornamentos de vidro sobre o piso de mármore branco e preto. Aí Constantino sentava-se na *sedes iustitiae*, "cadeira da justiça", onde, como divina majestade, recebia homenagem e, como encarnação da lei, dispensava justiça.

Dos tempos de Augusto aos de Constantino, a basílica desenvolveu-se de simples estrutura para reuniões públicas a poderoso instrumento de propaganda político-arquitetônica de Roma. Abrigava o esplendor de Roma e a divindade do César. Dentro de suas paredes decoradas fazia-se justiça, desenvolviam-se atividades comerciais e proclamavam-se editos públicos, sob o olhar vigilante do imperador na abside, em pessoa, por meio de representantes ou mesmo de sua efígie. No pináculo da sociedade, os imperadores precisavam de edifícios oficiais de acordo com a grandeza e esplendor de sua posição.

Nesse lugar não se separava César e Deus, Estado e religião, e como santuário de Deus na terra a basílica efetivamente obliterava as diferenças entre o sagrado e o profano, o cívico e o pessoal, e o jurídico e o comercial. Depois de séculos de culto ao imperador e agora, no tempo de Constantino, a presença dele em pessoa, por meio de um representante ou por uma imagem, tornara-se o aspecto mais característico da basílica. Constantino escolheu esse modelo para a igreja quando tornou o cristianismo uma religião aceitável e a patrocinou. Pelo ano 320 ele havia completado a Basílica Laterana em Roma, hoje com o nome de San Giovanni, onde sob Constantino tornou-se a sala do trono de Cristo *basileus*, Cristo Rei. Nos anos 325 e 326 começou a construção de nova basílica como parte do Santo Sepulcro de Jerusalém.

Essa basílica, que Eusébio chamou de *martyrium*, media 200 pés de comprimento por 130 de largura, com colunas de cada lado da nave. Galerias em cima aumentavam o espaço de onde as multidões podiam contemplar a abside, além de melhorar a acústica amplificando as orações e os hinos. A abside era cercada por doze colunas de mármore nas quais havia vasos de prata doados pelo imperador. As janelas altas coavam a luz tanto para os arcos dourados do teto, quanto para os mosaicos coloridos das paredes, para os revestimentos de mármore, para os tecidos de seda bordados a ouro, dando a impressão de uma antecipação do céu para alguns peregrinos, mas talvez demasiadamente brilhante, vulgar e *kitsch* para as sensibilidades de hoje.

A rotunda. O ponto focal do complexo de Constantino era a rotunda que abrigava o Santo Sepulcro. Para construí-la foi preciso preparar o terreno rochoso disforme e até mesmo desbastar a elevação onde os *kokhim* ou *arcosolia* originais se encontravam, deixando apenas o local onde supostamente o corpo de Jesus teria sido depositado; os demais elementos foram colocados em nível mais baixo. Ao redor da tumba (de Jesus) construiu-se uma imponente rotunda cercada de colunas chamada de anástase, grego para "ressurreição".

O ponto central da rotunda era o lugar da ressurreição de Jesus. Fora desse recinto sobravam elementos de um templo pagão acima desse túmulo judaico, bem como rochas e pedras ao lado e embaixo. Arranjadas em forma circular, doze colunas em grupos de três dispunham-se entre três grandes pilares que sustentavam o teto abobadado. O círculo concêntrico em volta do sepulcro media cerca de 70 pés e, ao redor, o pórtico acrescentava mais ou menos 16 pés para todos os lados. Dois dos grandes pilares sobreviveram até hoje com o diâmetro de 4 pés. Grande parte das paredes externas do pórtico também resistiram até agora; uma das três paredes da

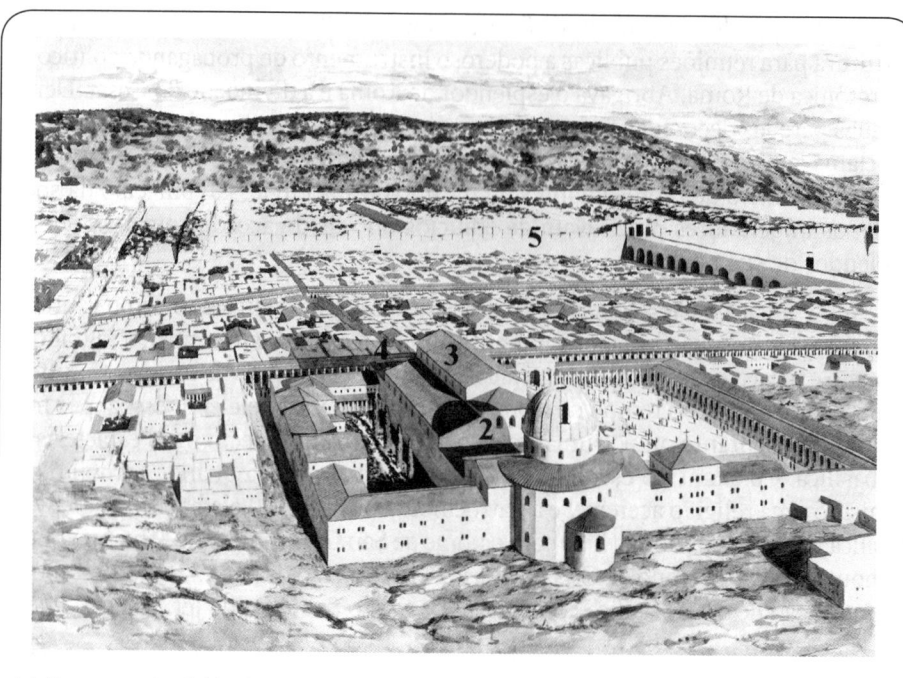

44. Reconstrução da Igreja do Santo Sepulcro
A Igreja do Santo Sepulcro, lugar tradicional da crucifixão, sepultamento e ressurreição de Jesus, era a estrutura dominante no cenário da Jerusalém do quarto século de nossa era. O conjunto de quatro partes consistia em uma rotunda construída sobre o túmulo de Jesus (1) chamada anástase, palavra grega para "ressurreição", de um átrio ao redor da rocha do Calvário, ou Gólgota (2), de uma enorme basílica chamada de *martyrium* (3), e de uma corte atrás da basílica aberta para o *cardo* (4). Construída por Constantino, o Grande, com financiamento imperial e pessoal, destinava-se a ser a mais bela estrutura pública do novo império cristão. Aos fundos, os restos do Monte do Templo judaico (5), sobre o qual foi construído depois, no segundo século, um templo pagão e logo derrubado, permanecem intencionalmente abandonados e dilapidados como sinal da vitória cristã tanto sobre o judaísmo como sobre o paganismo.

abside com a altura de 35 pés mostra sinais deixados por placas de mármore. Leiamos Eusébio sobre a rotunda: "A generosidade real tornou-a radiante com todo o tipo de adorno, como se fosse a parte principal do todo. Ele embelezou a santa cova com colunas de bom gosto e profusa decoração" (*Vida de Constantino* 3.34-39).

A rotunda parecia-se com o mausoléu de Augusto e mais ainda com o que Constantino construiu mais tarde para si mesmo em Constantinopla. Mas observemos estas importantes diferenças entre os sepulcros de Augusto e de Jesus: o teto da rotunda da anástase era coberto de madeira e telhas, como as basílicas da época, que podia ser sustentado por paredes finas. Não eram necessárias paredes grossas nem grandes arcos. Não se trata apenas de minúcia arquitetônica, pois paredes finas davam mais espaço e permitiam que o pórtico fosse maior ao redor da cripta.

Assim, acomodava-se número maior de peregrinos ao redor do *sanctum*, dando-lhes mobilidade para entrar e sair quando quisessem.

O problema. Séculos depois, portanto, também depois que o Império Romano tornou-se cristão, a igreja de mármore de Constantino realizou a história do evangelho de João. De certo modo é até mesmo injusto sugerir críticas a esse empreendimento. Era assim que se enterravam os reis ou, pelo menos, embora tardiamente, era assim que se comemorava e celebrava o lugar do sepultamento, onde ficava o túmulo, muito embora a rotunda de Constantino celebrasse não apenas o enterro mas também a ressurreição de Jesus. Por outro lado, e desconsiderando como a presente igreja está dividida entre grupos cristãos opostos entre si, permanece ainda um problema. Por que o santuário central do cristianismo chama-se Santo Sepulcro e não Bendita Ressurreição? Posto que a questão não se limita ao nome ou ao título, propomos a seguinte reformulação. Qual seria o sepulcro mais adequado para os cristãos que acreditam que seu ocupante ressuscitou dos mortos pelo poder de Deus? Se sabemos muito bem como celebrar os funerais de um rei, de que maneira deveríamos celebrar a ressurreição de um rei divino? Ou, em outras palavras, que significa ressurreição?

A ressurreição judaica de Jesus

Os que lêem as histórias do evangelho a respeito do Domingo da Páscoa são surpreendidos pela diversidade das fontes. Em primeiro lugar, não há aparição do ressuscitado em Marcos, mas diversas em Mateus, Lucas, Atos e João. Em segundo lugar, os escribas que copiaram e transmitiram Marcos sentiram que essa ausência era tão perturbadora que resolveram acrescentar três apêndices diferentes no final do texto, com aparições do ressuscitado. Em terceiro lugar, as visões da ressurreição diferem uma das outras em quase todas as maneiras imagináveis. Em *número*: quantas vezes ele teria aparecido? Em *lugar*: dentro ou fora da casa, na Judéia ou/e na Galiléia? No *tempo*: todas num só dia, depois de quarenta dias, ou algo entre as duas possibilidades? No *conteúdo*: quem disse o que para quem? Em quarto lugar, mesmo o encontro final quando Jesus anuncia o programa missionário da comunidade e a estrutura da liderança, é extremamente diverso. Talvez tudo isso seja substancialmente a mesma experiência pascal, embora refratada pelos lapsos da memória e pela intensidade da emoção? Se for assim, será possível explicar o que aconteceu?

O problema do significado

Paulo escreveu de Éfeso aos Coríntios no início dos anos 50 d.C. Mas disse em 1 Coríntios 15,3a que "transmiti-vos, em primeiro lugar, aquilo que eu mesmo recebi".

A fonte e a época mais prováveis dessa recepção da tradição teria sido Jerusalém nos anos 30, quando, segundo Gálatas 1,18, ele fora "a Jerusalém para avistar-me com Cefas [Pedro] e fiquei com ele quinze dias". Essa tradição recebida, portanto, é exemplo da segunda camada sobre a ressurreição de Jesus. É o que se lê em 1 Coríntios 15,3b-7: "Cristo morreu por nossos pecados, segundo as Escrituras. Foi sepultado, ressuscitou ao terceiro dia, segundo as Escrituras. Apareceu a Cefas, e depois aos Doze. Em seguida, apareceu a mais de quinhentos irmãos de uma vez, a maioria dos quais ainda vive, enquanto alguns já adormeceram. Posteriormente, apareceu a Tiago e, depois, a todos os apóstolos".

Em primeiro lugar, para a presente discussão, vamos deixar entre parênteses os debates históricos e *estipular* que Jesus foi sepultado e ressuscitou no lugar onde se construiu a Igreja do Santo Sepulcro. Consideremos, por enquanto, que de fato geográfica e historicamente essa foi a localização correta. Então, retornando ao início do parágrafo inicial deste capítulo, por que o principal santuário do cristianismo não se chama Igreja da Bendita Ressurreição e não do Santo Sepulcro? Façamos a pergunta de outra maneira. Os antigos sabiam muito bem, como nós, como se enterra um rei. Como nós, também sabiam como preparar um sepulcro magnífico e celebrar os funerais de gente importante. Mas como celebramos a ressurreição? Que santuário ou templo seria apropriado para tal evento? Não teriam os cristãos o direito de chamar essa igreja pelo nome mais obviamente importante?

Em segundo lugar, as perguntas históricas sobre a ressurreição de Jesus referem-se quase sempre ao sepultamento (no caso se ou como?), ao túmulo vazio (se ou quando?) e às diversas aparições posteriores (aqui ou ali?). Teriam todas essas coisas acontecido? Serão, todos, fatos históricos ou apenas alguns? Ou, quem sabe, parábolas? Mas há, todavia, questões históricas muito mais fundamentais e, para tratá-las, vamos deixar entre parênteses as que levantamos agora. Vamos *estabelecer* para a presente discussão que todas as coisas aconteceram como os evangelhos descreveram a manhã do Domingo da Páscoa (seja como for a maneira como reconciliemos os diferentes relatos). Concedamos tudo isso, por enquanto. Estamos procedendo desta maneira para deixar claro que o debate concentra-se no âmago da questão, que é o seguinte (considerando que as coisas se deram como foram contadas): por que as primeiras testemunhas chamaram o evento "ressurreição"?

Então, temos agora duas questões *históricas* fundamentais que nos levam à primeira ou original camada da tradição de Jesus. Em primeiro lugar, que queriam dizer os judeus do primeiro século quando usavam o termo "ressurreição"? Por exemplo, antes da existência de Jesus e do cristianismo, que queriam dizer os fariseus e os saduceus quando discutiam a favor ou contra a "ressurreição"? Em segundo lugar, naquele contexto, que queriam dizer os judeo-cristãos do primeiro século quando proclamavam que Deus ressuscitara Jesus dentre os mortos? Em outras palavras, deixamos o debate sobre a historicidade das narrativas bíblicas e da localização dos eventos para examinar os significados do primeiro século. E, antes de crer ou descrer na ressurreição de Jesus, afirmando-a ou negando-a, precisamos saber o que a afirmação significava e significa ainda. É por isso que o adjetivo "judaico" aparece no título desta seção. Estamos querendo saber o que queriam dizer os judeus com o termo "ressurreição".

Mártires macabeus

Mais ou menos durante o primeiro milênio de sua história, Israel não acreditava na vida depois da morte, na imortalidade da alma nem na ressurreição do corpo. Os mortos iam diretamente para o Sheol, lugar considerado simplesmente submundo, como se todos os túmulos estivessem ligados de alguma forma a uma imensa terra do nunca. A grandeza da Lei, o desafio dos Profetas e a beleza dos Salmos derivavam da fé baseada na vida entre o povo de Deus e a esperança de que a família e sua memória sobreviveriam nos que ficavam. Essa fé não ignorava as possibilidades da vida além, uma vez que o Egito estava ali ao lado. Mas é provável que considerassem a vida humana depois da morte simples usurpação das exclusivas prerrogativas divinas. Uma vida além, em outras palavras, não merecia uma discussão séria.

O bem e o mal, portanto, tinham que ser julgados necessariamente neste mundo, posto que eram praticados aqui e não depois. Quando Deuteronômio 28,2, por exemplo, promete que as bênçãos "virão sobre ti e te atingirão, se obedeceres à voz de Iahweh teu Deus" e 28,15 acrescenta que "se não obedeceres à voz de Iahweh teu Deus, cuidando de pôr em prática todos os seus mandamentos e estatutos que hoje te ordeno, todas estas maldições virão sobre ti e te atingirão". A longa lista de benefícios e maldições inclui fertilidade interna ou infertilidade e vitória externa ou derrota. Mas tudo aqui embaixo, aqui na terra, aqui e agora.

Então veio a crise. No ano 160 a.C. o monarca Sírio Antíoco IV Epífanes, oprimido pela antiga pressão vinda do norte, do Egito, e da nova ameaça de Roma, procurou consolidar Israel em seu enfraquecido império política, social e economicamente. Embora tenha recebido apoio de alguns judeus para transformar Jerusalém numa cidade comercial de estilo grego, outros resistiram por causa das tradições religiosas antigas. Inventou, então, algo radicalmente novo — perseguição religiosa. Se você renegar sua religião, será salvo; afirme-a e morrerá. De que outra maneira a teologia do Deuteronômio poderia explicar o destino dos mártires? Onde estava a justiça de Deus quando obediência a ele significava morte e desobediência, vida?

Esse problema religioso ou teológico não desapareceu com a revolta dos macabeus, pela sua vitória sobre os sírios, e por cem anos de independência judaica sob a dinastia autóctone asmoniana. De que maneira a regra da justiça de Deus poderia reconciliar-se com as torturas sofridas pelos que morriam pelo mesmo Deus? Como falar a respeito dessa justiça em face dos corpos dos mártires brutalizados e golpeados? Havia diversas opções: quatro delas são citadas em 2 Macabeus, do fim do segundo século a.C., e em 4 Macabeus, da metade do primeiro século a.C.

Poderíamos, por exemplo, explicar o heroísmo do ancião Eleazar na tradição greco-romana da morte nobre: "Preferindo a morte gloriosa", segundo 2 Macabeus, para deixar aos jovens "o nobre exemplo, entusiasta e generosamente, pelas veneráveis e santas leis" (6,19.28). O modelo clássico de aceitação da execução em vez da derrota foi, naturalmente, a morte de Sócrates. Vindicava-se a integridade da vida por meio da morte; justificava-se tudo o que se havia dito e feito recusando qualquer retratação sob a ameaça da execução.

Poderíamos ainda explicar a morte de maneira completamente diferente, como expiação vicária e voluntária segundo a tradição judaica do Servo Sofredor de Isaías. "Sejas misericordioso para com teu povo, e que nossa punição seja suficiente em seu lugar", como dizia o mesmo Eleazar em 4 Macabeus, "que o meu sangue sirva para sua purificação, e minha vida seja trocada pela deles" (9,29). A teologia cristã não tem sido tão cuidadosa quanto forçosa a respeito da expiação vicária. Converteu a dádiva oferecida de baixo para cima e aceita graciosamente por Deus numa exigência de cima para baixo, implacavelmente exigida por ele. Quando se diz que a expiação vicária é exigida por Deus, trata-se de obscenidade teológica.

O mesmo livro explica o martírio da mãe e seus sete filhos como triunfo da razão divina em face da emoção humana, pois, "como alguém poderá deixar de confessar a soberania da razão correta acima da emoção dos que não retrocederam em face das terríveis agonias?" (4 Macabeus 13,5). E poderia haver também uma alusão à imortalidade de suas almas em 4 Macabeus 9,8: "Pois nós, por meio deste severo sofrimento e perseverança, receberemos o prêmio da virtude e estaremos com Deus, por quem sofremos".

Mas para outros judeus a morte honrosa, a expiação vicária ou a imortalidade da alma não explicavam adequadamente a justiça de Deus. Não foram as almas dos mártires que morreram, mas seus corpos. Não foram torturados e batidos no espírito, mas na carne. De que maneira a justiça de Deus vindicava os *corpos* dos mártires? O segundo livro de Macabeus oferece uma resposta diferente, dispensando argumentos, porque já eram conhecidos de todos. Deus, algum dia, em algum lugar no futuro haveria de restaurar, de maneira pública e visível, os corpos dos mártires. Ouçamos as declarações da mãe e seus sete filhos em 2 Macabeus.

Em primeiro lugar, "tu, celerado, nos tiras desta vida presente. Mas o rei do mundo nos fará ressurgir para uma vida eterna, a nós que morremos por suas leis!" (7,9). Depois: "Intimado a pôr fora a língua, ele a apresentou sem demora e estendeu suas mãos com intrepidez, dizendo nobremente: 'Do céu recebi estes membros, e é por causa de suas leis que os desprezo, pois espero dele recebê-los novamente'" (7,10-11). Em seguida: "É desejável passar para a outra vida às mãos dos homens, tendo da parte de Deus as esperanças de ser um dia ressuscitado por ele. Mas para ti, ao contrário, não haverá ressurreição para a vida!" (7,14). Em quarto lugar: "É o criador do mundo que formou o homem em seu nascimento e deu origem a todas as coisas, quem vos retribuirá, na sua misericórdia, o espírito e a vida, uma vez que agora fazeis pouco caso de vós mesmos, por amor às suas leis" (7,23). Em quinto lugar:

"Não temas este carrasco. Ao contrário, tornando-te digno dos teus irmãos, aceita a morte, a fim de que eu torne a receber-te com eles na Misericórdia" (7,29).

Percebe-se certa funesta combinação da morte nobre (suicida) com a ressurreição física na morte de Razias em 2 Macabeus: "Razias, cercado de todos os lados, atirou-se sobre a própria espada. Quis assim nobremente morrer antes que deixar-se cair nas mãos dos celerados para sofrer ultrajes indignos da sua nobreza [...]; ainda respirando e ardendo de indignação [...] arrancou as entranhas e, tomando-as com as duas mãos, arremessou-as contra a multidão. Invocando, ao mesmo tempo, Aquele que é o Senhor da vida e do espírito, para que lhas restituísse um dia" (14,41-46). A exacerbada retórica deixa claro o que entendiam por ressurreição *do corpo*. Não seria adequado falar de punição para os perseguidores. Mas teria de haver um tempo e lugar para fazer justiça aos perseguidos. Precisavam receber de Deus o que haviam perdido por causa dele. A ressurreição de todos os corpos aconteceria no futuro, de certa maneira, em algum lugar quando os mártires receberiam a justiça de Deus. E dos mártires, como em círculos em expansão, a esperança alcançaria todos os justos que haviam vivido pela justiça ou sofrido com as injustiças.

Neste ponto a ressurreição geral relaciona-se com o que dissemos no capítulo 2 a respeito do gradiente de esperança nascida na aliança do Reino, passando pela escatologia e terminando no apocalipse. A ressurreição é conceito totalmente escatológico-apocalíptico. É, de fato, o grande e último momento dessa esperança. Não se trata de nossa sobrevivência, mas da justiça de Deus. Não perguntamos se somos eternos, mas se Deus é justo. Nosso cântico é este: Deus haverá de vencer.

Deus ressuscitou Jesus dentre os mortos

Quando, então, nos anos 30 do primeiro século de nossa era, alguém proclamasse, no contexto judaico, que Deus havia ressuscitado Jesus dentre os mortos, que quereria dizer com isso? Deixando de lado agora se concordamos ou não com o anúncio, o que nos interessa é seu conteúdo. Vamos examinar, primeiramente, três conclusões negativas e, depois, a positiva.

Conteúdo da afirmação da ressurreição

Ressuscitação. Ressurreição não é a mesma coisa que ressuscitação. Não significa que um Jesus quase morto tenha sido reavivado depois de descer da cruz. Houve indivíduos que sobreviveram depois de uma crucifixão interrompida, como atesta Josefo em sua obra *Vida*. Ele mesmo intercedera junto a Tito em favor de três pessoas que já estavam na cruz depois da destruição de Jerusalém no ano 70 d.C. e, embora "dois deles tivessem morrido nas mãos do médico, o terceiro sobrevivera" (421).

O mesmo também aconteceu quando criminosos no patíbulo Tyburn na Londres do século dezoito foram retirados da forca e ressuscitados. Mas a insistência da tradição cristã na expressão "depois de três dias" ou "ao terceiro dia" acentua o fato da morte real de Jesus. Somente a visita ao túmulo depois desse período inicial certificava se a pessoa havia de fato morrido. É por isso que João 11,17 observou que "Jesus encontrou Lázaro já sepultado havia quatro dias". Queria dizer, em outras palavras que, sem dúvida alguma, ele estava morto.

Aparição. Ressurreição não é a mesma coisa que aparição. Não se trata de discutir se aparições e visões ocorrem ou como poderiam ser explicadas. O mundo antigo pressupunha sua possibilidade; por exemplo, Heitor assassinado aparece a Anquises no final da Guerra de Tróia e no começo da *Eneida* de Virgílio. O mundo moderno age do mesmo modo; por exemplo, *The Diagnostic and Statistical Manual of Mental Disorders — IV* [Manual estatístico e diagnóstico de desordens mentais — IV] não as considera desordens mentais, mas características comuns de sofrimento sem maiores complicações. É o que pode acontecer, no passado como agora, depois do desaparecimento ou da morte repentina, trágica ou terrível de pessoas queridas. Portanto, mesmo se os textos cristãos nunca tivessem mencionado aparições ou visões de Jesus depois da crucifixão, poderíamos ter certeza de que teriam ocorrido. Mas o que importa é que aparições não são a mesma coisa que ressurreição nem nenhuma experiência que ateste sua presença.

Exaltação. Ressurreição não é a mesma coisa que exaltação. Na tradição judaica, algumas pessoas santas subiam para Deus em vez de repousar no túmulo, como, por exemplo, Enoc entre os patriarcas e Eliseu, que era profeta. O termo equivalente greco-romano era apoteose; por exemplo, as moedas da época de Augusto mostram o espírito de Júlio César subindo como um cometa para tomar o seu lugar entre as divindades celestiais. São casos individuais que não interferem no destino dos outros. Se quisessem dizer coisas assim a respeito de Jesus, os termos próprios seriam *exaltação, ascensão* ou *apoteose,* jamais *ressurreição.* Em outras palavras, poderíamos não ter ressurreição sem exaltação, mas nunca exaltação sem ressurreição. Jesus poderia estar à direita de Deus sem ter ressuscitado.

Ressurreição. A resposta positiva será, naturalmente, óbvia. *Afirmar que Deus ressuscitou Jesus dentre os mortos queria dizer que a ressurreição geral já começara.* Somente nesse contexto "ressurreição" ou "ressurgido dentre os mortos" representam terminologia correta. É o que se apreende da leitura de 1 Coríntios 15, comentário de Paulo a respeito da segunda camada textual ou da tradicional anterior.

Tomemos este exemplo. Paulo podia argumentar consistentemente em qualquer direção: se Jesus não ressuscitou, não há ressurreição geral; se não há ressurreição geral, Jesus não ressuscitou. Observemos, por exemplo, como a questão aparece em 1 Coríntios 15,12-13, "se se prega que Cristo ressuscitou dos mortos, como podem alguns dentre vós dizer que não há ressurreição dos mortos? Se não há ressurreição dos mortos, também Cristo não ressuscitou". O último argumento é repetido em 15,16: "Pois, se os mortos não ressuscitam, também Cristo não ressuscitou". Não se pode afirmar uma coisa e negar a outra. Paulo jamais imaginou a ressurreição de Jesus como evento meramente pessoal. Se fosse assim, teria sido exaltação, ascensão ou apoteose, mas nunca ressurreição no sentido em que o termo era empregado no judaísmo do primeiro século.

Outro exemplo. Os dois eventos andam juntos porque representam o começo e o fim do mesmo processo. A metáfora usada por Paulo em 15,20 é clara: "Cristo ressuscitou dos mortos, primícias dos que adormeceram" (termo técnico usado para designar os que esperavam no Sheol a libertação). Primícias eram os primeiros frutos da colheita separados para o Templo. Não significam promessas de colheitas futuras, mas o início da atual safra. A colheita começa com elas. *A ressurreição de Jesus é o início da ressurreição geral, isto é, com a ressurreição de Jesus começa a ressurreição geral.* Trata-se de uma proclamação extraordinariamente criativa e profundamente original apresentada por meio de quatro maneiras, cada qual exigindo uma escolha crucial entre alternativas.

Em primeiro lugar, é profundamente original ao distinguir entre *iminência geral* e *final específico* da consumação apocalíptica. Não há nada de especial no anúncio do apocalipse iminente por indivíduos, grupos, seitas ou religiões. É coisa que está sempre acontecendo. Tampouco é estranho dizer que o apocalipse já começou. Sempre se imaginou que maravilhas e horrores, perseguições e catástrofes, guerras e rumores de guerra inauguravam o processo final. Sempre tivemos terrores à disposição para tornar plausíveis nossas afirmações de que o apocalipse se aproxima. Mas a ressurreição geral é o grande final do apocalipse, momento em que o Deus da justiça justifica o mundo de maneira pública e visível, transformando-o de lugar de maldade e violência em espaço de bondade e paz. Os que anunciavam a ressurreição de Jesus afirmavam que esse evento *já havia começado*. Proclamavam que a tão esperada vindicação de Deus para todos os que haviam vivido, sofrido e morrido pela justiça, e para os que também viveram, sofreram e morreram por causa da injustiça, *já chegara*.

Em segundo lugar, é profundamente original ao distinguir entre *judaísmo interno* e *contra o judaísmo* na consumação apocalíptica. A ressurreição de Jesus como início da ressurreição geral não era exclusividade do cristianismo contra o judaísmo, nem o que dividia as duas religiões. Tratava-se de uma atitude absolutamente original no âmbito das possibilidades e opções do judaísmo. Por exemplo, era possível imaginar no judaísmo apenas o apocalipse divino sem nenhum líder messiânico, fosse angélico ou humano, profético, real ou sacerdotal. Os judeus essênios proclamavam a vinda de um messias duplo, ao mesmo tempo, separados e hierárquicos, um sacerdotal e outro real (possivelmente para criticar a combinação asmoniana desses dois papéis numa só pessoa). Os judeo-cristãos anunciavam a vinda de um só messias em dois tempos. Não era nada mais nem menos original, nem mais dentro ou mais fora do judaísmo, do que se via na criatividade de Qumrã. A mesma coisa se dava com a ressurreição de Jesus — poderia ser vista como opção possível e até mesmo inesperadamente original no judaísmo da época. Mas se tratava de reivindicação extraordinária: começava não o princípio mas sim o fim da justificação do mundo.

Em terceiro lugar, é profundamente original na distinção entre ressurreição geral como *momento instantâneo* e *processo duradouro* da consumação apocalíptica. Havia implicações invisíveis nessa mudança. Uma coisa era imaginar a ressurreição geral como ato final de Deus, conclusão apocalíptica, instante divino e momento que terminava com todos os instantes humanos. Mas o apocalipse tornava-se agora duradouro em vez de instantâneo, processo ao longo do tempo e não relâmpago no fim dos tempos. Talvez a idéia fosse mais fácil para Paulo, uma vez que o fim do começo, ou o término do clímax apocalíptico estava chegando para ele. Ponderou durante semanas e meses, pelo menos, ou anos e décadas, na pior das hipóteses. Mas, daí para a frente, nós cristãos deveríamos pensar sobre décadas, séculos e, finalmente, milênios. Não foi fácil mudar o conceito de ressurreição geral instantânea para o de processo ao longo do tempo. Mas, por exemplo, provocou imediatamente o surgimento da próxima questão.

Em quarto lugar, é profundamente original na distinção entre *não-participação passiva* e *participação ativa* na consumação apocalíptica. A ressurreição geral considerada ato final divino de justificação cósmica transformando nosso mundo da normalidade injusta para a Eutopia justa não dava muito lugar para participação humana. No melhor dos casos, os cristãos poderiam orar por ela, esperá-la, talvez até mesmo viver em grande santidade ou aceitar a morte provocada por perseguições para apressar o seu advento. É o que significava passividade ou não-participação. Talvez os termos não sejam adequados para essas vidas e mortes, mas se mostram claramente diferentes do que chamamos de participação ativa no exemplo seguinte.

Relembremos o que foi dito no capítulo 2 sobre conversão em vez de extermínio de pagãos em certos momentos da tradição judaica apocalíptica. Os cristãos que anunciavam o clímax apocalíptico facilmente concluíram que agora era o tempo da conversão pagã ao Deus da justiça do judaísmo. Mas era bem diferente concluir daí que Deus exigia o estabelecimento da missão judaica para converter os pagãos, mesmo nessa interpretação do apocalipse. Não caberia somente a Deus tal ação? Não deveriam permanecer em Jerusalém orando e esperando que a enorme Corte dos Gentios no Templo se enchesse desses gentios escatológicos, pagãos, do apocalipse de Deus?

Era possível, por exemplo, concordar com Paulo que os gentios deveriam ser incluídos na comunidade apocalíptica judaica sem precisar seguir os rituais da antiga tradição (por exemplo, a circuncisão masculina). Mas também se poderia discordar de seu programa missionário geral e especialmente de sua vocação pessoal de anunciar o Evangelho não apenas aos judeo-cristãos mas também aos pagãos. Tratava-se de ir mais adiante, e muitos dos que se opunham a Paulo, pertencentes ao cristianismo judaico, achavam que a missão aos pagãos não fazia parte do plano apocalíptico de Deus. De qualquer forma, a participação humana na solução divina criava situação absoluta e radicalmente nova com nova interpretação da ressurreição geral, considerada não mais instantânea mas sim processo ao longo do tempo.

Evidência da afirmação da ressurreição

Mas como na terra (literalmente!) alguém poderia fazer tal afirmação? Onde estavam as evidências? Tratava-se de um desafio presente, não de profecia a respeito do futuro. Onde, então, as evidências, as provas, as indicações dessa Eutopia divina numa terra normalmente cheia de maldade, violenta e sempre injusta? Como, por exemplo, Paulo de Tarso poderia afirmar a ressurreição a um pagão do primeiro século, e Tiago de Jerusalém, a um fariseu da mesma época? Mas não eram provas ou evidências irrefutáveis que estavam em jogo. O que importava era o que Paulo e Tiago indicavam aos ouvintes de mente aberta em defesa da afirmação de que Deus *já* começara a vindicação dos mártires e a justificação do mundo.

Paulo a um pagão. Imaginemos Paulo desembarcando em qualquer cidade pela primeira vez. Levava consigo os instrumentos de seu ofício e poderia achar emprego em qualquer oficina de artigos de couro que precisasse de mão-de-obra especializada. Logo perguntaria onde se situava a rua desse tipo de comércio. Ali adiante, dir-lhe-ia alguém, há uma oficina de um escravo libertado, ainda financiado por seu antigo patrão, orgulhoso de sua recém-conquistada liberdade, e mais ainda porque seus filhos agora vão nascer livres e serão cidadãos romanos.

As oficinas interessaram-se por Paulo, que havia estado em diversos lugares no Oriente, de Jerusalém a Antioquia e em Corinto. Podia falar dessas cidades, mas precisava dizer por que viajava tanto. Seria, por acaso, um escravo fugitivo? Que aconteceria se Paulo anunciasse de repente, sem preâmbulo, que Deus havia ressuscitado Jesus de Nazaré dentre os mortos na Judéia? (Naturalmente, não agiria assim, mas deixemos por enquanto como está.)

"Então, Paulo, a ressurreição de Jesus foi assim como aconteceu com Júlio César depois que morreu? Olha esta moeda. Ela retrata o espírito de César subindo como um cometa para tomar seu lugar entre as divindades celestes. Se você não acredita nessa história, Paulo, como poderá explicar o fantástico sucesso da dinastia imperial júlio-claudiana? Nós vemos o que César fez para nossos negócios, mas que fez Jesus para nós?"

Para responder, Paulo precisaria explicar o conteúdo específico da ressurreição segundo a tradição judaica para concluir que Deus *já* começara a transformar o mundo da injustiça para a justiça. "Onde, Paulo? De que maneira?" Qual poderia ter sido a resposta? Talvez, assim:

"Temos um pequeno grupo que se encontra para orar numa loja perto daqui antes do início do trabalho. Reunimo-nos, também, semanalmente, para compartilhar a metade do que ganhamos no trabalho da semana anterior. Comemos juntos, e a refeição se chama Ceia do Senhor, porque acreditamos que a criação inteira pertence a ele e que, por isso, compartilhamos o alimento que ele nos dá. Consideramo-nos iguais perante o Senhor, judeus e gregos, escravos e livres, homens e mulheres, pobres e ricos. O alimento é a base material da vida que pertence a Deus. Participamos no que não é nosso, nessa Ceia típica do Senhor, no seu estilo. Quero convidá-lo, então. Venha e veja se Deus já não está instaurando esse novo mundo justo bem aqui a seu lado e contra os planos de Roma. Se não enxergar nada disso, vá embora, mas se perceber essas coisas, permaneça conosco. E, por falar nisso, temos pequenos grupos como este em todas as cidades do Império Romano. Não importa quantos somos, mas como somos. E sempre que algum de vocês deixa César em favor do Jesus crucificado, do Deus que o ressuscitou, começa já a participar na justificação do mundo. Trata-se de escolher entre o divino César e o divino Jesus. Entre a divindade encarnada em poder violento e a que se mostra por meio de justiça distributiva (que chamamos de *agape*). Venha, pois, ao mercadinho que vende sardinhas, depois de amanhã, para ver e decidir por você mesmo".

Paulo, naturalmente, acrescentaria: "Se cremos que Jesus morreu e ressuscitou, assim também os que morreram em Jesus, Deus há de levá-los em sua companhia. Pois isto vos declaramos, segundo a palavra do Senhor: que os vivos, que ainda estivermos lá para a Vinda do Senhor, não passaremos à frente dos que morreram. Quando o Senhor, ao sinal dado, à voz do arcanjo e ao som da trombeta divina, descer do céu, então os mortos em Cristo ressuscitarão primeiro; em seguida nós, os vivos que estivermos lá, seremos arrebatados com eles nas nuvens para o encontro com o Senhor, nos ares. E assim, estaremos para sempre com o Senhor" (1Ts 4,14-17). Essas palavras, entretanto, assemelhavam-se às que ouviam das religiões contemporâneas de mistério como, por exemplo, dos devotos da deusa egípcia Ísis. O fato não era sem importância, mas alguns queriam saber: por que o deus agindo aqui e agora seria mais persuasivo do que o deus que age na vida vindoura? Mas, talvez, valesse a pena investigar o deus que estabelecia a justiça no mundo. Para alguns, é claro. Mas era assim que se começava.

Tiago a um fariseu. Se Tiago de Jerusalém explicasse a ressurreição de Jesus a um fariseu, não precisaria explicar-lhe a tradição judaica, porque este a conhecia muito bem. A questão, no entanto, seria a mesma: "Mostra-me de que maneira Deus já está começando a justificar o mundo injusto. Como vai vindicar os sofrimentos dos justos e a morte dos mártires?". Como Paulo, Tiago convidaria o fariseu a visitar sua comunidade para ver como vivia. Mas teria que falar de algo que Paulo não mencionava. Não era suficiente, de modo algum, falar da ressurreição individual de Jesus como início da ressurreição geral a ser imediatamente consumada. Jesus não fora o único mártir judeu, nem seria o último. Que aconteceria para os que já haviam partido antes dele? A ressurreição de Jesus deveria ser coletiva. Não poderia ter ressuscitado sozinho, mas talvez um pouco antes da ressurreição geral de todos os que haviam sofrido e morrido injustamente e que agora aguardavam no Sheol a esperada vindicação.

Esse tipo de ressurreição *coletiva* não aparece na teologia de Paulo. Mostra-se naturalmente no Credo Apostólico — "desceu ao Hades" —, para dizer que Jesus descera ao Sheol para libertar todos os que, como ele, haviam vivido, sofrido e morrido injustamente. Essa frase não consta no Credo Niceno. A própria idéia de ressurreição coletiva foi quase perdida em nosso Novo Testamento. Com isso perdeu-se também o pleno significado da ressurreição de Jesus como inauguração da justificação do mundo por Deus — e de nossa necessária cooperação no processo.

Podemos achar resíduos truncados e esquecidos dessa interpretação da ressurreição em Mateus 27,51b-53, quando, na crucifixão, "a terra tremeu e as rochas se fenderam. Abriram-se os túmulos e muitos corpos dos santos falecidos ressuscitaram. E, saindo dos túmulos após a ressurreição de Jesus, entraram na Cidade Santa e foram vistos por muitos". Essa idéia aparece também fora do Novo Testamento, no *Evangelho de Pedro* 10,39-42, quando Deus pergunta ao Jesus ressuscitado: "Tu pregaste aos que dormiam?" — isto é, proclamando a libertação aos justos que esperavam no Sheol. E a resposta foi, naturalmente, "sim!".

Mas podemos apreciar mais claramente o ensino no belo hino do final do primeiro século de nossa era, na fala de Jesus em *Odes de Salomão* 42,10-20:

> Não fui rejeitado, embora assim o considerassem;
> e não pereci, embora achassem que sim.
>
> O Sheol me viu e ficou abalado
> e a morte me expulsou com muitos outros [...].
>
> Os que haviam morrido correram ao meu encontro;
> e clamaram dizendo: "Filho de Deus, tem piedade de nós [...].
>
> Abre-nos a porta para te encontrarmos,
> pois percebemos que nossa morte não te atingiu.
>
> Que possamos nos salvar contigo,
> porque és nosso Salvador".
>
> Então ouvi sua voz,
> e guardei sua fé em meu coração.
>
> E escrevi meu nome em suas frontes,
> porque estão livres e são meus.

Seria possível argumentar que a ressurreição coletiva de Jesus fora conseqüência tardia da individual, surgida na terceira camada da tradição. Por outro lado, parece que a idéia fora eliminada mais cedo e sobrevivera em alguns hinos e orações. Mas levantou uma questão profunda. Se, sem considerar o futuro, a ressurreição de Jesus concernia apenas a ele, onde se situava a justiça de Deus e o início da justificação do mundo nesse ato? Se fosse apenas a ressurreição dele, não se poderia atribuir ao evento a acusação de nepotismo (*filio*-tismo), dispensação especial para uma pessoa especial, privilégio particular do Filho de Deus? Como relacionar com ela todos os que já haviam morrido antes dele?

Paulo poderia omitir qualquer menção à ressurreição coletiva de Jesus quando se dirigia aos pagãos que, por certo, não se preocupavam com os mártires judeus. Mas Tiago não poderia deixar de mencioná-la ao pregar aos fariseus. Quanto mais judeu se mostrava o cristianismo judaico, mais falava da ressurreição coletiva e não apenas da individual. Quando o cristianismo deixou de se referir à coletiva, perdeu-se um elemento profundamente importante. A ressurreição deixou de se relacionar com a justiça de Deus, concentrando-se na nossa sobrevivência.

Monumento de mármore ou justiça?

Voltemos à Igreja do Santo Sepulcro. Foi lá que o Reino de Deus repousou. O Reino da aliança de Jesus deixou de ser um centro dinâmico que se dirigia igualmente a todos para se concentrar num lugar para onde se devia, agora, ir. E tinha uma fachada de mármore. Deixou de ser comunidade alternativa onde as pessoas partilhavam seus bens e o poder espiritual de curar, bem como o físico de comer. Foi tomado pelo comércio de mármore do império e os cristãos começaram a comer em tigelas de prata.

A rotunda circular do Santo Sepulcro relembrava na forma o já discutido mausoléu de Augusto em Roma e a fortaleza-palácio-túmulo de Herodes, o Grande, no deserto da Judéia. Compartilhavam da mesma feição familiar: formas circulares impostas sobre o cenário com fachadas imponentes de mármore ou de pedra polida. Afinal, os cristãos davam a seu rei um funeral apropriado, como o de Herodes, o Grande, ou de César Augusto e, embora não o soubessem, muito melhor que o de Caifás.

Mas o Santo Sepulcro cristão tornou-se possível tanto pela destruição de Jerusalém por Adriano como pelas finanças imperiais de Constantino. Essa é a grande ironia e tragédia ao mesmo tempo. Jesus que tanto se rebelara contra o reino comercial romano na Galiléia, o camponês judeu, transformava-se agora no rei imperial, o Cristo. Constantino construiu na rocha os lugares (*kokhim* ou *arcosolia*) para o sepultamento régio do Jesus judeu além de qualquer expectativa. Com o passar do tempo, o cristianismo também se esqueceu de suas raízes judaicas e do Reino da aliança. Leiamos mais uma vez a descrição de Eusébio do edifício do Novo Reino:

> Assim, no monumento da salvação construía-se a Nova Jerusalém, em oposição à antiga, tão famosa então, que *depois* da mancha

causada pelo assassinato do Senhor, experimentou os extremos da desolação e pagou o castigo pelos de seus ímpios habitantes. Em oposição a isso, o imperador ergueu, à custa de grandes e pródigas despesas, o troféu da vitória do Salvador sobre a morte (*Vida de Constantino* 3.33).

Não importa se Constantino construiu o Santo Sepulcro no lugar certo. Sim, provavelmente. Importa saber, no entanto, se a construção fora adequada ao Reino de Deus de Jesus, testemunhando o ideal judaico do Reino da aliança *na terra* como no céu. Não, provavelmente. Acima de tudo, questionamos ou perguntamos não como Constantino celebrou o sepulcro de Jesus, mas sim como o cristianismo celebra a sua ressurreição.

Afirma-se, às vezes, no pensamento cristão contemporâneo, que somente os milagres estupendos do túmulo vazio e das aparições do ressuscitado poderiam explicar *historicamente*, em primeiro lugar, a retomada da fé pelos discípulos, depois de a terem perdido na crucifixão e, depois, a aceitação da fé em Jesus, por outros, apesar da crucifixão. Essa compreensão supersimplificada cria dois problemas, um maior, outro menor.

Em primeiro lugar, foram os homens, não as mulheres, que fugiram, pois sentiram-se ameaçados de ser presos com Jesus. Mas perder a coragem não significa perder a fé. Até a narrativa de Marcos da negação tríplice de Pedro mostra que o apóstolo perdera não a fé mas sim a memória. Talvez tivesse sido mais forte se tivesse permanecido firme em sua confissão, mas foi levado à negação pela covardia, não pela falta de fé.

Em segundo lugar, projetamos nosso racionalismo pós-iluminista no mundo pré-iluminista. Imaginemos este debate contemporâneo nessas linhas. *Descrente*: "Essas histórias sobre nascimentos virginais e divinos, eventos miraculosos, feitos maravilhosos, aparições de ressuscitados e ascensões ao céu nunca aconteceram nem poderiam acontecer. Na melhor das hipóteses, são mitos e, na pior, mentiras". *Crente*: "É verdade que eventos desse tipo não acontecem todos os dias, mas aconteceram com nosso Jesus de uma vez por todas, no passado". Nessa contradição pós-iluminista, a impossibilidade enfrenta a singularidade.

As duas posições, contudo, são igualmente irrelevantes no mundo pré-iluminista e estranhas a seu meio cultural. Num mundo onde histórias de nascimentos divinos e ascensões ao céu faziam parte do panorama transcendental, a *impossibilidade* não era argumento válido para os inimigos polêmicos, e a *singularidade* não servia para os apologetas na defensiva. No mercado livre das idéias religiosas que era o mundo greco-romano, era preciso transitar na área do livre mercado espiritual para defender seu Deus ou seu Filho de Deus sem o auxílio de argumentos pós-iluministas.

Por exemplo, na metade do segundo século, Justino argumentava em favor de Jesus em sua *Primeira apologia*, dirigida aos pagãos. Nunca sugeriu o conceito de singularidade: "Quando dizemos que o Verbo que é o primogênito de Deus, foi concebido sem união sexual, e que ele, Jesus Cristo, nosso mestre, foi crucificado e morreu, e ressuscitou, e subiu ao céu, propomos a mesma coisa que vocês acreditam a respeito dos que são considerados filhos de Júpiter". Enumera, em seguida, muitos exemplos e termina referindo-se aos imperadores e especialmente a Júlio César: "Que dizer dos imperadores que morreram em seu meio, tidos por vocês como dignos de deificação, e por quem vocês produzem pessoas que afirmam ter visto César subindo das chamas da pira fúnebre para o céu?". Finalmente, contudo, Justino não se sente em condições para dizer que tais histórias eram equivalentes. Observemos, no entanto, que seu critério de discriminação era não a singularidade do evento mas sim a superioridade da ação: "Como prometi na primeira parte deste discurso, vou provar que Jesus era superior — ou, melhor, já o provei —, pois o superior revela-se por seus atos" (21-22). O argumento é, inegavelmente, pré-iluminista. Havia, certamente, muitos filhos de Deus ao redor, mas Jesus era o melhor de todos por causa de certos argumentos específicos.

Semelhantemente, depois de um quarto de século, quando o polêmico pagão Celso atacava o cristianismo, usava exatamente o mesmo tipo de argumento pré-iluminista. Nunca usou o argumento da impossibilidade, mas atacou Jesus porque este último nunca teria feito nada para os outros. O argumento da superioridade confronta-se com o da inferioridade: "Afinal, os antigos mitos gregos que atribuem nascimento divino a Perseu, Anfion, Éaco e Minos evidenciam as obras maravilhosas que fizeram em favor da humanidade — e, certamente, não são menos plausíveis do que as histórias dos seguidores de Jesus. Que fizeste [Jesus] por palavras e obras que se igualasse às maravilhas daqueles heróis do passado?" (*Sobre a verdadeira doutrina*). Tanto os apologetas cristãos como os polemistas anticristãos empregavam o mesmo argumento, mas de maneira oposta. Não se imaginava que a impossibilidade e a singularidade pudessem ser argumentos absolutos (talvez, hiperbólicos). O debate, porém, concentrava-se na superioridade dos atos. *Justino*: "Jesus fizera muito mais do que todos os outros". *Celso*: "Jesus fizera menos do que todos os outros".

Paulo e seus ouvintes viviam no mundo pré-iluminista do primeiro século. Os argumentos baseados em impossibilidade e singularidade, usados hoje, não tinham lugar. A afirmação do túmulo vazio ou/e de aparições do ressuscitado não era suficiente para explicar coisa alguma no mundo antigo. Mas o conteúdo pleno da ressurreição de Jesus como apresentamos acima poderia ser debatido. O que importava, na época, era o conteúdo e as implicações do milagre. Não era suficiente achar que tudo era muito bom; havia muita coisa boa naquele tempo. Os antigos poderiam não acreditar na ressurreição de Jesus, mas jamais achariam que fosse impossível. Os ouvintes de Paulo não seriam descorteses dizendo abruptamente: "Não cremos em você". Mas, educadamente: "Que bom para Jesus, mas por que deveríamos nos preocupar com isso?". Ou, mais francamente: "De que maneira nos afeta?". Era exatamente nesse momento que Paulo começaria a lhes explicar com pormenores, por exemplo, a diferença socioeconômica e religiosa política entre a ascensão de Júlio César e a ressurreição de Jesus, e que estava na hora de escolher entre elas.

Retomemos o debate sobre a "ressurreição" entre judeus e judeo-cristãos. Os que pregavam que Jesus havia começado o momento final do clímax apocalíptico queriam demonstrar evidências públicas da transformação do mundo injusto e mau para o novo mundo de justiça e paz. Para isso não bastava insistir em túmulos vazios ou aparições do ressuscitado. Não que fossem sem importância, mas o que importava eram as evidências da transformação do mundo. Paulo e seus seguidores tinham apenas uma, a vida de suas comunidades. É assim que vivemos com Deus e é nessa base que procuramos persuadir os outros a acreditar. Essa é a nova criação, o mundo transformado. Nós em Deus e Deus em nós, juntos aqui na terra.

Paulo afirmava em 1 Coríntios que "se Cristo não ressuscitou, vazia é a nossa pregação, vazia é também a vossa fé" (15,14). Como já vimos, o comentário é verdadeiro para os cristãos, mas também seu reverso. Se a fé cristã tem sido em vão, isto é, não se transforma nem transforma o mundo segundo a justiça divina, e se a proclamação cristã também tem sido vã, isto é, não insiste nessa vocação da Igreja, então Cristo não ressuscitou. Não obstante, os cristãos ainda poderiam afirmar que Jesus fora exaltado e que estava agora à direita de Deus. Mas a ressurreição, repetindo o argumento deste capítulo, supõe o começo da transformação cósmica, não apenas a promessa de que virá, sua esperança, nosso discurso, nem tampouco nossa teologia a seu respeito. A Igreja do Santo Sepulcro pode ser vista no seu passado de mármore e nas disputas atuais na Jerusalém de nossos dias. Mas a Igreja da Bendita Ressurreição só poderá ser vista num mundo transformado pela cooperação cristã em parceria com a justiça divina e pela participação cristã nessa justiça.

Epílogo

SOLO E EVANGELHO

Uma vez que o presente só conhece o futuro do passado longínquo, é difícil não considerar a inevitabilidade do futuro, dizendo que, afinal, teria de acontecer como aconteceu, sem possibilidade alguma de ter sido diferente. Para admitir que pudesse ter sido diferente, precisaríamos de explicações terapêuticas, pensamentos medicinais a respeito de momentos cruciais, escolhas alternativas e resultados divergentes. Seria também preciso que reconhecêssemos nossa total ignorância sobre o futuro para apreciar devidamente como essa cegueira nos liga a tudo isso no contexto de nossa humanidade comum. Temos, então, duas questões. A primeira: a que conclusão chegamos sobre a época, lugar, visão e programa do Jesus histórico no âmbito da dialética deste livro entre arqueologia e exegese? A segunda: teria sido possível prever, por exemplo, a existência de duas religiões mundiais separadas e até mesmo antagônicas?

Roma e judaísmo

Pedras e textos, sobras materiais e restos de textos, solo e evangelho, arqueologia e exegese. Mas, posto que os segundos termos dessa dialética quase sempre dominaram o processo de integração, precisamos reagir por meio de imaginação contestatória. Que aconteceria se não tivéssemos tido textos a respeito do primeiro século de nossa era no território judaico? Apesar do caráter imaginário da questão, ela esconde o fato de que a arqueologia busca não apenas inscrições mas também documentos. Mas deixemo-nos levar, por enquanto, pela fantasia.

Imaginemos, por exemplo, que nunca tivemos acesso aos seguintes documentos. Em primeiro lugar, às narrações do historiador romano Tácito sobre as inúmeras incursões das legiões romanas no sul, a partir de suas bases na Síria, para castigar os levantes coloniais no território judaico, com fogo e espada. Não saberíamos que sob o imperador Tibério havia ainda tranqüilidade, e as tropas permaneciam acampadas. Sem o historiador judeu Josefo não teríamos seus comentários sobre João Batista, Jesus e Tiago de Jerusalém. Nem a interpretação de que sob o Pilatos de Tibério a situação não era tranqüila, embora as legiões não estivessem ainda lutando. Nem teríamos os escritores dos evangelhos judeo-cristãos contando as mesmas coisas, mas de ângulo diferente. Que veríamos, deveríamos perceber, se tivéssemos apenas o solo?

Reconheceríamos, imediatamente, a presença de artefatos na Galiléia e na Judéia deixados por povos diferentes dos que viviam a seu redor. Acharíamos em suas cidades e vilarejos muitas piscinas revestidas, não necessariamente funcionais como banheiras e cisternas. Examinaríamos vasos de pedra desde muito pequenos até excepcionalmente grandes. Também encontraríamos câmaras mortuárias cavadas na rocha para a primeira fase dos sepultamentos, e covas no chão ou ossuários para o repouso final dos ossos. Não acharíamos resíduos de ossos de porco nos restos de comida ou nas ruínas de cozinhas. Perceberíamos, guiados por paralelos do Mediterrâneo, que o poder imperial romano andou por aí no passado para dominar o povo. No lapso de uma geração, saberíamos que estiveram ao sul do país tanto na terra como na costa marítima. Na costa, por exemplo, reconheceríamos não apenas uma cidade de estilo romano, mas um magnífico porto, com sua baía em atividade durante todas as estações do ano, construído com muita dificuldade. Saberíamos, também, de comparações com outros lugares, que o Império Romano não fazia comércio nesses territórios enviando mercadores montados em cavalos ou em carros. Como o império anterior de Alexandre, o Grande, criou cidades onde os aristocratas construíam residências de luxo e reorganizavam a zona rural para extrair dela o máximo de produtividade. Na geração seguinte, encontraríamos o mesmo processo em ação ao norte onde, distantes uma da outra por 20 milhas, surgia uma nova cidade e, vinte anos depois, outra era reconstruída e aumentada, com as marcas da urbanização e comercialização romanas. Finalmente, mais ou menos na geração seguinte, uma terrível camada de destruição cobriu essa terra com entulhos e flechas, fragmentos carbonizados e cinza — sinais da revolta local contra o controle romano que deixou cidades em ruínas, muros destruídos e, provavelmente, o povo assassinado.

O que fizemos foi ato muito artificial de imaginação, mas útil em certas circunstâncias. Que saberíamos se tivéssemos *apenas* o solo, restos materiais e dados arqueológicos? Que veríamos? Mas, na verdade, temos não apenas o solo mas também inúmeros restos de textos e para as finalidades deste livro utilizamos as duas coisas, arqueologia e exegese. Que resultados alcançamos depois disso?

Em primeiro lugar, os artefatos caracteristicamente étnicos vieram dos códigos de pureza da lei da aliança e não de resíduos de hábitos populares. Os judeus, certamente, conseguiam observar as regras religiosas e ao mesmo tempo discordar a respeito de resistência e não-resistência, resistência violenta e não violenta, ao domínio romano. Mas, se tais ritos fossem abandonados completamente, Roma não teria prevalecido de maneira absoluta? Relembremos que, segundo Josefo, o abandono do judaísmo em favor do paganismo por Tibério Júlio Alexander decorreu de "não agüentar as práticas de seu povo". O abandono das regras de pureza significava abandonar todo o resto. Mas nenhum judeu do primeiro século diria que a aliança referia-se *apenas* aos artefatos nem *principalmente* às observâncias rituais. Mas também as incluía. Conservá-las era uma forma de resistência à maldade e injustiça da opressão imperial. Além disso, os artefatos ligavam-se a um povo que procurava viver a aliança com o Deus de justiça e retidão, isto é, com o poder divino sob o qual agir corretamente correspondia a fazer justiça.

Assim, a justiça era não apenas pessoal ou individual mas também estrutural e sistêmica, não exclusivamente compensadora mas também distributiva. A Torá, ou lei divina, excelente texto dessa aliança, exigia a distribuição justa e eqüitativa da terra como base material da vida, porque, como disse Deus em Levítico 25,23, "a terra não será vendida perpetuamente, pois que a terra me pertence e vós sois para mim estrangeiros e residentes temporários". Visto que a terra era vida, não podia ser comprada nem vendida, hipotecada ou reclamada em juízo, como qualquer outra propriedade. Por isso, a lei da aliança concentrava-se quase sempre em *terra e dívida* na constante tentativa de impedir o crescimento da desigualdade quando poucos adquiriam mais terra e a maioria saía sempre perdendo. Como a terra não podia ser comprada nem vendida, tampouco podia ser hipotecada ou confiscada. Vêm daí as leis sobre proibição de lucro e de penhora e da libertação de escravos a cada sete anos (no ano sabático) e da reversão do uso da terra a cada cinqüenta anos, ano do jubileu. Mas tais leis da aliança pareceriam piadas de mau gosto para os conquistadores romanos, para quem a terra lhes pertencia ou, se alguém preferisse linguagem teológica, agora a Júpiter e não mais a Iahweh. Seria administrada nos termos não da justiça distributiva de Iahweh mas sim do poder imperial de Júpiter, não como equidade teórica máxima mas sim da maior produtividade prática possível. Tratava-se do antagonismo entre "a terra me pertence" e "a terra nos pertence," que explica a terrível falha da política romana no território judaico. Temos notícia de três rebeliões ocorridas aí, em 4 a.C., 66-74 d.C. e 132-135 d.C. (sem falar no levante que destruiu o judaísmo egípcio em 115-117 d.C.), para acentuar a falha de que falamos (mesmo admitida pelos romanos). Havia, sem dúvida, outros fatores como a jurisdição romana dividida entre Jerusalém e Antioquia ou a jurisdição judaica disputada entre a realeza herodiana e a aristocracia sacerdotal. Embora fossem problemas solúveis, não se chegava a acordo nenhum quando se tratava de terra (isto é, vida) governada pela justiça ou pelo poder. Não se podia ter as duas coisas.

Em segundo lugar, a continuidade da Torá judaica para o Jesus judeu pode ser vista claramente em duas conexões. A primeira é que no primeiro século "o Reino" significava simplesmente o Império Romano. A ele pertencia o reino, o poder e a glória. Quando, então, Jesus começou a falar do Reino de Deus, escolhera o termo que mais chamava a atenção de Roma para o que estava fazendo. Não dizia "povo" nem "comunidade" de Deus, mas Reino de Deus. Essa frase estabelecia imediato confronto com o Reino de Roma, que chegara com Herodes, o Grande, na Judéia, em Jerusalém e Cesaréia Marítima na geração anterior a Jesus, e com Herodes Antipas, na Baixa Galiléia em Séforis por volta do ano 4 de nossa era, e em Tiberíades nos anos 19-20 d.C., nos tempos de Jesus. É por isso, respondendo a questão proposta no prólogo deste livro, que os dois movimentos de resistência, do Batismo, de João, e do Reino, de Jesus, começaram nos territórios de Herodes Antipas nos anos 20 de nossa era. O poder do Reino de Roma, miniaturizado na tetrarquia de Antipas na Galiléia, confrontava-se com o Reino que exigia apenas isto: como governar este mundo se nosso Deus senta-se no trono de César ou vive no palácio de Antipas? Não se tratava de confronto militar, pois, se fosse assim, muitos dos protagonistas teriam morrido com João sob Antipas ou com Jesus sob Pilatos. Em vez disso, o movimento de resistência era programaticamente não violento, muito embora denunciasse as realidades econômicas, sociais e políticas da época. Pilatos entendia bem a situação, do ponto de vista de suas responsabilidades imperiais: Jesus e seu Reino representavam ameaça à lei e à ordem romanas. Seu Deus judaico desafiava o Deus romano.

A outra conexão é a linha que vai da *terra e dívida* na Torá à do *alimento e dívida* como rezamos na oração de Jesus. Quando dizemos "venha o teu reino", logo Mateus acrescenta, "seja feita a tua vontade, assim na terra como no céu". Perfeitamente correto. O Reino de Deus é sobre a sua vontade para a terra. O céu está em grande e boa forma; é a terra que é problemática. A oração continua com a petição para que tenhamos alimento hoje e fiquemos livres das dívidas amanhã. Terra e dívida transformam-se em comida e dívida, embora a base seja a mesma. De que maneira se poderia entender a *vida* com justiça entre todos os povos da terra, quando se crê que tudo pertence ao Deus justo? A teologia da criação fundamenta tudo isso e não só pergunta quem fez a terra (quase nunca pensamos que fomos nós), mas especialmente quem é o proprietário (quase sempre achamos que a terra nos pertence). A nova criação significa a aceitação de que Deus é o dono da terra com todas as implicações radicais que vêm juntas.

Poder-se-ia argumentar que a terra sempre significou alimento e que nada mudou nessa transição. Mas, talvez, algo tenha mudado na Galiléia de Antipas. Será que as exigências baseadas na aliança para a distribuição eqüitativa de terra ordenada por Deus não era mais viável ou aceitável na época, restando o alimento para ser considerado entre os camponeses pobres? Ou, ao contrário, tais exigências a respeito da terra não levariam o povo ao confronto violento com o poder herodiano apoiado por Roma?

Em terceiro lugar, quando se fala de terra e dívida ou de alimento e dívida, é sempre questão de vida ativa e de programa específico, não só lei abstrata ou oração geral. O Reino de Deus, em outras palavras, era não somente visão mas programa, não mera idéia mas estilo de vida, não apenas interesse na vida além, no céu, mas também na terra, aqui e agora, envolvendo muitas pessoas. Relembremos ainda que Jesus enviou os discípulos a ir e fazer exatamente o que ele estava fazendo, isto é, compartilhar o poder espiritual de curar e o poder físico de comer, proclamando que nessa reciprocidade entrava-se no Reino de Deus para que o mundo inteiro fosse compartilhado com justiça e eqüidade entre todos. Tratava-se do momento decisivo quando o futuro ainda não era inevitável, mas possível. Jesus não se estabeleceu em Nazaré com a família nem em Cafarnaum com Pedro, mandando que os discípulos trouxessem o povo até ele. Nem lhes ordenou que fossem e fizessem todas as coisas em seu nome. Apenas disse: façam como eu. E naquele momento, o futuro do movimento do Reino de Deus não poderia ser ofuscado pela execução de Jesus, sob Pilatos, nem o do Batismo, pela execução de João por Antipas.

Finalmente, prestemos atenção no seguinte. Era absolutamente impossível no primeiro século separar religião, política e economia. As moedas, único meio de comunicação social na Antiguidade, anunciavam que César era *divi filius*, Filho de Deus, e *supremus pontifex*, ponte suprema entre o céu e a terra, sumo sacerdote da religião estatal romana. Nessa situação só era possível religião misturada com política, ou política unida à religião, e os confrontos eram sempre contra as duas instituições ao mesmo tempo. Apenas a justiça do Reino de Deus poderia enfrentar o poder do Reino de Roma, que nada mais era do que a normalidade da civilização naquele tempo e lugar. O Reino de Deus não se opunha ao Reino de Roma porque este fosse particularmente cruel ou excepcionalmente mau. O que custou a vida de Jesus foi não a maldade romana mas sim a sua normalidade.

Judaísmo e cristianismo

Aceitemos, por enquanto, que a interpretação do Jesus histórico, adotada por este livro, seja fundamentalmente correta (na verdade é isso mesmo). Poderíamos a partir do momento da reconstrução de sua vida, incluindo a proclamação de sua ressurreição, prever o que aconteceria? Teríamos imaginado que o judaísmo e o cristianismo haveriam de se separar a ponto de se tornarem inimigos? Que haveria de ter acontecido para que esse futuro viesse a se tornar real? Que teria de ter acontecido para que um outro futuro fosse possível?

Para concluir, vamos nos concentrar em três decisões fundamentais sem as quais a separação não teria acontecido. Representam momentos decisivos abertos para caminhos cruciais alternativos numa encruzilhada. Examinaremos esses três momentos quando um caminho escolhido significa a recusa do outro sem supor que a escolha tivesse sido inevitável. Mas desses três eventos veio, no seu tempo, *a separação dos caminhos* entre o judaísmo e o cristianismo. Sem nenhum deles, e mesmo sem todos eles, seria impossível imaginar o que poderia ter acontecido, e é bom acentuar tal impossibilidade. Ao considerarmos os três momentos, retornaremos a Tiago de Jerusalém, também chamado de justo, e à grande importância que teve no cristianismo judaico, importância não criada mas acentuada por seu tão controvertido ossuário.

Cidades. Poucos anos depois da execução de Jesus a maioria de seus seguidores cujos nomes conhecemos deixou a vida rural e as pequenas cidades da Galiléia para viver em Jerusalém. A fervorosa expectativa do iminente retorno apocalíptico de Jesus a se realizar imediatamente na cidade santa atraía para lá esses cristãos. Não havia nada de inevitável nessa movimentação. Pensemos, por exemplo, nas duas fontes usadas independentemente por Mateus e Lucas. O *Evangelho Q* era apocalíptico, mas os que o apoiavam permaneceram na Galiléia, apesar das maldições proferidas contra Cafarnaum, Betsaida e Corazim. Marcos também era apocalíptico, mas insistia programaticamente que Jesus retornaria imediatamente na Galiléia, uma vez que Jerusalém lhe parecia lugar de oposição e perseguição, e que os discípulos de Jesus que haviam se mudado para lá acabaram desapontando Jesus.

Esses seguidores de Jesus, como Tiago, seu irmão, ou Pedro, líder dos Doze, já viviam em Jerusalém quando Paulo esteve lá seis ou sete anos depois da crucifixão. Três anos depois de sua conversão, como escreveu em Gálatas 1,18-19, "subi a Jerusalém para avistar-me com Cefas [Pedro] e fiquei com ele quinze dias. Não vi nenhum outro apóstolo, mas somente Tiago, o irmão do Senhor". Além disso, Jerusalém era cidade de peregrinação facilitando o contato com outros locais. Assim, depois de três ou quatro anos, já havia discípulos de Jesus em Antioquia e Damasco. Nesta última cidade, por exemplo, lembravam-se que Paulo os perseguira. Se todos tivessem permanecido no norte, o movimento do Reino não teria durado mais do que duas gerações entre as colinas e lugarejos da Galiléia. Quem teria insistido para que eles fossem a Jerusalém? Pedro, talvez? Mas este deixou a cidade no ano 41 d.C. Poderia ter sido Tiago, que nunca saiu de lá e acabou martirizado em 62 de nossa era?

Pagãos. Os judeus falavam sobre as nações, ou gentios, que nós traduzimos por pagãos. Mas não é bem assim. Os judeus não perdiam muito tempo pensando nos pagãos como classificação abstrata dos diferentes deles como os israelenses poderiam pensar em si mesmos como diferentes, por exemplo, dos irlandeses ou dos chineses. As nações, ou os gentios, significavam grandes impérios que sucessivamente haviam lhes conquistado, oprimido e perseguido por mais de quinhentos anos.

Quando, então, os judeus esperavam pelo grande ato futuro em que Deus finalmente acabaria com a confusão injusta em que se afundava a terra, e estabeleceria aqui embaixo o perfeito mundo de justiça, paz e santidade, a questão era esta: Que faria Deus com esses impérios maus? Como vimos no primeiro capítulo, havia duas respostas contraditórias à pergunta. Havia duas alternativas: extermínio *ou* conversão, a Grande Batalha *ou* o Grande Banquete, o Monte Megido (Armagedom) *ou* o Monte Sião. E, ainda mais importante, pensava-se em conversão não ao judaísmo mas a Deus; não, por exemplo, à circuncisão e ao *kosher* mas sim à justiça e à paz.

Em Jerusalém, Tiago, Pedro e os outros claramente escolheram a segunda opção, posto que aceitavam homens pagãos que se convertiam na comunidade sem a circuncisão. Ao se mudarem para Jerusalém, a dispensa da circuncisão masculina para os convertidos representava aspectos de seu apocaliptismo, a crença na ação escatológica de Deus. Atos 15 e Gálatas 1-2 concordavam com isso. Também estavam de acordo a respeito da importância de Tiago no processo. Tiago só aceitou essa posição na perspectiva apocalíptica. Essa decisão provocou o surgimento de novo problema. Como manter a *unidade* numa comunidade composta de judeo-cristãos e pagãos cristãos? Como, especialmente, poderiam comer juntos quando esse ato comunitário proclamava e estabelecia progressivamente essa unidade?

Uma coisa era imaginar em êxtase profético, ou anunciar em fragmentos apocalípticos que Deus acabaria com o reino do mal promovendo um grande banquete em Jerusalém para todos os povos já tornados justos e pacíficos numa nova terra fértil e próspera. Ninguém, por exemplo, teria coragem para interromper a magnífica visão perguntando se a comida servida nesse banquete apocalíptico seria *kosher* ou não. Nem quanto tempo duraria. Mas esse fora exatamente o problema surgido em Antioquia segundo Gálatas 2. Quando judeo-cristãos e pagãos cristãos se encontram para comer juntos, dizia Tiago, devem observar, juntos, as tradições *kosher*. Não, retrucava Paulo, nada disso. Deveriam seguir a solução anterior em Antioquia quando ninguém era obrigado a seguir essas regras. Essas eram as opções alternativas óbvias para alcançar a unidade, mas Pedro, Barnabé e os outros concordavam com Tiago, e Paulo viajou na direção do Ocidente apartando-se deles. Seria demasiadamente cansativo considerar quem estava certo nessa disputa: Tiago ou Paulo?

Guerras. Houve um tempo em que era fácil explicar por que o "cristianismo" se afastou do judaísmo ou foi rejeitado por ele. Os cristãos acreditavam que Jesus era o Messias, Senhor, Filho de Deus, ao contrário dos judeus. Essa era a razão da ruptura. Mas havia mais elementos: os cristãos recusavam o Sábado, a circuncisão e o *kosher*. Os judeus mantinham essas observâncias. Essas também eram razões para a separação. E soavam como explicações plausíveis, posto que as duas religiões se separaram acentuando essas diferenças. Mas tudo isso parece agora anacrônico. Havia diversas tendências no judaísmo do primeiro século disputando a liderança no cadinho do internacionalismo cultural grego e do imperialismo militar romano. Os judeo-cristãos competiam com os fariseus, saduceus, essênios, seguidores da quarta-filosofia, sicários, zelotes entre outros tipos, modos de ver e programas. Nada mais eram do que um grupo disputando espaço com outros grupos, na mesma comunidade político-religiosa, isto é, no interior do judaísmo e não contra ele. Esse fato aguça esta questão: por que todos os outros grupos rejeitaram a opção cristã daí para a frente? Parece-nos que a razão principal vinha não de teorias teológicas nem de práticas rituais, nem mesmo de observâncias legais, mas sim de guerras.

A primeira guerra romana começou sob Nero em 66 e só terminou com Vespasiano em 74. No fim do verão de 70, Jerusalém foi destruída, o Templo incendiado e o imposto anual foi transferido para o Templo de Júpiter no capitólio romano. A segunda guerra romana, sob Trajano, durou de 115 a 117 e concentrou-se no Egito, Cirene e Chipre, com reverberações na Mesopotâmia e possivelmente na Palestina. Resultou na destruição do judaísmo egípcio e especialmente alexandrino. A terceira guerra romana foi deflagrada por Adriano em 132 e durou até 135, no território judeu, tendo como líder Simão bar Kochba, aclamado pelo rabi Aquiba como Messias. No final dessa guerra Jerusalém tornara-se completamente pagã, com a supressão de todas as práticas judaicas (Sábado, circuncisão e estudo da Torá).

Separação. Se enunciamos a frase corretamente, a resposta torna-se logo evidente. Não perguntamos: Por que o cristianismo se separou do judaísmo como a filha rebelde abandona a mãe? Tampouco: Por que havia duas filhas nascidas da mesma mãe, o judaísmo rabínico e o cristianismo primitivo, representada no judaísmo do segundo Templo? A pergunta que fazemos é a seguinte: Por que todos os demais grupos judaicos pouco a pouco rejeitaram a opção judaica cristã? Nossa resposta nada tem a ver com teologia, rituais ou tradições, mas sim com guerra, devastação e horror. O grupo cristão judaico acreditava que pagãos e judeus não podiam viver juntos sob Deus em Cristo. Afirmavam essa crença apesar das três terríveis guerras em que os pagãos sempre se pareceram com eles e se comportaram da mesma maneira que eles. A *separação* surgiu porque, para a maioria dos outros judeus, a afirmação dos cristãos não era aceitável. A inclusão de pagãos e a devastação que promoveram eram irreconciliáveis.

Foi pena que Tiago e Paulo tanto desejaram a unidade a ponto de concordarem com a coleta de dinheiro das comunidades pagãs cristãs para a comunidade-mãe em Jerusalém, comunitária e participativa. Mais triste ainda é saber que Paulo "ocasionou" o martírio de Tiago. Poderia ter sido o contrário. Mas foi Tiago, como vimos no primeiro capítulo, que pediu a Paulo a vindicação da observação da lei, pagando por certos ritos no Templo. Foi, então, acusado de levar pagãos ao Templo atravessando a barreira até a Corte dos Judeus. Foi, por isso, atacado, capturado e enviado para Roma, onde morreu. Em outras palavras, as cenas de Atos 21 e *Reconhecimentos clementinos* 1 são quase inversões uma da outra. Mas mais triste ainda é que nem Tiago nem Paulo tinham a chave do futuro. A unidade de judeo-cristãos e pagãos cristãos numa só comunidade não duraria nem com a comensalidade não *kosher* de Paulo nem com a pró-*kosher* de Tiago. As duas esperanças estavam fadadas ao fracasso, não pela teologia, mas pela história. Acho que vale a pena repensar esse fato. Melhor ainda, será lamentá-lo. O Jesus histórico que viveu, morreu e ressuscitou como judeu certamente procederia assim.

AGRADECIMENTOS

Somos profundamente agradecidos às equipes e voluntários encarregados das muitas escavações no passado e no presente sem cujo trabalho este livro não poderia ter sido escrito. Somos especialmente gratos aos arqueólogos que nos explicaram seus sítios em junho de 1999: Vassilios Tzaferis e John Wilson em Banias, Rami Arav e Elizabeth McNamer em Betsaida, e Moti Aviam em Jodefá. Expressamos, também, nossa gratidão aos outros com quem mantivemos contato na preparação deste livro naquele mesmo mês, especialmente Eric e Carol Meyers do Projeto Regional Séforis, e o arqueólogo forense Joe Zias. Somos igualmente gratos a Doug Brooks pelos desenhos arquitetônicos e a Kevin Holland pelo material escaneado. Em particular, estendemos estes agradecimentos a Balage Balogh pelas ilustrações que reconstruíram a vida na Antiguidade. Ele juntou publicações arqueológicas, plantas e artefatos às nossas descrições e imaginações, contribuindo com cuidadosa pesquisa e olhar atento para criar valiosos retratos do mundo judaico do primeiro século.

FONTES ARQUEOLÓGICAS

Prólogo

Para o contexto geral arqueológico e referências abrangentes, ver Jonathan L. Reed, *Archaeology and the Galilean Jesus: A Re-examination of the Evidence* [Arqueologia e o Jesus galileu: re-exame da evidência] (Harrisburg, PA: Trinity Press International, 2000). Para discussão mais completa e debates contemporâneos sobre o Jesus histórico, ver John Dominic Crossan, *The Historical Jesus: The Life of a Mediterranean Jewish Peasant* [O Jesus histórico: a vida de um camponês judaico do Mediterrâneo, Rio de Janeiro, Imago, 1994] (San Francisco: HarperSanFrancisco, 1991) e *The Birth of Christianity* [O nascimento do cristianismo, São Paulo, Paulinas, 2004] (San Francisco: HarperSanFrancisco, 1998). Neste apêndice bibliográfico concentramo-nos mais nas fontes arqueológicas do que nas exegéticas.

Introdução

Na *New Encyclopedia of Archaeological Excavations in the Holy Land* [Nova enciclopédia de escavações arqueológicas na Terra Santa], ed. Ephraim Stern (Jerusalem: Israel Exploration Society, 1993), e na *The Oxford Encyclopedia of Archaeology in the Near East* [Enciclopédia Oxford de arqueologia no Oriente Próximo], ed. Eric M. Meyers (New York: Oxford University Press, 1997), encontra-se informação a respeito dos sítios arqueológicos e descobertas tratados neste e em outros capítulos deste livro, bem como artigos úteis sobre método e teoria arqueológicos.

Capítulo 1

A reportagem sobre o ossuário de Tiago, com exclusividade mundial, foi de André Lemaire, "Burial Box of James the Brother of Jesus: Earliest Archaeological Evidence of Jesus Found in Jerusalém" [Ossuário de Tiago, irmão de Jesus: a mais antiga evidência arqueológica de Jesus encontrada em Jerusalém], *Biblical Archaeological Review* [Revista bíblica arqueológica], vol. 28, n. 6 (novembro/dezembro 2002), pp. 24-33, 70. A mais abrangente coleção de ossuários, com excelente introdução, encontra-se em Levi Y. Rahmani, *A Catalogue of Jewish Ossuaries in the Collections of the State of Israel* [Catálogo de ossuários judaicos nas coleções

301

do Estado de Israel] (Jerusalem: Israel Exploration Society, 1994); sobre sepultamentos judaicos em geral, ver Byron McCane, *Roll Back the Stone: Death and Burial in the World of Jesus* [Remova a pedra: morte e sepultamento no mundo de Jesus] (Harrisburg, PA: Trinity Press International, 2003). Sobre Eusébio, ver G. A. Williamson (ed.), *Eusebius: The History of the Church* [Eusébio: História da igreja] (New York: Penguin Books, 1965). Nossas citações são das pp. 99-102. Sobre a fonte em *Reconhecimentos clementinos* 1, ver Robert E. Van Voorst, *The Ascents of James: History and Theology of a Jewish-Christian Community* [As ascensões de Tiago: história e teologia de uma comunidade judeo-cristã], SBLDS 112 (Atlanta, GA: Scholar Press, 1989); e F. Stanley Jones, *An Ancient Jewish Christian Source on the History of Christianity: Pseudo-Clementine Recognitions* [Uma antiga fonte judeo-cristã sobre a história do cristianismo: pseudo-Reconhecimentos clementinos], 1.27-71, SBL Texts and Translations, 37: Christian Apocrypha Series 2 (Atlanta, GA: School Press, 1995). Nossas citações são da versão latina traduzidas para o inglês por Van Voorst, pp. 73-75. O *Evangelho de Tomé* e o *Evangelho dos hebreus* são de Wilhelm Schneemelcher (ed.) e R. McL. Wilson (trad. e ed.), *New Testament Apocrypha* [Apócrifos do Novo Testamento], 2 vs., rev. ed. da coleção iniciada por Edgar Hennecke (Louisville, KY: Westminster/John Knox Press, 1991-1992). Nossas citações são do vol. 1, pp. 119 (*Tomé*) e 178 (*hebreus*).

Capítulo 2

Os dois livros de John Dominic Crossan, mencionados acima, descrevem a cultura camponesa da Galiléia e do Mediterrâneo em geral. As evidências arqueológicas do caráter da Galiléia do primeiro século podem ser encontradas na obra de Jonathan L. Reed citada anteriormente. Importantes artigos sobre a história, cultura e religião da Galiléia aparecem em Sean Freyne, *Galilee and Gospels: Collected Essays* [Galiléia e evangelhos: coleção de ensaios], Wissenschaftliche Untersuchungen zum Neuen Testament 125 (Tübingen: Mohr Siebeck, 2000). As escavações em Nazaré são relatadas em Bellarmino Bagatti, *Excavations in Nazareth, Volume 1: From the Beginning till the XII Century* [Escavações em Nazaré, volume 1: do começo até o século doze] (Jerusalem: Franciscan Printing, 1969). Sobre as origens e ausência geral de estruturas da sinagoga no primeiro século, ver Lee Levine, *The Ancient Synagogue: The First Thousand Years* [A antiga sinagoga: os primeiros mil anos] (New Haven: Yale University Press, 2000).

Capítulo 3

No livro de Peter Richardson, *Herod: King of the Jews and Friend of the Romans* [Herodes: Rei dos Judeus e amigo dos romanos] (Minneapolis: Fortress Press, 1996), encontra-se fascinante e acessível caracterização de Herodes, o Grande, e de seu governo. Nossas descrições da cidade antiga de Roma e de sua arquitetura urbana baseiam-se nas obras de John Stambaugh, *The Ancient Roman City* [A antiga cidade romana] (Baltimore: Johns Hopkins University Press, 1988) e de Paul Zanker, *The Power of Images in the Age of Augustus* [O poder das imagens na era de Augusto] (Ann Arbor: University of Michigan Press, 1990). Um sumário bem ilustrado (embora já ultrapassado) das escavações em Cesaréia encontra-se em Kenneth Holum, *King Herod's Dream: Caesarea by the Sea* [O sonho do Rei Herodes: Cesaréia à beira-mar] (New York:

Norton, 1988), mas análises mais atualizadas e acadêmicas podem ser achadas em *Caesarea Maritima: A Retrospective After Two Millennia* [Cesaréia Marítima: retrospectiva depois de dois milênios] eds. Avner Raban e Kenneth Holum (Leiden: E. J. Brill, 1996). Importantes evidências das inúmeras escavações em Séforis estão resumidas e reunidas em *Sepphoris in Galilee: Crosscurrents of Culture* [Séforis na Galiléia: cruzamentos de cultura], eds. Rebecca Nagy et al. (Raleigh: North Carolina Museum of Art, 1996). Os achados arqueológicos em Cafarnaum e sua relação com a pesquisa do Jesus histórico encontram-se em Reed, *Archaeology and the Galilean Jesus* [Arqueologia e o Jesus galileu], e no relatório pormenorizado sobre "o barco da Galiléia", sua escavação e conteúdo, de autoria de Shelly Wachsmann em *The Excavations of an Ancient Boat in the Sea of Galilee, Atiqot* [Escavações de um antigo barco no Mar da Galiléia, Atiqot] (English Series) 19 (Jerusalem: Israel Antiquities Authority, 1990).

Capítulo 4

A cerâmica encontrada ao redor da gruta em Banias foi analisada por Andréa Berlin em "The Archaeology of Ritual: The Sanctuary of Pan at Banias/Caesarea Philippi" [A arqueologia do ritual: o santuário de Pã em Banias/Cesaréia de Filipos], *Bulletin of The American Schools of Oriental Research* 315 (1999): 27-45. A obra de Ehud Netzer é de especial interesse a respeito dos palácios de Herodes, o Grande, como o Palácio do Promontório, *Caesarea Maritima: A Retrospective* [Cesaréia Marítima: uma retrospectiva]. O palácio de Herodes no topo de Masada está bem documentado e reconstruído com bastante autenticidade por Gideon Foerster em *Masada V: The Yigael Yadin Excavations 1965 Final Reports* [Masada V: relatório final das escavações de Yigael Yadin em 1965] (Jerusalem: Israel Exploration Society, 1995). As escavações da Vila de Dionísio por Eric e Carol Meyers e Ehud Netzer em Séforis foram relatadas em Nagy et al., *Sepphoris in Galilee* [Séforis na Galiléia]. As escavações de Leroy Waterman foram publicadas como *Preliminary Report of the University of Michigan Excavations at Sepphoris, Palestine, in 1931* [Relatório preliminar das escavações da Universidade de Michigan em Séforis, Palestina, em 1931] (Ann Arbor: University of Michigan Press, 1937), e como re-escavações de James F. Strange do mesmo lugar como "Six Campaigns at Sepphoris: The University of South Florida Excavations, 1983-1989" [Seis campanhas em Séforis: escavações da Universidade do Sul da Flórida, 1983-1989] em *The Galilee in Late Antiquity* [Galiléia na Antiguidade tardia], ed. Lee Levine (New York: Jewish Theological Seminary, 1992), 339-355. A descrição da arquitetura doméstica e das salas de jantar no mundo romano baseiam-se bastante na obra de Andrew Wallace-Hadrill, *Houses and Society in Pompeii and Herculaneum* [Casas e sociedade em Pompéia e Herculano], (Princeton: Princeton University Press, 1994); sobre casas no território judaico na Antiguidade ver Yizhar Hirschfeld, *The Palestinian Dwelling in the Roman-Byzantine Period* [Habitação palestina no período romano-bizantino], (Jerusalem: Franciscan Printing, 1995).

Capítulo 5

Yigael Yadin publicou um livro popular sobre escavações intitulado *Masada: Herod's Fortress and the Zealots' Last Stand* [Masada: fortaleza de Herodes e último lugar dos zelotes], New York: Random House, 1966). Publicações mais completas apareceram recentemente numa obra em diversos volumes editada por Joseph Aviram, Gideon Foerster e Ehud Netzer, *Masada I-IV, The Yigael Yadin Excavations 1963-1965 Final Reports* [Masada I-IV, Relatório final das escavações de Yigael Yadin 1963-1965], (Jerusalem: Israel Exploration Society, 1989-1995). Muito se escreveu sobre os Rolos do Mar Morto e as escavações em Khirbet Qumrã à espera de publicações finais, mas o sumário mais confiável da evidência arqueológica é de Jodi Magness, "Qumrã Archaeology: Past Perspectives and Future Projects" [Arqueologia de Qumrã: perspectivas do passado e projetos futuros] em *The Dead Sea Scrolls After Fifty Years: A Comprehensive Assessment* [Os rolos do mar Morto depois de cinqüenta anos: avaliação abrangente], vol. 1, ed. Peter W. Flint e James C. VanderKam (Leiden: E. J. Brill, 1998), 47-77. As escavações em Jodefá e a medida segundo a qual a evidência arqueológica combina com a descrição de Josefo do cerco da cidade aparecem minuciosamente em David Adan-Bayewitz e Mordechai Aviam, "Iotapata, Josephus and the Siege of 67: Preliminary Report on the 1992-94 Seasons" [Iotapata, Josefo e o cerco de 67: relatório preliminar das temporadas de 1992-1994], em *Journal of Roman Archaeology* 10 (1997): 131-165. Muito se tem discutido se de fato as piscinas com degraus e revestimento eram *miqwaoth*, mas um texto conciso sobre a evidência arqueológica do seu uso ritual no contexto da helenização e da romanização do território judaico é Ronny Reich, "The Hot Bath-House (*balneum*), the Mikweh, and the Jewish Community in the Second Temple Period" [Balneário (*balneum*) com água quente, o Mikweh e a comunidade judaica no período do Segundo Templo], *Journal of Jewish Studies* 39 (1988): 102-107. Jane C. Cahill compilou um catálogo completo da evidência arqueológica dos vasos de pedra em "The Chalk Assemblages of the Persian/Hellenistic and Early Roman Periods" [Montagens de estuque dos períodos persa-helênico e romano antigo], em *Excavations at the City of David 1978-1985 Directed by Yigal Shiloh III: Stratigraphical, Environmental and Other Reports* [Escavações na cidade de Davi 1978-1985 dirigidas por Yigal Shiloh III: Relatórios estratigráficos, ambientais e outros], ed. Alon de Groot e Donald T. Ariel, Qedem 33 (Jerusalem: Hebrew University Press, 1992), 190-274.

Capítulo 6

A melhor descrição da arqueologia do Templo é de Leen e Kathleen Ritmeyer, *Secrets of Jerusalem's Temple Mount* [Segredos do Monte do Templo em Jerusalém], (Washington: Biblical Archaeology Society, 1998); o relato das escavações e resumo dos achados encontra-se em Meir Ben-Dov, *In the Shadow of the Temple: The Discovery of Ancient Jerusalem* [À sombra do Templo: a descoberta da Jerusalém antiga], (New York: Harper & Row, 1985). Nahman Aviam relata sobre as escavações no quarteirão herodiano e na Mansão Palaciana no livro ricamente ilustrado, *Discovering Jerusalem* [Descoberta de Jerusalédm] (Nashville: Thomas Nelson, 1983). E. P. Sanders nos oferece um sumário das fontes literárias que descrevem as atividades sacerdotais no Templo em *Judaism: Practice and Belief 63 B.C.E. — 66 C.E.* [Judaísmo: prática e crença 63 a. C. — 66 d.C.] (Philadelphia: Trinity Press International, 1992).

Capítulo 7

A mais recente descrição do Santo Sepulcro é de Shimon Gibson e Joan Taylor, *Beneath the Church of the Holy Sepulchre, Jerusalem* [Debaixo da Igreja do Santo Sepulcro, Jerusalém],

Palestine Exploration Fund Monograph Series Maior 1 (London: Palestine Exploration Fund, 1994). Relatos do sepultamento de Caifás foram publicados por Zvi Greenhut, "The 'Caiaphas' Tomb in the North of Jerusalem" [O túmulo de "Caifás" ao norte de Jerusalém], Ronny Reich, "Ossuary Inscriptions from the 'Caiaphas' Tomb" [Inscrições no ossuário do túmulo de "Caifás"], e Joseph Zias, "Human Skeletal Remains from the 'Caiaphas Tomb'" [Restos de esqueleto humano da "tumba de Caifás"], em *Atiqot* [English Series] 21 (1992): 63-80; resumos e relatórios de outros sepultamentos nos arredores de Jerusalém também se encontram em *Ancient Jerusalem Revealed* [A antiga Jerusalém revelada], ed. Hillel Geva (Jerusalem: Israel Exploration Society, 1994). A tumba e o ossuário do homem crucificado foram relatados pela primeira vez por Vassilios Tzaferis, "Jewish Tombs At and Near Giv'at ha-Mivtar, Jerusalem" [Túmulos judeus em Giv'at ha-Mivtar, e ao redor, em Jerusalém], *Israel Exploration Journal* 20 (1970): 18-32, e os restos por Nico Haas, "Anthropological Observations on the Skeletal Remains from Giv'at ha-Mivtar" [Observações antropológicas sobre restos de esqueletos em Giv'at ha-Mivtar], *Israel Exploration Journal* 20 (1970): 38-59, todos reavaliados por Joseph Zias e Eliezer Sekeles em "The Crucified Man from Giv'at ha-Mivtar: A Reappraisal" [O homem crucificado de Giv'at ha-Mivtar: reavaliação], *Israel Exploration Journal* 35 (1985): 22-27.

ÍNDICE DAS ILUSTRAÇÕES

1. Mapa da Palestina 7
2. Ossuário de Tiago rachado no transporte 14
3. Exemplos de inscrições em ossuários 40
4. Nazaré do século vinte e um 64
5. Igreja da Anunciação (segundo Bagatti) 69
6. Sinagoga do primeiro século em Gamla (segundo Maoz) 71
7. Reconstrução de Nazaré do primeiro século 79
8. Cesaréia Marítima de Herodes, o Grande (segundo Netzer) 101
9. Inscrição em Cesaréia Marítima com o nome de Pôncio Pilatos 104
10. Reconstrução de Cesaréia Marítima do primeiro século 106
11. Portão do primeiro século em Tiberíades (segundo Foerster) 109
12. Teatro do primeiro século em Séforis (segundo Meyers, Netzer e Meyers) 111
13. Reconstrução de Tiberíades do primeiro século 113
14. Barco do primeiro século da Galiléia 126
15. Reconstrução de Cafarnaum do primeiro século 128
16. Casa de são Pedro e igreja (segundo Corbo) 132
17. Santuário de Pã em Cesaréia de Filipos (segundo Maoz) 138
18. *Triclinium* no Palácio ao Norte em Masada (segundo Foerster) 142
19. Palácio do Promontório de Herodes em Cesaréia (segundo Netzer) 143
20. Reconstrução da Vila de Dionísio em Séforis, do período romano posterior 147
21. Códices de Nag Hammadi 158
22. Reconstrução de uma casa com pátio em Cafarnaum no primeiro século ... 160
23. Página título (e última) do *Evangelho de Tomé* 165
24. Vista de Masada, com os acampamentos da Décima Legião e a Rampa Romana 183

25. Sinagoga em Masada, antes e depois (segundo Yadin) 185
26. Complexo essênio em Khirbet Qumrã (segundo Doncell) 187
27. Rolo de Isaías de Qumrã 191
28. Vaso de pedra do primeiro século, chamado de medidor 197
29. *Miqweh* do primeiro século em Séforis 199
30. Reconstrução da cidade destruída de Gamla 200
31. Reconstrução do Monte do Templo voltado para o Monte das Oliveiras 227
32. Mansão Palaciana do primeiro século na cidade alta de Jerusalém (segundo Avigad) 229
33. Grande vaso de pedra torneado 232
34. Reconstrução da elegante casa de um sacerdote na cidade alta de Jerusalém 238
35. Fragmento do *Evangelho de Pedro* 251
36. Mausoléu de Augusto em Roma 256
37. Torre-Fortaleza do Herodiano (segundo Netzer) 258
38. Reconstrução do Herodiano (segundo Netzer) 260
39. Câmera mortuária da família de Caifás (segundo Greenhut) 263
40. Ossuário de Tiago 264
41. Ossuário de Caifás 265
42. Tornozelo de um crucificado 269
43. Igreja do Santo Sepulcro (segundo Gibson) 272
44. Reconstrução da Igreja do Santo Sepulcro 274

ÍNDICE DE NOMES E TEMAS

A

Abraão e Sara, 93

Acab, 114, 216

Adan-Bayewitz, David, 304

Adriano, 67, 127, 215

Aemilius Sura, 118

Agape, 169

Akmin, Egito, 27

Alexander, Tibério Júlio, 173, 191

Alexandre, o Grande, 76

Alfabetização, na Antiguidade, 65; Jesus e, 74

Amazias, 98

Amós, 97, 115, 116, 216; *2,6-7*, 97; *3,15*, 97; *5,11-12*, 97; *5,21-24*, 98; *8,4-6*, 97; *9,13-15*, 116

Amram, 90-92

Ananias, Casa de, 237

Anthropological Observations on the Skeletal Remains from Giv'at ha-Mivtar (Haas), 305

Antiga cidade romana (Stambaugh), 302

Antiga Jerusalém revelada, A (Geva), 305

Antiga sinagoga (Levine), 302

Antigo Testamento: *agape* no, 169; justiça e retidão no, 169. *Ver também* Reino, no Antigo Testamento; *livros específicos*

Antiguidades bíblicas (Pseudo-Fílon), 89

Antiguidades judaicas (Josefo), 174; *2.205-6*, 90; *9.2-10*, 91; *17.151-67*, 226; *17.204-5*, 240; *17.288-89*, 108; *18.27*, 108; *18.55-59*, 177; *18.62*, 249; *18.88*, 250; *18.116-19*, 151; *18.261-309*, 178; *19.331*, 250; *20.100*, 173; *20.106-12*, 241; *20.179-81*, 235

Antipater, 108

Apocalipse e apocaliptismo, 118-119, 120, 152; Aemilius Sura, cinco impérios e, 118; cenário em *Oráculos sibilinos*, 119-120; como resistência a Roma, 175-177; comunidade da aliança, 176; Daniel, cinco reinos, 116-119; igualdade radical humana e misericórdia divina, 176; Jesus apocaliptista, debate sobre, 204-208; João Batista e, 152-154; ressurreição e, 279, 280-283; simbolismo arquetípico, 176; violência militante, 176

Archaeology and the Galilean Jesus (Reed), 301-302

Archaeology of Ritual (Berlin), 303

Ariel, Donald T., 304

Ascetismo, 162; João Batista e, 153

Assírio, Império, Sargon II, destruição da Samaria, 115-116, Teglatefalasar III, despovoamento da Galiléia e, 76

Atos dos Apóstolos, 73-74; *1,26*, 219; *10*, 130; *10–11*, 164; *10,12-15*, 164; *11,6-10*, 164; *12,1-3*, 250; *13,14-52*, 73; *13,42-43*, 73; *15*, 164; *17,1-9*, 73; *17,4-5a*, 74

Aviam, Mordechai, 304

Avigad, Nahman, 215, 228, 236

Aviram, Joseph, 304

B

Bagatti, Bellarmino, 68, 302

309

Bahat, Dan, 216

Banias, 136-138, 303

Barco da Galiléia, primeiro século, 21, 125-126, 303

Barnabé, 74

Barrabás, 247-249

2 Baruc, 118; 29,5-6, 170; 72,2-6, 118

Basílica da Anunciação, 61, 64, 68-69; camada bizantina, 69; Gruta da Anunciação, 69, 78, 129, 127; Igreja dos cruzados, 69; mosaicos na, 69; sinagoga embaixo, 69

Basílica, 110, 272-273; de Constantino, 272. *Ver também* Igreja do Santo Sepulcro

Batismo, movimento do, 16-17, 121, 150, 158, 293; crítica, acusação contra João por causa de comida, 151-153

Ben Yair, Eleazar, 181, 182, 278

Ben-Dov, Meir, 215

Beneath the Church of the Holy Sepulchre, Jerusalem (Gibson e Taylor), 304

Berlin, Andrea, 137, 303

Betsaida/Julias, cidade de André e Pedro, 133

Bodas de Caná, 23

C

Caesarea Maritima (Raban & Holum), 303

Cafarnaum, 21, 121-135; balneários romanos, 127; barcos, 125-126, *126*, 303; casa de Pedro, 129, 130-134, 140; casas, 123-124; edifícios posteriores do Reino em, 126; edifícios, 122; estruturas cristãs e sítios de peregrinação, 129, 131; força romana de ocupação, 127; igreja cristã, 130-131; inscrições, 123; Jesus come com Levi e publicanos, 154; marco romano, 127; população, 121; ruas, 122; salas, 124, 134-135; sinagoga judaica, 129-130; *stratum* bizantino, 135; utensílios, 125, 135

Cahill, Jane C., 304

Caiaphas Tomb in the North of Jerusalem (Greenhut), 305

Caifás: câmara mortuária familiar e ossuário, 20, 262-267, 305; papel na execução de Jesus, 242; Pilatos e, 250

Calígula: sepultamento, 255; estátua na revolta do Templo, 178-179

Camadas exegéticas: acusação contra Jesus sobre alimentação, 154-156; crítica da redação, 29-31; crítica da tradição, 30; crítica das fontes, 30; entrada de Jesus em Jerusalém e purificação do Templo, 243-245; experiência judaica como base para, 81; história de Nazaré, 71-75; julgamentos de Jesus, historicidade dos, 246-252. *Ver também Didaqué*; *Evangelho Q*; Grupo dos Ditos Comuns; *Tomé, Evangelho de*; Tradição dos Ditos Comuns; narrativas do nascimento, 81-82, 85-86; primeira camada, 81; recusa de Paulo de seguir o mandamento de Jesus e, 155-158; ressurreição, 275, 279-286; segunda camada, 81, 94-95; terceira camada, 81, 154-155, 207-208; Tradição dos Ditos Comuns, 207

Camadas paralelas, 27-31; camadas do evangelho, 28-31, 80-82, 208; muros de Jericó, 28; tesouro de Príamo, 27

Caná, santuário em, 129

Casas: Cafarnaum, 123-124, 134; Galiléia e Golan do primeiro século, 78-79; Mansão Palaciana, Jerusalém, 228-233; palácios de Herodes, 99, 103, 138, 142-145, 185; pátio com peristilo, 145, 146, 148-149; pátio interno, 147-148; salas de jantar formais, *triclinia*, 140-142, 144; salas, 124, 134-135; Vila de Dionísio, 145-148; vilas, 124, 144-148

Celso, 85-87; 288-289

César (Júlio), 171

César Augusto (Otaviano): conquistas (em suas palavras), 255; divindade em quatro modos, 172; filha Júlia, 255, concepção divina de, 94-95, 172; Herodes, o Grande, e, 100, 102; hierarquia e, 98, uso de mármore e, 102; mausoléu de, 254-257; moeda, 171; *Pax Romana* e, 172

César, Tibério: sepultamento, 255; moeda, 171

Cesaréia de Filipos, 137-138, 139; Templo de Pã e dos Bodes, 139-141

Cesaréia Marítima, 100-101, 303; agricultura e, 105; aqueduto, 101-102, 106; estátuas escavadas em, 103; estratificação social, 105; fachadas, 102-103; imposição de ordem em, 100-102; inscrição de Pilatos, 20, 103-105; legado arquitetônico de Herodes, o Grande, 21; mármore, uso de, 102, dinheiro em, 105; palácio de Herodes, 100, 103, 143-145, 302; plano, 101-102, 144-145; porto, Sebastos, 100, 101-102; teatro e anfiteatro, 102-103, 144; templo de Augusto e Roma em, 22, 100, 103, 144; *vomitoria* 102, 105, 144

Cláudio, 255

Códices (ver rolos), 27; abreviações em, 27

Comida e bebida: em Banias, santuário de Pã, 136-139, 303; Cafarnaum, 134; Qumrã, 189. *Ver também* Pureza; salas de jantar formais, *triclinia*, 141, 144, 145; templo de Herodes, *Augusteion*, 138; Templo de Pã e dos Bodes em Filipos, 139-140; Vila de Dionísio, 145-148

Constantino, o grande, 62; achado do túmulo de Jesus, 270-271; basílica de, 272-273; San Giovanni, 273; visão na Ponte Mílvia, 70

Contra Apião (Josefo), 174

Contra Celso (Orígenes de Alexandria), 89

Contra Flaccus (Fílon), 247

Corbo, Virgílio, 21

1 Coríntios: *7,10-11*, 161; *9,3*, 155; *9,14-15*, 155; *12*, 156; *15*, 280; *15,3a*, 275; *15,3b-7*, 276; *15,12-13*, 280; *15,14*, 289; *15,16*, 280

2 Coríntios: *11,8-9*, 156

Crasso, 236

Cristianismo, crença e, 287-289; conversão de Constantino ao, 62, 70; conversão de gentios ao, 73, 282; debate sobre circuncisão dos gentios, 164; debate sobre leis a respeito de dietas, 164; lugares de peregrinação, 129; tomada de Nazaré pelo, 67-68

Crossan, John Dominic, 302

Crucificado, homem, 21, 268-269, 305

Crucified Man from Giv'at ha-Mivtar, The (Zias & Sekeles), 305

Crucifixão, 203; crucifixão de Jesus, 269; número de, por romanos, 269; sepultamento de criminosos crucificados, 268-270; sobrevivência de, 279. Ver também Julgamentos de Jesus

Cumanus, Ventidius, 241

D

Daniel: *7,7*, 119; *7,13*, 119; *7,14.26-27*, 119

De Groot, Alon, 304

De Vaux, Roland, 187, 190-192

Dead Sea Scrolls After Fifty Years (Flint e VanderKam), 304

Deus: apocalipse e, 118-120; justiça e retidão, 97, 113, 117, 162-164, 169, 292-293; promessas escatológicas e, 115-119; pureza e presença de, 201; Reino da aliança e, 96-98, 112-120; sobre o Reino sob Jeroboão, 97, 115; terra e base do conflito judaico com Roma, 112-115, 168-170, 211-212, 292-293

Deuteronômio: 186; *5,12-15*, 163; *14*, 234; *15,1-2*, 115; *15,12-14*, 115; *15*, 72; *18,1-5*, 233; *24,6.10-13*, 115; *28,2*, 277; *28,15*, 277; *30,19-20*, 163

Didaqué ("ensino"), 26; dízimo, 235; exegese da segunda camada e, 81; Grupo de Ditos Comuns, 204-210; Regra áurea,

205-206; *1,1-2c*, 205; *1,2c-5a*, 204-205; *2,1-4,14*, 204-205; *5,1-6,2*, 205; *11,11*, 162; *13,3*, 236

Dieta, evidência arqueológica de, 65, 75, 134; palácio de Masada, 142-143, 148

Dinheiro (moedas, cunhagem), 100; em Qumrã, 188-189; em Séforis, 194-195; informação disseminada sobre, 171, 294-295; Jesus e "dai a César...", 209-210; moedas cunhadas por Herodes Antipas, 105, 107; salários de um dia de trabalho, 171

Discovering Jerusalem (Aviam), 304

Dívida, 167-168; Ano do Jubileu, reversão da posse, 115; controle de garantia, 114-115; libertação de escravos, 115; movimento do Reino e, 295; proibição de lucro, 114; remissão de dívida, 115

Documento de Damasco, 176

E

Éfeso, lamparinas de, 231

Egito: destruição do judaísmo, 115-17 d.C., 293; dinastia ptolemaica, 76; marfim do, na Samaria, 96-97; narrativa do nascimento de Moisés, 89-92

Elias, 216

Eliseu, 216

Embaixada a Caio (Fílon), 178-179, 249

1 Enoc: *10,16*, 118; *10,19*, 170

Epifânio, 66

Escatologia, linguagem e literatura, 115-120; alimentação na, 169, 294; Eutopia prometida pela, 116; ressurreição e, 277-279

Escavações arqueológicas, 301; Basílica da Anunciação, 61, 64, 68-69; Cafarnaum, casa com pátio do primeiro século, 160; Cafarnaum, vilarejo do primeiro século, 121-135, 303; casa com pátio e peristilo, 148-149; casa incendiada, Jerusalém,

236; Cesaréia de Filipos, santuário de Pã, 137-138; Cesaréia Marítima, 100-105, 120-121, 303; Gamla, 191-194, 200; Igreja de São José, 68; inscrição de Pilatos, Cesaréia Marítima, 20, 103-104; Jerusalém e o Templo, 214, 215-216, 222-225, 228-229, 304; Jodefá, 191-193, 304; Mansão Palaciana, Jerusalém, 228-233; Masada, 181-187, 303-304; Nabratein, 198; Nazaré, 61-80, 302; palácio de Herodes em Masada, 141-143, 148, 185-186; propósito de, 131-132; Qumrã, 186-181; Samaria, 96; Séforis, 107-114, 121, 194-196, 303; sinagogas escavadas, 67, 70, 71, 302; Tiberíades, 107-114, 121; túmulo de Herodes (Herodiano), 257-259; os dez mais, 19-24. *Ver também* Cesaréia Marítima; Caifás; homem crucificado; Barco da Galiléia; Gamla, Jerusalém; Jodefá; Masada; Pedro, apóstolo; Pôncio Pilatos; piscinas; Qumrã; Séforis; vasos de pedra; Tiberíades; túmulos, primeiro século, povo comum, 267-268; vasos de pedra, 196-199, 202; vila com pátio interno, 147-148; Vila de Dionísio, 145-148

Essênios, 24, 152, 247-248; em Qumrã, 186-192, 211, 220-221; sacerdócio, rejeição do, 219-221

Eusébio, 66, 270-271, 273-274, 286-287

Excavations at the City of David 1978-1985 (Groot & Ariel), 304

Excavations in Nazareth (Bagatti), 302

Excavations of an Ancient Boat in the Sea of Galilee (Wachsmann), 303

Exegéticas, descobertas, as dez principais, 23-27. *Ver também* Códices de Nag Hammadi; códigos em papiros e abreviaturas sagradas; *Didaqué* (Ensino); *Evangelho Q*; João, evangelho de; Lucas, evangelho de; Marcos, evangelho de; Mateus, evangelho de; *Pedro, Evangelho de*; Rolos do Mar Morto; *Tomé, evangelho de*

Êxodo: *1–2*, 88; *21*, 72; *23,12*, 163

Ezequiel, 186

F

Fariseus, 152, 179, 201, 212, 220; crença na ressurreição do corpo, 261; Shamaítas e hilelitas, 179-180, 201-203

1 Filipenses *4,15-16*, 156

Fílon, 178-180, 187, 247, 249

Flint, Peter W., 304

Florus, Cessius, 236

Foerster, Gideon, 303-304

Freyne, Sean, 302

G

Gálatas: *1,18*, 276; *2,7-9*, 73; *2,11-14*, 164; *3,28*, 156

Galilee and Gospels: Collected Essays (Freyne), 302

Galilee in Late Antiquity (Levine), 303

Galiléia: agricultura, 75-78, 11-114; Alexandre, o Grande, e, 76; ausência de carne de porco na dieta do povo, 76; colaboradores dos romanos, 154, 194-196, 237; costumes sexuais, 87; crescimento da população judaica, do oitavo ao segundo séculos a.C., 75; descoberta de moedas asmonianas, 76; diminuição da população, pelos assírios, 76; do período médio ao período romano posterior (do segundo século à metade do quarto d.C.), 63; fortalezas e postos avançados asmonianos (macabeus), 63, 75; governo romano direto e presença das legiões, 63, 127, 240-242; Herodes Antipas e, 17, 63, 77, 105-114; Herodes, o Grande, e, 17, 63, 77; incorporação à Palestina, 62-63; manutenção da identidade como resistência, 193-203; mapa, 7; *Pax Romana* e, 148-150, 161, 172; período bizantino (da metade do quarto século ao sétimo d.C.), 63-64; período helenista tardio (do segundo século à metade do primeiro a.C.), 62-63; período romano antigo ou período herodiano (da metade do primeiro século a.c. ao primeiro século d.C.), 63; pobreza dos camponeses pela romanização, 161-162; refugiados judeus da Judéia e de Jerusalém em, 63; reis clientes, uso de, 127, 221; revolta de 132-35 d.C. (segunda guerra judaica), 127-129; revolta de 66-74 d.C., 191-194, 214-221; romanização, urbanização e comercialização da, 17-22, 63, 105-114, 121, 148-151, 161, 294-295; salário de um dia, 171; Séforis, 17, 22, 107-114; sepultamento secundário em ossuários, 76-80, 259-262; sinagogas *versus* templo em, 67; Tiberíades, 17, 22, 107-114; transformação em Terra Santa cristã, 62; túmulos, primeiro século, povo comum, 267-268; Varo, legado em, 105, 108; vida camponesa em, 65-66, 124, 161, 301

Gamla, *200*, casa em, 149; resistência e destruição, 191-194; sinagoga escavada em, 69-71

Garstang, John, 28

Gênesis: *17,17*, 93; *18,11-12*, 93

Gentios: conversão cristã e, 281-283; como opressores dos judeus, 117; comunidade de gentios e descrição de eventos em Lucas, 130; concordância de Paulo de liderar a missão aos gentios, 73; debates sobre circuncisão de, 164; *Didaqué* ("ensino") e, 26; narrativa de Lucas da rejeição de Jesus pelos judeus e substituição de Jerusalém por Roma, 71-75; promessas escatológicas e, 117

Geva, Hillel, 305

Gibson, Shimon, 304

Givat Hamivtar, 21, 269

Gnosticismo, 25

Golan, 76; sinagoga em Gamla, 70

Greenhut, Zvi, 262, 305

Griesbach, Johann Jakob, 8

Grupo dos Ditos Comuns, 204-210; fonte escrita, 206; seis desses ditos como aparecem em Mateus, Lucas e *Didaqué*, 205

Guerra judaica (Josefo), 173; três crenças de Josefo sobre Roma em, 173-175; *1.650-655*, 226; *2.129*, 217; *2.169-174*, 177; *2.177*, 249; *2.185-203*, 178; *2.220*, 173; *2.224-227*, 241; *2.581*, 218; *2.583,577*, 217; *2.68-69*, 108; *2.91*, 175; *3.69*, 217; *4.139-146*, 219; *4.147-148*, *153-157*, 218; *4.317*, 219; *4.335,336,343*, 219; *4.365*, 219; *5.222-223*, 239; *5.367*, 174; *5.378*, 174; *6.312-313*, 152, 174

Gush Halav, 201

H

Haas, Nico, 305

Haggádico, Midrashim, 89

Halakhak, 198

Herod: King of the Jews and Friend of the Romans (Richardson), 302

Herodes Agripa I, 107, 203, 250, 271

Herodes Agripa II, 196

Herodes Antipas, 17, 121; a cabeça de João Batista e, 145, 151, 242; concessão de tetrarquia (governo de um quarto do reino), 105; exílio de, 107; Jesus e, 213, 241-243, 293-295; moedas cunhadas, 106-107; movimento do Batismo e, 150; movimento do Reino e, 150, 169-170, 293-295; novo casamento de, 106; oficiais judeus com terminologia grega e romana, 127-128; refeições de, 145; resíduos e relatos arqueológicos não muito claros, 120-121, 144; restos arquitetônicos de segunda classe, 120; romanização, urbanização e comercialização da Galiléia, 17, 19-20, 21-22, 63, 105-114, 115, 120-121, 148-151, 293-295; salário de um dia sob, 171; Séforis, 17, 22, 63, 76, 105, 108-109, 121; Tiberíades, 17, 22, 63, 106-107, 109, 121

Herodes Arquelau, 176, 242, 258

Herodes Felipe, 121; Betsaida/Julias, cidade de André e Pedro, 131-134, Cesaréia de Filipos, 137-139; Templo de Pã e dos Bodes, 139-140

Herodes, o Grande, 302; *Augusteion*, templo a César, 136, 138; Cesaréia Marítima, 21, 99-101; construído por, 17, 98-101, 121; execução de mestres fariseus, 179; herança iduméia de, 211; Jerusalém, 22; Monte do Templo, Jerusalém, 100, 220-227; morte de, 77; palácio em Cesaréia Marítima, 100, 103, 142-145, 303; palácio em Jericó, 100, 138, 142-144, 246; palácio em Masada, 141-143, 148, 230, 303; paralelo do evangelho com Faraó, 90; piscinas e banheiras, 142-144; Rei dos Judeus, 99, 203, 213; reino patrocinado por Roma (37-34 a.C.), 62; salas de jantar formais (*triclinia*) e, 141-142; segundo sepultamento em ossuários e economia do templo, 260-262; templo de Augusto e Roma, 22, 100, 103, 144; terras de, 99; túmulo de (Herodiano), 257-259

Hipócrita, termo, 110

Hirschfeld, Yizhar, 303

História eclesiástica (Eusébio), 3.20, 66

Historical Jesus, The (Crossan), 301

Holtzmann, Julius, 25

Holum, Kenneth, 302

Hot House Bath, The, the Miqweh, and the Jewish Community in the Second Temple Period (Reich), 304

Houses and Society in Pompeii and Herculaneum (Wallace-Hadrill), 303

Human Skeletal Remains from the 'Caiaphas Tomb' (Zias), 305

I

Idumeus, 211, 217, 219

Iotapata, Josephus and the Siege of 67 (Adan-Bayewitz & Aviam), 304

Isaías: 2,2-4, 116-117; 5,8, 112; 7,14, 94-95; 56,7, 244; 61,1-2, 72

Ismael, Casa de, 237

Israel, Reino de, 96; protesto da aliança em, 216-217

Itureus, 76, 137

J

Janeu, Alexandre, 195

Jeremias: 7,6.10-11, 245; 7,11, 244-245; 7,14, 245

Jericó: escavação de, 28; palácio de Herodes em, 99, 138, 142-144, 220

Jeroboão II, 96-97, 115-116, 216

Jerusalém, Templo, 304; águia de ouro e, 226-227; beleza de, 220-222; colaboração dos sacerdotes com os romanos, 212-214, 218, 228-229, 237; construção de templo pagão sobre ruínas por Adriano, 215; crítica do sacerdócio, fonte da, 211-213; destruição no ano 70 d.C., 152, 173, 213-214, 236, 238-239; destruição pelos babilônios, 211; domínio geográfico, 221-223; elementos decorativos e inscrições, 222-224; Fortaleza Antônia, 225-226; Herodes, o Grande, e o Monte do Templo, 17, 22, 220-227; hierarquia arquitetônica, 224-226; impostos e dízimos, sacerdotes e sacrifícios, 233-237; Jesus e a purificação do, 242-244; judaísmo saduceu e colaboração com os romanos, 213, 237; matanças durante a Páscoa, 226, 240-241; *miqwaoth*, 239; Páscoa em, 240-241; peregrinação ao, 238-242; quarteirões dos sacerdotes, 228-233, 229, 238; roubo de riquezas pelos romanos, 236

Jerusalém: invasão babilônica, 211; casa incendiada, 236-238; cerco de, 66-74 d.C., 214, 217, 228; cidade alta, 215, 231, 236. *Ver também* Jerusalém, Templo; como cidade de peregrinação, 215; Cúpula do Rochedo, 215; determinação de Jesus de entrar em, 213; entrada de Jesus, 242-244; escavações em, 215-216; expulsão de judeus, 135 d.C., 67, 215; Guerra dos Seis Dias e, 215; Igreja do Santo Sepulcro, 215, 253-254, 271-275, 286-287, 289, 304; Islã e, 215; Jesus, purificação do templo, 244-246; luta de classes, zelotes, 218-221, 228-229, 236; Mansão Palaciana, 228-233, 229, 238; quarteirão judaico ou herodiano, 215, 228; refundação de Adriano como Aelia Capitolina, 215; romanização da cidade, 215; transformação em Cidade Santa Cristã, 215; túmulos, primeiro século, povo comum, 267-268

Jesus: acusado por comer, 153-155; alimento em, 162-164, 170; analfabetismo de, 74-75; arqueologia e compreensão do contexto social de, 131-133; ascensão do *status* social de, 30; ataques contra o sacerdócio, não contra o judaísmo, 213; Cafarnaum e, 120-135; Caifás, papel na execução, 242; caráter judaico de, 30; casa de Pedro e, 130-135, 140; César e Deus (Dai a César...), 209; comensalidade, 160-161, 164-168; como apocalíptico, debate a respeito, 204-208; como camponês judeu, 63, 66, 67-68, 78-80; crítica por ser amigo de publicanos e pecadores, 154-155; crítica por ser beberrão e glutão (por não ser asceta), 151, 154-155; crucifixão, 203, 242, 269-270; curar e comer, 159, 170, 247-248; diminuição da identidade judaica, 30; dito "contra o divórcio", 161; ditos radicais, na *Didaqué* e no *Evangelho Q*, 26; Grupo dos Ditos Comuns e, 204, 205-208; Herodes Antipas como adversário, 213, 242, 293-295; itinerância de, 160-162, 213; Jerusalém, entrada em, 243-244; Jerusalém, perigos de, 213, 242-243; João Batista e, 207, 242-243; José e, 72, 85-86; lugar do sepultamento, 270-272; Missão e Mensagem em três fontes, 156-165; Moisés e narrativas paralelas de nascimento, 88-92; Moisés e o Sermão da Montanha, 88; movimento do Reino e, 16-17, 72, 85-86, 115, 120, 134, 150, 158-164, 207-210, 212-214, 242-243, 293-295; narrativa de Lucas sobre a rejeição em Nazaré, 71-75; narrativas do nascimento, 81, 85-87; Nazaré de, 62, 75-80; oração e, 213; Pilatos, papel na execução, 242; primeira camada de exegese e, 81; programa de partilha recíproca, 156-158, 212-213; pureza (observâncias religiosas) e, 162-164; purificação do Templo, 244-246; recusa de Paulo de seguir a ordem de, 155-156; regra áurea, 204-208; Rei dos Judeus, 203; resistência radical não-violenta, 203-210, 243-246; ressurreição, 275, 279-286; roupa e interdependência, 159, 208; sepulcro de, 253, *ver também* Igreja do Santo Sepulcro; teatro em Tiberíades e, 110-112; julgamentos, historicidade dos, 246-252; nascimento virginal, 91-95; mundo de, 66, 67-68; sepultamento, 253, 269-271; sobre igualitarismo, ensino de, 111, 159; terra e, 112-115, 168-170; visita à sinagoga de Nazaré, 71

Jewish Tombs At and Near Giv'at ha-Mivtar, Jerusalem (Tzaferis), 305

Jezabel, 114

João Batista, 18, 93, 120, 151-154; acusado por causa de alimentação, 151-154; batismo por, 151-153; como líder da resistência, 176; execução por Antipas, 151, 241-243; fonte Q e, 151, 152; Jesus como seguidor, 207-208; mensagem apocalíptica de, 152-153; movimento centrado em João, 158; oposição a Herodes Antipas, 106, 145; representação de Êxodo, 152-153

João, evangelho de: oficial em Cafarnaum, 127; fontes de, 25, 81, 127, 248; Nazaré em, 64; sinagoga, referências a, 129; *1,44*, 133; *1,45-46*, 64; *2,6*, 23; *2,13-17*, 245; *4,46-54*, 127; *6,59*, 130; *11,17*, 280; *18*, 20; *18,38-40*, 248; *19,13*, 225; *19,39*, 270; *19,41*, 270

Jocabed, 90-92

Jodefá, 149, 192-193, 304

José de Nazaré, 72, 85-87

José de Tiberíades, 67

Josefo, Flávio, 64, 208; apologista de Roma, 173-175; batalhas em Jodefá e Gamla, 191-193; como colaborador, 174-175; história do nascimento de Moisés, 88-89; não menciona Nazaré, 64-65; revolta de 66-74 d.C. e, 174-175, 217-220; sobre a crucifixão, 279-280; sobre a família herodiana, 99, 102-103, 108, 121; sobre João Batista, 151; sobre *miqwaoth*, 200-201; sobre o Templo, 220, 223-225, 238-239; sobre o túmulo de Herodes, 258-259; sobre os essênios, 186; sobre Pilatos, 249; sobre Séforis, 150, 195; sobre Tibério Júlio Alexander, 173-174

Josué, *19,10-15*, 64

Judá, reino de, 96; revolta de 66-74 d.C., 217; Samaria, 7, 96, 116

Judaism: Practice and Belief 63 B.C.E-66 C.E. (Sanders), 304

Judas, galileu, 176, 204

Judas, irmão de Jesus, 66

Julgamentos de Jesus, historicidade dos, 246-252; multidão e escolha de Barrabás, 246-249; Pilatos e, 246-252; questões levantadas, 246

Justino, 287

K

Kathros, casa de, 237

Kefar Hananya, 125

Kenyon, Kathleen, 28

Kibutz Ginnosar, 21, 125

King Herod's Dream (Holum), 302

Kursi, complexo monástico em, 129

L

Lachmann, Karl, 25

Lago Kinneret (Mar da Galiléia): resgate de um barco do primeiro século, 21-22, 125-127, 303

Levine, Lee, 302

Levítico: *25,10*, 115; *25,23*, 112, 168, 293; *25, 72*; *25,35-37*, 114

Livros dos vigilantes (O), 118, 170

Loffreda, Stanislao, 21

Lucas, evangelho de: anunciação no, 87; comunidade de gentios e retratos de eventos, 130; elementos literários, *4,16-30*, 73; fonte Q, 25, 127, 151-152, 156, 159, 161, 207-208; fontes marcanas, 25, 74, 81, 156, 243, 247; Grupo dos Ditos Comuns no, 204-205; *incidente* em Nazaré, investigação arqueológica do, 71-75, 87, 81-82; João Batista, nascimento de, 93; nascimento virginal, 92-94; oficial de Cafarnaum, 126-127; parábola do futuro de Paulo na diáspora judaica, 75; Roma substitui Jerusalém, 73; sinagoga no, 130; suposição de que Jesus não sabia ler, 74; *1–2*, 93; *1,7*, 93; *1,18*, 93; *1,26-38*, 87; *3,7-9*, 152; *4,16-30*, 71-75; *4,22*, 72; *4,23-29*, 72; *4,28-30*, 72; *4,43*, 134; *5,19*, 124; *5,32*, 154; *6,20*, 162; *6,27-36*, 204; *7,1-10*, 127; *7,5*, 130; *7,24-25*, 107; *7,31-35*, 151; *9,1-6*, 157; *9,3*, 208; *10,4*, 159; *10,4-12*, 157; *10,5-6a.7*, 159; *10,6b*, 159; *10,8-9*, 159; *12,51-53*, 161; *13,1*, 241; *14, 150*; *14,7-11*, 146; *16,18*, 166; *19,1-10*, 154; *22,35-37*, 208; *23,13-18*, 247

M

Macabeus (governantes asmonianos), 63, 75, 98-99, 149; Antígono *versus* Hircano, 99; crença judaica na vida depois da morte, 276-280; sacerdócio-monarquia, 211

2 Macabeus, 277; *6,19.28*, 278; *7,9*, 278; *7,10-11*, 278; *7,14*, 278; *7,29*, 279; *14,41-46*, 279

4 Macabeus, 277; *9,8*, 278; *9,29*, 278

Magness, Jodi, 304

Manipulação de histórias, 86-87

Mansão Palaciana, Jerusalém, 228-233; afrescos, 229; banheiras rituais, 231-233; cerâmica, 230; estuque, 229-230; lâmpadas, 231; mosaico, 230; vasos de pedra, 231; vidros, 230

Marcos, evangelho de, 17, 30, data do, 248-249; base domiciliar de Jesus e, 133-134; como fonte de Mateus e Lucas, 25, 72; curar e comer no, 159, 170; entrada de Jesus em Jerusalém e purificação do Templo, 243-246; Missão e Mensagem no, 156-159; sinagoga, referências ao, 130; terceira camada de exegese, 81; vestimenta e interdependência no, 159-208; *1,6*, 153; *1,16-38*, 133; *1,35-38*, 133; *1,21*, 130; *1,29-31*, 130; *2, 164*; *2,1*, 133; *2,4*, 123; *2,13-17*, 154; *6,2*, 74; *6,2-4*, 72; *6,3*, 86; *6,6b-13*, 208; *6,7-13*, 157; *6,8*, 208; *6,9*, 159; *6,10*, 159; *6,11*, 159; *6,14-29*, 145; *7,15*, 165; *7,17-23*, 165; *10,11-12*, 161; *10,46-52*, 243; *11,10*, 243; *11,12-14*, 245; *11,15-17*, 245; *11,17*, 224; *11,20*, 245; *12,13-17*, 209; *12,35-37*, 243; *15,6-8*, 247

Maria de Nazaré: acusação de Celso 85-87; descrição de Mateus, 92-95; narrativa da anunciação em Lucas, 86-87; nascimento virginal, 85-87

Masada (Yadin), 303

Masada I-V (Foerster et al.), 304

Masada, 22, 181-187; artefatos judaicos em, 188; Ben Yair Eleazar, 181-182; Décima Legião, acampamento e rampa romana, 182-183; defensores, 183-184; encontrados fragmentos de rolos, 186-187; escavações em, 182-187; fortificações e fortaleza de Herodes, 182-183, 185; Herodes, o Grande, liberta família em, 99; histórias sobre suicídios em massa (Josefo), 181; ideais, 185-186; *miqwaoth* em, 184-186; nomes inscritos em, 184; *ostraca*, 182, 184; palácio de Herodes em, 141-144, 148, 184, 230, 303; pureza, 186; sinagoga escavada em, 70, 184-186;

sistema de racionamento, 183, 186; tirar a sorte para suicídio, 192; vasos de pedra, 184

Mateus, evangelho de: Grupo dos Ditos Comuns em, 204-205; camadas marcanas, 17, 25, 81, 157, 161, 165, 243, 247; concepção de Jesus, 87-88; correlação dos lugares de habitação de Jesus com promessas proféticas, 131-135; fonte Q, 25, 151-152, 156, 161-162, 208; Moisés e Jesus no, 88, 90-92; nascimento virginal no, 92-95; pai-nosso, 203, 294; ressurreição no, 285; Sermão da Montanha de Jesus paralelo a Moisés, 88; suspeita de adultério de Maria por José, 85, 90-91; *1,18-25*, 87, 92; *2,23*, 133; *3,7-10*, 152; *4,13-16*, 133; *5,1*, 88; *5,3*, 162; *5,17*, 88; *5,17-18*, 166; *5,21-48*, 88; *5,25-26*, 169; *5,32*, 161; *5,38-48*, 204; *7,12*, 204; *8,5-13*, 127; *10,7-15*, 157; *10,10*, 159, 208; *10,11*, 159; *10,14*, 159; *10,34-36*, 161; *11,16-19*, 151; *11,20-24*, 159; *13,55*, 86; *15,17-18*, 166; *18,17*, 154; *19,9*, 166; *20,1-15*, 161; *21,32*, 154; *26*, 20; *27,15*, 247; *27,20*, 247; *27,24-25*, 248; *27,25*, 247; *27,51b-53*, 285; *28,16*, 88

Mazar, Benjamin, 215, 223

Messianismo, 151-153

Meyers, Eric e Carol, 148, 195, 301, 303

Miquéias, 115-117; *4,1-4*, 116-117; *5,10.14*, 118; *7,10.17*, 118

Miriam, 89-92

Missão e Mensagem de Jesus: desafios de itinerância e comensalidade, 161-162, 164-165; curar e comer, 159, 170; programa de partilha recíproca, 156-159; pureza, 162-164; recusa de Paulo, 155-159; vestimenta e interdependência, 159, 208

Mixná: sobre adultério, 87-88; sobre vasos limpos, 198

Moisés: concepção na tradição, 88-92; decisão do pai, 90; decreto do rei, 89-90; Sermão da Montanha de Jesus em paralelo a, 88-89

N

Nabot, 114

Nabratein, 198

Nag Hammadi, Códices de, 16, 24-25; gnosticismo e, 25; *Tomé, Evangelho de*, 26

Nagy, Rebecca, 303

Narrativas do nascimento, 81-82, 85-95; concepção de Jesus em Mateus, 87-89; concepção de Moisés na tradição, 88-92; concepção virginal pelo poder divino, 92-95; histórias paralelas de infância, 91-93; Maria de Nazaré, 82, 85-95; Moisés e Jesus, 86-82

Nascimento do cristianismo, O (Crossan), 301

Nazaré, 302; agricultura, 75-78; Basílica da Anunciação, 61, 68-70; camadas arqueológicas de, 67-80; casas, primeiro-século, 77-79; cerâmica, primeiro século, 78-79; cerâmica, *strata* das cruzadas, 78-79; cidade alta (Naze Ilit), 61; distância de Séforis, 22, 76; edifícios cristãos em, 67-68; evidência epigráfica, 67; evidência literária, 66-67; expulsão judaica de, 67; fonte de água, Poço de Maria, 77; geografia de, 76-78; Gruta da Anunciação, 69-70, 78, 129; Igreja de São José, 68; igreja dos cruzados, 69; igreja e mosteiro bizantinos, 68; indústria turística em, 68; inscrição na sinagoga, 67; moderna, 61-62, 74-75; objetos fúnebres, primeiro século, 78-79; peregrinos cristãos e crescimento de, 66-67; período bizantino, 62, 68-69, 74-75; piscinas, ritual (*miqwaoth*), 79-202; população judaica de, 75, 78-79; primeiro século de Jesus, 61-62, 74-80; reconstrução desse vilarejo do primeiro século, 63-64, 74-80; reinstalação de uma família sacerdotal judaica (Hapizzez), 67; rejeição de Jesus em, 71-75; religião judaica, 67-68; sem importância na Antiguidade,

63-68; sepultamento, 77-80; sinagoga, 66-67, 71-74; *strata* das Cruzadas, 68, 74-75, 78; viagem e, 66-67, 76-77; vida camponesa em, 65-66, 74-76, 78-80, 134, 202-203

Neemias, *10*, 234; *13*, 233

Nero, 218, 255

Netzer, Ehud, 258, 303

New Encyclopedia of Archaeological Excavations in the Holy Land (Stern), 301

O

Oberammergau, auto da paixão de, 252

Odes de Salomão, 285

Oráculos sibilinos: *2.196-335*, 119-120; *3.695-97*, 118; *3.767-95*, 117

Orígenes de Alexandria, 85

Ossuary Inscription from the 'Caiaphas Tomb' (Reich), 305

Ostraca: Masada, 182, 184; Qumrã, 189

Oxford Encyclopedia of Archaeology in the Near East, The (Meyers), 301

P

Pã, santuário de: *Augusteion*, 138; Banias, 136-137, 303; Templo de Pã e dos Bodes, 139-141

Pai-nosso, 203, 294

Palestina, generais de Alexandre e, 76

Palestinian Dwelling in the Roman-Byzantine Period, The (Hirschfeld), 303

Partos, império dos, 99

Paulo: acordo para missão aos gentios, 73; afirmações da ressurreição e, 280-284; cartas de, 17, 26; cartas, datas corretas das, 155; defesa de comida e bebida, cartas aos coríntios, 53-54 d.C., 155-156; descrição de Lucas em Atos, 73-74; escritos sobre, como exegese da segunda camada, 81; modelo para a rejeição por judeus em Antioquia e Tessalônica, 73; recusa do mandamento de Jesus, 155-157

Pedro, apóstolo: aparição de Jesus a, 276; casa de, em Cafarnaum, 21, 129, 130-142, 160; preso por Agripa I, 213-214

Pedro, Evangelho de, 27, 250-251; camadas exegéticas e, 81; *10,39-42*, 285

Pesahim 57a, 237

Pilatos, Pôncio, descrições de, 249; fundos do templo, 236; inscrição, Cesaréia Marítima, 20, 103-105; papel na execução de Jesus, 242, 246-252, 294; protesto dos estandartes militares, 178

Piscinas, ritual (*miqwaoth* ou *miqweh*), 23, Gamla, 199-201; banhos romanos *versus*, 202; como manutenção da identidade, 202; Galiléia, 76, 231; Mansão Palaciana, Jerusalém, 231-233; Masada, 184-185; Nazaré, 79; prensas para fazer azeite e, 199-201; Qumrã, 190; Séforis, 149, 198, 231-233

Plínio, 187

Povo judaico: adultério e, 87; Cafarnaum, vilarejo judaico do primeiro século, 121-135; camponeses, 62-63, 74; classe sacerdotal e riqueza, 228-237; colaboração com os romanos, 154; crença na ressurreição do corpo, 261; crença na vida depois da morte, 276-280; diáspora, 73; dieta, 65, 76; duração da vida, 264-266; estratificação social, 149-150; expulsão dos lugares sagrados, incluindo Nazaré, 67; família em sentido amplo como portadora da tradição, 68; Galiléia do primeiro século, 15; governantes, autoridade disputada de, sob Roma, 211-212; impostos e dízimos, sacerdotes e sacrifícios, 233-237; índice de alfabetização, 74; monarquia, 211; observâncias de pureza, 22, 79, 162-164, 186, 193, 231-233; período bizantino, 62; práticas de sepultamento, primeiro e segundo, 76, 79, 253, 259-262, 267-268,

288-89; rabinos substituem sacerdotes como centro da vida religiosa, 67-68; sacerdócio monárquico asmoniano, 211, 218; sacerdotes como servos civis sob Roma, 211-212; sepultamento, criminosos crucificados, 268-270, 291; terra como elemento central no conflito com Roma, 212; uso de sorteio, 219; vasos de pedra, típicos do, 196-199, 202, 304; vida camponesa ou em cidade pequena, 19-20, 65-66; voltado para o Templo, 63-64, classes sociais altas, jantar e, 141-142

Power of Images in the Age of Augustus, The (Zanker), 302

Primeira apologia (Justino), 287

Pseudo-Fílon, 89

Pureza, códigos de (ritual judaico e observância religiosa), 22, 78-80, 162-164; em Masada, 184-186; Jesus e, 162-164; manutenção da identidade e, 201-203; presença de Deus e, 201; resistência e, 173-174, 193; vasos de pedra e, 196-199, 213. *Ver também* Piscinas, ritual (*miqwaoth* ou *miqweth*)

Q

Q, Evangelho, 25; acusações contra João e Jesus do, 151, 152; *Didaqué* e, 26; Grupo dos Ditos Comuns, 204-210; itinerância, 161; João, evangelho de e, 127; Lucas, evangelho de, e, 127, 151-152, 157, 159, 161-162, 205, 206, 208; Mateus, evangelho de, e, 127, 151-152, 157, 159, 161-162, 204-205, 208; Missão e mensagem no, 156-158, 161, 208; segunda camada exegética, 81; terceira camada exegética, 81-82; Tradição dos Ditos Comuns, 26, 156-157, 162; vestimenta e interdependência no, 159, 208

Qiddushin 4,8, 88

Qumrã (Khirbet Qumrã), 186-192, 304; cerâmica, 188; debates sobre pormenores das camadas, 186; escavações, 187-188;

essênios em, 24, 186-192, 201, 211; finanças, 188-189; inimigos, 189-192; jarro para guardar rolo, 188; lançar sortes, uso de, 219; resistência judaica e, 22, 186-192, 211; rituais, 189-190; *Rolo da guerra,* 190; *Rolo do Templo,* 220; Rolos do Mar Morto, 16, 24, 172-173, 304; vida em, 189

R

Raban, Avner, 303

Rabinos, 67-68; fariseus, 67

Reed, Jonathan L., 301-302

Refeições e jantar: em Banias, santuário de Pã, 136-138, 303; Cafarnaum, 134; Qumrã, 189. *Ver também,* pureza; salas de jantar formais, *triclinia,* 141, 144; templo de Herodes, *Augusteion,* 138; Templo de Pã e dos Bodes em Filipos, 139-141; Vila de Dionísio, 145-148

Regra Áurea, 204-206

Reich, Ronny, 216, 304

Reino comercial, 96-114, 294-295; agricultura no, 103-106, 111-114; dinheiro em, 100, 106-107, 171-172; fachadas em Cesaréia, 102; fachadas em Séforis e em Tiberíades, 109-110; Herodes Antipas, construtor do, 105-108, 110; Herodes, o Grande, como Rei dos Judeus mestre construtor, 99-101; imposição de ordem em Cesaréia, 101-102; imposição de ordem em Séforis e Tiberíades, 108-109; impostos, 100, 105, 107, 112, 133-137; Masada, evidência de confronto com a aliança, 186; perda de posse dos camponeses, 161-162; pobreza *versus* riqueza no, 105, 111-112, 161; reforço da hierarquia em Cesaréia, 103-105; reforço da hierarquia em Séforis e Tiberíades, 110-114

Reino da aliança, 96-99, 112-120, 291-292; achados arqueológicos e compreensão, 120-135; apocalipse e, 118-120, 203-205; *Documento de Damasco,* 176;

eschaton e, 115-119; Masada e choque entre reinos, 184-187; terra e, 112-115, 169-170, 211-212, 292-293

Reino do céu, 203, 294-295

Reino, movimento do, 18, 120-121, 134, 150-151, 157-158, 254-255; acusação de Jesus sobre alimentação, 153-155; cajado e espada, 208-209; César e Deus, 209; comensalidade, 160-161; como resistência a Roma, 176-177, 203-210; como resistência radical não violenta e resistência de Jesus a Roma, 203-210, 243-246; curar e comer, 159, 169-170; distinção em face do movimento do Batista, 157-158; execução de Jesus e, 242-243; Igreja do Santo Sepulcro e, 286; itinerância, 160-162; missão e mensagem de Jesus e, 157-165; Pai-nosso, 203, 294; programa de partilha recíproca, 156-159; Regra Áurea e, 204-208; restauração do reino da aliança, 160-161, 293-294; vestimenta e interdependência, 159, 208

Reino, no Antigo Testamento, 96-99; comércio e pobreza, 97-107; culto e aliança, 98; escavações da Samaria, 97; Jeroboão II, 96-97; justiça e culto, 98; pobreza e justiça, 97

1 Reis: *17,8-16*, 72; *21,1-4*, 114

2 Reis: *5,1-14*, 72; *21,18.26*, 270

Resistência judaica, 19, 22, 70, 77, 126-127, 171-210; aculturação e, 173-174; apocaliptistas, 175-177, 215-16; bandidos, 175, 177, 217-218; colaboradores, 174-175; crucifixão de rebeldes, 171, 203; destruição do Templo e cerco de Jerusalém pelos romanos em 70 d.C., 152, 173-174, 213-215; *Documento de Damasco* e comunidade da aliança, 176; essênios em Qumrã, 186-192, 211; Gamla, 190-192; imperialismo cultural grego e, 171-172; Jodefá, 191-193, 304; líderes, 179; manutenção da identidade, 193-203; Masada, 180-187, 191; opções de não-resistência, 173-175; profeta egípcio e movimento fracassado contra Jerusalém, 176; protestadores, 177; protestadores, esperança de saída, 179-181; protesto, estandartes militares de Pilatos, 26-27 d.C., 177-178; protesto, estátua de Calígula, 178-179; quarta filosofia e, 152, 176, 212; questão da autoridade, 211-212; questão da terra, 112-115, 173, 164-170, 211-212, 292-293; religião e política, união de, 172-173, 209-210, 295; resistência não-violenta, 177-181; resistência profética, 216-217; resistência radical não-violenta (Jesus e o movimento do Reino), 203-210, 243-246; revolta de 115-117 d.C., 172; revolta de 132-135 d.C. (segunda guerra judaica), 127-128, 293; revolta de 4 a.C., 171-172; revolta de 66-74 d.C., 152-173, 191-193, 213-215, 217-221, 293; revolta, anterior a Roma, 172; revolta, Judas, o galileu, 6 d.C., 175-176, 204; revolução socioeconômica interna, 216-217; Séforis, 76, 150; sicários, 180-187, 217; terrorismo urbano, 180; tradições da aliança e observações de pureza, 174, 193-194; traidores, 173-174, 292-293

Ressurreição, 275-286; aparecimentos depois da morte (aparições), 275, 280; coletiva, 285-286; conceito apocalíptico e escatológico, 278-283; Credo Apostólico e Credo Niceno, 285; crença na, 286-289; exaltação *versus*, 280; Jesus e, 279-286; problema do significado, 275-282; questões históricas, 275-276; ressuscitação *versus*, 279-280; significado judaico do termo, 275-277, 280

Richardson, Peter, 302

Ritmeyer, Leen e Kathleen, 304

Robinson, Edward, 216

Rolos do Mar Morto, *ver* Qumrã

Roma, 302; fachadas de mármore identificadas com, 102; indicação do rei dos Judeus, 203; mausoléu de Augusto, 254-257; tradição de concepção divina-humana, 94

Romano, Império, banhos, 127, 202-203, 304; *bellum justum versus bellum servile*, 175; cerâmica (*versus* vasos de pedra), 202; conversão de Constantino ao cristianismo, 62; destruição do Templo de Jerusalém em 70 d.C., 152, 214-215; do período médio ao posterior (do segundo século à metade do quarto d.C.), 62; estradas, 127; governo direto e presença de legionários na Galiléia, 63, 127-129; Israel e Judá, romanização de, 98-114, 121; matança de judeus durante a Páscoa, 240-241; *Pax Romana*, 149-151, 161, 172; períodos antigos (metade do primeiro século a.C. ao primeiro século d.C.), 63; política de urbanização, 62-63, 98-99; política misturada com religião, 171-172, 209-210, 295; reis clientes, uso de, 127, 221

Romanos: *13,1*, 209; *15,24*, 156

S

Saduceus, 152; colaboração com Roma, 211-212; como aristocracia corrupta, 212-213; ossuário, 266-267

Saladino, sultão, 69

Salmos: *82,2-4*, 168; *82,5*, 169; *82,6-7*, 169

Samaria, 96, 116

1 Samuel *10,21*, 219

San Giovanni, 273

Sanders, F. P., 304

Schleiermacher, Friedrich, 25

Schliemann, Heinrich, 27

Scythopolis, 76

Sebaste, 17

Secrets of Jerusalem's Temple Mount (Ritmeyer & Ritmeyer), 304

Séforis, 17, 66, 76, 303; basílica, 110; captura por Herodes, o Grande, 99; *cardo*, 110; casa com pátio e peristilo, 148; casa com pátio fechado, 148; colaboração com Roma e imitação de Roma, 194-196; conselho romano em, 76; fachadas, 109-110; Herodes Antipas e, 22, 63, 77, 107, 121; hierarquia social, 146-147; inscrições encontradas em, 107-108; Jesus e, 121; *miqwaoth* (banheiras rituais), 149, 198-199, 231-233; moedas de, 194-196; planta da cidade, 108-110; queda de, 108-110; recusa de se aliar à revolta de 66-74 d.C., 196; reforço da hierarquia em, 110-114; resistência judaica e, 77, 150; romanização de, 148-151; tamanho de, 121; teatro, 146; Vila de Dionísio, 145-148

Sekeles, Eliezer, 305

Sellin, Ernst, 28

Sepphoris in Galilee (Nagy et al), 303

Sepulcros, 253. *Ver também* Jesus

Sepultamento: Augusto César, 254-257; Caifás, túmulo familiar e ossuário, 20, 262-267, 305; criminosos crucificados, 268-270; em Nazaré, primeiro século, 77; Jesus, 270-271; objetos tumulares, Nazaré, 79; povo comum, 267-268; primeiro e segundo, em ossuários, 76, 79, 259-262; túmulo de Herodes, 257-259

Shadow of the Temple (Ben-Dov), 304

Sicários, 22, 180-181, 217; Masada, 180-187

Sinagogas, 302; afirmações de Lucas e rejeição de Jesus em Nazaré, 71-74; Cafarnaum, 129-130; em Gamla no Golan, 70-71, 200; em Nazaré, 67; escavação em Masada, 70, 184-187; escavação herodiana, 70; feições arquitetônicas e litúrgicas desenvolvidas, depois da destruição do Templo, 70-71; inscrições descobertas em Cesaréia Marítima, 67; nenhuma encontrada no primeiro século na Galiléia, 70, 328n; no tempo de Jesus, 67-68; palavra grega, *proseuche*, para, 70; período bizantino, 61; períodos romanos, do médio ao posterior, substituição do Templo por, 62-63, 67-68; referências no evangelho a, 130; termo (*knesset* da Mixná), 70, 130

Síria, dinastia selêucida, 76

Six Campaigns at Sepphoris (Strange), 303

Sobre a verdadeira doutrina (Celso), 85-86, 288

Strange, James F., 149, 303

Suetônio, 94

T

Targumim (comentários aramaicos), 89

Taylor, Joan, 304

Terra: compra e venda, 114; aliança e base do conflito judeu com Roma, 112-115, 168, 169-170, 211-212, 292-293; divisão entre tribos, 233-234, 292-294; herança de, 233-234, 292-294; hipoteca e perda, 114-115; reversão da expropriação, 115; sacerdotes e, 215-234

1 Tessalonicenses *4,14-17*, 284

Tiago, irmão de Jesus, 237; ressurreição, explicada a um fariseu, 284-286

Tiago, irmão de João, 250

Tiberíades, 17, 22, 63, 75, 105, 107; fachadas, 109-110; Jesus e, 121; *Pax Romana* e, 150; planta da cidade, 108-110; portão da cidade, 109-110; reforço da hierarquia em, 110-114; resíduos, arquitetura de segunda classe, 121; tamanho de, 121; teatro em, 110-120

Tito, 173-175, 191, 214, 279

Tobler, Titus, 216

Tomé, Evangelho de, 26-27, 165; Missão e Mensagem no 156-159; purificação do Templo no, 245-246; segunda camada exegética e, 81; Tradição dos Ditos Comuns e, 26, 156-159; *14*, 157, 159, 164-165; *16*, 161; *54*, 162; *71*, 245; *100*, 209

Tradição dos Ditos Comuns, 26, 156-159; aforismo "paz ou espada", 161; bem-aventurados os pobres, 162; curar e comer em, 159; fonte oral de, 206; programa de partilha comum, 156-159

Tróia, 27; tesouro de Príamo, 27

Tzaferis, Vassilios, 21, 127, 268, 305

V

VanderKam, James C., 304

Vasos de pedra, 23, 304; Cafarnaum, 124; como manutenção da identidade do povo judeu e da pureza, 196-199, 201-215; Galiléia e Judéia, 76; Mansão Palaciana, Jerusalém, 230-231; Masada, 184

Vespasiano, 173-174, 191, 217-218; dinastia flaviana, 152; imposto, 234-235

Vida (Josefo), *11*, 153; *77-78*, 217; *347*, 196; *374-84*, 150; *421*, 279; *422*, 234

Vida de Constantino (Eusébio), 270-274, 286-287

Vidas dos Césares (Suetônio), *94.4*, 94

W

Wachsmann, Shelly, 303

Wallace-Hadrill, Andrew, 303

Warren, Charles, 216, 223

Watermann, Leroy, 148-149, 303

Watzinger, Carl, 28

Weiss, Johannes, 25

Wilson, Charles, 216

Y

Yadin, Yigael, 141, 181-182, 303

Yigal Allon Museum, 128

Z

Zacarias, *9,9-10*, 243-244

Zanker, Paul, 302

Zaqueu, 154-155

Zelotes, luta de classes pelos, 218-220, 228, 236

Zias, Joseph, 182, 262, 266, 305

ÍNDICE GERAL

Prefácio	11
PRÓLOGO	
Pedras e textos	15
INTRODUÇÃO	
AS DEZ PRINCIPAIS DESCOBERTAS DAS ESCAVAÇÕES SOBRE JESUS	19
Descobertas arqueológicas	19
Descobertas exegéticas	23
Camadas paralelas	27
CAPÍTULO 1	
JESUS GRAVADO EM PEDRA	33
Autenticidade e integridade	34
Autenticidade	34
Ponto e contraponto	37
Integridade	43
O irmão de Jesus	47
Identidade	48
Autoridade	49
Martírio	50
Oposição	51
Pedra e texto, arqueologia e exegese	58
CAPÍTULO 2	
CAMADAS SOBRE CAMADAS SOBRE CAMADAS	61
De Nazaré pode sair algo de bom?	64
Camadas arqueológicas de Nazaré	68
Na sinagoga em Nazaré?	71
Nazaré no tempo de Jesus	75
Camadas exegéticas da história de Nazaré	80
Um irmão em descrença?	82
Mãe adúltera?	85
De Moisés a Jesus	86
Filho de Maria, filho de José, filho de Deus	92
CAPÍTULO 3	
COMO SE CONSTRÓI UM REINO	95
Um choque entre tipos de reino	95
Primeiro tipo: reino comercial	97
Herodes, o Grande, rei e mestre construtor	98
Herodes Antipas como filho de seu pai	103
Segundo tipo: reino da aliança	111
Reino e terra	112

Reino e *eschaton*	115
Reino e apocalipse	118
O Reino de Deus em Cafarnaum?	120
A pequena cidade judaica de Cafarnaum no primeiro século	121
Construções tardias do Reino em Cafarnaum	126

Capítulo 4

Jesus em seu lugar	137
No santuário de um deus	137
O santuário de Pã	138
Templo de Herodes	139
Cidade de Felipe	139
No palácio de um rei	141
Masada na montanha	142
Cesaréia na costa	144
Na vila de um aristocrata	145
Nas casas das elites	148
Uma casa com pátio interno	148
Uma casa com peristilo	149
A Pax Romana na Galiléia	149
No Reino de Deus	151
Acusações contra João por causa de comida	151
Acusações contra Jesus por causa de comida	154
Paulo não aceita o mandamento de Jesus	155
Programa de reciprocidade de recursos	157
Desafios da itinerância e da comensalidade	161
Da terra ao mundo e à alimentação	168
Terra e mundo	169
Terra e alimento	170

Capítulo 5

Resistência judaica ao domínio romano	171
Religião e política, colônia e império	171
Opções pela não-resistência	173
Traidores	173
Colaboradores	174
Opções de resistência	175
Bandidos	175
Apocaliptistas	175
Protestadores	177
Masada e Qumrã ao sul	181
Sicários em Masada	181
Essênios em Qumrã	186
Jodefá e Gamla ao norte	191
Manutenção da identidade e resistência silenciosa	193
Séforis, cidade da paz	194
Vasos de pedra e banheiras rituais	196
Resistência radical não violenta	203
Radicalização da Regra áurea	204
Jesus, cristãos e César	207

Capítulo 6
Beleza e ambigüidade em Jerusalém 211
Revolta colonial e luta de classe 214
    Destruição de Jerusalém 214
    Revolta dentro da revolta 216
    Defesa da Galiléia 217
    Zelotes e aristocratas 218
A glória do Templo 220
    Imponência geográfica do Templo 221
    A fachada magnífica do Templo 222
    Hierarquia arquitetônica do Templo 224
    A águia dourada do Templo 226
Quarteirões do sumo sacerdócio 228
    Mansão Palaciana 228
    Impostos e dízimos, sacerdotes e sacrifícios 233
    A casa incendiada 236
Peregrinação ao Templo 238
Duas ações perigosas 242
    Entrada em Jerusalém 243
    "Purificação" do Templo 244
A historicidade do julgamento de Jesus 246
    Rumor da multidão e escolha de Barrabás 246
    Relutância de Pilatos e inocência de Jesus 249

Capítulo 7
Como enterrar um rei 253
O magnífico mausoléu de Augusto 254
A tumba de Herodes no deserto 257
O esplêndido ossuário de Caifás 259
O Santo Sepulcro de Jesus 267
    Enterros de pessoas comuns 267
    Funerais de criminosos crucificados 268
    Teve Jesus mausoléu adequado? 270
A ressurreição judaica de Jesus 275
    O problema do significado 275
    Mártires macabeus 277
Deus ressuscitou Jesus dentre os mortos 279
    Conteúdo da afirmação da ressurreição 279
    Evidência da afirmação da ressurreição 283
Monumento de mármore ou justiça? 286

Epílogo
Solo e evangelho 291
Roma e judaísmo 291
    Judaísmo e cristianismo 295

Agradecimentos 299

Fontes arqueológicas 301

Índice das ilustrações 307

Índice de nomes e temas 309

Rua Dona Inácia Uchoa, 62
04110-020 – São Paulo – SP (Brasil)
Tel.: (11) 2125-3500
http://www.paulinas.com.br – editora@paulinas.com.br
Telemarketing e SAC: 0800-7010081